中国再生资源行业发展报告

（2015—2016）

中国物资再生协会　编

中国财富出版社

图书在版编目（CIP）数据

中国再生资源行业发展报告. 2015—2016 / 中国物资再生协会编 . —北京：中国财富出版社，2016.8

ISBN 978 - 7 - 5047 - 6180 - 4

Ⅰ. ①中… Ⅱ. ①中… Ⅲ. ①再生资源行业—经济发展—研究报告—中国—2015 - 2016 Ⅳ. ①F259.2

中国版本图书馆 CIP 数据核字（2016）第 204880 号

策划编辑 葛晓雯	**责任编辑** 葛晓雯		
责任印制 何崇杭	**责任校对** 梁 凡 杨小静	**责任发行** 敬 东	

出版发行 中国财富出版社

社　　址 北京市丰台区南四环西路 188 号 5 区 20 楼	**邮政编码** 100070	
电　　话 010 - 52227568（发行部）	010 - 52227588 转 307（总编室）	
010 - 68589540（读者服务部）	010 - 52227588 转 305（质检部）	
网　　址 http：//www.cfpress.com.cn		
经　　销 新华书店		
印　　刷 中国农业出版社印刷厂		
书　　号 ISBN 978 - 7 - 5047 - 6180 - 4/F · 2647		
开　　本 787mm×1092mm　1/16	**版　　次** 2016 年 8 月第 1 版	
印　　张 27.25　　**彩插** 4	**印　　次** 2016 年 8 月第 1 次印刷	
字　　数 675 千字	**定　　价** 398.00 元	

编辑人员

主　　编：刘　强

副 主 编：崔　燕

编写组成员：（以姓氏笔画为序）

马占峰　龙少海　田　晖　朱　军　刘　强　刘树洲

李　晓　李明怡　李明波　李树斌　罗　岩　罗程亮

赵　伟　胡士勇　胡志刚　胡品龙　袁　靖　陶义军

曹国庆　崔　燕　谢德华

联系部门：中国物资再生协会行业发展部

联 系 人：李晓、罗岩、崔燕

联系电话：010－68392541（传真）

网　　址：http：//www.crra.com.cn

电子信箱：cuiyan328@crra.com.cn

　　　　　lx@crra.com.cn

序

随着经济的快速增长和人口的不断增加，资源不足的问题越来越突出，生态建设和环境保护的形势日益严峻。面对这种情况，大力发展循环经济，加快建立资源节约型社会，显得尤为重要和迫切。我国从 20 世纪 90 年代起引入关于循环经济的思想，循环经济本质上是资源节约型经济，是指以生态学规律为指导，以资源的高效利用、循环利用、节约利用为核心，以"减量化、再利用、资源化"为原则，按照"资源—产品—再生资源"的闭环反馈式流程，以低消耗、低排放、高效率为基本特征，促进人类经济活动持续、健康、有序发展的经济。

"十一五"时期以来，国家出台一系列政策措施推动循环经济的发展。《"十二五"循环经济发展规划》《循环经济发展战略及近期行动计划》等一系列规划的发布，有效地指导了我国循环经济的发展。2016 年 3 月，《中华人民共和国国民经济和社会发展第十三个五年规划纲要》发布，纲要中将"推进资源节约集约利用"和"发展绿色环保产业"单独列为一章进行阐述，足见发展循环经济、绿色环保产业的重要性。

"十二五"时期是我国经济社会发展很不平凡的五年。生态文明建设取得新进展，节能环保水平明显提升。循环经济发展战略地位日益显现，循环型产业体系初步形成，配套政策逐步完善，绿色转型成效显著。再生资源产业作为发展循环经济的重要载体，呈现以下发展特点：

一、再生资源回收体系逐步完善。经过"十一五""十二五"时期的发展，以"市场主导、政府引导"为原则，我国众多回收渠道逐步演变为以民营企业为主体的回收体系，民营企业占比达 80% 以上。

二、行业集中度不断提高。再生资源回收利用企业通过提升技术装备，规范管理，优化产品结构，竞争力不断提升。再生资源回收利用行业洗牌加剧，行业集中度不断提升，依托龙头企业整合回收网点，为再生资源后端再利用奠定了坚实的基础。

三、"互联网＋回收"呈现发展生机。"十一五"时期以来，我国再生资源行业开始"互联网＋回收"模式探索和实践。"十二五"时期，随着互联网思维的日益渗透，智能回收、自动回收机等新型回收方式不断得到发展。

四、行业效益低迷。中国经济进入新常态，经济增长转向中高速，而且伴随着深刻的结构变化、发展方式变化和体制变化，受此影响，再生资源回收难、产品结构单一等问题表现突出，企业利润持续下滑。

《中国再生资源行业发展报告（2015—2016）》，既反映了 2015 年再生资源行业的发展状况，也对"十二五"期间再生资源行业的发展做了总结，为规划"十三五"期间再生资源行业发展提供了重要参考。本书内容丰富，涉及范围广泛，结构衔接紧密，为相关产业部门、决策部门和广大科研工作者提供重要参考，为从事再生资源经营的企业提供向导。为此，对本书成稿付出艰辛努力和友好支持的各位表示衷心感谢，并期待中国再生资源回收行业蓬勃发展，取得新的成绩！

（何黎明，现任中国物流与采购联合会会长、中国物流学会会长）

目　　录

第一篇　综合篇

第二篇　专题篇

目 录

附　录

表 目 录

图 目 录

Contents

Part 1　Summation

Part 2　Specialized Topics

Part 3　Regional Studies

Part 4　International Situation

Contents

Annex

Tables

Figures

第 一 篇

综 合 篇

第一章 2015 年我国再生资源行业总体概况

一、行业发展基本状况

2015 年是"十二五"的收官之年，也是我国经济结构调整的关键时期，受国内外经济形势影响，国内再生资源市场震荡不强，呈疲软状态，主要品种再生资源价格持续下跌，再生资源回收利用企业利润持续走低。

（一）行业规模分析

1. 回收总量基本情况

截至 2015 年年底，我国废钢铁、废有色金属、废塑料、废纸、废轮胎、废弃电器电子产品、报废汽车、报废船舶、废玻璃、废电池十大类别的再生资源回收总量约为 2.46 亿吨，同比增长 0.3%。其中，增幅最大的是报废汽车；降幅最大的是报废船舶。2014—2015 年我国主要再生资源类别回收利用情况，详见表 1。

表 1　　　　2014—2015 年我国主要再生资源类别回收利用情况

序号	名称		单位	2014 年	2015 年	同比增长（%）
1	废钢铁①		万吨	15230	14380	-5.6
	大型钢铁企业		万吨	8830	8330	-5.7
	其他行业		万吨	6400	6050	-5.5
2	废有色金属②		万吨	798	876	9.8
3	废塑料		万吨	2000	1800	-10.0
4	废纸		万吨	4419	4832	9.3
5	废轮胎		万吨	430	500.6	16.4
	翻新		万吨	50	28.6	-42.8
	再利用		万吨	380	473	24.5
6	废弃电器电子产品	数量	万台	13583	15274	12.4
		重量	万吨	313.5	348	11.0

序号	名称		单位	2014 年	2015 年	同比增长（%）
7	报废汽车	数量	万辆	220	277.5	26.1
		重量	万吨	322	871.9	170.8
8	报废船舶	数量	艘	142	102	−28.2
		重量	万轻吨	109	91	−16.5
9	废玻璃		万吨	855	850	−0.6
10	废电池（铅酸除外）		万吨	9.5	10	5.3
	合计（重量）		万吨	24470.6	24550.4	0.3

注：①2013 年以前公布的废钢铁回收量数据主要是大型钢铁企业的数据，自 2014 年起，将中小型钢铁企业回收的废钢铁、铸造和锻造行业使用的废钢铁数量纳入统计范围。

②2013 年以前公布的废有色金属回收量中没有统计热镀锌渣、锌灰、烟道灰、瓦斯泥灰中废锌的相关数据，自 2014 年起，将从热镀锌渣、锌灰、烟道灰、瓦斯泥灰中回收的废锌数量纳入统计范围。

2. 回收总值基本情况

2015 年，我国十大品种再生资源回收总值为 5149.4 亿元，受主要品种价格持续走低影响，同比下降 20.1%。其中，报废船舶降幅最大，同比下降 47.2%；报废汽车增幅最大，同比增长 85%。2014—2015 年我国主要再生资源类别回收价值情况，详见表 2。

表 2　　　　　　2014—2015 年我国主要再生资源类别回收价值情况　　　　单位：亿元

序号	名称	2014 年	2015 年	同比增长（%）
1	废钢铁	3122.15	1984.4	−36.4
2	废有色金属	1324.68	1395.6	5.4
3	废塑料	1100	810.0	−26.4
4	废纸	616	642.7	4.3
5	废轮胎	68.8	65.1	−5.4
6	废弃电器电子产品	78.4	78.3	−0.1
7	报废船舶	21.8	11.5	−47.2
8	报废汽车	66	122.1	85.0
9	废玻璃	25.7	21.3	−17.1
10	废电池（铅酸除外）	19.8	18.5	−6.6
	回收总值	6446.9	5149.4	−20.1

3. 主要品种进口基本情况

2015 年，我国废钢铁、废有色金属、废塑料、废纸、报废船舶五大类别的再生资源共进口 4168.8 万吨，同比增长 0.9%。其中，降幅最大的是报废船舶，同比下降 15.3%。只有废纸进口略有增长，增幅为 6.4%。2014—2015 年我国主要再生资源进口情况，详见表 3。

表 3　　　　　　　　2014—2015 年我国主要再生资源进口情况

序号	名称	单位	2014 年	2015 年	同比增长（%）
1	废钢铁	万吨	256	233	−9.0
2	废有色金属	万吨	618.1	576.7	−6.7
3	废塑料	万吨	825.4	735.4	−10.9
4	废纸	万吨	2752	2928	6.4
5	报废船舶	万轻吨	85	72	−15.3
	合计（重量）	万吨	4132.4	4168.8	0.9

注：①废有色金属进口是指含铝废料、含铜废料、含锌废料。
②我国进口废有色金属实物量按 36% 的比例折算。

（二）行业发展特点

1. 回收行业开始探索 PPP 模式

为发挥政府投资的引导带动作用，加大民间投资的融资支持，营造公平竞争的投资环境，进一步放宽民间资本市场准入，国家在能源、交通运输、水利、环境保护等公共服务领域，鼓励采用政府和社会资本合作（PPP）模式，吸引社会资本参与，为广大人民群众提供优质高效的公共服务。2015 年，再生资源回收利用领域开始尝试 PPP 模式。湖北省宜昌市供销社吉信资产经营有限公司与广东致顺化工环保设备有限公司通过 PPP 模式，开展再生资源回收利用项目的合作。PPP 模式有利于改革创新再生资源回收行业公共服务供给机制，拓宽投融资渠道，充分调动社会资本参与再生资源回收利用项目建设的积极性，提高再生资源回收、处理等过程公共服务水平，在一定程度上完善了财政补贴机制，满足居民的环保要求，提升企业的运作效率。

2. 两网融合模式崭露头角

近年来，再生资源回收价格持续下跌，"拾荒"大军和个体户的积极性逐渐下降，回收市场呈现"利大抢收、利小不收"的局面，再生资源回收难度越来越大。垃圾清运与再生资源回收系统的协同发展被提上议事日程。通过两网协同融合，加强生活垃圾分类回收与再生资源回收有效衔接，能够充分发挥两个系统优势，提高生活垃圾在回收、分拣、处理等环节的运作效率，大幅提升再生资源回收率，减少垃圾填埋量。另外，两网融合还加速社会客观认识再生资源回收利用意义，正确推进生活垃圾源头分类，引导全社会关注生活废弃物的全过程环境管理，共同推进生态文明建设，建设美丽中国。目前，以苏州为代表的一些城市，在垃圾分类、垃圾减量及再生资源回收处理方面形成了自己的特色模式。

3. 信息技术应用更加广泛

2015年7月4日，国务院发布《国务院关于积极推进"互联网＋"行动的指导意见》（国发〔2015〕40号），充分发挥互联网的驱动创新作用，引导再生资源回收行业向信息化、自动化、智能化方向发展，促进再生资源交易透明化、便利化。互联网企业利用互联网、大数据开展信息采集、数据分析、流向监控，通过二维码等物联网技术跟踪产品及废弃物流向，逐步整合物流资源，梳理回收渠道，优化回收网点布局，使需求方能够快速获得服务匹配，实现上下游企业间的智能化物流，完善再生资源回收体系。典型互联网企业代表，如淘绿、爱回收、回收哥、绿猫、再生活、帮到家、绿色地球、旧货郎等，利用互联网搭建在线交易平台，促使再生资源交易市场由线下向线上线下结合转型升级，减少了回收环节，降低了回收成本，提升了企业竞争力。

4. 资本入局助力转型升级

2015年，国企、上市公司大举进军再生资源行业，行业竞争加剧，企业逆势整合。通过兼并重组，企业优化资金、技术、人才、管理等要素配置，加强与下游应用企业及高校科研院所的合作，调整再生资源的产品结构，走专业化、差异化发展之路，不断拓展产品应用领域和市场规模。经过发展改革，龙头企业整合当地资源，提升再生资源加工水平，提高分拣加工产品的附加值，削减产能，化解过剩产能，逐步改善产品销售疲软、价格持续下跌的行业形势。2015年，葛洲坝集团旗下子公司绿园科技与大连环嘉集团签署合作协议，共同出资设立葛洲坝环嘉再生资源有限公司，注册资本为10亿元。中国再生资源开发有限公司与秦岭水泥重大资产重组事项获得中国证监会核准，中再生正式借壳秦岭水泥实现上市，公司主营业务调整为电子废弃物的拆解处置。格林美、桑德环境、东江环保等上市公司通过区域性并购继续焕发活力，针对废弃电器电子产品的回收利用，改进处理技术，将拆解后的电器元件经简单处理循环利用，在废弃电器电子产品爆发的时期打造经济新增长点，为企业带来新的发展机遇。

二、行业发展存在的问题

（一）行业竞争力不强

再生资源回收行业没有市场准入门槛，从业人员以"40岁、50岁"人员、残疾人、农民工为主，人员素质普遍较低，大部分企业多采取粗放式经营和管理方式、产业链条短、产品单一、生产工艺门槛低、增值水平低、同质化现象明显。具有一定规模的企业回收量仅占回收总量的10%～20%，小企业仍有相当数量，行业小、散、差的特点明显，组织化程度低，市场竞争力较差。此外，再生资源回收企业政策依赖度高、抗风险能力差，有政策支持的领域如废弃电器电子回收拆解企业发展较好，其他缺乏政策支持的品种，一旦政策、市场或价格发生变化，企业就面临倒闭风险，不能适应市场快速发展的要求。迫切需要加大产品研发和新工艺新设备更新资金投入，提高产品品质和附加值，提升管理水平、人员培训、操作规范、应急管理能力建设，摆脱传统的家庭作坊式管理模式。

（二）行业发展不平衡

从回收网点的建设看，大部分回收站点集中在中心城区，非中心城区和乡镇农村等地站点数量很少，回收站点的覆盖率有待提高。从回收品种看，普遍存在"利大抢收，利小少收，无利不收"的现象，传统的产业废弃物，如废钢铁、废有色金属等品种回收水平较高，基本形成了较完整的回收利用产业链条，生活废弃物中废纸、废塑料等品种回收率较高，但废玻璃、废电池、废节能灯、废纺织品等品种，由于回收成本高、利用价值较低和利用水平有限等多种因素，回收率较低。从企业结构看，个体经营户是主体，且以手工作业为主，组织化程序较低，具有科技研发能力，采用现代化技术和设备，开展网上交易、精细拆解等现代业态的企业较少。

（三）行业创新能力不足

目前，我国再生资源回收企业自设或建立长期稳定合作关系的研发机构数量很少，研发能力不足。在"产学研"结合中，企业基本处于从属地位。普遍重生产轻研究开发，重引进轻消化吸收，重模仿轻创新，创新层次低，很多企业处在有"制造"无"创造"的状态。同时，再生资源回收行业技术设备的应用领域在不断扩大，国内的技术、设备质量水平远远不能满足市场需求。当前，我国正在从制造大国向创造大国迈进。党中央国务院大力推动创新发展，给大量的再生资源回收企业提供了新的发展机遇，再生资源回收企业要充分利用后金融危机中世界产业调整的格局，以强力推动自主创新为抓手，注重技术、质量、品牌等非价格因素，夯实产业发展基础，将现在大部分特别是中小型企业以手工为主的回收分选模式，转变为以自动化或人机混合的半自动化回收分选模式，实现行业从劳动密集型向技术资本密集型的转变，迅速缩小与发达国家在再生资源回收分拣领域的差距。

（四）政策支撑不配套

近年来，通过国家宏观经济政策的引导以及行业管理的逐步加强，部分大中型企业自我约束、自我发展的意识在增强，在技术、设备和工艺不断更新的基础上，产品质量得到了大幅提升，能够较好地满足下游生产用户的使用要求，成为了行业的骨干力量。但由于再生资源回收的专门性法规仅有《再生资源回收管理办法》，法律效力较低，执行难度较大，行业统计、标准工作相对滞后，再加上相关管理部门没有形成长效联动机制和有效监管，再生资源回收行业无序竞争和不正当竞争等不良现象依然存在。部分重点品种缺乏相关立法，废玻璃、废节能灯等低值品种，回收成本高、利润薄，靠市场机制难以调动企业积极性，需要政策给予支撑。此外，行业管理职权分散、缺乏合力，扶持政策和工作措施缺乏配套性。

三、节能减排效果显著

2015 年回收利用再生资源与利用原生材料的能耗、物耗和污染物排放相比，都有明显节能、降耗、减排的效果，共节能 21209.2 万吨标准煤，占全国总能耗量 43.0 亿吨标准煤的 4.9%，减少废水排放 951129.9 万吨，减少二氧化硫排放 572.4 万吨，减少固体废弃物排放 130818.9 万吨。其中，废纸的节能减排贡献最大，节能 7633.1 万吨标准煤，减少废水排放 565407.1 万吨。2014—2015 年我国再生资源回收和节能减排情况，详见表 4。

四、行业发展趋势预测

（一）对行业发展环境及相关因素分析

1. 行业发展面临的国内外经济形势依然严峻

2016 年，全球经济仍将维持弱复苏态势，区域分化格局仍难有明显改观，北美经济总体稳健，西欧稳步复苏，东欧陷入增长乱局，亚太地区新兴市场有所企稳，非洲与拉美经济有望从低迷中回升。全球金融稳定性面临压力，美元加息并持续走强主导全球走势，股票市场出现多层分化，大宗商品市场依旧低迷。

从国内经济环境看，2016 年中国经济形势依然比较严峻，面临的问题和矛盾将更加错综复杂。在"新常态"下，经济发展正处在阶段更替、结构转换、模式重建、风险释放的关键期。宏观政策将保持宽松总基调，在扩大需求的同时，更加重视供给侧的管理和改革，推进减税和降低企业生产成本，加快创新和提高产品质量，使新供给更好地满足新需求。

由于原有支撑再生资源回收行业发展的因素削弱或消失，新的支撑因素尚在形成之中，所以再生资源回收行业的调整还将持续一段时间，这将对再生资源价格及回收企业经济效益的回升构成沉重压力。

2. 宏观调控为行业发展创造良好环境

2016 年，我国经济进入了深层次的创新改革发展新阶段，国家将以大数据战略为发展主线，加快信息技术和大数据在再生资源回收领域的渗透与应用，推进信息化与工业化深度融合，在政府调控和市场调节的双向作用下，再生资源回收行业将迎来良好的发展环境。积极稳妥化解产能过剩是 2016 年重点紧抓的五大任务之一，国家需调整发展战略，推动变革创新，开拓新的发展空间，加大供给侧改革力度，优化产品结构，不断开拓应用领域满足市场需求。随着粗放式发展主基调退出历史舞台，环保与节能减排的政策压力与日俱增，企业革新理念、优化成本，通过淘汰落后产能和更换老旧设备，达到转型升级、节能减排的目的。2016 年，政府将全力推动"一带一路"建设，积极拓展海外市场，深化与沿线各国经济合作，带动产品、工程设计、技术装备和劳务输出，促使再生资源实现

表4　2014—2015年我国再生资源回收和节能减排情况

类别	回收量（万吨）		节能量（万吨标准煤）		减排量							
---	---	---	---	---	废水（万吨）		固体废弃物（万吨）		二氧化硫（万吨）		二氧化碳（万吨）	
	2014年	2015年	2014年	2015年	2014年	2015年	2014年	2015年	2014年	2015年	2014年	2015年
废钢铁	15230	14380	5346.0	5047.6	133645.6	126186.8	44547.8	42061.6	297.0	280.4	12830.0	12113.9
废有色金属	798.0	876	5406.5	5945.7	37951.0	42276.0	38627.5	41041.7	123.6	133.2	12975.5	14269.8
废塑料	2000	1800	655.0	589.5	181945.1	163750.6	5598.4	5038.6	86.7	78.0	1572.1	1414.9
废纸	4419	4832	6980.6	7633.1	517080.7	565407.1	10001.8	10936.5	12.3	13.5	16753.5	18319.3
废轮胎	430	500.6	96.7	112.5	8055.8	9378.4	483.4	562.8	5.8	6.8	232.1	270.2
废弃电器电子	313.5	348	617.6	685.6	7597.1	8433.1	4266.1	4735.6	14.5	16.1	1482.4	1645.5
报废汽车	322	871.9	216.4	585.9	11592.0	31388.4	8694.0	23541.3	8.2	22.2	519.4	1406.4
报废船舶	109	91	116.1	96.9	3328.6	2779.0	1628.8	1359.8	6.4	5.4	278.6	232.6
废玻璃	855	850	495.9	493.0	983.3	977.5	1026.0	1020	16.1	16.0	1190.2	1183.2
废电池（铅酸除外）	9.5	10.0	18.6	19.4	518.4	553.0	486.2	521.0	0.7	0.8	44.7	46.6
合计	24470.6	24550.4	19949.3	21209.2	902697.6	951129.9	115360	130818.9	571.3	572.4	47878.5	50902.4

资源、产业和市场的全球性布局，化解国内过剩产能，加速"十三五"产业转型升级，引导再生资源国际产能合作的开展。

3. 政策法规带动行业转型升级

2015 年，国务院印发了《中国制造 2025》（国发〔2015〕28 号）、《中共中央国务院关于加快推进生态文明建设的意见》（中发〔2015〕12 号）等一系列稳增长、调结构、转型升级、提质增效的方针政策，大力推进绿色发展、循环发展、低碳发展成为我国经济发展的主旋律。2015 年下半年，财政部、国家税务总局出台了《资源综合利用产品和劳务增值税优惠目录》（财税〔2015〕78 号）的通知，对符合行业规范条件的再生资源加工企业给予即征即退 30% ~ 70% 增值税优惠政策。随着新环保法和污染物排放标准的正式施行，再生资源回收利用企业面临的环保要求将进一步提高，更严格的环保标准和监管措施有利于鼓励企业在环保装备和管理方面加大投入，有利于创造更加公平合理的市场竞争环境，有利于淘汰落后产能，更好地规范行业发展。环保部、商务部、国家发展和改革委、海关总署、质检总局公布了《关于发布〈进口废物管理目录〉（2015 年）的公告》（公告 2014 第 80 号），对于促进我国再生资源回收利用，保护环境具有重要的作用。2015 年，商务部会同国家发展和改革委、国土资源部、住房城乡建设部、供销合作总社联合制定了《再生资源回收体系建设中长期规划（2015—2020 年）》（商流通发〔2015〕21 号），针对我国再生资源行业发展现状、问题及特点，明确了再生资源回收体系建设的中长期目标，部署了分类建立回收体系、完善回收节点功能、培育龙头回收企业、健全回收管理制度等工作任务。2016 年，商务部会同国家发展和改革委、工业和信息化部、环境保护部、住房城乡建设部、供销合作总社联合印发了《关于推进再生资源回收行业转型升级的意见》（商流通函〔2016〕206 号），提出推广"互联网＋回收"的新模式、探索两网协同发展的新机制、提高组织化的新途径、探索逆向物流的新方式、鼓励应用分拣加工新技术等推进再生资源回收行业转型升级的意见。在未来几年内，在一系列利好政策推动和市场引导下，我国再生资源回收行业将向现代化、集约化、科学化方向发展。

（二）行业整体趋势预测

2016 年是"十三五"规划开局之年，也是我国全面深化改革的关键之年，为了推动"稳增长、调结构"的经济发展进程，我国进一步简政放权，加快审批效率；加大金融体制改革力度，优化金融结构，服务实体经济；促进结构优化、扩大内需和改善民生，助力我国经济的健康、稳健发展。在宏观经济下行压力持续存在的背景下，我国继续实行积极的财政政策和稳健的货币政策。多策并举提高财政资金的使用效益、缓解地方偿债压力、促进投资。货币政策继续保持稳中偏松的导向，完善宏观审慎政策框架。

预计 2016 年我国再生资源回收总量将小幅下降；部分再生资源价格将维持震荡调整趋势；一买一卖的传统经营模式将难以为继，再生资源回收与社区服务结合模式、两网融合模式等新型回收模式不断涌现；兼并重组加剧，产业集中度进一步提高；互联网、大数据、二维码等信息技术被再生资源回收企业广泛应用。

第二章　"十二五"期间再生资源回收利用情况

一、"十二五"期间再生资源回收利用行业总体情况

（一）"十二五"期间行业发展基本状况

近年来，世界经济处在危机后的深度调整期，呈现低增长、不平衡、多风险的特征，面对复杂的国际外部环境，"十二五"期间，我国大力推进结构调整和转型升级，坚持改革开放不动摇，经济发展稳中有进，着力开拓发展新空间、激发新动力，社会事业全面进步，我国蝉联世界第一制造大国、最大贸易国，与此同时，人均国内生产总值迈入中等偏上收入国家行列，城镇化率超过50%，我国经济对世界经济复苏做出了突出贡献。

除2012年外，"十二五"期间，我国主要再生资源回收量保持平稳增长趋势，回收总量累计达11.9亿吨，回收总值约为3.3万亿元。再生资源回收利用行业的快速发展，对构建生产与消耗平衡、促进资源节约和减少环境破坏、推动经济社会可持续发展起着重要作用。"十二五"期间我国主要再生资源类别回收利用情况，详见表5；"十二五"期间我国主要再生资源类别回收价值情况，详见表6。

表5　　　　"十二五"期间我国主要再生资源类别回收利用情况

序号	名称	单位	2011 年	2012 年	2013 年	2014 年	2015 年
1	废钢铁[①]	万吨	15600	14780	15080	15230	14380
	规范钢铁企业	万吨	9100	8400	8570	8830	8330
	其他行业	万吨	6500	6380	6510	6400	6050
2	废有色金属[②]	万吨	455	530	666	798	876
3	废塑料	万吨	1350	1600	1366.2	2000	1800
4	废纸	万吨	4347	4472	4377	4419	4832
5	废轮胎	万吨	329	370.3	375	430	500.6
	翻新	万吨	34	45.3	50	50	28.6
	再利用	万吨	295	325	325	380	473

续　表

序号	名称	单位	2011 年	2012 年	2013 年	2014 年	2015 年
6	废弃电器电子产品						
	数量	万台	16058	8264	11430	13583	15274
	重量	万吨	370.6	190.7	263.8	313.5	348
7	报废汽车						
	数量	万辆	149.6	132.3	187.5	220	277.5
	重量	万吨	285	249	274.4	322	871.9
8	报废船舶						
	数量	艘	317	340	65	142	102
	重量	万轻吨	225.2	255	52	109	91
9	废玻璃	万吨	880	860	849	855	850
10	废电池（铅酸除外）	万吨	8.5	8.8	9.3	9.5	10
	合计（重量）	万吨	23850.3	23315.8	23307.5	24470.6	24550.4

注：①鉴于 2013 年以前公布的废钢铁回收量数据主要是国家统计局统计范围内的规范钢铁企业的废钢铁回收量，自 2014 年起，将小钢厂回收的废钢铁、铸造、锻造等行业回收的废钢铁纳入总的废钢铁回收量中。

②鉴于 2013 年以前公布的废有色金属回收量中没有统计热镀锌渣、锌灰、烟道灰、瓦斯泥灰中废锌的相关数据，自 2014 年起，将从热镀锌渣、锌灰、烟道灰、瓦斯泥灰中回收的废锌数量纳入统计范围。

表 6　　　　　　"十二五"期间我国主要再生资源类别回收价值情况　　　　　　单位：亿元

序号	名称	2011 年	2012 年	2013 年	2014 年	2015 年
1	废钢铁	4698.7	3916.7	3392.6	3122.15	1984.4
2	废有色金属	889.1	1027	1131.2	1324.68	1395.6
3	废塑料	919.8	1056.0	888	1100	810.0
4	废纸	869.4	830.3	744.1	616	642.7
5	废轮胎	79	88.9	75.8	68.8	65.1
6	废弃电器电子产品	119.2	57.2	69.8	78.4	78.3
7	报废船舶	63.1	63.8	11.4	21.8	11.5
8	报废汽车	83.4	64.2	60.4	66	122.1
9	废玻璃	29.9	29.2	28.9	25.7	21.3
10	废电池（铅酸除外）	17.7	18.4	19.2	19.8	18.5
	回收总值	7769.3	7151.7	6421.37	6443.33	5149.5

（二）"十二五"期间行业发展特点

1. 再生资源回收体系逐步完善

逐步完善再生资源回收体系，是发展现代循环经济，建设节约型社会的必然要求，也是我国再生资源回收利用产业发展的必然趋势。经过"十五""十一五"时期的发展，以"市场主导、政府引导"为原则，我国众多回收渠道逐步演变为以民营企业为主体的回收体系，民营企业占比达80％以上。2015年，商务部等5部门联合印发了《再生资源回收体系建设中长期规划（2015—2020年）》（商流通发〔2015〕21号），商务主管部门作为再生资源回收行业主管部门，以优化回收站点和回收网络为工作重点，突出布局合理、管理规范、多元发展及覆盖范围广的特点，扎实推进建设区域性回收分拣基地和专业分拣中心，规范再生资源回收、分拣和加工行为。

2. 行业集中度不断提高

再生资源回收利用企业通过提升技术装备，规范管理，优化产品结构，再生资源回收行业呈现多元化发展格局，再生资源回收品种也从价值较高的废金属、废纸及废弃电器电子产品等，逐步覆盖了价值较低的废玻璃、废电池等。在《循环经济发展战略及近期行动计划》（国发〔2013〕5号）等政策推动下，加快改革步伐，创新体制和机制，再生资源回收利用行业洗牌加剧，行业集中度不断提升，依托龙头企业整合回收网点，为再生资源后端再利用奠定了坚实的基础。目前，废弃电器电子产品处理处置行业形成了以桑德、中再生和格林美为代表的竞争新格局。

3. "互联网＋回收"呈现发展生机

"十一五"以来，我国再生资源开始"互联网＋回收"模式探索和实践，加之再生资源价格一降再降，走街串巷的拾荒者渐行渐远。"十二五"时期，随着互联网思维的日益渗透，智能回收、自动回收机等新型回收方式不断得到发展，如格林美开发了O2O平台——"回收哥"，整合线上线下资源，形成线上下单、线下交投的新型回收平台，形成了人人参与回收，有效解决再生资源回收难的问题；引用"互联网＋"作为思维和工具，盈创在国内率先推出"互联网＋"功能的饮料包装瓶智能回收机，通过有偿回收的方式，吸引居民将手中的饮料瓶进入正轨的回收渠道，得到了越来越高的社会认可度。

4. 新常态下行业效益低迷

新常态不仅意味着经济增长转向中高速，而且伴随着深刻的结构变化、发展方式变化和体制变化，受此影响，再生资源回收难、产品结构单一等问题表现突出，企业利润持续下滑。大宗商品价格波动加剧，国内钢铁、玻璃等行业产能过剩，产业结构调整进展缓慢，同时，面临融资困难、销售不畅等压力，再生资源回收利用企业表现出创新不足、技术设备更新缓慢及产品附加值低等问题，行业整体疲软。

二、"十二五"期间主要品种再生资源具体情况分析

（一）"十二五"期间废钢铁回收利用情况

1. "十二五"期间钢铁行业总体概况

"十二五"我国钢铁行业逐步进入生产和消费的峰值期，供给侧产能的无限扩张和需求侧消费市场的饱和，使我国钢铁行业陷入市场低迷，价格持续下滑，效益大幅下降的困境中。进入"十二五"时期，粗钢产量增速逐渐放缓，延续至2015年出现负增长。去产能，调结构，转方式成为钢铁工业今后一个时段的繁重任务。2006—2015年我国粗钢产量统计情况，详见表7。

表7　　　　　　　　　　2006—2015 年我国粗钢产量统计情况　　　　　　　单位：万吨

类别	2006 年	2007 年	2008 年	2009 年	2010 年	2011 年	2012 年	2013 年	2014 年	2015 年
产量	41915	48929	51234	57707	63874	69481	72445	77904	82300	80382
增长量	6591	7014	2305	6473	6167	5607	2964	5459	4396	1918
增长率（%）	18.7	16.7	4.7	12.6	10.7	8.8	4.3	7.5	5.6	-2.4

"十二五"时期，我国生产粗钢3.20亿吨，同比增长21.2%；生产生铁3.4亿吨，同比增长37.1%；生产钢材51.6亿吨，同比增长66.4%。钢铁工业的快速发展，为我国的经济发展和国防建设做出了巨大贡献。

我国钢材价格下跌已连续多年，2013年年末钢材价格综合指数同比下降5.9%，2014年年末同比下降16.2%，2015年，跌幅持续加大，到年底钢材价格综合指数下跌到56.4%，同比下降32.2%。钢材价格的过度下降，炼钢原燃料降价与钢材降价不同步，导致钢铁企业效益减少，亏损金额和亏损企业增加。

2. "十二五"期间回收利用基本情况

（1）"十二五"期间废钢铁回收利用概况。

"十二五"我国炼钢消耗废钢铁约4.3亿吨，比"十一五"的3.8亿吨增长13.2%。用废钢铁炼钢数量约占"十二五"粗钢总量的11.4%。

1996年，我国粗钢产量超过1亿吨以后，钢铁工业迈入快速发展的轨道。钢铁积蓄量的增加，使废钢铁资源得到提升。"十二五"期间，企业自产废钢铁14430万吨，比"十一五"增长34.1%；社会回收废钢铁22980万吨，比"十一五"增长3.6%。

"十二五"期间，我国共进口废钢2109万吨，比"十一五"的3191万吨，少进口1082万吨，降幅33.9%。反映出"十二五"时期，我国利用国外废钢铁资源的下降。主要原因是国外废钢铁市场的价位高于国内，无论废钢铁应用企业或废钢铁贸易公司在价格倒挂的态势下，都不会大量进口国外废钢。

废钢铁市场持续低迷，是"十二五"期间的基本特征。从2011年开始，废钢铁价格

持续下滑。2011 年年底重型废钢平均价格为 3490 元/吨，到 2015 年年底降到 1130 元/吨，下降了 2360 元/吨，降幅 67.6%；2011 年年底炼钢生铁的平均价格为 3480 元/吨，到 2015 年降到 1390 元/吨，下降了 2090 元/吨，降幅 60.1%，见图 1。

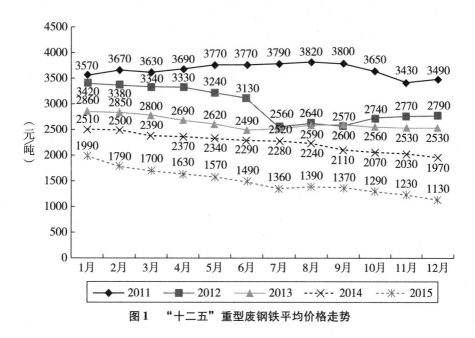

图 1　"十二五"重型废钢铁平均价格走势

"十二五"时期，重型废钢年平均价格为 2380 元/吨，比"十一五"的 2600 元/吨，下降了 220 元/吨，年平均降幅 8.5%；"十二五"时期炼钢生铁年平均价格为 2490 元/吨，比"十一五"的 2920 元/吨，下降了 430 元/吨，年平均降幅 14.7%。

（2）"十二五"期间废钢铁产业的贡献。

废钢铁是绿色的铁素资源，是发展绿色钢铁不可缺少的钢铁原料。多用废钢铁炼钢，减少铁矿石的比例，是最直接最有效的节能环保措施。

"十二五"期间，炼钢消耗废钢铁 4.3 亿吨，共节省 7.31 亿吨铁矿粉（含铁 63% 以上）的投入，减少原矿开采量 18.49 亿吨。

与铁矿石炼钢相比，用 1 吨废钢铁炼钢可减少 1.6 吨二氧化碳的排放，可减少 3 吨固体废物的排放，可节省 1 吨原煤。"十二五"期间，用废钢铁炼钢与铁矿石炼钢相比共减少 6.9 亿吨二氧化碳的排放，减少 12.9 亿吨固体废物的排放，节省原煤 4.3 亿吨。废钢铁的循环利用，对生态环境的改善有着不可替代的重要作用。

3. 政策建议

（1）建议国家将废钢铁产业作为新兴战略产业纳入《国民经济和社会发展第十三个五年规划纲要》，促进废钢铁产业科学发展。

（2）建议国家把财税〔2015〕78 号文件对规范的废钢铁加工配送企业增值税即增即退政策的比例提高到 50%～70%，并减免企业所得税，解决国内市场不公平竞争问题。

（3）建议国家出台鼓励钢铁企业多吃废钢铁的政策，从源头控制和减少污染源的产生。

（4）建议国家支持废钢铁电子商务交易市场的发展，在政策引导、政策优惠等方面推动交易市场健康、快步提升，适应废钢铁产业发展的需要。

（5）建议进出口废钢实行零税率，推进废钢贸易国际化。减免进口废钢增值税，提高国际市场竞争力。对规范的废钢铁加工企业给予进口资质，增加废钢铁资源，开发国外资源，相应替代部分铁矿石进口。

（6）建议国家相关部门关注废钢铁统计信息体系建设，授权行业协会依法开展全国性的废钢铁统计信息收集汇总工作，提升信息的全面性、科学性、权威性，为国家宏观决策服务，为会员企业服务。

（7）建议国家组织相关部门和行业协会开展全国废钢铁资源普查工作，摸清家底加快资源开发利用。

4."十三五"期间回收利用行业发展趋势预测

"十三五"是我国全面建成小康社会的决胜阶段，废钢铁产业要遵循创新、协调、绿色、开放、共享的发展理念，抓住新机遇，迎接新挑战，在全面推进供给侧结构性改革中，促进废钢铁产业深度发展，全面完成"十三五"废钢铁产业规划目标，为钢铁工业转型升级、绿色发展，推进生态文明建设做贡献。

（1）炼钢废钢比达到20%。

实现这一目标，是钢铁工业调结构、转方式的需要，是发展循环经济、低碳经济，建设"两型"社会的需要。钢铁工业走绿色发展之路，必须对炼钢炉料结构进行改变，提高炼钢废钢比，减少铁矿石的用量，这是钢铁工业发展的基本国策。

"十三五"时期，实现炼钢废钢比20%的目标具备很多有利因素。一是全面推进生态文明建设步伐加快，绿色发展成为新常态时期经济发展的方向；二是新环保法等政策法规设置的红线，倒逼企业必须转变观念，调整发展模式，落实节能环保措施，寻找新的发展道路；三是钢铁工业生产已进入峰值平台区，在去产能的同时，绿色发展，低碳发展是必然选择；四是废钢铁资源量可以完全满足实现炼钢废钢比20%的需要。

要实现"十三五"炼钢废钢比达到20%的目标，最终体现在钢铁企业废钢铁消耗量的增长。目前，钢铁行业的运行状态，对目标的实现存在一定的难度，不仅需要钢铁企业和废钢铁加工企业的共同努力，更需要国家的扶助和支持。因为解决铁矿石和废钢铁的性价比问题，补偿废钢铁高成本对企业效益的影响，单靠市场调节无法办到，"十二五"的现实已做出证明。"十三五"期间，国家应对钢铁企业多吃废钢铁给予支持。

（2）提高废钢铁加工能力，使"准入"企业达到200家，加工量达到年消耗量的50%。

2012年，工信部发布《废钢铁加工行业准入条件》，到2015年准入企业已达152家，年加工能力超过5000万吨。2020年粗钢产量约在7.5亿~8亿吨，废钢比达到20%，废钢铁消耗量为1.5亿~1.6亿吨，按规划目标应完成7500万~8000万吨的加工量。

"十三五"期间，在行业规范的基础上，重点打造一批废钢铁加工龙头企业，通过企业规模的提升和数量的增加，提高废钢铁加工能力。推进废钢铁加工企业与钢铁企业的联合重组，实现废钢铁回收加工、物流配送、炼钢生产的一体化新型运营模式，增加废钢铁加工比例。目前，虽然废钢铁产业困难重重，但是达到提高废钢铁加工能力的目标是大有希望的。

（二）"十二五"期间废有色金属回收利用情况

1. "十二五"期间有色金属行业总体概况

"十二五"期间，我国有色金属工业克服来自宏观经济环境、资源和环保压力、市场需求趋缓等诸多挑战，加快发展方式转变，推动产业结构调整和转型升级，基本保持了平稳发展态势，为实现产业由大到强转变奠定了坚实基础。

（1）生产保持平稳增长，但增幅有所回落。

我国是目前世界上最大的有色金属生产国和消费国。自 2000 年以来，我国主要有色金属产量和消费量年均增长率分别达到 13.3% 和 13.8%，远远超过全球同期 4.1% 的产量增幅和 4.0% 的消费增幅。2015 年，十种有色金属产量达到 5156 万吨，表观消费量约 5560 万吨，"十二五"期间年均分别增长约 10.4% 和 10.0%。其中，精炼铜、电解铝、铅、锌等主要金属产量分别为 796 万吨、3141 万吨、440 万吨和 615 万吨，年均分别增长 11.9%、14.1%、1.1% 和 3.4%，分别占全球总产量的 35%、55%、43% 和 44%。十种有色金属生产及消费量，详见表 8。

表 8　　　　　　　　　　　十种有色金属生产及消费量

品种	生产量（万吨）				表观消费量（万吨）			
	2010 年	2015 年	年均增长率（%）		2010 年	2015 年	年均增长率（%）	
			十一五	十二五			十一五	十二五
十种有色金属	3136	5156	13.8	10.4	3449	5560	15.6	10.0
其中：精炼铜	454	796	11.8	11.9	748	1147	14.9	8.9
电解铝	1624	3141	15.8	14.1	1585	3107	17.4	14.4
铅	416	440	11.7	1.1	420	437	16.2	0.8
锌	521	615	13.4	3.4	565	671	11.7	3.5

注：2010 年数据来源于《有色金属统计资料汇编》，2015 年数据为公报数，以下同。其中 2015 年铅产量数据包括未统计的部分再生铅产量。表观消费量为产量＋净进口量。

（2）转型升级取得成效。

目前，先进铜、铝、铅、锌冶炼产能均占全国 80% 以上。有色金属冶炼投资明显回落，深加工投资持续上升。"十二五"期间，我国有色金属冶炼投资增速放缓，2015 年冶炼完成投资占全行业的比重为 26.9%，比 2010 年下降 17.6 个百分点。与此同时，有色金属加工领域完成投资明显上升，成为产业经济效益的主要增长点。2015 年有色金属加工行业完成投资占全行业的 55.6%，比 2010 年上升 21.1 个百分点；实现利润 1080 亿元，占全行业的比重由 2010 年的 42.2%，上升到 2015 年的 71.6%。特别是铝行业投资显著下滑，2015 年，铝冶炼行业完成固定资产投资 557 亿元，同比下降 9.9%，连续两年回落；铝压延加工业完成固定资产投资 1777 亿元，同比回落 9.6%。铝行业投资热情下降，有助于化解产能过剩，调节供需结构。有色金属固定资产投资完成情况，详见表 9。

表 9　　　　　　　有色金属固定资产投资完成情况　　　　　单位：亿元

	2010 年	2011 年	2012 年	2013 年	2014 年	2015 年
固定资产投资完成额	3639.2	4606.3	5506.2	6657.2	6947.0	6718.8
其中：有色金属矿采选	763.4	930.6	1052.1	1207.6	1178.2	1182.2
有色金属冶炼	1620.8	2100.8	1959.1	2192.1	1859.9	1803.7
铜冶炼	231.1	337.9	244.9	248.6	222.6	235.6
铅锌冶炼	227.5	222.5	164.4	202.7	169.3	232.1
铝冶炼	510.8	716.3	744.2	879.3	573.0	557.0
有色金属合金制造及压延加工	1255.0	1574.9	2495.0	3257.4	3909.0	3732.9

产品结构有所改善。铝板带箔、大型工业型材、高压阳极箔等产品质量达到国际先进水平，初步满足了国家重点工程的需要并实现出口。

通过引进消化吸收再创新，铝行业逐步改变了"十一五"初期高精尖铝材主要依靠进口的局面。同时，2011—2014 年实现铝材年出口量维持在 300 万吨左右，2015 年铝材出口量达到 422 万吨，同比增长 15.1%。

产业链条进一步延伸。铝产业通过获取上游煤资源、建立自备电厂、铝液直供发展下游深加工的煤－电－铝－加工、水－电－铝－加工联营发展模式不断推广。截至 2015 年年底，有自备电厂的电解铝产能占全国比例接近 70% 以上，较 2010 年年底提高了 40 个百分点，"铝－电－网"一体化规模不断扩大。镁产品结构从产业链低端向中高端、从单一的高耗能、高污染冶金类产品向高精制造、高附加值的加工、深加工产品转变，镁合金在高端 LED 照明产品上的应用渐成趋势，大型镁合金挤压型材开始在高铁上应用。

（3）布局调整稳步推进。

有色金属冶炼产能逐步向资源能源丰富的地区转移，布局结构持续优化。2015 年西部地区电解铝产量占全国比重达到 59%，锌占 63%，镁占 65%，分别比 2010 年提高 6 个百分点、7 个百分点和 22 个百分点。

有色金属加工进一步向产品消费地区和原材料供应地区靠近。铝材产能呈现出向产品消费地区、原材料供应地区靠近的趋势，同时具备这些条件的地区，铝材产业发展迅速，2015 年，国内电解铝主要生产地区山东、河南铝材产量占全国的 39%，比 2010 年上升 12 个百分点。铜加工分布呈现区域聚集态势，尤其是江西省，依托铜基地的辐射式发展，已成为我国铜材生产第一大省。

（4）科技创新成果显著。

"十二五"期间，有色金属工业的技术创新主要围绕绿色发展、高端发展展开，行业骨干企业的技术装备已经达到或领先世界先进水平。

大直径深孔采矿技术、复杂矿床安全高效开采技术、膏体充填和高浓度充填技术、海底大型黄金矿床高效开采与安全保障技术、粗铜连续吹炼、废铅酸蓄电池铅膏连续熔池熔炼、600kA 超大容量铝电解槽、难处理资源可控加压浸出、难浸金精矿生物氧化提金、废杂铜高效利用等工艺达到国际领先。高性能电子铜带及箔材、航空铝锂合金、高强高韧铝合金大规格铸锭及预拉伸板、大断面复杂截面铝合金型材等精深加工技术取得突破，为我国制造业迈向中高端提供了重要支撑。

通过引进技术及装备并经过消化吸收与再创新，我国高速铁路、大型电力装备、光伏、新能源汽车等领域用有色金属材料生产规模进入世界前列，产品实物质量接近或达到了国际先进水平，基本满足了战略性新兴产业及国防科技工业等重点领域对高精尖产品的需要。

（5）绿色发展稳步推进。

据工信部历年淘汰落后产能公示名单统计，"十二五"期间，累计淘汰落后铜冶炼（含再生铜）产能 292 万吨/年，160kA 及以下电解铝产能 203 万吨/年，落后铅冶炼（含再生铅）产能 357 万吨，落后锌冶炼（含再生锌）产能 97 万吨。截至目前为止，国内利用矿产原料的 160kA 以下铝电解槽、鼓风炉炼铜、烧结机炼铅等落后生产能力已经几乎全部被淘汰。

有色金属工业单位产品能源消耗进一步降低。2015 年，铝锭综合交流电耗 13562 千瓦时/吨，综合能耗氧化铝 426 千克标煤/吨、铜冶炼 256 千克标煤/吨、电锌 885 千克标煤/吨，分别比 2010 年下降 2.9%、27.8%、35.7% 和 11.4%。

重金属污染物、化学需氧量、二氧化硫等排放量都有不同程度下降，尾矿、冶炼渣等大宗固体废物综合利用水平不断提高。水资源重复利用率从 2010 年的 76.6% 提高到 2014 年的 88.1%。

赤泥回收铁、铝电解槽废内衬回收、镁渣回收等综合利用技术开发取得新成果。

（6）产业竞争力不断提升。

一是企业规模不断扩大。据统计，截至 2015 年年底，中国电解铝企业平均产能规模为 40 万吨/年，比 2010 年提高 8 万吨/年。其中，年产能 50 万吨及以上的有 23 家企业，占总能力的 62.4%。2010 年年底，我国电解铝年产能在 50 万吨及以上的企业 11 家，占全国总产能的 67%。2010 年铜冶炼产能超过 70 万吨/年的企业仅有 2 家，截至 2015 年年底，铜冶炼产能规模超过 70 万吨/年的达到 5 家，其中有 3 家超过 100 万吨/年。

二是产业集中度进一步提高。初步统计数据显示，截至 2015 年年底，全国前 10 位企业产量：铜占比 72.1%，铝占比 64.8%，铅占比 49.4%，锌占比 49.0%。

三是企业实力显著增强。通过产业战略重组，一批企业的生产经营规模进入世界前列，骨干有色金属企业初步具备了与国际跨国公司比肩的能力。

四是国际价格话语权开始体现。上海期铜已经逐步摆脱"影子市场"的从属地位，与伦敦铜形成"互为引导，交叉影响"的态势，共同成为全球最具影响力的两个定价参考依据。我国稀土、钨、锡、锑、铟等优势稀有金属价格话语权开始有所体现。钨、锑、铟等品种国际市场价格跟随中国生产者价格变动的时候增多；钨、铟等个别品种在国际贸易中，外商报价开始参考或者部分采纳中国主要生产商的价格。

（7）两化融合促进发展。

"十二五"期间，我国有色金属工业企业充分发挥计算机模拟仿真、智能控制等技术的作用，把信息化引入矿山、冶炼、加工全产业链生产过程，以及企业管理、商务活动等各个领域，行业骨干企业基本实现了生产智能化和管理信息化。目前，国内大型露天铜矿和地下镍矿、铅锌矿的数字化建设取得重要进展；电解铝生产的智能化控制得到推广应用；大型铜、铝加工企业的生产过程基本实现了集中管理；电子商务平台大大降低了企业的营销成本。有色金属工业的两化融合，对促进产业转型升级起到了重要推动作用。

（8）经济结构呈多元发展。

"十二五"期间，民营企业在有色金属行业继续表现出较强的发展活力，有色金属行业经济结构进一步向多元化发展。2015 年，规模以上有色金属工业企业资产总额中，国有控股企业占 37.0%，比 2010 年年末下降 5.2 个百分点；私营控股企业资产占 46.4%，比 2010 年年末增加 7.5 个百分点，比 2010 年年末资产总额翻了一番。2014 年私人企业资产规模首次超过国有企业，私人控股企业实现利润总额在全行业占比由 2010 年的 54.7% 提升到 2015 年的 80.1%，比 2010 年提高了 25.4 个百分点。

在铜铝加工行业，民营企业市场占有率已经达到了 80% 以上。如铜加工材产量排名前 3 位的宁波金田铜业公司、金龙精密铜管集团公司和海亮集团公司，铝加工材产量排名第一的辽宁忠旺集团有限公司均是民营企业。

（9）存在的主要问题。

①自主创新能力不足。我国有色金属工业的技术开发总体还处在被动发展阶段和追赶期，难以实现持续创新，还不能适应未来竞争的需要。2015 年规模以上有色金属工业企业研发经费投入占主营业务收入的比重约为 0.8%，仍低于全国工业平均水平。新合金开发仍以跟踪仿制国外为主，部分深加工产品规格品种、批次质量稳定性与国外先进水平差距明显，集成电路，航空航天用重大工程用材料还不能满足国防工业和高新技术发展需要。如，大飞机和汽车车身薄板（ABS）、集成电路用大直径单晶硅以及浆料、靶材等关键配套材料，钛厚板（70mm 以上）和薄板（0.5mm 以下）、焊管用钛带、医用钛合金、长管、大型型材，数控硬质合金刀片，航空发动机用氧化铝陶瓷刀具等产品主要甚至全部依赖进口。总体上中国有色金属产业仍处于国际产业分工的中低端。增强原始创新能力，仍是产业面临的艰巨任务。

②结构性产能过剩问题依然存在。"十一五""十二五"期间，在金属价格普遍上涨、我国对金属产品需求快速增长以及地方经济发展的需要驱动下，冶炼和加工投资大幅增加，产业规模快速扩张，导致国内有色金属产能出现结构性过剩倾向。特别是电解铝产业在寻求低成本电力供应而向能源丰富的西部转移的过程中，新建产能逐步形成并投入生产，而东中部高成本的电解铝产能没有同步退出，在国家出台化解产能严重过剩一系列文

件后，仍有大量项目继续建设并投产，化解产能过剩任务仍十分艰巨。加工行业也由于盲目投资，跟风式发展，造成产业规模急剧增长，产能严重过剩，远远超出市场容量，部分企业在建产能建设已经出现停滞或取消。预计到 2015 年我国铜加工能力可能达到 1700 万吨以上，产能已处于过剩态势。目前受市场疲软的影响，中小铜加工企业开工率明显不足，已经出现停产和倒闭的情况。订单已呈向大型企业转移的趋势，加工行业因产能过剩引发的洗牌正在进行。

③资源保障形势严峻。国内重要有色金属矿产找矿虽然取得积极成果，但没有重大突破，2015 年国内铜、镍等重要矿产原料对外依存度分别为 73% 和 86%，分别比 2010 年上升 11 个和 6 个百分点。近年来，印度尼西亚等传统资源国均采取限制原矿出口的相关政策，以及受境外法律、市场、投资等政策约束和基础设施薄弱等影响，进口资源面临新的战略不确定因素增大，境外资源进口及开发形势严峻。

我国钨储量占世界钨储量的比重不足 50%，每年出口钨品量占产量的 50% 左右，占国外钨消费量的 80%，钨矿储采比不足国外储采比的 1/4。2013 年我国查明的钨资源虽然有所增长，但基础储量下降明显，资源优势正在逐步减弱，特别是黑钨矿资源急剧减少，逐渐枯竭，资源安全形势不容乐观。

④生态保护压力较大。随着新的环保排放标准不断提高，有色金属企业面临的环境生态保护压力不断加大。我国有色金属矿山尾矿和赤泥累积堆存量越来越大，锑及小再生冶炼企业污染排放严重，重点流域和区域重金属污染治理、矿山尾矿治理以及生态修复任务繁重，同时，部分有色金属企业随着城市发展，已处于城市核心区，安全、环境风险隐患较大。国内雾霾等大气污染防治形势严峻，行业面临新增污染源防治与历史遗留污染解决的双重任务。

⑤企业改革任务繁重。近年来，企业并购步伐不断加快，但国企内部改革缓慢，管理高度集中且行政层级过多，导致决策效率低下，难以发挥生产企业自主决策、市场反应灵敏的原有优势，部分企业效益甚至远不如并购之前。"十二五"以来，有色金属行业国有及国有控股企业利润在全行业占比由 2011 年的 30% 降至 2015 年的 −5%，亏损额平均占全行业的 66%。此外，传统有色金属老企业因环境治理和城市规划等需搬迁改造，企业面临资金不足、职工安置、社会责任等诸多困难，难以兼顾发展与稳定。

2. "十二五"期间回收利用基本情况

（1）国家政策影响分析。

随着经济的快速发展，资源、环保压力凸显，国家对再生资源回收利用也越来越重视。"十二五"期间，再生有色金属产业成为大力扶持的产业，"推进废有色金属再生利用""扩大再生资源进口种类和规模"已明确写入《循环经济发展战略及近期行动计划》。在市场和政策的影响下，产业规范程度不断提高，已成为循环经济的重要领域、节能环保产业的重要组成部分。

"十二五"期间，国家有关部委先后出台了《废物资源化科技工程"十二五"专项规划》《再生有色金属产业发展推进计划》《关于建立完整的先进的废旧商品回收体系的意见》《关于促进铅酸蓄电池和再生铅产业规范发展的意见》《再生铅行业准入条件》《铝行业规范条件》《铜冶炼行业规范条件》《铅锌行业规范条件》《再生资源回收体系建设中长期规划（2015—2020）》等一系列政策，对进一步引导和规范再生金属产业，实现产业持续健康发展具有重要意义。特别是2015年开始实施新的《环保法》，再生有色金属企业面临的环保要求进一步提高，更严格的环保标准和监管措施有利于鼓励企业在环保装备和管理方面加大投入，有利于淘汰落后产能，促进行业产业升级和规范发展。

"十二五"期间，一系列针对重大项目、重点技术、重点企业和园区的扶持措施陆续出台，例如建设"城市矿产"示范基地、资源综合利用"双百工程"、园区循环化改造、再制造试点等。到2015年年底，全国已建49个国家"城市矿产"示范基地，21个"圈区管理"的再生资源进口加工园区，99个再生资源回收体系建设试点，12个大宗工业固废综合利用示范基地。

总体来看，国家相关部委出台的一系列政策，在引导产业规范发展，提高产业规模化水平，促进产业转型升级，重视节能环保等方面发挥了重要作用，对推动中国再生有色金属工业的产业升级、加强行业规范管理发挥了积极作用，成为企业规范发展并不断做大做强的主要驱动力。

（2）回收利用行业情况。

①生产情况。"十二五"期间，我国主要再生有色金属产量累计达到4725万吨，年均增长率5.9%。其中，2011—2015年间，再生铜产量累计1410万吨，年均增长率4.9%；再生铝产量累计2580万吨，年均增长率7.5%；再生铅产量累计735万吨，年均增长率2.1%。"十二五"期间主要再生有色金属产量，详见表10。

表10　　　　　　　　"十二五"期间主要再生有色金属产量　　　　　　　单位：万吨

品种	2010年	2011年	2012年	2013年	2014年	2015年	年均增长率（%）
再生铜	240	260	275	275	295	305	4.9
再生铝	400	440	480	520	565	575	7.5
再生铅	135	135	140	150	160	150	2.1
合计	775	835	895	945	1020	1030	5.9

"十二五"期间，中国再生有色金属产量大约占全国有色金属总产量的1/3，占全球再生有色金属产量比例超过1/3，是美国、日本和德国三国产量的总和。

据不完全统计，截至2015年年底，再生铜企业年产能5万吨以上的20家，其中6家超过10万吨，共计17家再生铜企业通过了铜冶炼行业规范条件，合计产能达到413万吨；再生铝企业年产能10万吨的近20家，其中5家达到30万吨，共计30家再生铝企业通过了铝行业规范条件，合计产能达到370万吨；再生铅企业年产能10万吨以上的超过10家，前五位企业总产量占全国产量的52%以上；再生锌企业年产能2万吨以上的超过15家，产业集中度大幅提高，发展后劲明显增强。

②技术装备水平。"十二五"期间，再生有色金属产业技术进步速度不断加快，企业

自主创新能力不断增强，并取得显著成效，部分企业的技术和装备已经接近或达到国际先进水平。再生有色金属产业开始逐步摆脱粗放型发展模式，逐步转向集约化的经营模式。在预处理环节，部分企业采用全自动破碎、分选设备，大多数企业采用半人工、半机械化拆解，对手工拆解的依赖程度大大降低。熔炼环节，高品位废杂铜处理工艺已趋于成熟，国产双室反射炉已得到应用，单炉容量达到100吨，已投产的铝液直供企业超过10家。部分龙头企业较早与国际接轨，在生产规模、技术水平、管理模式等综合实力已经接近、有的甚至超过发达国家同行的水平，整个产业正在从劳动密集型向技术密集型转变。

采用熔池熔炼处理低品位含铜废料，综合回收铜、镍、铅、锌及贵金属的工艺技术已实现大规模生产，并取得明显的环保效益；双室熔炼炉、重介质分选、蓄热燃烧、烟气二次燃烧等再生铝先进技术在多家企业得到普及应用，加大了国际先进熔炼设备的引进力度，再生铝企业的自动化预处理、熔炼、扒渣等水平得到进一步提升，节能及综合利用成效显著；再生铅富氧底吹和湿法处理铅膏泥等新工艺已在行业应用，将使再生铅的环境保护和清洁生产水平进一步提高。

采用全自动破碎、分选设备的企业越来越多；采用熔池熔炼处理低品位含铜废料，综合回收铜、镍、铅、锌及贵金属的工艺技术已实现大规模生产；双室熔炼炉、重介质分选、蓄热燃烧、烟气二次燃烧等再生铝先进技术在多家企业得到普及应用；再生铅富氧底吹和湿法处理铅膏泥等新工艺已在行业应用，再生铅的环境保护和清洁生产水平进一步提高。

从事再生金属装备设计和制造的企业发展迅速，中国瑞林、中国恩菲等设计院已经具备了成熟的成套设备设计能力；湖北力帝、江苏华宏、沈阳隆基等企业在原料预处理领域已经占据了优势的市场份额；江冶机电、苏州啸波、江西宏成等已经具备再生铅、再生铝方面的自主研发和成套设备制造能力。

③产业布局。"十二五"期间，"城市矿产"示范基地、资源综合利用"双百工程"、园区循环化改造、再制造试点等大多数依托再生有色金属骨干企业，例如安徽界首以再生铅企业为核心形成了再生铅冶炼、极板蓄电池生产、铅化工、塑料加工产业集群，在龙头企业引领带动下，区域产业集聚规模得到显著提升。

随着西部地区城镇化建设的加快、交通物流体系的完善和能源劳动力优势的显现，再生金属产业从东南沿海地区向西部和内陆边疆省份扩散速度不断加快，中西部地区有望成为再生金属未来发展的亮点，产业布局日趋均衡优化。目前，49家国家"城市矿产"示范基地中有16家位于中西部地区。

再生有色金属行业与上下游的结合日益紧密，上下游融合趋势日益明显。再生铜生产企业逐渐向铜深加工方向发展，生产铜杆、铜板带等加工产品；铅电瓶生产企业建设再生铅项目、铝合金压铸企业建设再生铝项目等。

④废料进口与回收情况。2011—2015年，中国共进口含铜废料、含铝废料及含锌废料3378万吨（实物量）。由于原料价格倒挂、国内需求不振、进口监管严格、国内回收放量等多重因素，"十二五"期间中国废料进口量持续减少，年均降幅4.4%。同时，国内铜、铝废料回收量增长迅速，废铜回收量年增幅超过12%，废铝超过16%，已经占我国再生

有色金属原料供应量60%以上。"十二五"期间我国有色金属废料进口量，详见表11。

表11　　　　　　　"十二五"期间我国有色金属废料进口量　　　　单位：万吨

品种	2011 年	2012 年	2013 年	2014 年	2015 年
含铜废料	469	486	437	387.5	365.9
含铝废料	269	259	250	230.6	208.7
含锌废料	2.8	3.6	3.8	3.2	2.2
合计	740.8	748.6	690.8	621.3	576.8

⑤价格情况。"十二五"期间，再生有色金属价格与基本金属价格走势基本相同，呈持续下降的走势。废铜价格方面，以江浙地区为例，1#光亮铜价格从2011年年底的超过50000元/吨下降到2015年的37179元/吨，降幅超过25%，2#铜价格降幅超过27%；废铝价格方面，以广东佛山报价为例，破碎生铝的价格从2011年年底的超过13100元/吨下降到2015年的10478元/吨，降幅超过20%，破碎熟铝的价格从2011年年底的超过12600元/吨下降到2015年的9498元/吨，降幅超过24%。

⑥节能减排情况。再生有色金属产业进一步加大了节能降耗改造和清洁生产力度，尤其是新型节能技术和污染物排放治理设施的采用。一些企业研发的烟气二次燃烧、高效收尘及吸收技术取得成效，尤其是在烟气二噁英防治技术方面取得重大进展，为企业所在区域环境改善做出了积极贡献。目前，再生铜平均能耗水平接近250千克标煤/吨，再生铝达到110千克标煤/吨，再生铅接近130千克标煤/吨。

初步测算，"十二五"期间，我国再生有色金属产业与生产等量的原生金属相比，节能总量约10853吨标准煤，节约用水量约78万立方米，减少固体废物排放量约68.2万吨，减少二氧化硫排放量220万吨，有效促进了有色金属工业的节能减排。

3. 存在问题和政策建议

（1）存在问题。

一是原料保障程度不高，国内原料流向难以保证，国际废料市场面临的竞争更加激烈；二是产能过剩，淘汰落后技术装备任务重，迫切需要加快设备升级，加强产品质量控制；三是创新能力弱，产品附加值低，赢利能力差，缺乏市场竞争能力；四是企业环保能力建设不足，在清洁生产和污染物治理方面需要改进；五是产业人员素质仍然较低；六是风险控制能力差，在上游原料采购环节和下游销售环节都没有定价权，融资结构脆弱，面临极大的市场风险、汇率波动风险以及资金链断裂风险。

（2）政策建议。

落实并完善资源综合利用和促进循环经济发展的税收政策；完善再生资源进口监管政策，增加进口再生资源品种，简化进口监管程序，逐步统一园区、基地等产业集聚区的监管模式，整合优化存量；加快制定相关行业标准、产品标准、技术规范，建立资源再生产品和原料推广使用制度，健全用能权、用水权、排污权、碳排放权初始分配制度；完善对节能低碳、生态环保项目的各类担保机制。

4. "十三五"期间回收利用行业发展趋势预测

（1）回收情况。

预计到2020年，国内废铜回收量将达到250万吨，废铝650万吨，废铅255万吨，废锌230万吨。

预计"十三五"期间，主要再生有色金属总产量年均增长率保持在7.8%左右，2020年总产量达到1800万吨，其中再生铜440万吨，再生铝900万吨，再生铅250万吨，再生锌210万吨。

预计到2020年，再生铜、铝、铅平均能耗水平比2015年下降4%。再生铜、再生铝的总回收率提高到98%和96%。废水循环利用率98%以上。

以再生有色金属先进技术产业化推广为重点，优先发展有色金属废料的精细化分选、预处理（导线脱漆、废料清洗等）和保级利用技术，自主研发适合我国原料特点的多金属综合回收利用技术，切实提高战略性稀贵金属废料高值利用的技术水平，大力推广新型节能环保技术的应用。

在再生有色金属的拆解、熔炼环节，原料保障和处理规模将成为关键竞争力，生产要素将向优势企业集中，产业集中度进一步提高。在直接利用和加工环节，产品定位和客户响应是关键因素，产业将向专业化、精细化、差异化方向发展，再生有色金属产业有望形成集中拆解、集中熔炼，分散加工的产业分布格局。

（2）进口情况。

随着再生有色金属企业对国内原料的重视和依赖程度更加明显，大型再生铜、再生铝企业和循环经济产业园区纷纷规划布局国内回收网络，借助互联网和物联网等先进技术手段，通过自建网络、联合经营、长约合作、融资服务等多种手段积极向产业链上游渗透，B2B、B2C、O2O等"互联网＋回收"的商业模式出现。部分再生有色金属企业开始进军再生资源回收、废家电及报废汽车回收拆解等领域，提高原料供应的保障水平，致力于打造"回收—初级加工—精深加工"的完整产业链，加大国内废料的掌控力度。在国内废有色金属报废量日益增长的背景下，未来再生有色金属企业对原料的争夺将逐渐从国际市场转向国内市场。

随着经济持续增长，居民消费水平不断提高，新型城镇化建设进度加快，中国有色金属的消费量和社会积蓄量不断增加，回收量持续快速增长，国内废料将成为再生有色金属产业重要的原料来源。

（3）主要任务。

①增强资源保障。

"十三五"期间，国内废料将成为再生有色金属产业最重要的原料来源。以"城市矿产"示范基地和进口再生资源加工园区为枢纽，以行业龙头企业为核心，区域再生资源集散中心和末端回收网络相互配合，充分利用互联网、物联网和大数据等先进信息技术，实现全国范围内的有色金属废料的资源整合，形成信息共享、流通便利、交易规范、机制完善的一体化的国内原料市场。

同时，坚持国内、国外两个市场并重的原则，充分利用我国在全球废料贸易的优势地位，进一步稳定并拓展现有供应渠道，着手建立统一的采购平台，提高进口贸易话语权，逐步掌控定价权和资源控制权。

②推进清洁生产。

再生铜：重点关注原料精细预处理、富氧燃烧、采用清洁燃料、多段余热利用、强化末端治理技术等方面。

再生铝：重点关注原料分选清洗、二次燃烧技术及铝灰渣处理。

再生锌：重点关注火法烟尘的余热利用和高效收集，湿法废水的净化和循环利用，淘汰生产污染严重、产品质量较低的生产工艺装备，如平罐、电弧炉、鼓风炉等。

再生铅：重点关注预脱硫技术或者脱硫设施处理烟气，采用负压操作，使烟气不外溢，控制铅蒸气的排放量；采用布袋除尘和电除尘等先进的环保设施控制颗粒物的排放浓度。

③发展精深加工。

重点发展废杂铜高值利用，以废杂铜为原料生产高值的电子材料、电工材料、精细化产品、高精度铸件、绿色铜合金产品等。支持废旧易拉罐保级利用示范工程的建设和推广，积极推进变形铝合金加工利用。

④促进两化融合。

以再生铅为试点，重点建设覆盖全国的废铅酸蓄电池回收体系，充分利用信息化平台加强对废铅酸蓄电池收集、储存、运输全过程的监管。鼓励园区和企业搭建"互联网＋再生资源"平台，构建再生有色金属回收利用完整链条，进一步规范回收体系。

（4）保障措施。

①政策机制保障。

尽快完善增值税优惠政策的操作细则并落实到实处。加大环保监察和违规处罚力度，打造公平、规范的市场环境。增加政府专项研发投入，鼓励企业自主创新。支持企业并购重组、跨境收购，掌控产业链的关键环节。鼓励建立再生金属现货交易平台，推动再生铝合金产品期货品种上市交易。

②标准规范保障。

进一步推动再生有色金属标准体系建设，加快制定再生铜、铝、铅、锌行业技术规范。研究建立再生有色金属产品认证体系。研究构建基于存量分析和产品寿命的有色金属二次资源代谢模型，比较各种因素对再生有色金属资源潜力和产业发展的影响，优化区域再生有色金属产业布局。

（三）"十二五"期间废塑料回收利用情况

1. "十二五"期间回收利用基本情况

"十二五"期间再生塑料行业在产业规模、技术装备、加工技术和工艺水艺、从业人员素质等诸多方面得以提升，在学术上、技术上及产业化上取得了可喜的成就，但从整体而言，仍存在诸多问题，如缺乏科技人才和核心技术导致塑料再生利用产品档次不高、高质化产品不多；前处理装备落后，回收率和利用效率低，导致资源浪费严重；环保处理技术落后导致二次污染严重等问题。

（1）废塑料回收仍处于市场化无序的回收分类阶段，回收分类和高值化利用技术及装备整体与先进国家有差距。我国处理后的废塑料主要是降级使用，降低制造业成本，高值化利用量不大。

（2）我国回收废塑料分类主要依赖于人工和机械相结合的塑料分类处理模式，采用技术水平不高，劳动效率低，但可以大规模有效处理废塑料，性价比高。

（3）我国废塑料加工设备技术逐步成熟，部分塑料再生利用技术有些甚至达到或超过了国外技术，如 PET 塑料瓶分选技术、自动分选技术等，同时劣质废塑料能源化已具备较为成熟的技术条件。

（4）消费后塑料产品拆解分类技术和装备的发展快速。我国针对大宗塑料废弃物对应的可大量高效拆解分离和清洗粉碎的生产线技术、废塑料改性技术、聚苯乙烯泡沫塑料的回收再生相关技术应用已达到世界先进水平，大量利用废塑料废木屑的塑木材料及产品部分远销海外。

（5）国家在部分产品添加废塑料比例上，目前标准严重缺失，地方在执行层面与国家政策鼓励层面上存在着一定的矛盾。

"十二五"期间累积回用的废塑料超过 1.2 亿吨，为环境保护、资源再生事业发展做出了巨大贡献。

2.　"十三五"期间回收利用行业发展趋势预测

2013 年至今，再生塑料综合价格受国内外需求疲弱，原油价格暴跌的影响，价格一路下滑，再生塑料市场 2015 年整体价格行情出现需求疲软、震荡下行的特点。

受全球经济不景气影响，2016 年美元预计仍将强势，再加上原油过剩的情况没有改观，油价持续低迷，将导致原生塑料价格处于持续低位，继续抑制再生塑料市场；国内再生塑料市场自身的产能过剩现象严重，短时间内很难有转变迹象，国内再生塑料价格还将呈现整体震荡下行走势。

"十三五"期间，东北、西南、西北等地区的再生塑料产业将会较快发展。随着技术进步，再生塑料行业的分质高值化利用将得到充分发展。

（1）行业发展的空间布局建议。

①伴随着国家经济发展，再生塑料行业逐步由两个三角洲、渤海湾经济圈向中西部地区转移，行业也将开拓市场空间。

②新农村、城市化建设也将给再生塑料建材领域带来增长机遇。

③"一带一路"国家战略的确定，废塑料行业可以把产业链上劳动密集度高、产品附加值低的前期工作转移到东南亚，然后再进口再生塑料颗粒，以降低成本，增加利润。

（2）重点研发和推广技术。

①废塑料分选、分离自动化技术装备研究。开发适合于各种废混合塑料的自动化分类分离装备，实行废塑料的高速高效自动化分离，解决靠人工和化学分离的低效率和高污染的问题。

②废塑料生产合金材料、复合材料及功能材料关键技术设备研究。通过研究合金中的

增容、增韧、原位增强、稳定化和快速结晶技术，开发出的再生塑料合金性能达到甚至超过原树脂的高质化产品，实现再生塑料合金的高质化。

③塑料再生产品质量控制关键技术及标准化体系研究。紧密跟踪国外废塑料高质利用的标准化，结合我国废塑料回收技术和再制造技术及其产品，制定相关的国家技术标准或技术规范。

④改性再生塑料主要是使用废弃塑料与其他材料，通过填充、共混和增强等方法，加工生产的合金或复合材料等再生塑料产品。其加工过程中用到的再生塑料改性技术路线包含三个方面：废弃塑料与其他塑料生产合金；废弃塑料与填料生产填充塑料；废弃塑料与纤维生产增强塑料。

⑤"城市矿产"园区管理及产业基地的污染控制技术。开展静脉产业园规划与工程设计，针对静脉产业园涉及水体、土壤环境体系中多种污染物交互作用及复合效应，应展开系统的修复技术研究，构建"零排放"技术体系，发展高效、安全、低成本的水污染复集成技术，重点开展固废污染机理与系统修复、环境综合整治、生态补偿、突发事故预警和应急技术等。

（四）"十二五"期间废纸回收利用情况

1. "十二五"期间造纸行业总体概况

（1）纸及纸板生产和消费情况。

"十二五"期间，全国纸及纸板生产量合计 51470 万吨，消费量合计 50005 万吨，除 2013 年外，全国纸及纸板生产量和消费量均呈上升趋势，"十二五"期间全国纸及纸板生产量和消费量，详见表 12。

表 12		"十二五"期间全国纸及纸板生产量和消费量				单位：万吨
年份	2011	2012	2013	2014	2015	2011—2015
生产量	9930	10250	10110	10470	10710	51470
消费量	9752	10048	9782	10071	10352	50005

（2）纸浆生产和消费情况。

"十二五"期间，全国纸浆生产总量达 39131 万吨，除 2013 年外，全国纸浆产量逐年平稳上升。其中，废纸浆为 30110 万吨，占比达 76.95%，木浆和非木浆分别为 4443 万吨和 4578 万吨。"十二五"期间纸浆生产情况，详见表 13。

表 13		"十二五"期间纸浆生产情况				单位：万吨
品种	2011 年	2012 年	2013 年	2014 年	2015 年	2011—2015 年
纸浆合计	7723	7867	7651	7906	7984	39131
其中：1. 木浆	823	810	882	962	966	4443

品种		2011 年	2012 年	2013 年	2014 年	2015 年	2011—2015 年
2. 废纸浆		5660	5983	5940	6189	6338	30110
3. 非木浆		1240	1074	829	755	680	4578
其中	苇浆	158	143	126	113	100	640
	蔗渣浆	121	90	97	111	96	515
	竹浆	192	175	137	154	143	801
	稻麦草浆	660	592	401	336	303	2292
	其他浆	109	74	68	41	38	330

"十二五"期间，全国纸浆消耗总量 46754 万吨，木浆、废纸浆和非木浆分别为 12066 万吨、30110 万吨和 4578 万吨，占比分别为 25.81%、64.40% 和 9.79%。"十二五"期间纸浆消耗情况，详见表 14。

表 14　　　　　　　　　　"十二五"期间纸浆消耗情况

品种	2011 年	2012 年	2013 年	2014 年	2015 年	2011—2015 年
总量	9044	9348	9147	9484	9731	46754
木浆	2144	2291	2378	2540	2713	12066
废纸浆	5660	5983	5940	6189	6338	30110
非木浆	1240	1074	829	755	680	4578

"十二五"期间，全国纸浆消耗趋势与纸及纸板一致。纸浆结构中，非木浆比例逐年下降，废纸浆比例加大，"十二五"期间，非木浆平均占比已低于 10%，废纸浆的平均占比为 64.40%，纸浆结构逐步优化。

2. "十二五"期间回收利用基本情况

"十二五"期间，我国回收废纸合计 22447 万吨，平均回收率为 44.88%。五年来，我国消耗废纸浆合计 30110 万吨，约占我国纸浆消耗总量的 64%。"十二五"期间我国纸及纸板产量、消费量和废纸回收与利用数据，详见表 15。

表 15　　　"十二五"期间我国纸及纸板产量、消费量和废纸回收与利用数据　　　单位：万吨

年度	纸及纸板		纸浆总消耗	废纸浆		国内废纸		废纸进口量	废纸利用率（%）
	产量	消费量		用量	占总浆比（%）	回收量	回收率（%）		
2011	9930	9752	9044	5660	62.58	4347	44.57	2728	71.24
2012	10250	10048	9348	5983	64.00	4472	44.51	3007	72.97

续　表

年度	纸及纸板		纸浆总消耗	废纸浆		国内废纸		废纸进口量	废纸利用率（%）
	产量	消费量		用量	占总浆比（%）	回收量	回收率（%）		
2013	10110	9782	9147	5940	65.00	4377	44.75	2924	72.22
2014	10470	10071	9484	6189	65.00	4419	43.88	2752	68.49
2015	10710	10352	9731	6338	65.00	4832	46.68	2928	72.50

3. 进口情况

"十二五"期间，我国进口废纸合计 14339 万吨，年均进口量为 2867.8 万吨。其中 2012 年我国废纸进口量突破了 3000 万吨。"十二五"期间我国废纸进口情况，详见图 2。

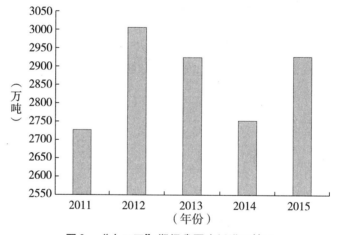

图 2　"十二五"期间我国废纸进口情况

4. 存在问题

（1）缺乏废纸回收行业标准。废纸回收环节，缺乏统一的分类等级行业标准，导致我国废纸分类模糊、回收率低，质检环节不规范不透明，增加了下游处理成本。行业内规范性文件的缺失，限制了国内废纸的流通，质量参差不齐，使国内废纸难以得到造纸厂"青睐"，出现了造纸企业更愿意选择进口废纸作为原料的局面，影响了我国废纸资源的回收利用效率和行业的健康发展。

（2）管理体系混乱。我国废纸回收行业法规政策体系不完善，政府未能对回收企业给予一定的补贴，对掺沙加水等行为处罚力度不够；我国废纸回收缺乏有效及完善的管理机制，也缺乏专业管理机构来管理废纸回收，对行业经营者监管不到位，导致废纸市场长期处于散乱状态。

（3）对外依存度高，回收率较低。国内回收的废纸不能满足国内企业需求，大量废纸依赖进口，主要原因是国外废纸质量较高，价格便宜，即使加入运费、关税等，仍低于国内价格，长期依赖进口废纸，无形中推动了世界废纸市场价格上涨，加大了国内企业的运作风险。目前，国内尚未建立完备的废纸回收系统，很大一部分废纸不能得到再生利用，浪费现象较严重，"十二五"期间，我国废纸平均回收率为44.88%，低于世界平均水平。

（4）国内废纸利用技术和设备装备水平有待提升。我国造纸企业良莠不齐，很多中小型企业无力担负技术设备费用，造成废纸处理不彻底、产品不合格等问题，废纸再利用过程中的技术水平不高，且不同企业间差异显著。在废纸利用技术和设备全面提升过程中，各地区龙头企业示范带动效果不佳，改革创新不足，废纸分拣率低、产品档次低等问题较为凸显。

（五）"十二五"期间废弃电器电子产品回收利用情况

1."十二五"期间电器电子产品行业总体概况

"十二五"期间，是我国电器电子产品行业结构调整、转型升级的重要时期，我国主要电器电子产品行业总体保持平稳发展。图3为"十二五"期间我国主要电器电子产品产量。图4为"十二五"期间我国主要电器电子产品出口量。从图3和图4可以看出，"十二五"期间我国电器电子产品的产量和出口基本保持平稳。其中，微型计算机和电视机的产量在"十二五"期间有明显的上升。受移动智能终端（例如手机）大规模应用的影响，微型计算机的出口开始下降。

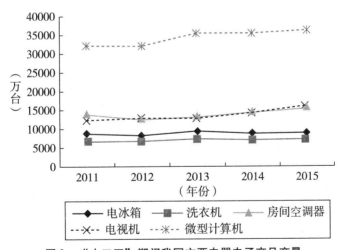

图3　"十二五"期间我国主要电器电子产品产量

2."十二五"期间回收利用基本情况

（1）国家政策影响分析。

"十二五"期间，国家围绕《废弃电器电子产品回收处理管理条例》（以下简称《条例》）出台了一系列废弃电器电子产品回收处理管理政策和标准，初步建立了我国废弃电器电子产品回收处理管理体系。在《条例》和各项配套政策，以及"互联网＋"战略的推动下，我国废弃电器电子产品回收处理行业取得了快速和显著的发展。

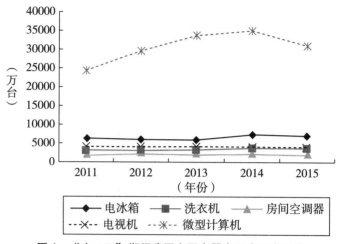

图4 "十二五"期间我国主要电器电子产品出口量

①废弃电器电子产品处理行业初见成效。

截至2015年12月31日，进入废弃电器电子产品处理基金补贴名单的处理企业共计109家，在中国全面铺开。处理企业年拆解能力超过1.3亿台。按照处理企业的处理能力统计，中再生集团达到1500万台，位居第一，格林美1000万台，位居第二；其后还有桑德集团、格力、首创等。处理企业通过并购重组，不断向规范化、规模化、集约化发展。

从2012年开始，废弃电器电子产品处理量快速上升。2014年，实际废弃电器电子产品处理量约7000万台。2015年，预计废弃电器电子产品处理量超过7000万台。

②资源效益和环境效益日益显著。

2014年，获得资质的废弃电器电子产品处理企业拆解处理首批目录产品达到7000万台左右，总处理重量达到150万吨，处理行业的资源效益和环境效益日益显现。据测算，2014年，处理企业共回收铁14.6万吨、铜3.06万吨、铝0.62万吨、塑料23.22万吨。

同时，废弃电器电子产品的规范拆解处理减少了对环境的危害。特别是较高的补贴标准，对环境风险大的电视机回收处理的政策拉动效果最为显著。含铅CRT玻璃、印刷电路板均交售给有资质的下游企业进行综合利用，大大减少了不规范处理带来的铅污染。

③处理技术和效率显著提升。

废弃电器电子产品处理量的不断增加，使处理企业的拆解处理技术和管理的需求不断提高。按照2014年第1、2季度的拆解数据，每月30天核算，平均每个处理厂、每天拆解废弃电器电子产品2051台。为了提高拆解效率，2014年越来越多的处理企业改造拆解线，升级处理设备。随着处理企业的运营和发展，我国废弃电器电子产品拆解处理技术和装备也在不断提升。

④行业管理水平不断提升。

目前，我国已有109家废弃电器电子产品的处理企业。处理企业投资主体、规模、技术水平，以及地方管理要求不同等，导致废弃电器电子产品处理企业间存在较大差异。环境部通过发布《废弃电器电子产品规范拆解处理作业及生产管理指南（2015年版）》、《废弃电器电子产品拆解处理情况审核工作指南（2015年版）》等管理文件，提高处理行业和地方主管部门的管理水平。

⑤新回收模式不断创新发展。

2015年，回收哥、淘绿、爱回收、香蕉皮等"互联网＋回收"的废弃电器电子产品回收渠道快速发展，回收覆盖的城市越来越多，回收的产品从手机等小型产品扩展到主要的家电产品。

此外，"绿色消费＋绿色回收"的废弃电器电子产品的新回收模式也取得了一定的成效。2015年，北京推动的节能超市中，通过绿色消费带动的绿色回收废弃电器电子产品达到4万台。

2015年，在住建部等五部门发布的《关于公布第一批生活垃圾分类示范城市（区）的通知》的推动下，桑德在福州启动了"促进再生资源回收、有毒有害垃圾回收与环卫系统的完善和融合"的示范项目。将再生资源的分类回收与环卫业务打通，形成业务协同效应，实现"两网合一"，做到干、湿分类回收和再生资源的分类回收，打造国内最大的集生活垃圾和再生资源分类回收于一体的"生活垃圾分类＋绿色回收"网络体系。

2015年7月，工信部联合商务部、科技部和财政部发布"废弃电器电子产品生产者责任延伸试点通知"，鼓励电器电子产品的生产者通过逆向物流建立废弃电器电子产品绿色回收渠道。

（2）回收利用行业发展状况。

①回收利用行业的产业数据。

"十二五"期间，我国废弃主要电器电子产品理论报废量呈快速增长的趋势。到"十二五"末年，我国首批目录产品的理论报废量为：电视机5850万台，电冰箱（包括电冰箱与冷柜）1704.66万台；洗衣机1544.97万台；房间空调器2431.71万台；微型计算机3742.12万台；总计15274万台，较2011年增加86.5%。

2012年7月1日，废弃电器电子产品处理基金政策开始实施。从2012年开始，进入有资质处理企业的废弃电器电子产品的数量快速上升，到2015年达到了一个峰值。2012—2015年我国废弃电器电子产品的理论报废量与实际报废量，详见图5。

②处理行业的产业布局。

截至2015年12月31日，我国有109家处理企业纳入处理基金补贴企业名单，经过"十二五"的发展，我国废弃电器电子产品处理企业基本上覆盖了全中国大陆。其中，沿海地区和中部处理企业数量较多，且大部分处理企业年处理规模超过百万台。

③回收利用行业运行特点。

在《条例》和基金补贴的推动下，"十二五"期间，我国废弃电器电子产品回收利用行业得到了快速发展，并呈现以下特点。

a. 个体回收渠道依然是主要的回收渠道。根据中国家用电器研究院对废弃电器电子产品处理企业的调研显示，传统的个体回收渠道依然是废弃电器电子产品的主要回收渠道，占处理企业回收处理废弃电器电子产品的70%～95%不等。随着再生资源价格的下降，人

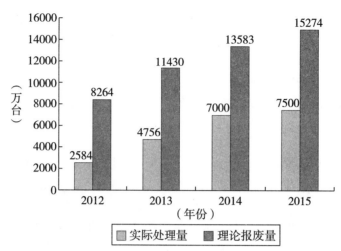

图5　2012—2015年我国废弃电器电子产品的理论报废量与实际报废量

员成本的提高，传统的个体回收渠道不断萎缩，废弃电器电子产品回收的从业人员和回收网点不断减少。随着基金补贴标准的调整，尤其是针对小尺寸的电视机、电冰箱和洗衣机不进行补贴的实行，对传统的个体回收将造成很大的冲击。一些地区已经开始出现"回收难"的现象。

b. 处理企业竞争日益激烈，处理量价同步上升。"十二五"期间，废弃电器电子产品的处理量逐渐上升。2015年废弃电器电子产品处理数量与2014年同期相比，同比增加7%。随着获得处理基金补贴企业数量的增加，废弃电器电子产品回收价格的竞争日益激烈。以电视机回收价格为例，2014年，21寸CRT电视机平均回收价为85元/台。2015年，相同尺寸的电视机平均回收价上升为95元/台。

c. 处理企业兼并活跃，企业规模化发展。进入市场的处理企业越多，企业间竞争越激烈。处理企业间的竞争变成了资金实力的竞争。一些资金实力不足的企业开始被兼并重组。按照处理企业的处理能力统计，中再生集团达到1500万台，位居第一，格林美1000万台，位居第二；其后还有桑德集团、格力、首创等。处理企业通过并购重组，不断向规范化、规模化、集约化发展。

d. 处理以整机拆解为主，深加工少。根据中国家用电器研究院对废弃电器电子产品处理企业的调研显示，目前，大部分处理企业以整机拆解为主，拆解产物交售给下游企业做进一步处理。环保部门仅对废弃电器电子产品拆解产物中的危废（例如含铅玻璃、PCB等）和废七类（例如压缩机、电线等）的下游企业提出资质要求。

3. 存在问题和政策建议

（1）存在问题。

①以个体回收为主，多渠道回收体系尚未形成。

《条例》提出，国家对废弃电器电子产品实行多渠道回收和集中处理制度。目前，集中处理已经初见成效，但多渠道回收体系一直没有形成。根据处理企业的调研，处理企业处理的废弃电器电子产品主要来源于个体回收商贩。个体回收商贩不仅对回收产品"坐地涨价",而且对产品中值钱的部件进行偷换。处理企业在接收废 CRT 电视机时,100% 对电视机的后盖敲洞,检查里面的偏转线圈是否完整。

虽然,近几年来,一些有实力的处理企业一直努力构建废弃电器电子产品的回收体系,例如新金桥的阿拉环保网,但是处理企业构建的回收网络回收的废弃电器电子产品仅占处理量很少的份额。

②基金征收和支出(补贴)出现严重失衡。

根据财政部公布的"2015 年中央政府性基金收入预算表"显示,2015 年废弃电器电子产品处理基金征收预算为 30 亿元。而 2015 年废弃电器电子产品处理企业处理数量约 7500 万台。按 85% 为电视机计算,预计基金支出超过 50 亿元。从 2014 年开始,基金的征收和支出已经出现严重的不平衡。2015 年,基金收支不平衡的现象进一步加剧。随着基金补贴标准的调整,以及新增目录产品实施基金政策,基金收支失衡的现状将有所缓解。

③补贴基金拨付周期长,处理企业税负高。

根据处理企业调研,实际处理企业收到补贴基金的周期约为一年半。目前,处理企业仅收到 2014 年第 3、第 4 季度的补贴基金。其中,第 4 季度的补贴基金平均发放率为 80%。2015 年第 1、第 2 季度的废弃电器电子产品核查数量尚未公示。补贴基金发放周期长,导致处理企业长期占压大量资金,增大企业的运营成本,不利于企业的持续发展。

此外,与所有再生资源回收利用企业相同,废弃电器电子产品处理企业也面临较高的税负。由于国家对资源综合利用企业资质认定制度的取消,处理企业享受不到税收的优惠政策。同时,回收废弃电器电子产品没有增值税发票,处理企业没有增值税进项的抵扣,造成很高的税负。

④管理侧重环境保护,忽略资源综合利用。

废弃电器电子产品不仅含有有害物质,同时也含有大量有用的资源。而目前,我国针对废弃电器电子产品的管理,如《废弃电器电子产品回收处理管理条例》,《电子废物污染环境防治管理办法》都强调环境保护,而对废弃电器电子产品的资源综合利用没有提出任何要求或指标。大部分处理企业对废弃电器电子产品的处理仅仅是手工拆解,深度资源化利用的企业不多。

⑤缺乏拆解产物无害化处理的信息追踪管理制度。

目前,我国仅针对废弃电器电子产品处理企业建立信息报送系统。但对其拆解产物的下游处理企业,尤其是危废处理企业未建立拆解产物无害化处理的信息追踪管理制度。大量的拆解产物进入"有资质"的处理处置企业后,管理信息出现"断裂"。有些拆解产物进入"有资质"的处理企业后,又重新流入市场,带来较大的环境风险。

(2)政策建议。

①完善电器电子产品生产者责任延伸制度。

目前,《条例》建立了电器电子产品的基金制度。基金制度体现了 EPR 中对生产者的资金责任。从《条例》运行的效果来看,基金制度对拉动废弃电器电子产品处理具有很好的推动作用。但是,基金制度与回收处理的效果并未建立系统关联。也就是说,基金征收并不意味着回收处理达到预期的效果。举例来说,房间空调器的生产企业征收的基金,对废弃房间空调器回收处理没有起到作用。此外，基金制度本身的收支失衡，也严重制约基金制度的发展。因此，生产者仅承担基金责任不能体现其延伸责任的目标。

生产者是 EPR 实施的主体，主要的延伸责任分为行为责任、经济责任和信息责任。其中，行为责任包括实施产品生态设计和制造，负责废弃产品回收处理的实施。在较好的 EPR 制度中，行为责任和经济责任应可以相互转化。例如，欧盟、韩国。因此，我国电器电子产品 EPR 制度中，完善生产者的责任首先应是建立生产者延伸责任中行为责任与经济责任的相互转化机制。同时，将生产者承担行为责任（回收责任）与废弃电器电子产品的回收处理效果的目标相关联。以打破目前基金征收补贴与回收处理目标相分离的现状。

此外，EPR 对生产者的延伸责任中，信息责任是必不可少。生产者应有责任向主管部门报送产品的种类、产量、销量等信息；向产品的使用者提供产品资源与环境的相关信息、废弃产品回收处理相关信息等。

②建立销售者绿色回收的责任。

2014 年，商务部发布大力发展绿色物流的指导意见。绿色流通是在流通全过程中推广绿色低碳理念，应用绿色节能技术，推动流通企业节能减排，扩大绿色低碳商品的采购和销售，有效引导绿色生产和绿色消费，促进形成"新商品—二手商品—废弃商品"循环流通的新型发展方式。

2015 年，商务部发布《再生资源回收体系建设中长期规划（2015—2020 年）》。其中，主要内容提到以逆向物流为特点的服务消费类再生资源回收体系。充分发挥流通企业面向广大消费者分散销售且便于集中回收的优势，倡导销售者责任，推动绿色商场建设，利用销售配送网络，试点建立逆向物流回收渠道。

鉴于我国电器电子产品销售行业，企业众多、大小规模不一，管理水平差异较大，建议在推进绿色物流和逆向物流的基础上，将绿色回收纳入管理，并建立绿色回收率指标。所谓绿色回收是电器电子产品的销售者将通过以旧换新方式回收的废弃产品交售给有废弃电器电子产品处理资格的处理企业进行规范处理的回收方式。绿色回收率是指电器电子产品的销售者年实际回收并交售给处理企业处理的废弃电器电子产品数量与年销量的比例。

③建立拆解产物追踪管理制度。

废弃电器电子产品处理涉及整机处理、关键部件处理，以及回收材料综合利用等多个环节，构成一个以整机拆解企业为源头的辐射性的产业链。废弃电器电子产品的处理企业不可能完成拆解产物的无害化处理处置的全过程。因此，要实现废弃电器电子产品的无害化处理，应建立拆解产物的无害化追踪管理制度，即要求处理企业对其拆解产物的下游企业提交拆解产物处理的报告制度。

④加强宣传教育和舆论引导。

废弃电器电子产品回收涉及各行各业和千家万户，需要动员全社会的力量积极参与。要组织开展多种形式节约资源和保护环境的宣传活动，提高全社会对开展废弃电器电子产品回收重要意义的认识，把废弃电器电子产品回收变成全体公民的自觉行为，广泛推介各具特色的废弃电器电子产品回收体系建设成功模式，宣传推广废弃电器电子产品回收的先进理念、方法途径、政策法规，提高全社会对废弃电器电子产品回收体系建设工作的认识，营造全社会重视和支持再生资源回收的良好氛围。

4."十三五"期间回收利用行业发展趋势预测

（1）"十三五"期间回收利用情况预测。

"十二五"期间，以《条例》为核心，我国建立了较为完善的废弃电器电子产品回收利用管理体系。在"十三五"期间，我国废弃电器电子产品回收利用不论在政策层面，还是行业层面，都将在"十二五"的基础上，持续向前发展。

①多渠道回收体系进一步发展。

在商务部《关于大力发展绿色流通的指导意见》《再生资源回收体系建设中长期规划（2015—2020）》，以及工信部《电器电子产品生产者责任延伸试点工作方案》的推动下，废弃电器电子产品多渠道回收体系建设将会有明显的提升。越来越多的大型企业，例如生产企业、销售企业、处理企业，以及第三方进入回收行业，创新回收模式，共同建立多元化的废弃电器电子产品回收体系。

②处理量将持续上升。

2012—2014年，废弃电器电子产品处理量快速上升。2014年，废弃电器电子产品处理量达到7000万台。2015年，废弃电器电子产品的处理量增长放缓，处理量约7500万台。2016年，新增目录产品进入实施阶段。随着新增目录产品配套政策的完善，新增目录产品的回收处理量将不断提高，从而带动整个废弃电器电子产品回收处理量的上升。

③处理企业多元化发展。

受国际大宗商品价格持续下降的影响，以及处理企业间竞争日益激烈，处理行业内的兼并重组持续活跃，大资金的介入将提升行业整体的运营水平。处理企业不仅要规模化发展，同时要延伸处理的产业链、高值化发展。例如处理企业建立回收渠道，提高拆解产物深加工的比例等。

（2）主要任务。

①建立以逆向物流为特点的废弃电器电子产品回收渠道。

根据《再生资源回收体系建设中长期规划（2016—2020）》，再生资源回收体系建设的主要内容之一是分类建立回收体系。与传统的再生资源，例如废纸、废塑料相比，废弃电器电子产品的回收具有自身的特点。

废弃电器电子产品回收体系的建设应充分发挥电器电子产品销售企业面向广大消费者，分散销售且便于集中回收的优势，通过以旧换新和绿色消费，带动绿色回收，倡导销售者责任，推动绿色商场建设，利用销售配送网络，试点建立逆向物流的废弃电器电子产品回收渠道。

②大力推动EPR试点工作。

2015年6月，工业和信息化部、财政部、商务部、科技部制订了《电器电子产品生产者责任延伸试点工作方案》（以下简称《试点方案》），组织开展生产者责任延伸制度试点工作。其中，回收体系建设是EPR试点的重要内容之一。

通过试点，探索生产者自行依托销售渠道、维修网点等逆向物流优势，建立废弃电器电子产品回收体系或委托第三方机构对其产品进行回收。鼓励第三方机构联合生产者建立废弃电器电子产品分类回收体系，推动各类产品集中回收，提高回收效率。推动大数据、物联网和云计算技术在废弃电器电子产品回收体系中的应用，建立回收过程可测量、可报告、可核查的信息管理系统及回收评价体系，开展回收过程标准化建设，提高规范化水平。

③培育龙头废弃电器电子产品回收企业。

引导废弃电器电子产品回收企业按照建立现代企业制度的要求，完善公司法人治理结构，建立健全科学的决策程序和激励约束机制。加强企业采购、销售、资金和财务管理，积极运用信息技术，提高管理效率和管理水平。

同时，鼓励生产企业、销售企业、维修企业，以及处理企业与废弃电器电子产品回收企业合作，建立多渠道的废弃电器电子产品回收体系。

④强化行业秩序监管。

强化废弃电器电子产品回收渠道的治安管理，严厉打击非法拼装废弃电器电子产品的制假售假、以假充真的违法犯罪行为。强化废弃电器电子产品回收环节的污染防治工作，支持污染防治设施建设，加大环保执法力度，依法查处污染环境的回收企业并向社会公布。

完整的废弃电器电子产品回收体系应将生产者、销售者、使用者、维修者、回收者和处理者有机地链接在一起，以废弃电器电子产品的处理为核心，建立电器电子产品绿色制造、绿色消费、绿色回收和规范处理管理的公共信息服务平台。同时，积极发挥行业中介组织作用，制订行业自律性行规、行约，引导行业规范有序发展。

（3）政策建议。

①加强废弃电器电子产品回收管理体系的建设。

推动将《再生资源回收管理办法》上升为《再生资源回收管理条例》。研究建立生产者、销售者、消费者对于废弃电器电子产品回收处理的责任分担机制。积极研究废弃电器电子产品回收管理制度，进一步落实生产者责任制度。

对已有的废弃电器电子产品回收管理相关的标准进行梳理，并研究建立科学合理、功能齐全、统一权威的废弃电器电子产品回收技术标准体系总体框架，加强回收废弃电器电子产品分类、关键部件和材料分类、运输储存、回收污染控制技术等基础类和通用类标准的制修订。通过认证认可等多种方式，加大标准贯彻落实力度，加强对现行标准的宣传，引导行业规范化发展。

②建立行业统计制度和绿色回收率考核指标。

建立废弃电器电子产品回收行业信息统计制度，制定分品种、分地区的统计报表，定期开展行业信息统计，加强对统计数据的分析，形成行业发展报告，并向全社会公布。根据回收企业的规模、回收产品的种类、运输能力等，建立回收企业分级制度。

同时，建立废弃电器电子产品绿色回收率考核指标。将绿色回收与规范处理有机地链接。通过废弃电器电子产品绿色回收，带动规范处理和绿色消费。

③研究制定废弃电器电子产品回收企业税收优惠政策。

随着国际大宗商品价格的下降、人员成本的提高，税负高，传统回收渠道日益萎缩，越来越多的废弃电器电子产品将成为低值产品，回收难已成为社会问题。研究制定包括废弃电器电子产品在内的再生资源回收企业税收优惠政策是解决回收难的重要政策手段之一，同时也是推动回收企业可持续发展的必要条件。

④深入开展宣传教育。

充分运用媒体优势，倡导绿色低碳、环保健康、循环利用的生产生活方式，强化道德约束。鼓励消费者使用环境友好型电器电子产品，例如节能产品、节水产品、具有十环标志的产品、符合国推 ROHS 认证的产品等。广泛推介各具特色的回收体系建设成功模式，宣传推广废弃电器电子产品回收的先进理念、方法途径、政策法规，提高全社会对废弃电器电子产品回收体系建设工作的认识，营造全社会重视和支持废弃电器电子产品回收的良好氛围。

（六）"十二五"期间报废汽车回收利用情况

1. "十二五"期间报废汽车回收行业基本情况

（1）回收拆解行业运营情况。

2015 年是我国"十二五"发展规划的收官之年。"十二五"期间报废汽车回收拆解行业重点围绕企业升级，强制淘汰"黄标车"方向开展，在国家相关政策的指引下得到了长足发展，"十二五"时期我国汽车拥有量增长 1.9 倍，平均复合增长率为 13.65%；我国千人汽车拥有量增长 1.85 倍，平均复合增长率为 13.1%；我国报废汽车回收拆解企业增长 1.18 倍，平均复合增长率为 3.3%；我国报废汽车回收量增长 1.76 倍，平均复合增长率为 11.95%。五年报废机动车回收总量 838.77 万辆，比"十二五"时期报废机动车回收量增长 1.03 倍；拆解可利用再生资源 2235.47 万吨，比"十二五"时期拆解可利用再生资源增长 1.17 倍；行业产值达 483.8 亿元，比"十二五"时期行业产值增长 2.74 倍。"十二五"期间我国汽车工业及报废汽车回收拆解行业相关指标完成情况见表 16。

表 16　"十二五"期间我国汽车工业及报废汽车回收拆解行业相关指标完成情况

年份	2011	2012	2013	2014	2015
汽车产量（万辆）	1841.89	1927.18	2211.68	2372.29	2450.33
汽车销售量（万辆）	1850.51	1930.64	2198.41	2349.19	2459.76
汽车进出口净增量（万辆）	18.94	11.73	24.73	47.87	33.73
拥有量（万辆）	10578	12089	13740	15447	17228
汽车保有量水平（辆/千人）	78.51	89.28	100.98	112.93	125.33
汽车注销量（万辆）	377.45	431.37	572.14	481.00	604.00
注销比例（%）	3.57	3.57	4.16	3.11	3.51
报废汽车回收量（万辆）	149.6	132.3	187.5	220	277.5

续　表

年份	2011	2012	2013	2014	2015
回收比例（％）	0.53	0.91	0.98	1.42	1.51
企业数量（家）	518	545	576	597	603
企业平均回收量（辆）	2290	2018	2344	3685	4312
拆解可利用再生资源量（万吨）	285	249	274.4	322	871.88

"十二五"期间我国报废汽车回收拆解行业升级改造工作取得初步成效。自2009年商务部决定开展报废汽车回收拆解企业升级改造示范工程以来，各地商务主管部门督促试点企业严格按照《报废汽车回收拆解企业技术规范》（GB 22128—2008）抓紧项目实施，认真落实升级改造的各项要求，在有关部门和企业的共同努力下，升级改造工作取得初步成效。到2012年，全国升级改造的企业达到总量的1/3。商务部继续提出推动升级改造有关工作，培育报废汽车回收拆解骨干企业，支持具有规模优势的企业完善网点、完备设施、规范作业和管理、加快信息化和服务建设；提高专业化和回收利用水平，引导有条件的地区整合资源，建设区域性报废汽车破碎示范中心。"十二五"期间后两年，回收拆解行业积极配合政府部门，把工作重点转向收购拆解"黄标车"工作。

（2）国家陆续出台的相关政策。

"十二五"期间国家陆续出台的相关政策，详见表17。

表17　　　　　　　　"十二五"期间国家陆续出台的相关政策

序号	政策（文件）名称	时间文号	主管部门
1	2011年老旧汽车报废更新补贴资金发放范围及标准	2011年第28号公告	财政部、商务部
2	关于做好报废汽车回收拆解企业和二手车交易市场升级改造示范工程试点有关工作的通知	商办建函〔2011〕1154号	商务部办公厅
3	2012年老旧汽车报废更新补贴资金发放范围及标准	2012年第27号公告	财政部、商务部
4	关于加大老旧汽车报废更新补贴工作力度的通知	财建〔2012〕295号	财政部、商务部
5	关于开展报废汽车回收拆解专项整治的通知	商建发〔2012〕295号	商务部等六部门
6	关于2012年开展报废汽车回收体系建设示范工程试点工作的通知	商建函〔2012〕349号	商务部
7	《机动车强制报废标准规定》	2012年第12号令	商务部等四部门
8	2013年老旧汽车报废更新补贴资金发放范围及标准	2013年第70号公告	财政部、商务部
9	关于印发中央财政促进服务业发展专项资金管理办法的通知	财建〔2013〕4号	财政部、商务部

序号	政策（文件）名称	时间文号	主管部门
10	关于进一步加强报废汽车回收拆解行业监督管理工作的通知	商办建函〔2013〕59 号	商务部办公厅
11	关于做好《机动车强制报废标准规定》贯彻实施工作的通知	公交管〔2013〕109 号	公安部
12	关于开展机动车安全隐患大检查工作的通知	公交管〔2013〕387 号	公安部等六部门
13	2014 年老旧汽车报废更新补贴资金发放范围及标准	2014 年第 6 号公告	财政部、商务部
14	关于印发 2014 年黄标车及老旧车淘汰工作实施方案的通知	环发〔2014〕130 号	环保部等六部门
15	关于进一步加强报废汽车回收拆解管理促进黄标车、老旧车淘汰有关工作的通知	商办建函〔2014〕606 号	商务部办公厅
16	关于印发《车辆购置税收入补助地方资金管理暂行办法》的通知	财建〔2014〕654 号	财政部、交通部、商务部
17	关于印发 2015 年度车辆购置税收入补助地方资金用于交通运输节能减排、公路甩挂运输试点、老旧汽车报废更新项目申请指南的通知	财办建〔2015〕13 号	财政部、交通部、商务部
18	关于全面推进黄标车淘汰工作的通知	环发〔2015〕128 号	环保部等五部门
19	关于报废汽车回收拆解行业经营自律若干意见	物再协字〔2015〕22 号	中国物资再生协会

（3）企业兼并重组带动了行业的快速发展。

受报废汽车回收拆解产业后市场看好的驱动，再生资源资本市场风起云涌，并购重组信息不断，天津、成都地区相关企业相继重组；玉成有限公司、新天地环境集团有限公司、中国再生资源开发有限公司、湖南万容科技有限公司、格林美股份有限公司、启迪桑德环境资源股份有限公司、东江环保股份有限公司、国投科技投资有限公司、中国节能环保集团、江苏天奇自动化工程股份有限公司等大型企业和上市公司领先进入报废汽车回收拆解产业的并购行列。随着报废汽车回收拆解行业兼并重组加剧，行业集中度进一步提高，推动行业向规范化、有序化、现代化方向发展。

2. "十三五"期间回收利用行业发展趋势预测

"十三五"期间我国报废汽车回收拆解行业工作重点仍将是继续做好升级改造工作，提高企业的现代化管理水平；在营销模式上要加大供给制改革，需要大力借助"互联网＋"新型模式，打造报废汽车拆解回用件销售交易平台，整合线上线下资源，完善拆解可回用件的销售体系，创新再生资源供给制新模式。

"十三五"期间我国报废汽车回收拆解行业将迎来高速增长时期，预计到 2020 年我国汽车拥有量达到 2.6 亿辆，首次超过美国汽车拥有量，成为世界汽车拥有量第一大国。我国千人汽车保有量达到 185 辆，列入世界平均中上等水平。全国汽车注销量将超过 1200 万辆，占汽车拥有量的 4.7%。报废汽车回收拆解量将接近 600 万辆，占汽车拥有量的 2.24%，注销回收率将逐步提升。拆解企业数量也将超过 1100 家，企业年平均回收量超过 5200 辆，是 2015 年的 1.2 倍。拆解可利用再生资源量超过 1500 万吨，是 2015 年的 1.8 倍。其中拆卸的汽车可回用零部件利用率达到 35% 以上，企业经济效益会有大幅提升。"十三五"期间我国报废汽车回收拆解行业相关指标预测情况见表 18。

表 18　　　　　"十三五"期间我国报废汽车回收拆解行业相关指标预测情况

年份	2016	2017	2018	2019	2020
汽车总量（万辆）	19037	20807	22618	24382	26186
千人保有量（辆）	137.64	149.49	161.45	172.90	184.48
汽车注销量（万辆）	716	825	945	1079	1232
汽车回收量（万辆）	280	326	387	473	587
回收率（%）	1.47	1.56	1.71	1.94	2.24
注销回收率（%）	39.05	39.49	40.91	43.85	47.68
拆解企业（个）	651	725	832	962	1124
企业年平均回收量（辆）	4296	4488	4648	4917	5229
拆解可利用再生资源量（万吨）	741	863	1025	1253	1557

（七）"十二五"期间报废船舶回收利用情况

2011 年，中国拆船协会发布了《拆船业发展"十二五"规划》。"十二五"期间，国内拆船业根据规划内容，结合不断变化的国内外市场和国内政策环境的变化，较好地完成了规划中所确定的目标和各项任务。

1."十二五"期间基本情况

据统计，2011—2015 年，国内拆船企业累计成交拆解国内外废船 1449 艘，共计 1076.01 万轻吨，年均拆解 290 艘废船，超过 215 万轻吨，是国内拆船业史上最多的五年。年均废船贸易额约为 48 亿元人民币，累计接近 240 亿元人民币。拆解废船数量和轻吨量超过《拆船业"十二五"发展规划》所确定的拆解任务目标近 80%。"十二五"期间国内拆船企业拆解国内外废船数据，详见表 19。

表19　　　　　　　　　"十二五"期间国内拆船企业拆解国内外废船数据

年份	2011	2012	2013	2014	2015	合计
艘数	314	305	400	251	179	1449
拆解量（万轻吨）	225.2	245	250	193.21	162.6	1076.01

　　国内拆船业"十二五"期间拆解能力得以较好的释放，除了受国际金融危机和欧债危机等因素的影响外，还主要得益于我国政府在"十二五"期间出台了《老旧运输船舶和单壳油轮提前报废更新实施方案》《老旧运输船舶和单壳油轮报废更新中央财政补助专项资金管理办法》，对鼓励国内老旧运输船舶提前淘汰，加快老旧运输船舶和单壳油轮报废更新进程，提供了强有力的政策保障。

　　为配合国务院印发的《船舶工业加快结构调整促进转型升级实施方案（2013—2015）》，以及我国加快老旧运输船舶和单壳油轮淘汰政策的落实，国内拆船企业自2013年起，承担了国内航运企业或船东大量废船的拆解任务，国内废船拆解量迅速增长，2014、2015两年间国内废船拆解量占比均超过当年进口废船量，这在国内拆船业发展30余年中尚属首次。据不完全统计，国内拆船企业自2013年以来，共计承担了超过300艘，251万轻吨国内老旧运输船舶和单壳油轮的拆解任务。"十二五"期间拆解国内外废船轻吨量表，详见表20。

表20　　　　　　　　　"十二五"期间拆解国内外废船轻吨量表　　　　　单位：万轻吨

年份	2011	2012	2013	2014	2015
国内废船	7.62	17.70	52.50	108.58	90.40
进口废船	217.58	227.30	197.50	84.63	72.20

　　与国际航运市场低迷、废船市场活跃、拆船量大增相反，由于国内经济发展增速放缓，自2011年下半年开始，国家固定资产项目投资力度减弱、反映制造业景气度的PMI指数下滑、房地产市场政策调控等因素影响，钢材等生产资料需求关系发生逆转，导致拆船业下游市场的国内废钢市场需求不振，价格跌荡下滑，作为拆解周期较长的拆船企业，处于高位的废船采买价格，远跟不上废钢价格下滑速度，致使拆船企业拆解废钢等物资的积压和资金占用，再加上安全环保投入和劳动力成本等增加，拆船企业逐年亏损。整个"十二五"期间，形成拆船企业的社会贡献突出，经济效益低下，难与社会效益相统一的尴尬结局。

　　自2008年国际金融危机爆发以来，废船市场活跃带动拆船市场的复苏和兴旺，催生新一轮投资热潮。资本的驱动，促使国内新的拆船能力大幅增加。但随着国内经济发展驶入"换挡期"，以及市场供求关系逆转的残酷现实，使拆船企业生产经营困难、亏损严重，再加上融资难，致使拆解能力，特别是新增能力难以释放而出现过剩。这是国内拆船业自20世纪80年代发展以来，首次遭遇上游市场（航运运力过剩）活跃，下游市场（钢铁、废钢需求乏力）低迷，导致整个行业面临发展困境的局面。时至"十二五"末期，已有一些拆船企业停拆、转产或寻觅其他发展方向。

2. 行业发展成效

2009 年，国务院印发《船舶工业调整振兴规划》中提出"规范发展拆船业，实行定点拆解"的基本要求，商务部等八部委根据国务院这一要求，随后印发了《关于规范发展拆船业的若干意见》，"十二五"期间，中国拆船协会围绕落实国务院的要求和有关部门的意见精神，认真组织开展了一系列加强行业建设与发展工作，取得明显成绩。

（1）行业基本建设。

①拆船业首次纳入国家《产业结构调整指导目录（2011 年本）》，并明确了今后拆船业发展中鼓励和淘汰的目录。

②组织第二批"中国绿色拆船企业"评定和第一批"中国绿色拆船企业"复核审定工作。目前已有 16 家拆船企业获颁相应等级称号。

③完成拆船企业信息库，基本掌握国内拆船企业拆解能力、设施装备、从业人员等信息，以便更好地服务于企业。

④编制完成并试行《中国拆船协会拆解废船买卖标准合同》，该格式合同文本制定，改变了国内拆船企业只能选用他国组织或企业版本的历史，也成为迄今为止世界上首个由拆船国家自己制定的格式合同文本。

⑤制定《拆船业行规公约》，并举行签约式。

（2）争取拆船税收优惠及拆船补贴延期政策。

①报废船舶纳入财政部、国家税务总局销项增值税优惠政策目录。

②废船进口的 3% 关税，获国务院关税税则委员会批准，2016 年 1 月 1 日起实行 1% 的暂定税率。

③会同相关船舶行业协会，积极向国家有关部门反映并获批给予航运企业或船东淘汰废船"拆船补贴"政策延至 2017 年年底。

（3）废船定点拆解纳入交通运输部管理范畴，国务院"实行定点拆解"的要求得到进一步落实。27 家拆船企业首次被交通运输部列为国内老旧运输船舶和单壳油轮淘汰拆解的定点企业。

（4）开展拆船标准、环保项目研究推广与岗位培训。

①参与国际标准组织制定的拆船国际标准 ISO 30000 转换中国国家标准的标准译校审等工作。申请并获批"绿色拆船关键标准研究"国家标准项目。

②完成联合国工业组织有关废船氟利昂回收项目、联合国开发署环保拆船项目"拆船作业中防污漆无害化管理示范项目"推广，以及"扶持拆船产业转型升级与废钢船安全管理政策研究"等课题。

③举办企业人员岗位或相关专业培训班，累计有 350 人次参加培训，并取得安全管理、可燃气体测试技术、动火作业审批以及氟利昂回收技术等职业资格和培训证书。

（5）促进拆船国际合作与交流。

①2012 年 5 月，与国际海事组织（IMO）联合在北京成功举办"尽早实施《香港拆

船公约》技术标准研讨会"。

②关注香港国际拆船公约签署进程，经交通运输部、环境保护部、工业和信息化部和协会研究同意，建立"三部一会"联系机制。

③参加国际海事组织海上环境委员会（IMO－MEPC）会议、新加坡拆船论坛、亚洲船东论坛拆船专业会议；与欧盟委员会合作举办"《欧盟拆船新法案》信息说明会"、"金属循环应用国际研讨会"等国际性会议。

此外，还与日本海事协会、波罗的海海事公会、欧洲NGO组织"拆船论坛"等机构保持良好地沟通和联系渠道。通过加强国际间的交流与合作，积极推介中国绿色拆船，表达我国拆船业的意见，建立了我国拆船业国际交流与合作的政府与行业协会工作机制，收到良好效果。

（八）"十二五"期间废旧轮胎回收利用情况

1. "十二五"期间轮胎行业总体概况

中国是当前世界汽车第一生产大国，2015年的汽车总产量达到2450.33万辆；全国公路总里程超过500万公里，其中高速公路总里程达到11.2万公里，汽车货运量和客运量分别约占全国运输量的60%和70%；轿车的普及率逐步提高，拉动轮胎内销市场长期稳定发展。

目前中国轮胎产业的五大情况如下：

（1）市场规模稳增趋缓，行业经济运行形势面临挑战。

在全球轮胎生产中，美国曾多年一直处于首位，日本紧随其后。但近年来中国经济高速发展，轮胎产业随之登上新台阶，2006年，中国轮胎产量达到2.85亿条，超过美国的2.23亿条，此后一直保持这一优势，连续十年位居世界第一位。2010年，中国轮胎业产销量达到近15%的增幅。随后受限于2008—2011年行业高速扩张，结构性产能过剩严重，轮胎产业发展步入结构调整期。从2011年开始，中国轮胎业增幅放缓趋势明显，行业整体增幅保持在5%～10%。2015年以来，受到各方面因素影响，轮胎行业开始出现负增长。

（2）企业竞争日趋激烈，兼并重组步伐加快。

在中国，规模以上轮胎生产企业总数超过500家，约有300余家生产企业通过了"CCC"强制型产品安全认证。目前，外资轮胎企业在中国约有40家，其产量占据全国轮胎总产量的近一半，其中轿车轮胎占据国内市场的70%，载重轮胎占据20%的份额。

（3）产品技术面临升级压力，环保节能降耗成必然趋势。

根据调查结果，30%左右的国产轮胎尚未满足欧盟第一阶段标准；50%左右不满足欧盟第二阶段标准。由于40%的国产轮胎市场依赖出口，国际技术壁垒迫使企业进行产品技术升级。在国内市场上，内资企业中低端产品产能过剩严重；中高端产品以外资企业为主，市场供不应求；龙头内资企业正在积极谋求转型，以争夺更多市场份额。汽车整车企业受国家燃油消耗限值、尾气排放控制等强制性政策约束，加上消费者对整车性能的要求日益提高，高性能、节能环保轮胎产品成为整车企业配套体系的重要一环。国家层面也高度重视绿色轮胎，相关政策将集中发力，引导或强制影响轮胎产业发展。

（4）上下游产业协同发展效应明显。

轮胎企业以整车产品要求和市场需求为第一原则。根据整车及轮胎产品的技术发展要求，进行结构设计、材料配方创新，同时实现与上下游企业联合开发、互补合作，形成战略性技术联盟，是推动国内轮胎企业占据技术制高点、保持市场竞争力的重要基础。

橡胶原材料方面，除天然胶外，合成胶品种在"十二五"期间已填补较全，尤其是轮胎用的丁基胶和卤化丁基胶，溶聚丁苯胶、异戊橡胶、稀土顺丁胶等合成胶的总产能已达到 500 万吨。即使轮胎的合成胶使用比例由现在的 40% 提高到 60%，国产合成胶也基本能够满足市场需求。另外，骨架材料、炭黑和助剂等品种也基本上能满足轮胎生产需求。

在装备方面，从传统工艺的意义上来说，从炼胶到硫化乃至检测设备，国内装备基本上能满足生产的需求，且在"十二五"期间研发水平有了更大的提高，为"十三五"的发展打下较好的基础。

（5）国家加强法规体系引导，行业监管趋严。

国家主管部门近年来逐步意识到，轮胎行业在实现高速发展的背后，存在影响行业健康可持续发展的隐形矛盾，因此，陆续出台引导性宏观政策及强制性监管法规，如《环保法》《轮胎产业政策》《轮胎行业准入条件》等，加强对轮胎行业的引导和管理。

2. "十二五"期间回收利用基本情况

（1）国家政策影响分析。

为进一步贯彻落实《循环经济促进法》，"十二五"期间，国务院办公厅以及政府各职能部门，陆续颁布了一系列的方针政策，从而保障和促进了本行业的健康、有序发展。如国务院办公厅的《关于建立完整的先进的废旧商品回收体系的意见》（国办发〔2011〕49 号），将废轮胎列为了建立废旧商品回收体系的重点项目；国家发展和改革委员会发布的《关于印发"十二五"资源综合利用指导意见和大宗固体废物综合利用实施方案的通知》（发改环资〔2011〕2919 号），将废旧轮胎列入了国家"十二五"综合利用的重点领域；工业和信息化部先后公布了两批《再生资源综合利用先进适用技术目录》，将"预硫化翻新轮胎装备与技术"等 31 个项目列入其中；财政部、国家税务总局陆续出台了促进轮胎资源综合利用的税收优惠政策，印发了《关于调整完善资源综合利用产品及劳务增值税政策的通知》（财税〔2011〕115 号）、《关于印发〈资源综合利用产品和劳务增值税优惠目录〉的通知》（财税〔2015〕78 号），对翻新轮胎、再生橡胶、橡胶粉实行增值税即征即返50% 的优惠政策，但是对热裂解的产品和劳务不予实行税收政策优惠，限制了规范废轮胎热裂解产业的发展。2013 年 1 月国务院颁布了《关于印发循环经济发展战略及近期行动计划的通知》（国发〔2013〕5 号），明确将轮胎翻新列为要"抓好重点产品再制造"的范畴，提出要"继续推进旧轮胎翻新"工作。政府主管部门推出的这些宏观经济政策，为整个行业的发展创造了适宜的外部环境。2012 年 9 月，国家标准化委员会重新修订了《机动车运行安全技术条件》（GB 7258—2012）中的 9.1.2 款，做出了"公路客车、旅游客车和校车的所有车轮及其他机动车的转向轮不得装用翻新的轮胎"的规定。这在我行业引起了巨大的反响，因为它不但有悖于建设资源节约型社会的基本国策，而且直接制约了轮胎翻新业的可持续发展，这主要是由于 GB 7258—2012 不仅从政策上限制了翻新轮胎的使用范围，而且客观上也使公众步入了对翻新轮胎产品认为不可靠和不信任的误区。而更为严重的是，致使国内一些规模较大、运营规范的轮胎翻新企业由于可翻新轮胎使用受限，处于生产能力闲置甚至面临破产倒闭的境地。这是因为载客汽车（特别是公路客车和旅游客车）使用的轮胎，经营者为了确保行驶安全，一般情况下均选择品质较好的品牌轮胎，且更换频率也相对高些，在行驶中又少有超载超限的情况，除人为损坏和自然老化外，这部分轮胎与城市公交轮胎原本是翻新轮胎的重要胎源（从动轮大都是双轮同用，安全系数相对较高），对于节能减排和轮胎减量化、资源化和再利用效果显著。但 GB 7258—2012 使得公路客车和旅游客车使用翻新轮胎直接被"一票否决"，这导致每年营运客车和校车的大量可翻新轮胎不准翻新，其数量每年约有 300 万标准折算条。

（2）回收利用行业特点。

①标准体系建设逐步完善。为规范废旧轮胎的循环利用，保障产品的生产质量和管理质量，"十二五"期间，国家陆续颁布了《废轮胎加工处理》《轮胎翻新工艺》等5项国家标准，颁布了《商用旧轮胎回收选胎规范》《废轮胎回收体系建设规范》等7项行业标准。

②产业结构初具规模。经过多年的探索与发展，目前我国的轮胎循环利用领域，已形成轮胎翻新、再生橡胶、橡胶粉、热裂解四大业务板块，一条完整的废旧轮胎加工利用的产业链已初具规模。

旧轮胎翻新是国际公认的轮胎减量化、再利用和资源化的首选方式；再生橡胶已成为继天然橡胶、合成橡胶之后，我国橡胶工业不可或缺的第三大橡胶资源；橡胶粉直接应用是被国际公认的废轮胎环保型、资源型的无害化加工利用方式；热裂解是废轮胎循环利用的最后环节，是将废轮胎"吃干榨净"的重要手段。

③产业布局趋于合理。从生产企业的分布来看，除西藏外，其他各省（区、市）都设有废旧轮胎循环利用的生产企业，并且呈集群式发展态势。产业集中地区主要有山东、江苏、四川、河北、浙江、福建、广东等地。

④生产规模不断扩大。据不完全统计，我国现有登记注册的轮胎翻新生产企业 800 多家，年产能约为 2000 万条；废轮胎循环利用企业约 1500 多家，再生橡胶年加工能力约 500 万吨，橡胶粉年加工能力约 100 万吨，热裂解 20 万吨。

⑤技术装备水平提升。近年来，我国轮胎翻新行业的生产技术水平不断提升，生产工艺不断改进，技术装备不断革新。大多数轮胎翻新企业已经采用国际先进的预硫化轮胎翻新工艺，产品质量和工艺技术水平已与国际接轨。我国轮胎翻新所需的关键设备已由主要依靠进口到基本实现国产化，而且大多数产品已接近或达到国际先进水平。

为达到节能环保的目标，目前已投入应用的废轮胎自动化粉碎生产线、硫化橡胶粉常压联动环保再生橡胶装备及技术、再生橡胶联动捏炼和自动称量下片成套装置，能够减少操作人员 50%，节能 20%，提高产量 25%。再生橡胶行业对传统动态脱硫工艺实施改造，采用内冷式降温串联工艺，缓解了环境保护压力。在提高了企业的环保意识的同时，一些企业已开始进行技术装备的改造，配套专用环保设备，使得再生橡胶的生产能耗由"十一五"980kW·h 降至"十二五"880kW·h，降耗节能达 11%。

⑥发展速度不够均衡。近年来，受国内金融市场和商品市场的影响，整个行业的发展状况不尽均衡，据不完全统计，2014 年，我国的轮胎翻新量为 1400 万条，与 2010 年持平，比"十二五"发展规划预测的 2615 万条减少 1215 万条；再生橡胶产量 350 万吨，比 2010 年的 270 万吨增加 80 万吨，比"十二五"发展规划预测的 260 万吨增加 90 万吨；橡胶粉产量 30 万吨，比 2010 年的 20 万吨增加 10 万吨，比"十二五"发展规划预测的 80 万吨减少 50 万吨；热裂解 8 万吨，比 2010 年的 5 万吨增加 3 万吨，比"十二五"发展规划预测的 10 万吨减少 2 万吨。

⑦回收体系建设已初试。2011 年 10 月国务院办公厅印发了《国务院办公厅关于建立完整的先进的废旧商品回收体系的意见》（国办发〔2011〕49 号），将废轮胎作为重点支持的回收商品之一，为在行业建立完整的回收体系，提高废旧轮胎回收产业的组织化和规模化程度，商务部已责成中国轮胎循环利用协会，组织杭州中策橡胶循环科技有限公司在浙江等地开展了废轮胎回收体系建设试点工作。

⑧行业信用等级评价体系已建立。2009 年 8 月商务部信用工作办公室、国务院国有资产监督管理委员会行业联系办公室印发了《关于公布第三批行业信用评价参与单位名单的通知》（商信用函〔2009〕3 号）。经政府主管部门核批，本行业已有 32 家企业荣获授信单位，其中 AAA 企业 25 家。

3. 存在问题和政策建议

（1）存在问题。

①生产经营方式粗放。虽然废旧轮胎循环利用已成为资源节约型的朝阳行业，但受历史和现实的条件制约，大部分企业经营资金匮乏，生产规模较小，技术水平偏低，管理方式和管理手段滞后，难以实现跨越式发展。行业中部分小企业，依靠落后的生产技术和工艺，采取低成本、低价格、低附加值和高能耗、高排放的粗放式生产经营方式，对市场秩序形成了冲击，对资源与环境造成灾难性破坏。

②市场监管力度薄弱。近年来，通过国家宏观经济政策的引导以及行业管理的逐步加强，部分大中型生产企业自我约束、自我发展的意识在增强，在技术、设备和工艺不断更新的基础上，产品质量已达到或接近国际先进水平，能够较好地满足用户的使用要求，成为了行业的骨干力量。但由于历史的和客观的原因，以及一些政策措施的缺失，仍有相当数量的小规模企业，游离于市场的监管之外，处于自由发展的态势。它们技术装备落后，生产水平低下，产品质量得不到保障，甚至生产假冒伪劣产品，严重地损害了行业的整体形象。

③回收体系尚不健全。虽然近两年商务部先后颁布了《商用旧轮胎选胎规范》《废轮胎回收体系建设规范》以及《废轮胎回收管理规范》等用于废轮胎回收体系建设的行业标准，并在局部区域启动了试点工作，但目前还没能建立起全国性的规范的废旧轮胎回收体系，95% 以上废轮胎是由民间自由贸易，致使相当数量的废轮胎流入了不规范的加工处理生产厂家，这也是造成我国橡胶资源的浪费和对环境造成二次污染的主要原因之一；而回收经营者的无序竞争，不仅使有限的废轮胎资源得不到规范、合理、高效地回收利用，

也使得不少规范的企业面临资源短缺的窘境，而且层层倒卖和转运浪费了运输资源。

④企业经营举步维艰。近两年来，受国际、国内经济形势的影响，部分生产企业遇到了前所未有的经营困难，经营状况很不乐观。生产原料不足、资金短缺和技术支撑力量薄弱，加之业内自由竞争的加剧，已成为不少企业实现可持续发展的羁绊。

⑤翻新轮胎胎源短缺。轮胎翻新是国际公认的轮胎减量化、再利用、资源化的首选方式，然而国内一些规模较大、运作规范的轮胎翻新企业却由于可翻新轮胎胎源严重短缺，长期处于生产能力闲置的处境。一方面，登记注册的800多家生产企业，年产能约为2000万条，但2014年产量只有900余万条，产能闲置率超过50%；另一方面，废旧轮胎生成比例严重失衡，废轮胎与旧轮胎的生成比例约为95∶5，即可用于翻新的旧轮胎仅占废旧轮胎总量的5%，与发达国家平均水平45%的比例相去甚远。究其原因，一是国家没有把轮胎的可翻新性要求纳入新轮胎制造的强制性技术标准之中，加之一些"无三包新轮胎"充斥市场，产品质量较差，不具有可翻新性；二是人为地限制了可翻新轮胎的使用范围，比如GB 7258—2012；三是人们对科学使用轮胎的意识淡薄，超载、超限以及过度磨损现象严重，大部分新轮胎"一驶到废"，丧失了翻新的机会。比如由于高速公路超载、超时并超速行驶，胎体多被压坏，导致载重轮胎的可翻新胎比率极低；四是由于目前没有建立起规范的旧轮胎加工利用渠道，产生的一定数量旧轮胎流向了不规范的企业，这些企业生产的产品无法达到产品质量标准和国家规定的节能环保要求；五是目前国家实行限制旧轮胎进口和禁止废轮胎进口的政策，不能充分利用国际国内两个市场、两种资源。

⑥循环利用的环保问题突出。目前我国的废轮胎循环利用的主要途径，一是生产再生橡胶，二是生产橡胶粉，三是热裂解。它们与旧轮胎翻新业一道，形成了具有中国特色的废旧轮胎循环利用的工业体系，但上述体系仍存在着应该着力解决的问题：一是再生橡胶和热裂解对环境的二次污染问题；二是再生橡胶生产设备的高耗能问题。在工业和信息化部印发的《废旧轮胎综合利用指导意见》等相关政策的指导下，一些再生橡胶、热裂解生产企业在环保和节能方面进行了技术和工艺的改进与革新，已向安全、环保、连续化的生产迈开了一步，但一些影响产品质量的共性问题还亟待解决。因此，采用环保、节能、连续、高效的再生橡胶生产设备和环保型助剂，已成为产业向低碳绿色转化的目标。

⑦科技力量基础薄弱。作为国家战略新兴产业的废旧轮胎循环利用行业，全行业职工平均文化程度偏低，研发机构不健全，专家队伍人员数量偏少、年龄偏大，许多制约行业发展的理论问题和关键技术问题得不到很好解决，已不同程度地限制了行业的快速发展。

（2）政策建议。

①加快制订"废旧轮胎回收利用管理条例"，通过法律规范明确生产使用单位的责任和义务，禁止废旧轮胎随意堆放，丢弃，焚烧，掩埋，土法炼油，规范回收渠道，建立健全废轮胎回收利用网络及付费机制，将废旧轮胎资源回收利用纳入法制化管理的轨道。

②将废轮胎列入国家强制回收目录，实行"以旧换新"制度，在全国各地建立废旧轮胎回收处理集散中心，负责本地区废旧轮胎集中回收分类初加工及再利用的集散。

③为了减少中间环节，有利于废旧轮胎回收利用，目前我国万吨以上再生橡胶生产企业已达40多家，万吨级胶粉企业已有20多家，已在市场经济中形成产销回收加工一体化

联合体系，对具有条件的企业应允许直接回收，开票抵扣。

④在日本60%的废轮胎用于水泥、钢铁及发电行业，而我国以上这些行业没有利用废轮胎作燃料，其原因是废轮胎的价高于煤炭，只有无偿利用废轮胎，才可在以上行业大量利用。总之，我国废旧轮胎加工利用的政策、法律、法规应与发达国家接轨，才可使我国的废旧轮胎资源综合利用行业蓬勃发展。

⑤随着各国纷纷抬高轮胎准入门槛，不断有国家发布轮胎技术法规，轮胎标签制已成必然趋势。为推动轮胎翻新产业健康有序发展，规范翻新轮胎产品生产，引导和推广翻新轮胎产品的使用，拟在本行业建立翻新轮胎产品质量检测认证管理制度或实行轮胎标签法。

4. "十三五"期间回收利用行业发展趋势预测

（1）"十三五"期间回收利用情况预测。

"十三五"期间是废旧轮胎回收利用行业规范市场运作、完全达到循环经济安全环保要求、实现跨越式发展的关键时期。到2020年，基本建立适合我国轮胎循环利用的法律法规及标准、政策体系和统计信息服务体系；初步建立规范的废轮胎回收体系。符合轮胎循环利用准入条件的企业力争达到300家；废轮胎平均回收率达到95%以上，无害化和环保达标利用率达到80%；载重轮胎翻新率提高到35%，巨型工程轮胎翻新率提高到40%；我国废旧轮胎的产量将达到1500万吨，轮胎翻新量约1300万条。再生橡胶年产量达到500万吨；橡胶粉年产量达到100万吨；废橡胶热裂解达到50万吨。废轮胎环保达标利用规模达到850万吨。

（2）主要目标。

①积极改善经营环境，规范市场运营秩序。

积极争取各级政府部门对本行业的关注程度，努力争取国家对循环经济发展的支持力度，特别是优惠的财政和税收政策，为业内企业的发展打造适宜的外部环境。积极建议国家出台相关政策法规，将轮胎循环利用的管理纳入法制化轨道。继续施行废旧轮胎综合利用行业准入制度。以行业准入条件为抓手，理顺市场运营秩序，净化企业经营环境，规范企业生产经营，促进企业优化升级，从而引导行业健康、有序地发展。努力改善投资环境，吸引国内外的投资，借助外部资金、资源优势打造一批产业化、规模化的大中型企业。充分利用"两个市场、两种资源"。积极建议政府主管部门开展废轮胎进口的试点，扩大旧轮胎进口的试点范围，以缓解我国橡胶资源严重不足的状况。建议修订GB 7258—2012《机动车安全技术条件》中不利于轮胎翻新行业发展的条款，扩大翻新轮胎的使用范围。建立健全废轮胎回收体系，从废轮胎产生的源头抓起，在现阶段试点工作的基础上，总结经验，全面推进，探索出一条适合我国国情的废轮胎回收之路。

②完善机制规范运作，促进企业转型升级。

研究建立生产者责任延伸制度，明确轮胎生产企业的责任和义务，依法构建废旧轮胎综合利用的管理体系，以保障废旧轮胎综合利用全面、协调、持续发展。抓住行业调整和经济振兴的机遇，引导企业深化改革，建立健全激励与约束机制和现代企业制度，强化企业质量管理、财务管理、节能管理和安全生产监督管理，加强职工队伍建设，全面提升企业管理水平，促进企业实现跨越式发展。大力发展循环经济，在延伸产业链上下功夫、求发展。通过深加工向多元化方向发展，实现废轮胎资源由单向开发向综合开发，由粗放开发向集约开发，由初级加工向精细加工转变，逐步形成废旧轮胎资源循环利用的完善工业体系。加强区域之间的协调与合作。有条件的东部地区企业应利用资金优势、技术优势和市场优势，与中西部资源、能源、劳动力优势携手联合，实现优势互补、共同发展的新格局。学习国内外先进技术与先进管理经验，坚持引进技术与消化吸收、创新相结合，在此基础上，进行综合集成和应用开发，形成具有自主知识产权的核心技术和主导产品，提高企业的核心竞争力。继续推进全行业社会信用评价体系建设，引导企业良性发展。建立健全行业统计体系，开展分专业数据统计，为政府和企业提供较为可靠的信息数据。

③加大创新研究力度，强化技术服务支撑。

积极推动技术改造与技术创新，在节能环保的原则下，积极鼓励科研院所、高等院校以及有实力的企业承担重大技术课题的研发，着力突破制约产业发展的关键环节和关键技术；积极推广先进技术和成熟技术，加速优秀环保科技成果的转化及其产业化；以科技力量推动生产经营方式的转变。继续完善废旧轮胎综合利用标准体系。研究制定轮胎翻新"3C"认证的国家标准，力争在"十三五"期间，实施翻新轮胎实施"3C"认证；制（修）订废旧轮胎加工处理的各类技术标准以及废轮胎加工处理能耗与环境标准，加大橡胶粉应用下游产品的标准化工作力度。鼓励并支持有条件的企业建立研究院所和工程技术研发中心，组建产学研联合体，集中力量建设一批规模适度、管理先进、科技含量高、符合节能环保要求的示范工程、加工基地或产业园区，在国内形成5~8个年处理10万吨废旧轮胎的产业园或产业基地，并以此为中心，推进其周边乃至全国的废旧轮胎资源回收—加工—利用产业链的建设。大力加强本行业职工的技术教育培训工作，加快建设宏大的创新型科技人才队伍，推进行业技术进步，提升全行业技术水平，建立健全以企业为主体、市场为导向、产学研相结合的技术创新体系，形成行业完备的技术支撑体系。积极推行轮胎翻新先进技术保障体系建设，实施产品质量监控管理，努力提高轮胎翻新产品质量，力争40%轮胎翻新企业装备技术水平达到或接近国际先进水平。巨型工程轮胎、工程机械轮胎、航空轮胎等特种轮胎翻新企业，拥有自主知识产权、国际先进水平的整体解决方案，达到示范基地规模，为轮胎翻新行业参与国际竞争提供技术保障。研发和推广高效、低耗废轮胎橡胶粉、新型环保再生橡胶及热裂解生产技术与装备，实现废轮胎的环保达标利用。

（3）重点任务。

①轮胎翻新业。

a. 进一步提高预硫化胎面翻新的比例，到"十三五"末期，除少部分斜交轮胎使用模压法翻新外，卡客车轮胎均实现使用预硫化胎面翻新；钢丝子午轮胎的翻新占主导地位；大力发展全钢无内胎、载重子午胎及工程巨型轮胎的翻新；提倡轿车轮胎采用环形预硫化胎面翻新法；继续加大巨型和特巨型轮胎翻新的无模并充氮气硫化新技术的推广和应用。不断改进轮胎翻新工艺。继续提高大型轮胎的传热效率，缩短硫化时间，实现节能低碳；继续完善预硫化胎面轮胎翻新工艺，提倡使用内外包封套工艺，减轻劳动强度；继续研究胎面花纹结构，使之更加节油，提高抓着力，增强抗湿滑性能。

b. 努力提高轮胎翻新率和利用率，实现废轮胎减量化。针对目前我国"无三包轮胎"泛滥的现状，呼吁政府有关部门将新轮胎可翻新性纳入强制性技术标准，从源头上解决国产新轮胎可翻新性差、可翻新率低的问题。

c. 加大轮胎翻新装备的研发。在消化吸收、替代进口设备的基础上不断创新，设计研发操作简便、低能耗、高效率的装备，满足轮胎翻新技术更新的需要。依托国家轮胎工艺与控制工程技术研究中心，研发航空轮胎、工程轮胎、巨型轮胎等特殊产品的全套翻新装备；研发轮胎翻新设备的绿色智能化制造，如智能仿形打磨机、全自动缠绕机、节能定型硫化机等专用装备；研发轿车轮胎和叉车实心轮胎的翻新技术及装备。

d. 检测装备力争实现国产化。要强化生产过程中必要检测设备的使用，如高压充气检测、激光或 X 光检测、钉眼电磁检测等，以确保翻新轮胎的产品质量。要提高检测设备的国产化率，要依托高校、科研机构和骨干企业，共同进行技术开发，以降低装备成本；要注重数字化轮胎翻新成套关键检测装备、关键技术的研发和推广。以激光散斑检测技术为创新点，建立科学的、实用的、符合安全认证规范和体系的关键技术，确保翻新轮胎的安全性。

e. 拓展市场营销方式。鼓励大中型轮胎翻新企业建立品牌意识，创建自己的产品品牌，逐步形成国内知名的产品品牌；鼓励轮胎翻新企业与城市公交、大型物流公司、矿山等轮胎使用量大的企业，搭建合作平台，建立以旧换新、以旧翻新等营销模式；鼓励国内企业自主开发国际市场。

f. 重点研发项目：提倡大型和巨型工程子午轮胎采用预硫化胎面翻新工艺，低温罐式硫化，实现节能环保，绿色生产。继续完善巨型和特巨型轮胎翻新的无模并充氮硫化技术，提高产品质量。继续研发热收缩预硫化环形胎面的配方和工艺，实现增效、节能、低碳和清洁生产。加强无胶囊氮气硫化技术的研发推广。环形胎面预成型技术及装备的研发和推广。探索高压和短纤维取向添加等提高翻新轮胎耐磨性能新技术的创新点。完善和改进胎面胶配方的研制技术。比如，采用反式聚异戊二烯配方研制热塑性胎面防脱层。

②再生橡胶业。

a. 再生橡胶生产过程中对环境产生"二次污染"的工艺和装备已经引起行业的高度关注，要加强再生橡胶行业自律，制定再生橡胶废气的检测标准；要淘汰落后高耗能设备，淘汰煤焦油、煤沥青、石化油浆（渣油）等污染性软化剂和活化剂；改变再生橡胶高温高压脱硫工艺，采用节能环保安全的废橡胶再生工艺，为实现再生橡胶行业的绿色发展提供有利条件。

b. 鼓励大专院校、科研机构、设备制造和生产企业组建产学研联合体，集开发设计、实验、产业化示范、技术培训、国际合作交流、技术输出为一体，为废轮胎循环利用技术创新提供研发平台，形成技术创新合力，破解行业中带有共性的技术难题。

c. 鼓励废轮胎加工利用企业采用新技术、新工艺及新装备，实施技术改造，将再生橡胶制造技术与信息技术、自动化技术有机结合，实现称量、搅拌、输送、脱硫、冷却、下料等各环节自动化及在线监控、跟踪和信息管理，有效实施再生橡胶工业由劳动密集型向技术密集型转型升级，变"制造"为"智造"；实现废轮胎加工过程的安全、环保、节能、连续、高效。

d. 加强对再生橡胶环保再生助剂的研发，淘汰煤焦油和非环保软化剂，鼓励引导生产企业使用环保型再生助剂。建立再生橡胶设备和生产工艺的绿色制造示范线，并对其环保和质量进行全程监控。

e. 建立"互联网＋"废轮胎网络平台，指导企业智能化的生产、管理和销售。通过互联网共享更多的行业信息资源。

f. 产品结构调整要以市场为导向，根据用户需要组织生产，着力加强供给侧结构性改革，不断提高再生橡胶质量，扩大再生橡胶的应用比例，扩大再生橡胶的应用范围。"十三五"期间，应大力发展高品质再生橡胶、环保型再生橡胶、特种再生橡胶，淘汰低品质再生橡胶。到"十三五"末期，优质再生橡胶由"十二五"末期的 15%，提升到 30%；特种再生橡胶，丁基、乙丙、丁腈、氯丁等再生橡胶，由"十二五"末期的 10% 提升到 15%；环保型再生橡胶由"十二五"末期的 30% 提高到 60%；低品质再生橡胶由"十二五"末期的 20% 降到 5%。

在全国培育 10 家年处理废轮胎 10 万吨以上、50 家年处理废轮胎 5 万吨以上、200 家年处理废轮胎 2 万吨以上规模的企业，逐步淘汰年产能 5000 吨以下的企业。

g. 重点研发项目：多阶螺杆连续脱硫绿色制备颗粒再生橡胶的成套技术设备的推广应用，加快推动科教创新成果的产业化。加强研发再生橡胶连续化、自动化、智能化的成套设备。继续加强再生工艺专用环保净化设备的研发与应用。

③橡胶粉业。

a. 大力推广常温橡胶粉生产技术，根据橡胶粉生产节能、环保以及适用范围广泛的特点，大力推进橡胶粉的直接应用。积极推进橡胶粉下游产品的国家及行业标准制（修）订。

b. 重点发展橡胶粉改性沥青技术的推广、超声波改性橡胶粉在保温墙体上的应用、橡胶粉在热塑性弹性体生产中的应用等。加强橡胶粉与废塑料并用研究，橡塑共混材料在建筑、橡塑包复式铁道枕木、防水产品中的应用推广及橡胶粉与水泥共混在国防、机场和水系防水的应用等。

c. 不断扩大橡胶粉在轮胎胎面及管、带、鞋等橡胶粉制品中的直接应用，解决橡胶粉表面活化和塑化共性技术工艺。

d. 重点研发项目：利用橡胶粉生产高附加值网架式免充气空心轮胎技术的应用。利用超声波改性橡胶粉生产保温墙体技术的应用。橡胶粉在热塑性弹性体技术的应用。

④热裂解业。

a. 制定热裂解行业标准，明确政策和技术导向，取缔不符合《废轮胎综合利用行业准入条件》的热裂解项目，推动行业向安全、节能、环保方向发展。

b. 鼓励企业学习国内外先进的成熟技术，实施消化吸收再创新，自主研发节能安全、绿色环保、连续化、智能化的热裂解成套技术及装备。

c. 充分发挥产学研的优势，加强对热裂解共性技术的研发。

d. 重点研发项目：热裂解炭黑和回收油品的深加工技术的研发。整胎工业连续化裂解技术和装备的研发。光波热裂解技术的研发。橡塑混合物料低温连续热裂解装备的研发。橡塑混合物料热裂解烟气回收及净化技术装备的研发。

（九）"十二五"期间废电池回收利用情况

1. "十二五"期间电池行业总体概况

（1）"十二五"期间电池生产情况。

"十二五"期间，我国电池产量约2400亿只，其中锂离子电池产量增幅最快。近几年中国电池产量增长情况，详见表21和图6，中国近几年电池主营收入情况，详见图7，其中2012年电池主营收入明显下降，这与规模以上企业统计范围调整、电池出口额大幅度下降有关。

表21　　　　　"十二五"时期中国电池产量增长情况

年份	推估总产量（亿只）	电池主营收入（亿元）	统计范围企业数量（家）
2011	490	5440	1326
2012	479	3731	1207
2013	463	4198	1177
2014	477	4226	1224
2015	488	4474	1242

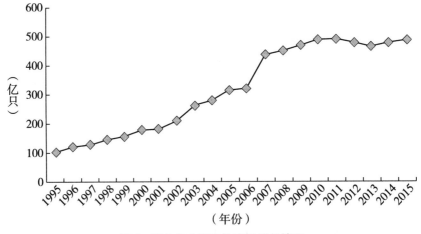

图6　近几年中国电池产量增长情况

（2）"十二五"期间电池出口情况。

2011—2015年，我国电池出口量累计达1480多亿只，2011年电池出口量达到302亿只，之后几年出口量小幅回落，2015年我国电池出口总量303.34亿只。近几年我国电池

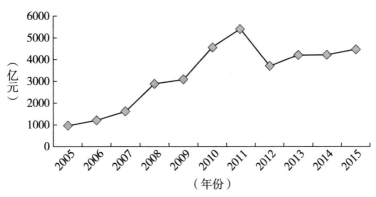

图7 中国近几年电池主营收入情况

出口贸易增长情况，详见表22，近20年我国电池出口量与出口额增长情况，详见图8。

表22   近几年我国电池出口贸易增长情况

年份	出口量（亿只）	出口额（亿美元）
2010	282.81	285.30
2011	301.93	318.13
2012	289.02	222.97
2013	291.11	199.45
2014	296.34	235.09
2015	303.34	255.64

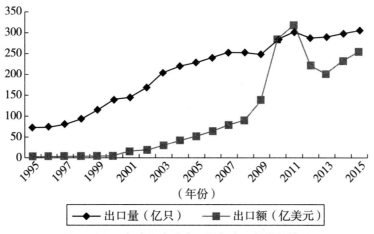

图8 近20年我国电池出口量与出口额增长情况

（3）"十二五"期间电池进口情况。

2010年之后，电池进口量与进口额都持续下降，这与外资电池企业在华设厂生产电池，直接在华销售有关。2014 年我国电池进口总量 47.43 亿只，进口总额 70.18 亿美元。2015 年我国电池进口总量 45.43 亿只，进口总额 61.32 亿美元。近几年我国电池进口贸易情况，详见表23，近几年我国电池进口量与进口额增长情况，详见图9。

表23　　　　　　　　　　　　近几年我国电池进口贸易情况

年份	进口量（亿只）	进口额（亿美元）
2010	72.47	84.35
2011	69.99	80.53
2012	60.20	67.03
2013	57.26	64.60
2014	47.43	70.18
2015	45.43	61.32

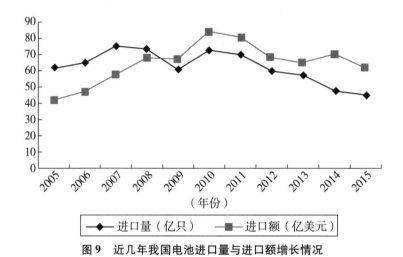

图9　近几年我国电池进口量与进口额增长情况

2. "十二五"期间回收利用基本情况

在过去的五年中，我国废电池回收现状仍未改变，回收成本高、处理方式不合理等问题依然严峻。用量巨大的一次电池，即家用干电池的回收利用价值低，而经济效益作为衡量电池回收利用的重要标尺，社会群体、企业和分销商均未对废一次电池进行回收，一直没有建立起有效的回收和处理体系。与一次电池相比，可充电的二次电池含有一些比较贵重的金属，如镍、锂、铅、镉等；其中，废铅酸电池的回收率高，但再生铅生产企业和分销商的回收量仅占废铅酸电池回收总量的 15%，经过"十二五"时期的发展，我国正在积极探索铅酸电池生产者责任延伸制度，改变以社会群体回收为主的局面；随着一系列新能源汽车扶持政策的出台，中国新能源汽车在"十二五"期间快速发展，主流电池发生变化，锂电产业已经成为我国其当前的发展趋势，废锂电池对环境会产生较大影响，在大规模报废来临之前，明确回收主体，出台相应的回收机制，制定相应的统一标准，是我国回收废锂离子电池的重中之重。"十二五"期间我国废电池（铅酸电池除外）回收量，详见表24。

表24　　　　　　"十二五"期间我国废电池（铅酸电池除外）回收量　　　　单位：万吨

年份	2011	2012	2013	2014	2015
废一次电池	3	3	3	3	3
废二次电池	5.5	5.8	6.3	6.5	7
废电池（合计）	8.5	8.8	9.3	9.5	10

（1）废一次电池废弃情况。

根据产品的销售数量和产品的平均寿命估算年度净废电池的产生量。经过社会调查和文献调研，设定我国一次电池的生命周期平均都小于一年，废弃量就约等于消费量。通过查询《中国轻工业年鉴》及搜寻行业数据，采集一次电池的销售量数据。经估算后得到一次电池的废弃量，基于"市场供给模型"的2005—2014年度中国废一次电池的产生量，详见表25。

表25　　　　基于"市场供给模型"的2005—2014年度中国废一次电池的产生量

年份	国内一次电池废弃量（亿只）	一次电池废弃量折合重量（万吨）
2005	123.08	30.77
2006	116.49	29.12
2007	125.62	31.41
2008	129.44	32.36
2009	201.57	50.39
2010	223.95	55.99
2011	200	50.00
2012	191.04	47.76
2013	160.65	40.16
2014	166.26	41.57

以2010年为例，国内消费一次电池223.95亿只，同样废弃量也约为223.95亿只，平均每人废弃17只。普通锌锰电池主要约含20% Zn、25% Mn、20% Fe、5%氯化锌、10%水和20%塑料、纸和碳，其正、负极材料分别为 MnO_2、金属锌，酸性电解质中含有 NH_4Cl 和 $ZnCl_2$；碱性锌锰电池成分，主要含约20% Zn、30% Mn、20% Fe、5%氢氧化钾、10%水和15%塑料、纸和碳，其中组成电极结构的材料有黄铜、锌粉、钢、碳和 MnO_2。废一次电池按每只25克计，推算出2010年一次电池废弃量约为56万吨，其中，锌锭含

有约11.2万吨、锰14万吨、铁皮11.2万吨、塑料8.4万吨。

（2）废二次电池废弃情况。

①镉镍电池产量、进出口量与废电池产生量情况。

2015年，我国镉镍电池产量约1.35亿只，随着环保进程，我国产业政策明确限制镉镍电池生产，欧盟电池指令明确限制民用产品配套镉镍电池，镉镍电池产量逐年下降。我国镉镍电池产量情况，详见表26和图10。

表26   我国镉镍电池产量情况

年份	产量（亿只）
2010	4.26
2011	3.20
2012	2.68
2013	1.61
2014	1.38
2015	1.35

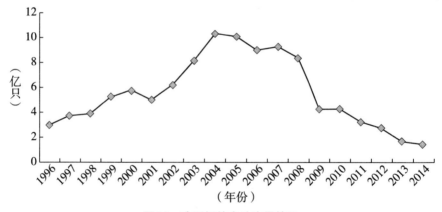

图10 我国镉镍电池产量情况

2015年，我国镉镍电池出口量为0.94亿只，出口额为1.50亿美元。2010—2015年镉镍电池出口量逐年下降，我国镉镍电池出口量与出口额情况，详见表27和图11。

表27   我国镉镍电池出口量与出口额情况

年份	出口量（亿只）	出口额（亿美元）
2010	2.56	2.43
2011	1.92	2.23

年份	出口量（亿只）	出口额（亿美元）
2012	1.88	2.11
2013	1.14	1.66
2014	0.98	1.64
2015	0.94	1.50

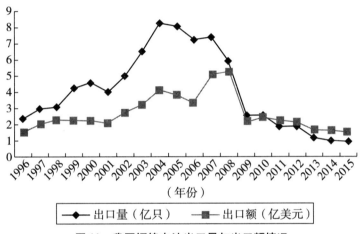

图 11　我国镉镍电池出口量与出口额情况

2015 年我国镉镍电池进口量 0.14 亿只，进口额 0.39 亿美元。近几年镉镍电池进口量逐年下降，我国镉镍电池进口情况，详见表 28 和图 12。

表 28　　　　　　　　　　　我国镉镍电池进口情况

年份	进口量（亿只）	进口额（亿美元）
2010	1.37	1.10
2011	1.12	1.06
2012	1.05	0.85
2013	0.35	0.48
2014	0.22	0.47
2015	0.14	0.39

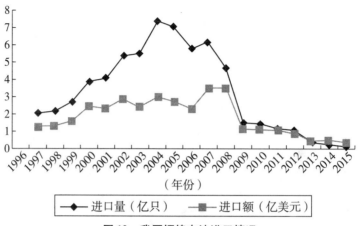

图 12　我国镉镍电池进口情况

②氢镍电池产量、进出口量与废电池产生量情况。

2015 年我国氢镍电池产量约 7.75 亿只，2010 年以来，氢镍电池产量逐年下降，我国氢镍电池产量，详见表 29 和图 13。

表 29　　　　　　　　　　　　我国氢镍电池产量

年份	产量（亿只）
2009	12.75
2010	15.84
2011	13.94
2012	9.86
2013	8.95
2014	8.18
2015	7.75

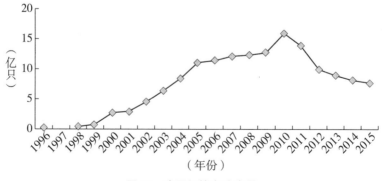

图 13　我国氢镍电池产量

2015 年我国氢镍电池出口量为 5.43 亿只，出口额为 4.72 亿美元。我国氢镍电池出口情况，详见表 30 和图 14。

表 30 我国氢镍电池出口情况

年份	出口数量（亿只）	出口金额（亿美元）
2009	7.65	5.41
2010	9.50	7.15
2011	8.36	7.14
2012	6.90	6.51
2013	6.27	5.65
2014	5.73	5.37
2015	5.43	4.72

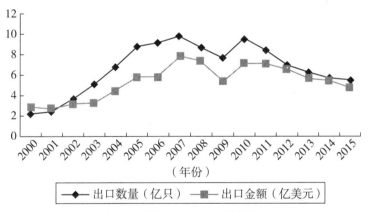

图 14 我国氢镍电池出口情况

2010 年我国氢镍电池进口量为 4.03 亿只，进口额为 2.57 亿美元。2005—2010 年，我国氢镍电池进口量持续稳定 4 亿～5 亿只范围。2010—2014 年，氢镍电池进口量逐年下降，2015 年进口量下降至 1.42 亿只。我国氢镍电池进口情况，详见表 31 和图 15。

表 31 我国氢镍电池进口情况

年份	进口量（亿只）	进口额（亿美元）
2009	3.54	2.17
2010	4.03	2.57
2011	3.39	2.25
2012	2.73	2.09

续　表

年份	进口量（亿只）	进口额（亿美元）
2013	2.22	1.77
2014	1.55	1.45
2015	1.42	1.51

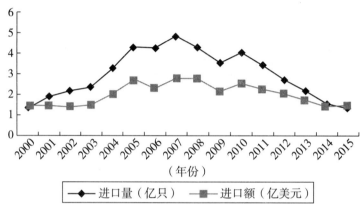

图15　我国氢镍电池进口情况

③锂离子电池产量、进出口量与废电池产生量情况。

2015年产量达到55.98亿只，2000—2015年中国锂离子电池产量逐年增加，中国锂离子电池产量增长情况，详见表32和图16。

表32　　　　　　　　　　　中国锂离子电池产量增长情况

年份	产量（亿只）	同比增加（%）
2009	18.75	19.73
2010	26.80	42.93
2011	29.66	10.67
2012	41.78	40.86
2013	47.68	14.12
2014	52.87	10.88
2015	55.98	5.89

2000—2008年，我国锂离子电池出口量逐年增加，2009年受国际金融危机影响，锂离子电池出口业务受到较大影响，但2010年基本恢复到2008年出口状况。2010—2013年，锂离子电池出口量在11亿～12亿只波动，2014年出口量增至13.22亿只，但出口额持续增长，2014年出口额达到54.74亿美元，估计与单体电池或电池组平均容量增大有

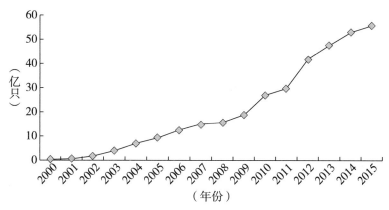

图16　中国锂离子电池产量增长情况

关，我国锂离子电池出口量与出口额增长情况，详见表33和图17。

表33　　　　　　　　　　我国锂离子电池出口量与出口额增长情况

年份	出口量（亿只）	出口额（亿美元）
2009	10.81	32.69
2010	11.95	37.20
2011	12.42	42.68
2012	11.74	44.65
2013	11.32	48.09
2014	13.22	54.74
2015	14.92	64.94

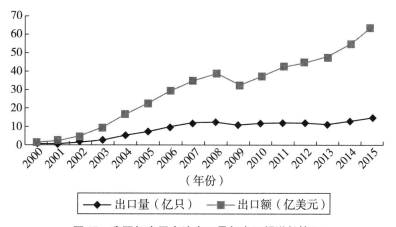

图17　我国锂离子电池出口量与出口额增长情况

2000—2011 年，我国锂离子电池进口量逐年增加，2012—2013 年进口量下降幅度相对较大。2015 年我国锂离子电池进口量 17.03 亿只，进口额 32.98 亿美元。我国锂离子电池进口量与进口额情况，详见表 34 和图 18。

表 34　　　　　　　　　我国锂离子电池进口量与进口额情况

年份	进口量（亿只）	进口额（亿美元）
2009	19.12	43.85
2010	22.59	46.26
2011	22.62	45.17
2012	20.51	39.68
2013	16.54	33.14
2014	17.84	34.20
2015	17.03	32.98

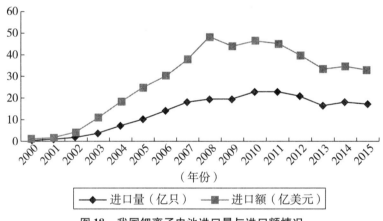

图 18　我国锂离子电池进口量与进口额情况

锂离子电池主要约含 34% 钴酸锂、19% 碳、9% 铜、6% 铝、32% 电解液及其他材料。以 2015 年为例，国内锂离子电池废弃量预计约 359195 万只。按每只锂离子电池为 120g 计，推算出 2015 年锂离子电池废弃量约为 43.10 万吨，其中含有约 14.65 万吨的钴酸锂、镍钴酸锂、镍钴锰酸锂，3.88 万吨铜，2.59 万吨铝。

随着新能源汽车生产和销售量的爆发性增长，动力电池也将迅速增加，并很快进入报废期。研究发现，废弃锂离子电池含钴、锰、铜等重金属，处理不当会污染环境，甚至危及人体健康。

我国自启动新能源汽车"十城千辆"计划以来，2009—2015 年已累计生产新能源汽车 49.7 万辆。2015 年我国新能源汽车的产量为 34.05 万辆，占全球 50 多万辆产量的 60% 以上；锂电池报废量累计约 2 万～4 万吨。

3. 政策建议

（1）废电池回收体系建设与资质管理政策调整。要求企业履行生产者责任延伸，其前提应落实解决生产企业废电池回收、运输、储存、转移的资质问题，并简化程序。到市区销售网点收集废电池过程中，应给予危废车辆管理方面的豁免资质，给予白天交通便利，可进城履行责任收购废电池。

（2）废电池回收配套财税政策。收集社会源废电池，需要解决税票问题。建议实施废电池回收率或回收量目标管理，并根据电池企业废电池回收量，配套减免消费税等财税鼓励政策。

（3）支持建立废电池回收联盟和信息平台，协助政府管理部门统计废电池回收量，监督履行环保责任情况，企业分类管理实施差异化财税政策。

4."十三五"期间回收利用行业发展趋势预测

（1）"十三五"期间废电池产生量与回收量情况。

①废一次电池产生量。随着手机功能扩大，随着锂离子电池配套电器普及，部分替代一次电池应用市场，即一次电池总量小幅减少，估计废一次电池产生量每年 15 万吨左右。废一次电池处理是长期存在的难题。据中国之声《央广夜新闻》曾经报道，在北京城南大兴区安定镇安采路的安定卫生填埋场，从 2004 年起北京市集中回收的废旧电池一直躺在那儿，已堆积 1000 多吨，主要是民用 5 号、7 号电池，最终为填埋。

②废铅蓄电池产生量。2016 年铅蓄电池产量按增长 5% 预测，产量估计为 22050 万千伏安时，以旧换新社会更换量高估比例按 86% 测算，废铅蓄电池产生量估计为 386 万吨，可产生再生铅约 250 万吨。

2020 年铅蓄电池产量按持续增长 5% 预测，产量估计为 26802 万千伏安时，以旧换新社会更换量高估比例按 78% 测算，废铅蓄电池产生量估计为 450 万吨，可产生再生铅约 290 万吨。对比目前日本废铅蓄电池回收率 51%，对比目前国内汽车电池新车配套量为 40%，可见上述电池更换率（回收率）按 78% 测算，废铅蓄电池产生量数据估计偏高。2010—2020 年废铅蓄电池产生量匡算，详见表 35。

表 35　　　　　　　　　　2010—2020 年废铅蓄电池产生量匡算

年份	产量（万千伏安时）	增长比例（%）	出口电池（万千伏安时）	进口电池（万千伏安时）	国内消费量（万千伏安时）	消费电池重量（万吨/年）	废电池产生量（万吨）	测算再生铅产量（万吨）	统计再生铅产量（万吨）
2010	14417	20.14	2007.68	173.75	12583.07	314.58	177.97	115.11	135
2011	14229	−1.30	2036.28	162.44	12355.16	308.88	178.97	115.76	135
2012	17486	22.89	2251.80	199.37	15433.57	385.84	170.92	110.55	136.50
2013	20502	17.25	2476.98	219.30	18244.32	418.56	267.43	172.97	155
2014	22070	7.65	2812.86	364.24	19621.38	451.29	314.58	203.47	160

年份	产量（万千伏安时）	增长比例（%）	出口电池（万千伏安时）	进口电池（万千伏安时）	国内消费量（万千伏安时）	消费电池重量（万吨/年）	废电池产生量（万吨）	测算再生铅产量（万吨）	统计再生铅产量（万吨）
2015	21000	-4.85	3078.48	267.71	18189.23	418.35	308.88	199.78	170
2016	22050.00	5.00	2770.63	240.94	19520.31	448.97	385.84	250.80	—
2017	23152.50	5.00	2493.57	216.85	20875.78	480.14	418.56	272.06	—
2018	24310.13	5.00	2244.21	195.16	22261.07	512.00	451.29	293.34	—
2019	25525.63	5.00	2000.00	175.64	23701.28	545.13	418.35	271.93	—
2020	26801.91	5.00	2000.00	158.08	24959.99	574.08	448.97	291.83	270

③废锂离子电池产生量。随着新能源汽车快速增长，动力电池配套量逐年增多。根据中国汽车技术中心和国联动力电池研究院预测，2018 年动力电池退役量高峰来临，估计为18 万吨。3C 消费类电子产品配套的锂离子电池报废量也逐年增多。

（2）主要任务。

①一次电池加快无汞化进程。一次电池需要从源头考虑，全面履行国际汞公约，实现电池无汞化，即可解决环保问题。"十三五"期间，纸板锌锰电池无汞化比例从目前60%，提高到 100%。采用纸板电池或碱性锌锰电池替代糊式锌锰电池，研究无汞氧化银电池和无汞锌空气电池。

②研究经济可行的废一次电池回收再生工艺与装备。根据遥控器、电子钟表挂钟、煤气计量、门铃、电动玩具、收音机、音乐卡、医疗仪器仪表等应用需求，消费一次电池仍将产生大量废电池。在缺乏补贴机制情况下，研究经济可行的废一次电池回收再生工艺与装备很必要，锌资源毕竟是有限的，需要研究废电池回收再生利用技术工艺装备。亟待解决回收体系和处理成本问题：一是回收体系问题。推广循环经济模式，核心要解决收集问题。锌锰电池收集成本高，运输也不易，其中又以回收更难。很多废弃物之所以经济价值不高，是因为回收量不成规模，当回收体系逐步完善、且有人为之努力时，就会形成产业。经过二十余年环境人的努力，回收废旧电池的观念已经深入人心，但因处理环节跟不上，没有起到预期作用。回收利用是值得考虑的。有人算了一笔账，以全国每年生产 200亿只电池计算，全年消耗31.2 万吨锌、45.2 万吨二氧化锰、4160 吨铜、5.4 万吨氯化锌、15.8 万吨氯化铵、8.6 万吨碳棒。如果废电池能得到合理的收集和再利用，可提高我国的资源利用效率。理想的废旧电池回收体系应是：居民将用过的废电池放入回收箱中，收集到一定量后送到废电池利用企业，以提取其中的有用元素或材料，并用作电池生产的原材料。二是处理成本必须面对的难题。从 2002 年起，北京市市政市容委委托北京市二清环卫集团公司进行废旧电池回收，截至 2011 年年底一共收了 1298.99 吨。其间有 300 吨废电池被运往天津，进行无害化集中处理，处理费用 42 余万元，处理综合成本每吨约 1800 余

元。由于废电池处理具有公益性质，国家有关部门应予相应的扶持政策，促进废电池的回收和综合利用。

③建立废铅蓄电池回收体系和运行机制。生产企业履行生产者责任延伸，在全国建立以地级市为单位，利用电池批发销售网点为基础，建立铅蓄电池和废电池集散中心。在电池销售网络基础上，电池销售推行以旧换新，建立废电池回收体系，或电池生产企业与再生铅企业，或第三方废电池专业回收商合作，共建回收体系。

通过电池销售网络，以旧换新，逆向物流，由电池生产、销售、回收、再生实现产业链合作，建立废电池回收体系联盟与价格新机制；通过政府指导，企业为主体，协会牵头、行业自律，治理倒酸、规范流向、增加国家税收。新购电池支付押金，即消费者购买电池，如没有实行电池以旧换新，则需要支付电池押金。以此类推，铅蓄电池零售、批发也需实行以旧换新，根据有无旧电池更换回收，实行两种电池价格，依次逐级传递支付押金。

选择中心城市，建立废电池回收与电池配送集散中心经营模式试点，2014年5月12日在上海组织成立全国第一家"上海铅蓄电池环保产业联盟"，由电池产销企业、销售企业、再生铅企业、地方行业协会、物流企业和电子商务公司组成，回收环保联盟由电池生产企业、回收物流企业、再生铅企业为主体，建立电池配送中心物流平台，对电池销售商提供仓储，提供电池配送，但要求配送中心专营回收废电池，实行以旧换新（例如不低于小商贩收购价格），并对再生铅企业提供发票，形成逆向物流，调整回收废电池价格体系。

上海地区建立电池回收联盟，探索实行电池销售商注册备案，在工商、环保部门监管下，行业自律，建立回收网点统一规范管理，并探索电池回收价格体系调整，增加国家财税收入。该模式可控制或杜绝废电池倒酸，规范废电池流向问题，并不存在回收环节的违法逃税，反而国家增加税收，在政府有关部门指导和帮助下，目前已经试点解决回收资质问题，配送中心与废电池仓储已经进入运行。

④研究废锂离子电池回收再生工艺与装备。研制新能源汽车动力用锂离子电池的回收设备；研制新能源汽车动力用金属氢化物镍电池的回收设备；研制新能源汽车动力用超级电容器的回收设备。据工信部资料显示，预计2016年中国电动车产量将较2015年增加一倍，到2020年中国将有500万辆电动车保有量。到2020年新能源汽车电池累计报废量将为12万~17万吨。报废的动力用电池中，含有大量的钴、镍等重金属，如不能有效回收，不仅浪费资源，也会对环境造成很大的污染。

2016年4月11日鼎端装备（834587）发布公告称，该公司4月8日与清华大学（核能与新能源技术研究院）签署"新能源汽车废旧动力蓄电池回收设备研制"协议，合作开发废锂离子电池回收再生工艺与装备。

⑤建立废锂离子电池回收体系和运行机制。根据国家发展和改革委等五部委发布的2016年第2号公告《电动汽车动力蓄电池回收利用技术政策（2015年版）》，落实生产者责任延伸制度，电动汽车生产企业（含进口商）、动力蓄电池生产企业（含进口商）和梯级利用电池生产企业应分别承担各自生产使用的动力蓄电池回收利用的主要责任，报废汽车回收拆解企业应负责回收报废汽车上的动力蓄电池。

电动汽车及动力蓄电池生产企业（含进口商）应在具有电动汽车售后服务网点的地级行政区域至少指定一家服务网点（或委托其他具备回收条件的机构）负责废旧动力蓄电池的收集。鼓励多家企业通过委托代理或与回收企业、再生利用企业合作等形式，共建、共用废旧动力蓄电池回收网络，降低回收成本，提高回收网络运行效率。

⑥京津冀地区、长三角，长江经济带，珠三角区域，加强推进电池产业生态文明建设。长江经济带是电池产业主要聚集区，电池行业长江经济带11省市电池产量与产能比例约为60%，按照《长江经济带创新驱动产业转型升级方案》整体要求，一方面，需要推进电池生产过程中清洁生产技术，节能减排，提升环保水平；另一方面，京津冀地区、长三角、长江经济带、珠三角区域是废电池产生量较为集中的区域，需要重视废电池回收，减少重金属和有机电解液对环境的影响。

第三章　再生资源回收利用行业技术装备进展情况

一、废钢铁回收利用行业技术装备进展情况

2015 年，废钢铁加工设备制造企业在市场萎缩，产品销售不旺的情况下，注重科技创新的投入，不断开发新产品，扩展其他领域产品的生产销售。湖北力帝机床股份有限公司，近几年在有色金属分解、汽车拆解等行业加大投入，开辟新产品市场。目前，可生产四个领域，10 大系列，200 多种产品。重型装备国内市场占有率超过 50％，产品远销美国、日本、俄罗斯、东南亚等国。江苏华宏科技股份有限公司，2011—2015 年共生产各类设备 1.3 亿台，中、小型废钢铁加工设备已遍布全国废钢铁加工企业。

近十年废钢铁加工设备企业的快速发展，使我国废钢铁加工企业的面貌焕然一新，实现了传统的小型、个体回收向工厂化转型的历史过渡。企业的规模，经营管理模式，加工技术装备水平、互联网电商化建设及加工现场的环境发生了根本的变化。

目前，废钢铁加工企业已形成以湖北力帝机床股份有限公司和江苏华宏科技股份有限公司等企业的装备为主，部分进口设备为辅的多元化的格局。同时，在再生资源回收利用行业，湖北力帝机床股份有限公司和江苏华宏科技股份有限公司的产品也占主导地位。我国废钢铁加工设备近十年国产化的飞跃发展，完全可以满足国内废钢铁企业的需要，部分产品还走出国门，打入国际市场。

废钢铁破碎生产线生产的产品，是电炉炼钢的优质原料，具有收得率高、化学成分稳定、加料次数少、冶炼耗电低等优点。大型门式剪切机的技术功能，提高了工作效率，减轻了员工劳动负荷和安全风险，并降低了加工过程中的金属损耗。

机械加工技术，不仅使效率得到提高，也提升了生产过程中的环保治理和再生资源的分类回收水平。废钢铁破碎生产线配置的除尘设备和非铁分选设备，降低了加工过程中粉尘的排放量，把有色金属、废橡胶、废塑料等物资分类选出，提高了再生资源的综合利用水平。机械加工解决了废钢铁氧割加工气体污染问题，在清洁生产保护环境方面发挥了重要作用。

近十年中国废钢铁产业的快速发展，为中国废钢铁加工设备制造企业带来了机遇。今天的废钢铁加工企业完全可以与世界同行相媲美，其中即蕴含废钢从业者的艰辛努力，也承载着设备制造者的付出。

二、废有色金属回收利用行业技术装备进展情况

近年来，随着再生有色金属企业的利润率不断降低，倒逼企业注重内部挖潜，通过提高精细化综合管理水平，不断提高资源回收率和综合利用率，降低能耗水平和生产成本，提升企业赢利空间。

目前，采用熔池熔炼技术处理低品位含铜废料的技术已实现规模生产，并取得明显的环保效益；双室熔炼炉、重介质分选、蓄热燃烧等再生铝先进技术在多家企业得到普及应用，节能及综合利用成效显著；再生铅富氧底吹新工艺已在行业应用，将使再生铅的环境保护和清洁生产水平进一步提高。在资源综合利用方面，以高炉瓦斯灰、电炉炼钢烟尘为主的二次锌资源回收利用新技术逐步推广，高效清洁回收锌及多金属取得了显著成效。

再生铜企业日益重视从阳极泥中综合回收稀贵金属，逐渐改变以废杂铜为单一原料的生产模式，更多利用铜渣、铜灰等低品位原料综合回收多种金属、提高经济效益；再生铝企业对铝灰渣综合利用高度重视，进一步提升了金属回收率。蓄热式燃烧技术、余热锅炉及富氧燃烧技术大量采用，企业单位能耗大幅度下降。

实力企业开始采用新的熔炼装备或针对原有反射炉进行改造，采用富氧燃烧、余热利用、冶炼渣和回收尘灰资源综合利用等技术改造以挖潜增效。

废杂铜直接再生制造技术。近年来，再生铜企业普遍效益不佳，如何才能提高废铜的直接利用一直困惑着再生铜企业。目前，一项新的"废杂铜直接再生制造技术"有效解决了企业的难题。该技术源自对废杂铜火法精炼直接制杆技术与装备的研究，是针对废杂铜火法精炼直接制杆的原料预处理、工艺技术、装备、标准、质量评估体系等全流程系统而研发的一项专利，采用先进高效的气体净化技术，燃烧系统实现 PLC 界面操控，具有强化冶炼、高效除杂、绿色环保、低能耗的显著特点；清洁的废杂铜原料含铜量 99.6%，火法精炼后铜可达到 $Cu \geq 99.90\%$、导电率 $\geq 100\%$ IACS、延伸率 $\geq 38\%$ 的水平。该技术成果在国内首次系统地解决了废杂铜火法精炼直接制杆中存在的各种技术难题，具有短流程、资源综合利用率高、节能显著、绿色环保、成本低等优点。

复杂稀贵金属物料多元素梯级回收关键技术。稀贵金属是电子、化工、国防等工业领域不可替代的材料。随着稀贵金属的广泛应用，其矿产资源日益匮乏，同时，包括有色冶金副产阳极泥在内的物料来源也日趋复杂。因此，复杂稀贵金属的高效提取技术一直是国内外关注的焦点。该技术结合铜陵有色万吨级多来源复杂稀贵金属物料的处理现状，首创了一系列新工艺与成套装备，实现了关键技术本行业替代、跨行业推广。主要创新点包括：①研发了复杂稀贵金属物料高强度冶炼工艺，在国际上率先实现了单炉多种复杂物料的高效冶炼，可处理物料由 4 种增加到 9 种；②自主开发了满足高强度冶炼的核心装备，与国际先进工艺相比，年处理量提高 35%，综合能耗降低 9.2%；③发明了处理高强度冶炼烟气的"大循环量—高液气比"高效收硒收尘技术，实现了硒回收率由 82% 提高到 95% 以上、烟尘回收率提高 1%；④研发了高值低品开路物料"精细分离—梯级回收"集成技术，突破了高分散、低品位、高价值元素收率低的工艺瓶颈，金、银直收率达 96% ~

97%，高出国际当前主流工艺 4%，碲回收率由 33% 提高到 45%；⑤开发了全流程的全方位分析检测系统、元素分布在线反馈系统与过程仿真优化控制系统，实现了全流程过程参数自洽匹配与工艺过程精确控制，金银综合回收率达 99.5% 以上。项目整体及部分关键技术已完成产业化，并成功应用于铜陵有色金川集团、祥光铜业、广西有色等有色金属企业；部分技术还成功应用于上海吴泾化工、兰石化工、中国石化北海分公司等化工、石油、环保领域。2015 年获国家科技进步二等奖。

废铝易拉罐绿色保级再利用技术。该技术由北京科技大学、中北大学和肇庆市大正铝业有限公司联合研发，并获得国家科技支撑计划立项支持。开发了以余热烟气为热源，旋转动态隧道窑低氧脱漆的方法及装备，有效抑制了二噁英的产生，铝片无烧损，脱漆率 95% 以上；开发了废铝易拉罐片蓄热式双室吸入式液下熔炼技术及装备，铝回收率 97% 以上，节能效果显著；开发了"烟气二次燃烧—快冷—布袋除尘—脱硫脱硝—活性炭吸附"综合环保技术，消除了粉尘、二氧化硫和氮氧化合物等污染物的产生；以废铝易拉罐为原料生产的 3104 合金满足国标要求和用户要求。目前，该技术成果已在肇庆市大正铝业有限公司实现了年处理 1.5 万吨废铝易拉罐绿色保级产业化应用，年新增产值 3.3 亿元，年利税总额 8900 万元。

三、废塑料回收利用行业技术装备进展情况

工信部、科技部和环保部三部联合发布了《国家鼓励发展的重大环保技术装备目录（2014 年版）》（工信部联节〔2014〕573 号）的通知，通知中明确提出：将重点开发推广高效节能的再生塑料加工装备及技术，实现重点装备关键技术突破，带动能效整体水平的提高；推进再生塑料行业节能环保服务体系建设，加快建立以先进加工装备为支撑的再生塑料回收利用体系。

废塑料再生加工利用环节技术途径主要有直接利用、改性再生利用、制造复合材料、化学分解回收单体等几种方式。常用的废塑料分离技术主要为比重法/密度法分离、静电法分离、光谱法分离、人工半机械化等。

四、废弃电器电子产品回收利用行业技术装备进展情况

（一）废弃电器电子产品回收利用行业技术概况

1. 目前广泛采用的回收利用技术介绍

针对废弃电器电子产品，我国处理企业广泛采用的是整机手工拆解与关键部件专业处理结合的回收利用技术工艺。由于废电冰箱的结构特点，不易直接由手工拆解，几乎所有处理企业的废电冰箱采用手工拆解＋箱体机械破碎分选技术工艺进行回收利用。

不同的废弃电器电子产品处理企业，根据其处理规模不同与产品结构的特征，采用不同的手工拆解流程。废弃电器电子产品的手工拆解流程分为以下几种。

流水线拆解＋单工位分类收集；

单工位手工拆解＋综合分类收集；

单工位手工拆解＋单工位分类收集。

目前，废弃电器电子产品处理企业采用流水线拆解＋单工位分类收集的处理方式较多。

废弃电器电子产品关键部件的处理主要有 CRT 和 PCB（印刷电路板）处理。其中，每个处理企业都要进行 CRT 屏锥分离。少数企业开展了 PCB 的处理。处理企业普遍采用的 CRT 屏锥分离工艺见图 19。其中，红色部分属于危险废物。废 PCB 处理工艺见图 20。废 PCB 通过破碎分选得到的金属粉末，可在下游企业进行铜的分离与稀贵金属提取，而非金属粉末可进行资源化利用或进行安全处置，例如裂解非金属粉末。

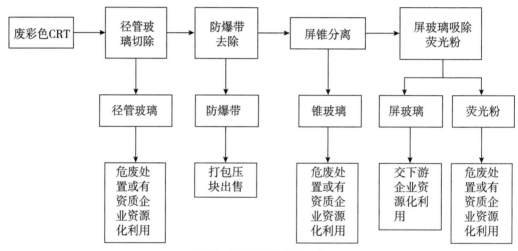

图 19　CRT 屏锥分离工艺

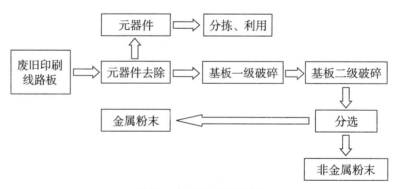

图 20　废 PCB 处理工艺

2. 国内外先进回收利用技术介绍

发达国家人工成本高，废弃电器电子产品的处理首先人工拆解产品中含有有害物质的部件（例如回收制冷剂），以及坚硬部件（例如压缩机），然后全部进行机械自动化破碎和多级分选，分离铁、铜、铝，以及稀贵金属等。图21为德国电子废物处理与稀贵金属提取工艺流程图。在发达国家，电子废物的处理通常以金属和稀贵金属提取为目标。电子废物中的塑料，由于大多数含有溴化阻燃剂，再回收重用需要较高的成本。因此，大多采用热量回收的方式进行处理。

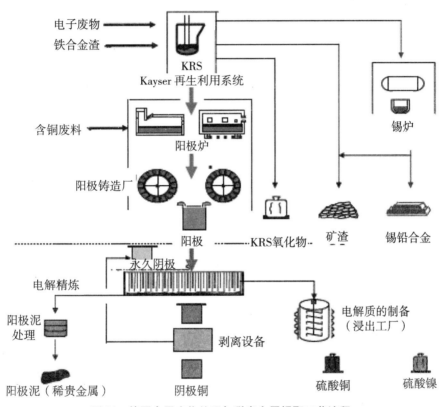

图21　德国电子废物处理与稀贵金属提取工艺流程

（二）废弃电器电子产品回收利用行业技术装备概况

1. 目前广泛采用的回收利用技术装备介绍

随着我国废弃电器电子产品回收处理行业的发展，我国废弃电器电子产品处理设备制造技术也在不断提升，并逐步成为一个独立的处理设备制造行业。

根据统计数据显示，我国废弃电器电子产品处理企业处理最多的废弃电器电子产品为废CRT电视机。根据环保部对处理企业的要求，废CRT必须进行屏锥分离，以使含铅玻璃和不含铅玻璃分别进行资源化利用。国外废CRT屏锥分离技术有多种技术工艺，我国废CRT屏锥分离主要以电热丝分离为主。

图22为我国湖南万容科技股份有限公司设计制造的电热丝法CRT屏锥分离设备，处理能力25～80个/小时。设备以手工操作为主，集成CRT防爆带切除、绝缘胶削除和屏、

锥玻璃分离、屏内荧光粉收集等工序，实现一体化处理操作，环保、安全，具有占地面积小、能耗低、操作工位安排灵活等显著特点。目前，业内处理企业广泛采用该设备。

图 22　我国国产 CRT 电热丝分离设备

2. 国内外先进回收利用技术装备介绍

（1）等离子电视模组再制造设备。

随着废弃电器电子产品处理企业规范化、规模化、高值化发展的需求，提高废弃产品拆解产物附加值的技术研发日益得到重视。等离子电视中的等离子模组是电视机中的核心部件。通过对等离子模组的再制造，可以大大提高拆解产物的附加值。

图 23 为四川长虹股份有限公司开发的等离子电视模组的再制造设备。该设备由检测设备和再制造设备组成。其中，检测设备包括电子显微镜。再制造设备包括等离子屏 TCP 撕膜装备、贴膜设备，以及老化平台。该设备一次性修复合格率达到86%，二次修复合格率达到98%。平均再制造效率为 14 片/小时。

图 23　等离子组件再制造设备

（2）塑料智能分选设备。

传统的塑料分选是比重分离法与人工分拣相结合。随着人工成本的不断上升，智能处理技术和装备的使用将不断提高。欧洲、日本等发达国家不断改进塑料分选的工艺和技术，并将新技术应用于塑料的分选工艺中。例如彩色线扫描照相技术、近红外线传感技术、X - 射线透射技术、可见光传感技术等。新技术的应用大大提高了塑料分选的效率和分选能力。该技术不仅在发达国家有产业化应用，在我国废弃电器电子产品处理工厂，例如格林美、北京华新绿源等也有产业化应用。我国在塑料智能分选技术领域还处于刚刚起步阶段。

图 24 为德国某公司的塑料智能分选设备。该设备主要由均匀给料设备、输送机、智能传感识别控制装备、收集装置组成。根据塑料分选的要求，可以设置不同数量的传送带，并配合不同的智能传感识别系统（如图 24 中箭头所指）。目前，我国还没有能够产业化的塑料智能分选设备。

图 24　塑料智能分选设备

五、废轮胎回收利用行业技术装备进展情况

（一）目前广泛采用的回收利用技术装备介绍

从工艺上看，轮胎翻新设备包括冷翻设备与热翻设备两种，其中主要设备包括：激光散斑检查机、轮胎打磨机、压胎机、中垫胶挤出机、胎面贴合机、硫化罐、胎侧喷涂机、挤胶枪和硫化机等。轮胎打磨机的功能是在轮胎翻新过程中，将旧轮胎原有的花纹打磨掉，并且打磨出满足轮胎翻新工艺要求的弧度。轮胎硫化是轮胎制造的最后一道工序，硫化机是影响轮胎制造质量的关键设备之一。近年来，我国硫化机在产量、品种、精度、控制、稳定性等方面有了一个质的飞越，达到世界先进水平。国产硫化机已完全取代进口，包揽我国新建/扩建轮胎项目所需硫化机的天下。此外，我国硫化机大量出口日本、法国等发达国家，迄今世界轮胎巨头前"十强"已全部使用我国硫化机。另外，由于冷翻技术设备已基本实现了机械化和自动化，而且冷翻的硫化温度较低，所以翻新胎的寿命较高并可实现多次翻新，故现在国内轮胎翻新厂多使用冷翻设备。现今我国的翻胎已普及"冷翻法"——预硫化胎面翻新法，包括全部子午线载重轮胎以及全钢真空胎，均已形成完整的自由技术体系和工业装备（且已出口到发达国家）。但目前热翻技术设备经过一系列工艺改革，特别是随着子午线轮胎发展而开发出活络模翻胎硫化机之后，也呈现出新的活力，而原有的整胎模压热翻法，仅限于非公路轮胎使用。

废轮胎生产再生橡胶的主要装备有：单/双螺旋塑化机、单/多螺杆挤出脱硫机、密练法脱硫设备及动态脱硫罐、环保型空心螺旋剪切脱硫装备、多阶螺杆连续脱硫绿色制备颗粒再生橡胶成套技术设备等。

（二）国内外先进回收利用技术装备介绍

目前，国内的轮胎打磨机已基本实现了自动化和高精度化。自动充气，压力可达 0.6~0.8MPa，磨头转数最高为 3000r/min（功率 11~15kW），前后运动范围 390mm，左右活动范围 420mm，夹胎轴转数 42r/min，装机总容量为 12~22kW，有大中小 3 种规格型号，生产能力每小时 12~15 条。

国外先进的数控仿形打磨机已达到全自动化的程度，可以有效地控制弧度与胎面宽度、同心度和整圆度极高，并可用金属探测仪测定轮胎的打磨深度。标准机型的轮胎最大宽度可达 450mm，最小外径 550mm，最大外径 1800mm，功率 40kW，电脑处理器可储存 99 个程序，不到 10min 即可加工一件产品。为了散热和抽除粉尘，通常均配置有离心式的吸尘装置，全机还具有自动吊卸胎、修磨胎和切割胎三大功能。

第 二 篇

专 题 篇

第四章　废钢铁回收利用情况

一、钢铁行业概况

2015 年，我国经济增速回落，经济下行压力仍在持续。钢铁工业在新常态下转入新的改革发展时期，正在由过去的增量发展阶段向减量发展阶段过渡，由原来的规模扩张阶段向集约高效发展阶段过渡。在市场需求侧减弱，钢铁生产和消费进入峰值区，市场供需矛盾突出的态势下，钢铁工业运行状况无明显好转。

2015 年，我国粗钢产量 80382 万吨，同比下降 2.29%，是自 1981 年以来首次出现负增长。生铁产量 69142 万吨，同比下降 3.5%；钢材产量 112350 万吨，同比增长 0.6%。2008—2015 年我国粗钢产量统计详见表 36。

表 36	2008—2015 年我国粗钢产量统计						单位：万吨	
年份	2008	2009	2010	2011	2012	2013	2014	2015
产量	51234	57707	63874	69481	72445	77904	82270	80382
增长量	2305	6473	6167	5607	2964	5459	4366	−1888
增长率（%）	4.7	12.6	10.7	8.8	4.3	7.5	5.6	−2.29

2015 年，我国出口钢材 11240 万吨，同比增长 19.95%，创历史之最。出口的增长反映出我国钢铁产品国际市场竞争力的增强。同时国际贸易保护主义抬头，出口难度加大。

2015 年，钢铁行业经济效益大幅下降，钢协会员企业实现销售收入 2.89 万亿元，同比下降 19.1%，实现税金 632.2 亿元，同比下降 22%，实现利润总额为亏损 645.3 亿元，亏损面为 50.5%。从 2014 年赢利 225.9 亿元，到 2015 年亏损 645.3 亿元，两年期间 870 亿元的下降幅度，突显了我国钢铁工业的困境。

二、回收利用情况

（一）产业环境分析

1. 国际环境影响分析

2015 年，国际金融危机的影响仍在延续。世界经济增长乏力，全球贸易低迷，大宗商品价格起伏波动，特别是铁矿石价格的大幅下滑，对我国废钢铁产业的影响很大。2015年进口铁矿石价格走势，详见图25。钢铁企业在困境中继续采取多用铁矿石，减少废钢铁比例的炼钢工艺，致使2015年废钢铁消耗量出现负增长。

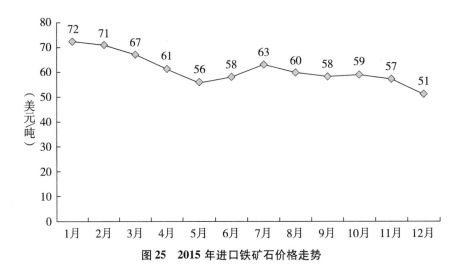

图25　2015年进口铁矿石价格走势

为满足长流程生产工艺的需求，2015年我国进口铁矿石95272万吨，同比增长2%，创历史新高，对外依存度已超过80%，2006—2015年进口铁矿石情况，详见表37。2015年进口废钢233万吨，同比下降9%，是近十年废钢进口数量最少的年份，废钢的进口量只占铁矿石进口量的2.4%。

表37　　　　　　　　　　　2006—2015年进口铁矿石情况

年份	2006	2007	2008	2009	2010	2011	2012	2013	2014	2015
数量（万吨）	32632	28309	44366	62778	61864	68608	74355	81941	93251	95272
价格（美元/吨）	61	88	136	80	128	164	129	129	100	60
进口废钢占铁矿石比例（%）	16.5	12	8.1	21.8	9.5	9.9	6.7	5.4	2.7	2.4

2. 国家政策影响分析

2015年，我国经济进入了深层次的创新改革发展新阶段，国务院印发了《中国制造2025》（国发〔2015〕28号）《中共中央国务院关于加快推进生态文明建设的意见》（2015年4月25日）等一系列稳增长、调结构、转型升级、提质增效的大政方针，大力推进绿色发展、循环发展、低碳发展成为我国经济发展的主旋律。2015年下半年，财政部、国家税务总局出台了《资源综合利用产品和劳务增值税优惠目录》（财税〔2015〕78号）的通知，对符合行业规范条件的废钢铁加工企业给予即征即退30%增值税优惠政策。国家政策的导向，为废钢铁产业的发展增加了正能量，也让困境中的废钢铁业内人士看到了希望。

由于财税〔2015〕78号文件实施时间在下半年，各地税务部门落实衔接不能及时到位，许多废钢铁加工企业没有享受到税收政策的优惠。同时，行业普遍认为即征即退30%增值税的优惠税率较低，对缓解废钢铁加工企业的困境非常有限。

"十二五"启动的2011年开始，财税〔2008〕157号文件优惠政策取消，废钢铁市场的发展一直处于低谷期，到2015年收官之际，虽然国家出台了优惠政策，但废钢铁市场未出现明显好转。

（二）废钢铁回收企业概况

2015废钢铁加工行业准入工作在困境中继续发展，当年有22家废钢铁加工企业被工信部纳入规范企业。"十二五"期间，全国已有152家废钢铁加工企业跨入准入的门槛，年加工能力超过5000万吨。协会倡导的废钢铁加工配送中心和示范基地建设不断取得新进展，到2015年年底已有66家废钢铁加工企业被协会授予相应称号。在工信部等相关部委的关注和支持下，"十二五"我国废钢铁行业的面貌发生了很大的变化，废钢铁加工配送体系日趋完善，产业化、产品化、区域化的规划目标已初步形成，为服务于绿色钢铁的发展奠定了坚实的基础。

2015年废钢铁加工企业为应对钢铁行业不景气带来的冲击，积极探索生存发展之路。面对主流钢铁企业废钢铁消耗需求的下降，废钢铁市场价格的持续下滑，在经营规模上进行缩减，采购销售环节采取快进快出，少进快出，减少库存的经营模式。在废钢铁产品加工质量方面，注重满足钢厂的不同需求，树立共赢理念，强化服务意识，做到既保持与钢铁产业链的有效衔接，维系废钢铁市场的份额，又严格控制内部投入费用的支出，降低废钢铁产品的加工成本。

由于外部环境的约束，废钢铁加工企业自身能力未能全部发挥，设备开动率不尽如人意，一些困难企业陷入停产或半停产的状态，个别企业另辟新的经营业务，维持企业生存。能启动运行的企业时常遇到资金、债务等因素的困扰，经营风险给企业带来很大负担，废钢铁产业的发展受到一定的影响。

（三）2015年废钢铁产业运行概况

1. 炼钢废钢铁消耗总量和综合单耗同步下降

"十二五"期间，继2012年废钢铁消耗量同比下降以后，2015年再次出现负增长。

根据废钢协会统计资料，2015年全国炼钢消耗废钢铁8330万吨，比2014年的8830万吨下降500万吨，降幅5.7%。全国炼钢废钢铁综合单耗104千克/吨钢，同比下降3千克/吨钢。其中，转炉废钢铁单耗66千克/吨钢，与同期基本持平，电炉废钢铁单耗580千克/吨钢，同比下降4千克/吨钢，降幅0.7%。2006—2015年我国炼钢废钢铁平均消耗统计，详见表38。

废钢铁消耗下降不仅是由于单耗的降低，因粗钢产量的下滑，使消耗量减少约200万吨。

表38   2006—2015年我国炼钢废钢铁平均消耗统计   单位：千克/吨

年份	2006	2007	2008	2009	2010	2011	2012	2013	2014	2015
综合单耗	160	140	144	145	138	133	117	110	107	104
环比增减量	−18	−20	4	1	−7	−5	−16	−7	−3	−3
炼钢废钢比（%）	16	14	14.4	14.5	13.8	13.3	11.7	11	10.7	10.4
转炉单耗	79	75	82	76	81	80	69	67	66	66
环比增减量	−12	−4	7	−6	5	−1	−11	−2	−1	0
电炉单耗	548	549	546	658	640	623	602	559	584	580
环比增减量	−108	1	−3	112	−18	−17	−21	−43	25	−4

2015年，炼钢废钢铁消耗总量和废钢比的双降，反映出重点钢铁企业废钢铁应用量下降的局面并未彻底扭转，对废钢铁加工企业的影响仍在持续，实现多吃废钢，精料入炉的目标任重道远。2000—2015年废钢铁消耗量走势，详见图26。

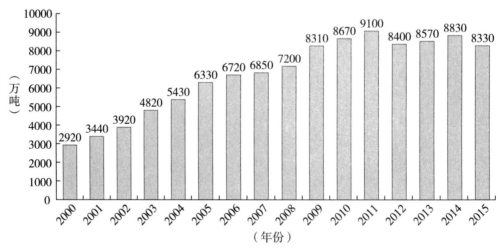

图26 2000—2015年废钢铁消耗量走势

2015年，重点电炉钢铁企业用热铁水炼钢的比例比同期虽然有所降低，但电炉—转炉化的发展趋势并无明显改变，造成废钢铁消耗量的减少。2006—2015年重点钢铁企业电炉热铁水消耗情况，详见表39。

表39			2006—2015年重点钢铁企业电炉热铁水消耗情况						单位：千克/吨		
年份	2006	2007	2008	2009	2010	2011	2012	2013	2014	2015
热铁水	425	416	436	484	498	499	560	577	614	581
生铁块	120	107	90	105	72	62	76	58	46	47
合计	545	523	526	589	570	561	636	635	661	628

2. 废钢铁资源有所下降

我国废钢铁资源由企业自产、社会采购、国外进口三大部分组成。根据废钢协会统计资料测算，2015年，全国废钢铁资源量为8520万吨，同比减少500万吨。其中，企业自产4190万吨，同比增加90万吨；社会采购4090万吨，同比减少650万吨；进口补充180万吨，与同期持平。2006—2015年我国废钢铁资源平衡情况，详见表40。

表40	2006—2015年我国废钢铁资源平衡情况					单位：万吨
年份	废钢铁消耗量	废钢铁资源构成				
		企业自产量	社会采购量	进口补充量	废次材调出量	库存变化量
2006	6720	2750	3980	340	310	40
2007	6850	2780	4230	120	270	10
2008	7200	2860	4200	260	220	−100
2009	8310	3040	4580	1020	200	130
2010	8670	3300	5190	440	160	100
2011	9100	3560	5080	510	200	−150
2012	8400	3650	4420	370	150	−110
2013	8570	3850	4650	380	170	140
2014	8830	4100	4740	180	140	50
2015	8330	4190	4090	180	190	−60

2015年废钢铁资源量同比减少，主要是重点钢铁企业为降低成本，在炼钢时减少废钢铁的使用量，特别是电炉钢生产企业热铁水应用比例仍居高不下，造成外购社会废钢铁数量的减少。

3. 进口废钢处于低谷期

2015年，全国进口废钢233万吨，比同期减少23万吨，降幅9%。进口废钢资源主要来源于日本194.7万吨，美国8.1万吨，韩国8.1万吨，三国占进口总量的90.5%。2006—2015年我国进口废钢统计，详见表41。

表41   2006—2015 年我国进口废钢统计表   单位：万吨

国家和地区	2006 年	2007 年	2008 年	2009 年	2010 年	2011 年	2012 年	2013 年	2014 年	2015 年
总量合计	539	339	359	1369	585	677	497	446	256	233
美国	114.9	21.2	57.5	489.9	171.3	278	107	118	12.2	8.1
日本	110.7	50.6	72.6	446.4	268.2	233	308	261	213.8	194.7
哈萨克斯坦	61.9	37.9	30.5	17.6	10.9	8.7	4.5	3.9		
俄罗斯	24.1	6.9	3.8	10.7	7.3	8.6	1.3	1.7	0.1	0.1
澳大利亚	47.9	27.9	5.8	66.8	19.1	40.5	19	16.6	2.8	3.8
吉尔吉斯斯坦	8.9	1.3	2.7	2.4	2.8	4.4	1.5	0.09		
朝鲜	3.2	2.8	1.4	3.7	1.4	—	0.3	0.1		0.2
韩国										8.1
德国	9.9	3.8	1.3	10.4	3.5	1.9	2.1	0.6	0.95	1.4
加拿大	1.5	1.9	1.9	9.1	3	2.7	1.3	2.6	0.7	0.1
中国香港	42.5	53.4	131.7	154.5	37.2	30	16.8	20.1	4.9	2.7
中国台湾	7.4	4.1	2.3	6.5	2.8	1.4	2.0	0.7	0.99	0.9

浙江、江苏两省是我国废钢进口重点省，占全国进口总量的93%。其中，浙江省进口190万吨，江苏省进口26.6万吨。

4. 国内外废钢铁价格持续下滑

（1）2015 年国内废钢铁价格继续呈下滑趋势

"十二五"启动到收官，废钢铁价格逐年下滑。以重型废钢铁平均采购价为例，2015年年初平均价格1960元/吨，年底降到1080元/吨，下降880元/吨，降幅45%。价格下滑持续时间之长，下滑幅度之大是历史罕见的。

2015 年，重型废钢一季度平均价格为1810元/吨；二季度平均价格1590元/吨，环比下降220元/吨，降幅12.2%；三季度平均价格1330元/吨，环比下降260元/吨，降幅16.4%；四季度平均价格1190元/吨，环比下降140元/吨，降幅10.5%。2015年全年平均价格1470元/吨，比2014年下降820元/吨，降幅35.8%。

炼钢生铁一季度平均价格1980元/吨；二季度平均价格1840元/吨，环比下降140元/吨，降幅7.1%；三季度平均价格1640元/吨，环比下降200元/吨，降幅10.9%；四季度平均价格1500元/吨，环比下降140元/吨，降幅8.5%。2015年全年平均价格1730元/吨，比2014年下降720元/吨，降幅29.4%。

（2）2015 年进口废钢价格跌幅较大

由于全球经济不景气，下游需求侧低迷，国际大宗原材料价格处于低价位运行状态。2015 年，进口普通废钢平均到岸价498美元/吨，同比下降151美元/吨，降幅23.3%。我国进口普通废钢1月为547美元/吨，到12月已跌到399美元/吨，下降148美元/吨，降幅 27.1%。

但与国内市场相比，进口废钢还远远超过国内废钢铁的价格，影响国内企业开发国外废钢资源的积极性。

5. 2015 年废钢铁税收优惠政策出台

2015 年，财政部、国家税务总局发布财税〔2015〕78 号文件，对废钢铁加工准入企业给予即增即退 30% 增值税的优惠政策。尽管优惠比例与期望值差距加大，但给予了困境中运行的废钢铁加工企业信心和希望。行业的发展单靠市场的推动是不够的，政府的关注和支持是不可缺少的重要动力，特别是在市场运行不佳的状态下，更需要政府出手助力。废钢铁加工企业应珍惜这次机遇，遵纪守法，诚信经营，利用好国家的优惠政策，促进废钢铁产业的发展。

三、存在问题

（1）钢铁工业废钢铁循环利用量减少，影响废钢铁产业的发展。2015 年，炼钢废钢铁消耗呈现双降，仅纳入废钢协会统计的 88 家重点钢铁企业比同期少采购社会废钢铁约 460 万吨，降幅 24%。造成废钢铁加工企业开工率不足，经营规模缩减，企业经济效益下滑，部分企业处于停产和半停产状态，对行业规范和产业发展都带来一定的影响。

（2）在化解钢铁过剩产能时，国家对利用绿色钢铁原料废钢铁炼钢的钢铁企业没有激励政策，铁矿石炼钢的比例呈增长趋势，废钢铁炼钢比例逐年下降，"十二五"我国炼钢平均废钢比 11.4%，比"十一五"下降了 3.1 个百分点。

（3）废钢铁增值税优惠比例较低，对缓解废钢铁加工企业的困境极其有限。

四、行业预测

2016 年，我国进入"十三五"发展期。党中央提出了创新、协调、绿色、开发、共享的发展理念，是指导落实"十三五"各项工作任务的基本方针。废钢铁产业的发展面临机遇和挑战，一方面是去产能、去库存、去杠杆、降成本、补短板的任务十分繁重，另一方面绿色发展为废钢铁产业的提升增添了新动力。

2016 年，钢铁行业化解过剩产能，企业实现脱困发展的攻坚战将全面推进，预计粗钢产量在目前的经济状况下维持在小幅下滑的水平。2016 年，废钢铁产业的发展不会有大的起色，特别是废钢铁循环利用量将继续维持在较低水平。如果按 7.8 亿吨粗钢产量测算，炼钢废钢比为 10.5% ~ 11%，将消耗废钢铁 8200 万 ~ 8600 万吨。钢铁行业落实国务院去产能的目标，不应只是量的变化，还必须实现质的提升，逐步走上绿色钢铁发展之路，在原料投入、产品结构、资源利用、工艺流程等方面实施绿色制造的全过程，促进废钢铁的循环利用有新突破。

第五章 废有色金属回收利用情况

一、有色金属行业概况

2015年，面对全球有色金属需求疲软、供应过剩及预期美元走强等不利因素，企业积极应对经营困难，有色金属行业总体运行平稳。

（一）行业运行特点

1. 生产保持平稳，铜、铝消费继续增长

据国家统计局初步统计，2015年，规模以上有色金属企业工业增加值增长9.5%，增幅比上年回落1.7个百分点，但比全国的增幅高3.4个百分点。

2015年，十种有色金属产量5089.9万吨，同比增长5.8%，增幅比上年收窄1.4个百分点。其中，精炼铜产量796.4万吨，增长4.8%；原铝产量3141.3万吨，增长8.4%；铅产量385.8万吨，下降5.3%；锌产量615.5万吨，增长5.0%。氧化铝产量5898.0万吨，同比增长9.6%。六种精矿金属含量906.6万吨，同比下降10.5%。其中，铜精矿金属含量166.7万吨，下降6.6%；铅精矿金属含量233.5万吨，下降13.9%；锌精矿金属含量474.9万吨，下降10.5%。铜材产量（铜、铝材产量均未扣除企业间的重复统计数，下同）为1913.5万吨，同比增长7.1%；铝材产量为5236.1万吨，同比增长9.0%。

2015年，中国精炼铜消费量达到985万吨，比上年增长4.8%，增幅减缓2个百分点；原铝消费量达到2950万吨，比上年增长9.3%，增幅比减缓0.9个百分点。

2015年，中国全铜人均年消费量8.0千克/人，比上年增长4.5%，增幅减缓1个百分点；全铝人均年消费量达到22.7千克/人，比上年增长6.1%。

2. 固定资产投资出现负增长

据国家统计局统计，2015年我国有色金属项目（不包括独立黄金企业）完成固定资产投资额6718.8亿元，同比下降2.8%。其中，有色金属矿采选完成固定资产投资1182.2亿元，下降0.4%，所占比重为17.6%；有色金属冶炼完成固定资产投资1804.7亿元，下降5.8%，所占比重为26.9%；有色金属压延加工完成固定资产投资3732.9亿元，下降2.0%，所占比重达55.6%。

2015年有色金属项目完成固定资产投资的特点，一是有色金属工业完成固定资产投资首次出现负增长，其中，矿山、冶炼项目固定资产投资降幅继续扩大，加工项目固定资产投资也开始下降；二是民间项目固定资产投资所占比重稳定在80%以上。

3. 进出口贸易额均呈下降趋势

2015 年，中国有色金属进出口贸易总额（含黄金首饰及零件贸易额）1307.1 亿美元，同比下降 26.2%。其中：进口额 861.0 亿美元，同比下降 13.9%；出口额 446.1 亿美元，同比下降 42.2%。其中，黄金首饰及零件出口贸易额 172.8 亿美元，同比下降 63.3%。2015 年，中国有色金属进出口贸易总额（不含黄金首饰及零件贸易额）1129.0 亿美元，同比下降 12.8%。其中：进口额 855.7 亿美元，同比下降 13.9%；出口额为 273.3 亿美元，同比下降 9.1%。贸易逆差为 582.4 亿美元，同比下降 16.0%。

2015 年有色金属进出口贸易特点，一是铜、锌精矿、铝土矿等矿山原料进口量大幅度增加；二是精炼铜进口量增幅明显回落，粗铜、铜材及铜废碎料进口下降；三是铝材出口量额均明显增加；四是稀土产品出口呈量增额减的格局；五是黄金首饰及零件出口贸易额大幅度下降。

4. 实现利润大幅度下降

2015 年，8640 家规模以上有色金属工业企业（不包括独立黄金企业，下同）实现主营业务收入 52473.1 亿元，同比增长 0.1%，增幅比上年回落了 8.9 个百分点。实现利税 2732.4 亿元，同比下降 9.5%。实现利润总额 1509.7 亿元，同比下降 13.2%，降幅比上年扩大 12.9 个百分点。主营活动利润为 1333.7 亿元，同比下降 21.5%。

2015 年，8640 家规模以上有色金属工业企业中亏损企业为 1837 家，比上年增加 382 家，亏损面为 21.3%；亏损企业亏损额 551.1 亿元，同比增亏 40.0%。

2015 年年末，规模以上有色金属工业企业资产总额达到 39127.3 亿元，同比增长 4.3%；负债总额 24845.4 亿元，同比增长 4.6%；资产负债率为 63.5%，比上年扩大了 0.2 个百分点。规模以上有色金属工业企业主营业务收入利润率为 2.88%，比全国平均水平 5.76% 低 2.88 个百分点；资产利润率为 3.96%，明显低于银行公布的一般平均贷款利率 5.64%。

5. 单位产品节能降耗继续下降

2015 年，原铝综合交流电耗为 13562 千瓦时/吨，同比减少了 34 千瓦时/吨；铜冶炼综合能耗下降到 256.1 千克标准煤/吨，同比减少了 11.7 千克标准煤/吨；铅冶炼综合能耗下降到 400.1 千克标准煤/吨，同比减少了 33.4 千克标准煤/吨；电解锌冶炼综合能耗下降到 884.7 千克标准煤/吨，同比减少了 11.9 千克标准煤/吨。

6. 有色金属价格大幅下降

2015 年，国内外市场有色金属价格大幅度下跌，尤其是四季度出现断崖式下跌，一度跌到金融危机以来的最低点。国内市场降幅低于国际市场降幅，国内市场铜、铝、铅、锌价格的降幅分别比国际市场低 2.7 个、0.9 个、9.5 个及 6.2 个百分点。

2015 年，LME（伦敦金属交易所）3 月期铜年均价为 5493 美元/吨，同比下降 19.5%；3 月期铝年均价为 1682 美元/吨，同比下降 11.1%；3 月期铅年均价为 1795 美元/吨，同比下降 15.0%；3 月期锌年均价为 1943 美元/吨，同比下降 10.2%；3 月期镍年均价为 11879 美元/吨，同比下降 30.2%；3 月期锡年均价为 16032 美元/吨，同比下降 26.8%。

2015 年，国内市场铜现货年均价为 40941 元/吨，同比下降 16.8%；铝现货年均价为 12159 元/吨，同比下降 10.2%；铅现货年均价为 13097 元/吨，同比下降 5.5%；锌现货年均价为 15474 元/吨，同比下降 4.1%。2015 年铜、铝、铅、锌年均价，比金融危机后 2011 年的年均价格 66333 元/吨、16873 元/吨、16643 元/吨、16922 元/吨，分别下跌了 38.3%、27.1%、21.3% 和 8.6%。铝价比 20 年前（1993—1998 年 6 年）平均价格 14860 元/吨，还低 18.2%。

（二）有色金属企业运行面临的问题

2015 年，有色金属企业的突出困难和问题集中在需求疲软、价格下跌、成本上升、融资困难、负担沉重等几个方面。

（1）市场需求不足，价格持续下跌，企业经营困难。由于全球宏观环境及中国经济增长放缓的影响，下游市场需求显著疲软。有色金属产品价格全线下滑，严重影响企业经营效益，并已经超过企业的承受能力。

（2）电价居高不下，直购电政策推行不畅。有色金属工业是能源消耗大户，用电量约占全国用电量的 8% 左右，对拉动电力消费具有重要作用，电价居高不下对有色企业的影响也大于其他企业，为解决电解铝行业用电问题，2009 年国家就开始推行直购电试点工作，但成效不大，电力成本仍然普遍较高。

（3）成本刚性上升，挤压企业赢利空间。由于企业环保投入增加、社保费用计提基数提高等因素，导致企业成本费用刚性上升。同时，随着新环保法的实施，热电锅炉的脱硫脱硝改造量大，环保设施运行成本增加。

（4）企业融资难、融资贵问题突出。由于价格下跌，企业现金流出现困难，短贷长投加剧，导致银行抽贷现象比较普遍。企业与金融机构共同开展的短期融资债券、贸易融资或融资租赁等方式，由于融资利率都高于银行贷款基准利率，增加了企业的融资成本，影响企业的效益。

二、回收利用情况

（一）产业环境分析

1. 国际环境影响分析

当前，世界经济增长格局、国际产业分工、全球投资贸易等都在发生深刻变化，发达国家重视高端制造业等实体经济回归，新兴经济体依靠低成本优势发展中低端产业，对我国有色金属产业造成"双重挤压"。再生有色金属行业的整体形势也不容乐观。随着基本金属价格呈现下行态势，实体经济整体困难，再生有色金属产能过剩，产品趋同，终端需求不振，大型企业尚能保持正常经营，但多数中小企业利润微薄、经营维艰；国内回收环节原料采购成本居高不下，国内外废料价格长时间处于倒挂状态，极大削弱了废杂铜进口商的积极性。

2. 国家政策影响分析

2015 年，国家有关部委继续出台一系列鼓励再生资源回收利用的政策法规，再生有色金属产业的政策环境不断优化，产业进一步得到了规范发展，产业规模化水平进一步提高。

随着新环保法和污染物排放标准的正式施行，再生有色金属企业面临的环保要求将进一步提高，更严格的环保标准和监管措施有利于鼓励企业在环保装备和管理方面加大投入，有利于创造更加公平合理的市场竞争环境，有利于淘汰落后产能，更好地规范行业发展。

但随着废料进口的严格规范常态化，海关操作层面的三个 100% 查验要求，造成通关速度减慢，货物滞留港口额外增加费用，加重了再生金属企业的资金压力。

（二）废有色金属回收企业概况

（1）浙江巨东股份有限公司。公司成立于 2009 年，位于浙江省台州市，是一家专业从事生产销售有色金属复合材料、新型合金材料、废旧金属、废旧电器设备拆解深加工的资源再生循环利用综合性企业，是中国再生资源产业技术创新战略联盟第二届理事会理事单位。巨东股份控股 5 家子公司，分别是台州市金锋贸易有限公司、台州进亿成金属有限公司、台州市邦腾金属有限公司、香港巨东船务有限公司、日本东和株式会社，具有年产加工废旧金属 50 万吨以及年产铜铝深加工产品各 10 万吨的生产能力。2014 年 8 月，该公司铜深加工项目投产，四套电炉设施投入使用，以回收的废旧铜为原料，生产铜棒等产品，2015 年 1～5 月完成产量 5000～6000 吨，预计全年产量达到 2 万吨。2015 年 12 月，公司在新三板挂牌上市。

（2）河南豫光金铅集团有限责任公司。公司近年来坚持技术创新，在国内首家将底吹熔池熔炼技术应用于铅、金、银、铜、锑等多个领域。2009 年起，在国内首家运用鼓风炉还原炼铅技术和从意大利引进的废旧蓄电池 CX 集成预处理技术，先后建成了两条废旧铅酸蓄电池处理生产线，被国家列为首批循环经济试点单位；2014 年，豫光自主研发设计、建成除铜渣底吹熔炼分离铅—底吹吹炼粗铜工业化生产线，在国内外首次实现规模生产。其中，围绕铅酸蓄电瓶回收，结合铅冶炼生产实践经验自主研发的"废旧铅酸蓄电池自动分离—底吹熔炼再生铅新工艺技术"，处理能力大、自动化水平高、资源利用率高，实现了再生铅无碳化生产，节能环保效果明显。目前，豫光金铅已形成年综合处理废旧铅酸蓄电池 54 万吨，年回收再生铅 30 万吨的 3 个全国区域处置中心，包括了以河南为中心，辐射陕晋鲁皖鄂等周边省市的中部区域处置中心；以江西为中心，辐射湘粤闽浙沪等周边省市的长三角区域处置中心；以河北为中心，辐射京津唐等周边省市区域处置中心（技术援建）。公司正在规划投资 9.08 亿元，着手建设全国性的规范回收网络体系，计划以现有的生产系统为载体，在回收半径范围内规划在六省（河南、山西、陕西、四川、江西、福建），以地级市为切入点，建设 67 个标准化的回收站点，年回收量 72 万吨，率先在国内形成一个覆盖范围广、体系运行规范的全国性区域回收网络体系。

（3）安徽省华鑫铅业集团有限公司。公司以废旧蓄电池回收、加工为主导产业，主要产品有还原铅、电解铅、合金铅和氧化铅，年回收废旧电瓶、含铅废物约45万吨，年产再生铅能力达33万吨，已形成从废旧蓄电池→再生粗铅→精铅、合金铅→极板→蓄电池的闭合式循环产业链。2010年成为国家发展改革委和财政部首批选择开展的"城市矿产"示范基地，2011年被安徽省经信委、安徽省教育厅授予"产学研示范基地"。公司研发的"再生铅及其在蓄电池板栅中的开发应用"技术已经广泛应用于再生铅生产中，对提高废旧蓄电池的综合利用水平，促进循环经济发展具有重要意义。公司计划一方面积极发展再生铅项目，提高产品档次和深加工产品比重，增强市场竞争力，同时适时组建物流公司、能源公司、房地产、担保公司，实现一业为主、多业并举的产业转向。

（4）兰溪市博远金属有限公司。公司坐落于浙江省兰溪市境内，自成立以来，秉承"工艺创新、开源节流、技术领先、精工细作、为顾客提供最合适的优质产品"的经营观念，目前铝合金锭年产能为15万吨，产品型号涵盖国标、日标、美标和德标四大系列，主要面向日本、韩国、澳洲汽车生产厂商、汽车零部件厂商和其他行业的压铸厂商。公司瞄准世界先进水平，对传统的再生铝生产进行了高效节能机械化改造和创新，特别是在废旧铝预处理、高效熔化技术和机械自动化等方面进行了创新性研发，自主建成了一条高效节能机械化再生铝生产线，拥有目前国际废铝熔炼的先进技术、完全自主知识产权的低温预热双室熔炼炉，全自动化生产，实现了生产全过程节能降耗、优质高效，对周边的环境做到低影响、低污染，节约资源消耗，大幅减少了废气排放量。公司"利用再生铝生产铸造铝合金锭"项目2015年被列入国家级"再生有色金属综合利用示范工程"，项目建成后，每吨再生铝生产可节约能耗约为10千克标准煤/吨铝，年节约能量达到4.2万吨标准煤，人均生产能力可提高8倍，总计年可节约生产成本2.1亿元。

（三）回收利用情况

1. 生产情况

2015年中国再生有色金属工业主要品种（铜、铝、铅、锌）总产量约为1167万吨，同比增长1.2%，增幅低于去年水平。其中再生铜产量约305万吨，同比增长3.4%；再生铝产量约575万吨，同比增长1.8%；再生铅产量约150万吨，同比降低6.3%；再生锌产量137万吨，同比增长3.0%。近几年主要再生有色金属产量见图27。

2. 产业结构和布局

"十二五"期间，再生有色金属行业的企业数量减少，龙头企业规模扩大，区域产业集聚规模得到显著提升，产业布局日趋优化协调。随着铜、铝、铅、锌等行业规范条件的颁布实施，再生有色金属产业规模化发展的进程不断加快，节能环保水平稳步提升，规范化程度不断提高。目前企业最大单厂产能再生铜达到75万吨/年，再生铝达到38万吨/年，再生铅达到85万吨/年。

大型企业集团在全国甚至全球布局，如新格集团在上海、浙江、福建、重庆、四川、山东、吉林等地建设再生铝厂；怡球在江苏、马来西亚和美国等地收购料厂、报废汽车拆解厂或建设再生铝厂；新春兴集团在江苏、重庆、福建、广东、天津、辽宁、山东、泰

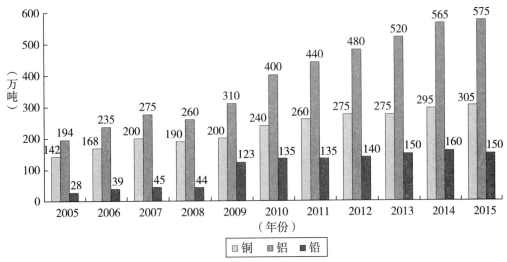

图 27 2005—2015 年主要再生有色金属产量

国、澳大利亚等地建设再生铅厂。

日前，产业链上下游结合日益紧密，企业综合实力增强，主要表现在以下三个方面：一是向下游延伸，提高产品附加值，如再生铜企业（天圆铜业）向精深铜加工产品的延伸，铸造再生铝企业（上海万泰）向汽车压铸行业的延伸，已投产的铝液直供企业超过 10 家；二是向上游延伸，如再生铅企业（豫光金铅、安徽华铂）互联网技术构建回收体系，掌控原料资源；三是跨界延伸，如钢铁企业采取自建或与再生锌企业合作的方式从烟道灰或瓦斯泥中综合回收锌；传统铝加工企业新建再生铝项目以充分利用新废料。

3. 市场与价格

2015 年，废料价格随着基本有色金属价格的下跌，呈下降趋势。铜、铝、铅、锌及其废料的价格，详见图 28、图 29、图 30 和图 31 所示。

铜价整体走势低迷，2015 年铜价最高达到 46165 元/吨，最低为 33650 元/吨，均价 40791 元/吨，同比降低 17%。废铜价格方面，以江浙沪地区为例，光亮铜均价为 37179 元/吨，同比下降 16.8%；2#铜均价为 34825 元/吨，同比下降 17.8%；黄杂铜均价为 26591 元/吨，同比下降 14.5%。

铝价经过年初的短暂上扬后又进入了下跌的通道，整体呈现宽幅震荡、低位徘徊的态势，在 11 月原铝价格更是跌破万元大关，达到历史最低价。全年 A00 铝价最高到 13310 元/吨，最低为 9710 元/吨，均价为 12068 元/吨，同比降低 10.4%。再生铝合金中产量高、用途广、最具代表性的 ADC12 均价 13454 元/吨，同比下跌 8%。废铝价格方面，以南海有色报价为例，佛山地区的破碎生铝均价为 10478 元/吨，同比下跌 10%；破碎熟铝均价为 9498 元/吨，同比下跌 11%；国产洁净 6063 旧料均价 9499 元/吨，同比下降 13%。

铅现货最低价 12350 元/吨，最高升至 13975 元/吨，全年均价为 13147 元/吨，同比降

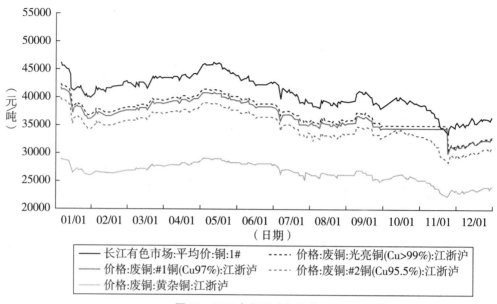

图28　2015年铜及废铜价格

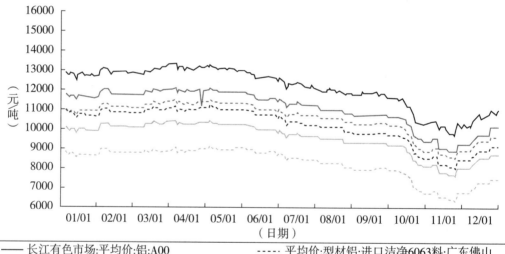

图29　2015年铝及废铝价格

低5.2%；废铅酸蓄电池价格在6900～7000元/吨。

　　锌价先扬后抑，第一、第二季度在16000元/吨的高位上下震荡，第三季度暴跌，到第四季度跌至最低点12475元/吨。全年均价为15203元/吨，同比下跌了4.8%。废锌价格方面，江苏地区85%左右的破碎锌与1#锌的差价在2500～3500元/吨。

　　国际废旧金属价格也呈下降趋势，部分国际废旧金属现货行情，详见表42。

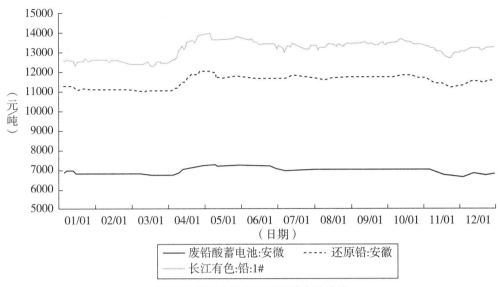

图30 2015 年铅及废铅酸蓄电池价格

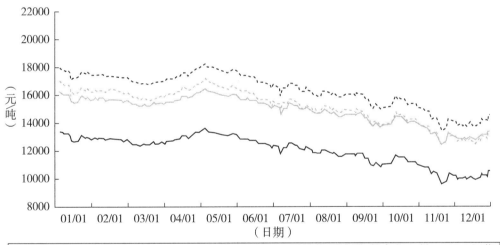

图31 2015 年锌及废锌价格

表42　　　　　　　　　**2015 年 12 月 31 日部分国际废旧金属现货行情**　　　　　　单位：美元/吨

产品名称	最低价	最高价	平均价	与上年同期相比
美国 1#光亮铜线	4600	4620	4610	−1470
美国 2#铜（94%～96%）	4180	4210	4195	−1510
美国黄杂铜（Fe<3%）	3330	3350	3340	−860

续　表

产品名称	最低价	最高价	平均价	与上年同期相比
美国干净黄铜水箱	3285	3305	3295	-905
美国304炉料18-8	890	910	900	-550
美国产干净6063料	1440	1460	1450	-325
美国金属含量93%～95%切片铝料	1300	1320	1310	-285
美国带皮铝线（铝68%）	1045	1065	1055	-255
美国干净纯铝水箱	1180	1200	1190	-300

资料来源：中国有色网。

4. 废料进口和回收情况

2015年，中国进口含铜、含铝、含锌废料共计576.72万吨，进口金额113.709亿美元。其中，进口含铜废料365.85万吨，同比下降5.58%；进口含铝废料208.70万吨，同比下降9.50%；进口含锌废料2.17万吨，同比下降32.16%。含铜废料主要来自美国（18.78%）、中国香港（15.11%）、澳大利亚（10.32%）、马来西亚（8.04%）、德国（6.60%）和荷兰（6.47%），主要从广州、宁波、天津、杭州和南宁等关区进口。含铝废料主要来自美国（30.70%）、中国香港（15.98%）、澳大利亚（15.79%）、马来西亚（11.69%）和德国（4.98%），主要从广州、上海、宁波、南宁和南京等关区进口。中国近年废有色金属进口量见图32。

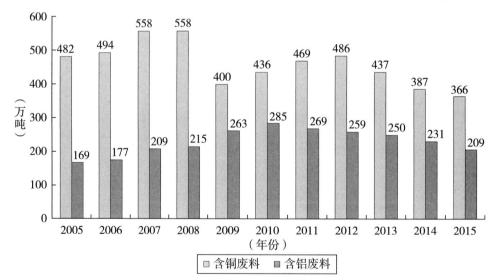

图32　2005—2015年废有色金属进口实物量

随着经济持续增长，居民消费水平不断提高，新型城镇化建设进度加快，国内有色金属的消费量和社会积蓄量不断增加，回收量持续快速增长，国内废料已经成为再生有色金属产业重要的原料来源。2015年国内废铜和废铝的回收量分别达到190万吨（金属量）和400万吨（金属量），分别占再生铜和再生铝原料供应量55%和65%以上。

5. 节能减排情况

由于再生有色金属企业的利润率不断降低，倒逼企业在节能降耗、资源综合利用方面进一步挖潜。再生铜企业日益重视阳极泥的处理与稀贵金属回收，很多企业逐渐改变以废杂铜为单一原料的生产模式，更多利用铜渣、铜灰等低品位原料，综合回收多种金属，提高经济效益。先进的再生铝企业大多安装了蓄热式燃烧系统，减低单位能耗；改进预处理分选设备，提高原料利用率；重视铝灰综合利用，进一步提升金属综合回收率。以高炉瓦斯灰、电炉炼钢烟尘为主的含锌二次资源回收利用新技术逐步推广，高效清洁回收锌及多金属取得了显著成效。

6. 投融资情况

2015年银行对有色金属行业的风险管控进一步加大，针对中小企业的限贷、抽贷情况较为普遍，造成企业流动资金紧张，给生产经营带来较大困难，进一步导致企业融资成本增加、利润下降。多数企业融资结构脆弱，面临极大的市场风险、汇率波动风险以及资金链断裂风险。由于宏观经济增长减速，部分企业对行业前景判断不乐观，处于维持和观望阶段，投资信心不足，在建和新建项目进度有所放缓。

但随着再生有色金属产业被确定为国家战略性新兴产业，在国家产业政策的大力支持下，资本市场出于对再生有色金属产业战略发展前景的认可，对再生资源的关注度大大提高，多家与再生有色金属产业相关的企业上市新三板，如巨东、汇美鸿发；多家上市公司通过兼并重组加速布局再生资源行业，如东江环保、桑德环境、格力；多家上市公司通过资本市场加紧了对原料回收渠道的建设，如豫光金铅、怡球。企业的融资渠道更加多元化。

三、存在问题和政策建议

（一）存在问题

1. 产能过剩问题凸显

因进口压力的增加及市场疲软的影响，近年我国再生铜、铝、铅三大再生有色金属的开工率不足，产能严重过剩，大批中小型企业处于停产和半停产的状态，一些大型企业的开工率也不足60%。

2. 原料保障程度不高

国内废有色金属报废周期刚刚来临，受回收体系薄弱和市场机制不健全影响，实际回收量较低；进口方面，虽然中国已经是全球最大的有色金属废料进口国，但既缺乏原料的掌控权和定价权，进口政策又不如周边国家优惠，原料进口竞争力在不断下降，而印度、马来西亚等周边国家废有色金属进口量逐年上升，中国在国际废料市场面临的竞争更加激烈，原料保障存在系统风险。

3. 淘汰落后技术装备任务重

一方面，多数企业距离行业准入的要求还有较大差距，迫切需要加快先进技术装备推广应用；另一方面，先进技术装备的国产化程度还很低，部分刚刚起步，有的虽然已经开始应用，但还不成熟，需要不断改进和完善。

4. 产品附加值低，同质化严重

我国再生有色金属产业链条短，产品单一，生产工艺门槛低，增值水平低，同质化现象明显，利润微薄。利用废铜生产铜杆、利用废铝生产铝合金锭等附加值较低的产品，产能严重过剩，已经不具有优势。迫切需要提高预处理环节的精细化，加快设备升级，加强产品质量控制。

5. 企业环保能力建设不足

区域环境容量对产业布局影响加剧，相关法律法规和排放标准对企业要求日益严格，但多数企业的自律意识和能力建设还未跟上，在清洁生产和污染物治理方面投入严重不足。

6. 企业内部管理水平低下，风险控制能力差

主要表现在好设备出不了好产品，迫切需要提升管理水平、人员培训、操作规范、应急管理能力建设，摆脱传统的家庭作坊式管理模式。绝大多数企业在上游原料采购环节和下游销售环节都没有定价权，融资结构脆弱，面临极大的市场风险、汇率波动风险以及资金链断裂风险。

7. 行业管理亟待加强

再生有色金属行业的不正当竞争等不良现象依然存在，市场秩序需进一步规范。行业标准工作相对滞后，行业统计、基础规划等工作仍然薄弱，认证服务范围与作用还没有与行业准入制度结合。

（二）政策建议

1. 借力"一带一路"推动产业全球发展

随着"一带一路"行动计划的推进，再生有色金属产业的国际合作有望进一步扩大和深化，海外市场的拓展和产业转移速度将进一步加快，进而带动产品、工程设计、技术装备和劳务输出，使中国逐渐从传统的"废料进口"模式转向"投资＋贸易＋技术＋工程"的输出方式，再生有色金属产业将实现资源、产业和市场的全球性布局。建议国家适时出台相关鼓励政策，积极引导和推动再生资源国际产能合作的开展。

2. 建立再生有色金属产业研究网络

进一步加强再生有色金属产业研究，建议通过网络化、信息化平台，充分发挥行业协会等中介组织作用，完善再生金属统计制度，逐步建立再生有色金属产业研究网络，为产业可持续发展提供保障。

3. 推动行业科技创新、完善教育培训平台、提高从业人员素质

目前，国内已有 30 多所大学开设资源循环科学与工程专业，江苏理工学院开设了再生金属学院；国内创建了一批行业重点实验室和工程中心；中国再生资源产业技术创新战略联盟搭建了产学研用相结合的再生资源技术创新网络平台，这些都在一定程度上推动了再生有色金属产业创新能力与人才队伍建设。但总的来说专业性不强、产学研一体化研发平台的建设还比较滞后。建议进一步加强行业人才培养体系建设，完善教育培训平台，逐步提高整个行业从业人员职业素养。

四、行业预测

（一）2016 年有色金属工业发展趋势分析

从全球经济环境看，2016 年全球经济仍将维持弱复苏态势，区域分化格局仍难有明显改观，北美经济总体稳健，西欧稳步复苏，东欧陷入增长乱局，亚太地区新兴市场有所企稳，非洲与拉美经济有望从低迷中回升。全球金融稳定性面临压力，美元加息并持续走强主导全球走势，股票市场出现多层分化，大宗商品市场依旧低迷。

从国内经济环境看，2016 年是中国"十三五"规划的开局之年，经济形势依然比较严峻，面临的问题和矛盾将更加错综复杂。在"新常态"下，经济发展正处在阶段更替、结构转换、模式重建、风险释放的关键期。宏观政策将保持宽松总基调，在扩大需求的同时，更加重视供给侧的管理和改革，推进减税和降低企业生产成本，加快创新和提高产品质量，使新供给更好地满足新需求。

由于原有支撑有色金属发展的因素削弱或消失，新的支撑因素尚在形成之中，所以有色金属产业的调整还将持续一两年时间，这将对有色金属价格及企业经济效益的回升构成沉重压力。初步预计，2016 年有色金属工业生产增幅将呈缓中趋稳的态势，十种有色金属产量增幅可能继续回落；有色金属固定资产投资仍呈负增长或零增长的态势；有色金属企业间经济效益继续分化，产品价格低、成本高、资金紧等问题仍难以改观，有色金属企业经济效益明显回升的可能性很小。预计 2016 年有色金属价格仍将在低位运行，有色金属需求疲弱、供应过剩问题仍难以明显改观。

（二）2016 年废有色金属回收利用行业预测

目前，中国经济正处于深层次矛盾凸显和"三期叠加"的阶段，经济既有增长动力、也有下行压力，有色金属行业整体面临供需失衡、产业结构不合理的挑战。预计 2016 年再生金属产量增幅不会有明显提升；市场与价格短期内不会有明显改善，全球废料资源的竞争依然激烈。但随着相关产业政策的不断推进，行业将进一步向规范性发展，面临新的发展机遇和市场空间。

第六章　废塑料回收利用情况

2013 年下半年以来受经济下行的影响，中国塑料加工工业表现不佳，塑料制品产量增速由 2013 年的 8.02% 降至 2015 年的 0.95%。2015 年合成树脂价格随着石油价格大幅下降，导致塑料价格跌至低谷，需求严重不足。塑料市场出现萧条，退出市场的企业增多。

一、塑料行业总体概况

据国家统计局数据显示，2015 年汇总统计 7226 个企业的塑料制品产量为 7560.82 万吨，同比增长 0.95%，比 2014 年 7.44% 的增长下降了 6.49 个百分点。2015 年塑料制品规模以上企业 14763 个，累计完成主营业务收入 21466.10 亿元，同比增长 4.60%。比 2014 年 8.92% 的增长下降了 4.32 个百分点。实现利税 1937.86 亿元，同比增长 8.26%，比 2014 年同期提高了 3.15 个百分点。其中，利润总额为 1302.53 亿元，同比增长 8.8%，增幅比 2014 年同期提高了 4.56 个百分点。

（一）2015 年塑料制品产量及增长情况

2015 年汇总统计 7226 个企业的塑料制品产量为 7560.82 万吨，同比增长 0.95%，增幅与上年同比下降了 6.49 个百分点。

分品种看，泡沫塑料同比增长 11.78%，增幅比上年提高了 11.47 个百分点；而农用薄膜，日用塑料，人造革、合成革增幅比上年分别下降了 10.32 个、9.80 个和 8.75 个百分点，2015 年塑料制品产量及同比增长，详见表 43。

表 43　　　　　　　　　**2015 年塑料制品产量及同比增长**

类别	产量（万吨）	同比增长（%）	增幅（%）
塑料制品	7560.82	0.96	-6.48
塑料薄膜	1313.82	3.37	-5.06
其中：农用薄膜	230.95	5.25	-10.32
泡沫塑料	245.03	11.78	11.47
人造革、合成革	343.79	-6.17	-8.75
日用塑料	592.66	0.67	-9.80
其他塑料	5065.52	0.43	-6.71

　　分地区看，塑料制品产量主要集中在浙江省、广东省、湖北省、河南省、江苏省、山东省、四川省、辽宁省、福建省、安徽省。其中，浙江省、广东省占比最大，分别为13.77%、12.91%。浙江省、广东省、山东省和辽宁省4省区的增速低于全国平均水平，分别下降了0.96%、1.48%、1.90%和32.49%。湖北省塑料制品产量同比增长为16.99%居首位，2015年全国塑料制品产量主要地区同比增长及占比情况，详见表44。

表44　　　　　2015年全国塑料制品产量主要地区同比增长及占比情况　　　　单位：吨

地区	1—12月产量	上年同期产量	同比增长排序（%）	占比（%）
湖北省	6527302	5579559	16.99	8.63
福建省	3654469	3326457	9.86	4.83
河南省	5440816	4983991	9.17	7.20
江苏省	5028313	4751338	5.83	6.65
安徽省	3387004	3217976	5.25	4.48
四川省	4155004	3961876	4.87	5.50
其他	18902884	18440300	2.51	25.00
浙江省	10411668	10512492	−0.96	13.77
广东省	9760609	9906997	−1.48	12.91
山东省	4635177	4724980	−1.90	6.13
辽宁省	3704943	5488046	−32.49	4.90
全国	75608189	74894010	0.95	100.00

（二）主营业务增长平稳，增速下滑

　　2015年全国塑料加工业累计完成主营业务收入21466.10亿元，同比增长4.6%，比上年同期下降了4.32个百分点。分品种看，塑料板、管、型材主营收入占比23.65%居首位，2015年塑料制品主营业务收入增长及占比情况，详见表45。

表45　　　　　2015年塑料制品主营业务收入增长及占比情况　　　　单位：千元

塑料制品类别	1—12月	上年同期	同比增长排序（%）	占比（%）
日用塑料制造	175057081	163778418	6.89	8.16
其他塑料制品制造	339716818	319545357	6.31	15.83
塑料包装箱及容器制造	185171951	174883119	5.88	8.63
塑料板、管、型材的制造	507686303	480292369	5.70	23.65
塑料丝、绳及编织品的制造	299120977	285740308	4.68	13.93

续　表

塑料制品类别	1—12 月	上年同期	同比增长排序（%）	占比（%）
塑料	2146609939	2052222115	4.60	100.00
泡沫塑料制造	92236218	88376177	4.37	4.30
塑料零件制造	160497677	154980228	3.56	7.48
塑料人造革、合成革制造	121591151	120244869	1.12	5.66
塑料薄膜制造	265531763	264381270	0.44	12.37

分地区看，塑料加工业主营业务收入主要集中在广东省、山东省、浙江省、江苏省、河南省、福建省、安徽省、湖北省、辽宁省、四川省等省。广东省主营业务收入 4089.34 亿元居首位，同比增长 3.27%。增速超过全国平均增速水平的主要省份有河南省、湖北省、福建省、安徽省、江苏省、山东省及四川省等。广东省、浙江省、辽宁省主营业务收入增速低于全国平均水平，2015 年全国塑料加工业主营业务收入主要地区同比增长及占比情况，详见表 46。

表 46　2015 年全国塑料加工业主营业务收入主要地区同比增长及占比情况

地区	1—12 月（千元）	上年同期（千元）	同比增长排序（%）	占比（%）
河南省	135368260	121085690	11.80	6.31
湖北省	96148823	86962887	10.56	4.48
福建省	129377154	117503190	10.11	6.03
安徽省	101154751	92534249	9.32	4.71
江苏省	206536784	189897495	8.76	9.62
山东省	217568112	201204697	8.13	10.14
其他	478346371	450199356	6.25	22.28
四川省	79990069	75613879	5.79	3.73
广东省	408934078	395967226	3.27	19.05
浙江省	209536931	216499891	-3.22	9.76
辽宁省	83648606	104753555	-20.15	3.90
全国	2146609939	2052222115	4.60	100.00

（三）利润呈现持续下滑趋势

2015 年全国塑料加工业实现利润总额 1302.53 亿元，同比增长 8.8%，比 2014 年同期提高了 4.56 个百分点。分品种看，塑料板、管、型材累计完成利润总额为 339.25 亿元，同比增长 9.23%，占据塑料制品利润总额的 26.05% 居首位。泡沫塑料同比增长为

12.30%居首位。利增速最低的是塑料薄膜，其同比增长为6.06%，2015年全国塑料加工业利润总额同比增长及占比情况，详见表47。

表47　2015年全国塑料加工业利润总额同比增长及占比情况

子行业类别	1—12月（千元）	上年同期（千元）	同比增长排序（%）	占比（%）
泡沫塑料制造	6197494	5518599	12.30	4.76
日用塑料制造	10232267	9119408	12.20	7.86
其他塑料制品制造	19765028	17937506	10.19	15.17
塑料板、管、型材的制造	33925207	31057267	9.23	26.05
塑料包装箱及容器制造	12143789	11158001	8.83	9.32
塑料	130253385	119716171	8.80	100.00
塑料人造革、合成革制造	7289652	6708879	8.66	5.60
塑料零件制造	7838466	7253698	8.06	6.02
塑料丝、绳及编织品的制造	18828989	17732689	6.18	14.46
塑料薄膜制造	14032493	13230124	6.06	10.77

分地区看，广东省、山东省、河南省、江苏省、浙江省利润总额占比分别为15.04%、10.71%、9.88%、9.70%和8.77%。增速最快的是江苏省和湖北省，分别增长了28.20%和22.15%。江苏省、湖北省、四川省、安徽省4省的利润总额增速超过全国平均水平，2015年全国塑料加工业利润总额主要地区同比增长及占比情况，详见表48。

表48　2015年全国塑料加工业利润总额主要地区同比增长及占比情况

地区	1—12月（千元）	上年同期（千元）	同比增长排序（%）	占比（%）
江苏省	12636427	9856469	28.20	9.70
湖北省	6544204	5357695	22.15	5.02
四川省	5310183	4591977	15.64	4.08
安徽省	6534746	5898048	10.80	5.02
河北省	5428614	5012727	8.30	4.17
福建省	7196948	6682819	7.69	5.53
河南省	12867298	12029272	6.97	9.88
浙江省	11417790	10676433	6.94	8.77
其他	28764854	27079225	6.22	22.08
山东省	13956286	13279684	5.10	10.71
广东省	19596035	19251822	1.79	15.04
全国	130253385	119716171	8.80	100.00

（四）塑料制品出口情况

据海关总署数据，2015 年塑料制品出口量为 1651.47 万吨，同期增长 2.73%，比上年下降了 3.69 个百分点；出口额 610.62 亿美元，同期增长 1.04%，比上年下降了 5.05 个百分点，出口增幅回落明显。2015 年塑料制品出口量约占同期全国塑料制品总产量的 21.84%，相比上年同期 21.76% 的出口占比，提高了 0.08 个百分点。2015 年，塑料制品的出口单价平均为 3.70 美元/千克，进口单价平均为 10.77 美元/千克，其进口单价是出口单价的 2.91 倍，说明我国出口的塑料制品仍然是以中低端产品为主，但与以前相比进步很大。2015 年贸易顺差为 432.53 亿美元，是 2011 年顺差 212.43 亿美元的 2 倍。2015 年塑料制品分类出口量值，详见表 49。

表 49   **2015 年塑料制品分类出口量值**

商品名称	出口量（万吨）	与上年同比（%）	出口额（亿美元）	与上年同比（%）
1. 塑料单丝、条、杆、型材及异型	19.54	3.94	4.06	−1.66
2. 塑料管及其附件	54.99	−3.00	22.29	−2.84
3. 塑料板、片、膜、箔、带及扁条	312.91	8.46	101.09	2.50
4. 塑料人造革、合成革	61.25	3.66	25.53	−0.06
5. 塑料包装箱及容器及其附件	216.68	−1.17	82.22	0.60
6. 塑料零件	3.51	−6.67	5.34	−2.85
7. 建筑用塑料制品	266.21	5.90	47.28	3.10
8. 日用塑料制品	369.13	3.07	166.49	5.76
9. 其他塑料制品	347.25	−1.33	156.32	−3.85
塑料制品总计	1651.47	2.73	610.62	1.04

二、废塑料再生利用行业总体概况

（一）产业环境分析

1. 国际环境影响分析

2015 年由于国际局势动荡不安，欧洲爆发难民潮，经济下行需求不振，消费萎靡，直接影响到全球塑料消费能力下降。中国、欧洲、北美、印度、日本、韩国、中国台湾、东南亚、澳洲、中东、非洲、南美、俄罗斯等各国、各地区板块的塑料消费结构不会有过大变化。发达国家是废塑料产生的主要来源国，他们消费的塑料远大于他们生产的塑料，也是我国进口废塑料来源国。2015 年石油价格大幅下跌是影响塑料再生利用行业不振、再生塑料价格大幅下跌的一个直接原因，另一个原因是大陆环境管控导致塑料进口为 735 万吨比上年下降了 14%，约 100 万吨。据海关数据，我国年出口塑料产品约 1600 万吨；加上塑料玩具、塑料家具、文具、家居用品、出口产品包装、其他出口产品附件配件等塑料产品超过 2000 万吨，这里面有相当部分含有废塑料，这样塑料产品在国外与国内之间形成一个循环。

2. 国家政策影响分析

国家宏观政策鼓励循环经济发展，新环保法实施加强了环境管控与执法，再生塑料加工二次污染大幅下降。地方已经不允许个体户、小商小贩从事塑料加工，在避免二次污染上做出了巨大努力，成效显著。但是一味地鼓励园区化管理的政策易造成再生塑料行业门槛抬高，再生塑料价格抬升，可能出现的新问题是再生塑料加工市场的隐形与转移，二次污染转移将不可避免。

再生资源行业法规政策环境不完善。发达国家的基本经验是在生产、回收、利用多个环节均有法可依，依法管理。而我国虽有一些循环经济、节能环保领域的法律法规，但法规体系不完整，针对废塑料回收环节的专门性法律文件仅有一部部门规章《再生资源回收管理办法》（商务部令 2007 年第 8 号），效力低，规范力度小，部分条款已不适应行业发展需要。政策方面，近年来各部门、各级地方政府出台了一系列促进循环经济发展的政策措施，但由于缺乏统筹性设计，政策没有形成合力。同时，我国缺乏对废塑料再生利用环节的政策激励机制。

多年来国家有关部委重视再生资源流通环节，投入也较大，但是对于产废利废环节重视不够。产废与利废环节缺乏相关技术法规和措施，国家投入也不大。产品在生产前就应该被设计废弃后的最佳处理方式，废弃物产生后应该进入有序分类的流通环节，然后进入利废环节实行高值高质化再利用，不宜再利用的废塑料应该进入焚烧系统回收能量，这样形成一个良性循环。资源回收再生产业各个环节有不同主管部门、多种运行方式并存、从业人员流动性大、得不到有效培训提高、人为主观因素太多等，这样下去将不利于形成有序管理，有待改善、进步、科学设置各环节的政策、技术规范流程。

税收优惠政策也不具可操作性，再生塑料行业企业实际上难以得到实惠。2011 年再生资源回收行业增值税优惠政策取消后，各省份的增值税地方流程返还比例不一致，甚至有地区对企业实行包税制，导致各地企业的实际税负不一样，不利于行业的有序发展。

我国法规政策还存在执行力弱的问题。由于国内再生塑料企业 90% 左右为中小型群体，从业人员数以万计，导致执法难度加大。通常政策颁布后，各地均有执行，但随着时间的推移执行力度便逐渐减弱。

实现"高值化"和"低污染"两大目标已成为政府、企业和社会发展再生塑料加工利用的共识，再生塑料科学合理利用不仅仅是经济问题，更是社会问题、政治问题，关系到祖国的蓝天白云、绿水青山，是功在当代，利在千秋，义在千秋的大事，行业的地位提升和从业人员的声誉提高，将鼓舞整个行业信心。

（二）废塑料再生企业概况

1. 龙头企业基本情况

金发科技股份有限公司成立20多年来年加工改性塑料近100万吨，销售额近200亿元，是塑料加工行业的龙头企业；年利用再生塑料20多万吨，实现了高值化利用，再生利用改性技术引领行业；是行业改性技术先进性的代表，为行业循环发展、绿色发展、可持续发展做出表率。

金发科技、赛日科技、锦湖日丽等塑料改性企业均实现高值化利用，产品质量稳定，拥有技术优势，引领行业发展。美的、格力等家电、报废汽车、塑料包装等新进企业，再生塑料来源稳定，也有技术优势，但是设备成本高，处置成本高。本身立足消费行业再生塑料来源稳定，易获得政策红利，但是回收体系建设有待完善。英科框业、龙福环能、海尔新材料、鸿宇集团等产销一体化企业深耕行业，具有规模优势，产业链长，技术创新能力强，利润可观稳定。

2. 龙头企业发展模式及其特点

行业龙头企业是大量、合理、高值化消化再生塑料的典型代表，掌握先进的再生改性、高值化利用技术，可充分实现再生塑料的应有价值，为客户创造绿色产值，实现塑料行业可持续发展。对于低质再生料，它的再生价值空间很小，一般建议降级使用或者焚烧回收能量。社会上存在的废塑料能够高值化利用的不多，而且混杂一起，再生利用价值得不到充分体现。只有通过机械式分类分质进行再生，获得合理再生价值。中小企业生存空间减小，单纯的贸易企业压力将增加。大型规模厂家可创建品牌，目光瞄向全球市场；中型企业可以做规模，但技术壁垒必须突破；而家庭作坊式厂家抱团合作是出路。环保重压之下，污染处置必须考虑，因此环保型企业以及技术创新力较强的厂家迎来新的发展机遇。

（三）废塑料回收利用行业情况

2015年我国塑料再生利用行业跌入低谷，国内市场需求严重不足，交易量缩减严重，价格下跌，再加上环境管控退出行业企业、人员增多。据称，由于再生塑料价格跌幅较大，影响废塑料回收价格大幅下降，导致废塑料回收难度增大，回收率有所下降。

据我们保守测算，2015年国内五大通用合成树脂表观消费量为7005万吨，工程塑料类约为500万吨，国内塑料再生利用量约为2535.42万吨，塑料助剂消费量约为550万吨。除助剂以外的填料类因无法测算可忽略不计，那么上述四项合计的10590.42万吨即可认为是2015年我国塑料表观消费量。消费后塑料规模庞大，据保守测算2015年塑料废弃量4200多万吨，属大宗废弃物，是热值很高的再生资源，回收再利用价值很大。我国2015年塑料再生利用量达到2535.42万吨，如按平均生产1吨聚合物需要约6.28吨原油计算，相当于每年减少15922.44万吨原油的资源消耗或原油进口，或减少等量合成树脂的进口，比生产等量合成树脂减少巨量的能耗和排放，环境经济效益十分显著。表50的数据尽管是经已知数据测算的结果，但大体可以看出，我国塑料消费量在持续增长，塑料废弃量和再生利用量也在增加，环境压力在增大。回收再生率保持在30%以下，与其他国家相比属较高水平。2011—2015年塑料废弃量、再生利用量和再生利用率测算，详见表50。

表50　　　　2011—2015年塑料废弃量、再生利用量和再生利用率测算　　　　单位：万吨

项目	2011 年	2012 年	2013 年	2014 年	2015 年
塑料表观消费量（测算）			8650	9325.4	10590.42
塑料使用量（测算）	5229.5	5467.37	5670.09	6785.37	6807.13
塑料废弃量（测算）	2871	3413	3800	4028	4200
回收再生量（估算）	1350	1600	1366.2	2000	1800
进口量	838.4	887.8	788.1	825.43	735.42
再生利用量	2188.4	2487.8	2488.1	2825.43	2535.42
再生利用率（%）	25.8%	29.3	24.1	29.5	26.44

注：1. 回收再生率 = 回收再生量/塑料使用量；
　　2. 再生利用量 = 回收再生量 + 进口量。

据称，2015年我国再生塑料行业使用通用塑料企业的开工率在50%～60%，工程废料类原料企业的开工率仅40%～50%。再生塑料生产企业中小企业数量较多，其中大多数属于家庭作坊式的个体户，普遍规模较小，在大城市周边及城乡结合部扎堆经营，基本实现了产业细化和产业链延伸。大中型以上工业再生塑料加工企业以进口废塑料作为原料居多，其再生塑料产量占总产量的40%以上，主要分布于沿海地区。使用再生通用料类原料企业相对分散，南北区域差异并不很大；对于再生工程废料类原料企业而言，因其价值较大、技术要求高的特点，华东、华南市场多以使用进口料造粒加工居多，华北华中市场多以使用国产料破碎加工为主。

目前，再生塑料行业规模大，但整体质量水平较低。行业规模化企业数量少，缺乏现代管理制度和现代化经营组织方式；行业内技术研发普遍投入不足，行业整体技术装备水平不高；多数企业对优质再生塑料的加工利用水平差，产品结构单一，科技含量少，增值水平低，同质化严重，回收再利用率低。

再生塑料价格普遍下跌，行业利润皆下滑趋势。由于国际油价暴跌，致使再生塑料面临原生塑料价格低的巨大压力，同时受国内外经济环境和市场需求持续低迷的影响，再生塑料与原生塑料价差进一步缩小，环保整顿导致上游原料货源减少、再生塑料生产厂家采购成本上升，加之人工等运营成本的提高，厂家赢利能力下滑，行业进入微利时代。

（四）进口情况

据海关数据，2015年进口废塑料735.44万吨，比上年减少了89.99多万吨，比前几年降幅较大，PE类仍为最多。2011—2015年进口废塑料情况，详见表51。

表51		2011—2015 年进口废塑料情况			单位：万吨
项目	2011 年	2012 年	2013 年	2014 年	2015 年
PE 废塑料	328.7016	369.2554	346.78	440.26	356.83
PS 废塑料	14.7517	24.1716	23.39	11.82	9.09
PVC 废塑料	118.6228	69.0965	38.22	33.04	23.60
PET 废塑料	166.5297	204.5394	219.95	207.08	204.54
其他废塑料	209.8072	220.7154	159.81	133.23	141.36
废塑料总量	838.4129	887.7785	788.15	825.43	735.44

数据来源：中国海关。

我国的废塑料进口入关地区结构：广东地区进口量占进口总量的34%，上海和宁波占28%，天津和青岛作为华北入口，占22%；福州和厦门占13%；其他所有地区一共仅占3%。其中，PET 废塑料品类的进口，基本集中在上海和宁波占65%，广东地区占18%，福州和厦门占10%，天津和青岛占7%。

三、行业预测

2016 年塑料消费将缓慢增长，塑料再生利用市场不容乐观。从目前的竞争状况来看，国内再生塑料行业竞争压力很大，在国际贸易、下游需求、替代品、产能过剩等多种不利因素的共同打压下，竞争将越来越残酷。目前，再生塑料低端产品竞争白热化，价格战显著，而中高端领域未来发展空间较大。故利用技术升级和规模化发展，在保持传统中低端领域市场份额的同时，开发更多可持续的产品是行业发展趋势，而拥有技术优势的企业将在市场中占有利地位。

如果禁止废塑料进口政策一旦实施，中国低成本制造优势不再，市场格局将有大的改变。目前，塑料回收再生过程的高值化利用还未得到充分发展，再生价值不大的低端再生料还未有合理的处置，塑料整体消费量逐步缩减情况下再生塑料再利用状况堪忧。

第七章 废纸回收利用情况

一、造纸行业概况

（一）纸及纸板生产和消费情况

据调查资料，2015 年全国纸及纸板生产企业约 2900 家，全国纸及纸板生产量 10710 万吨，较上年增长 2.29%。消费量 10352 万吨，较上年增长 2.79%，人均年消费量为 75 千克（13.75 亿人）。2006—2015 年纸及纸板生产和消费情况，详见图 33。

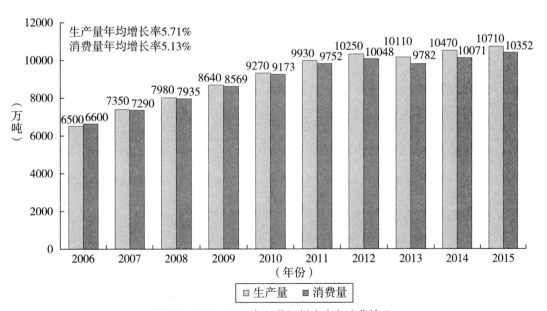

图33 2006—2015 年纸及纸板生产和消费情况

2014—2015 年纸及纸板生产和消费情况，详见表 52；2015 年纸及纸板各品种生产量占总产量的比例，详见图 34；2015 年纸及纸板各品种消费量占总消费量比例，详见图 35。

表 52　　　　　　　　　2014—2015 年纸及纸板生产和消费情况　　　　　　单位：万吨

品种	生产量			消费量		
	2014 年	2015 年	同比（%）	2014 年	2015 年	同比（%）
总量	10470	10710	2.29	10071	10352	2.79
1. 新闻纸	325	295	−9.23	321	299	−6.85
2. 未涂布印刷书写纸	1715	1745	1.75	1629	1680	3.13
3. 涂布印刷纸	775	770	−0.65	625	642	2.72
其中：铜版纸	685	680	−0.73	587	596	1.53
4. 生活用纸	830	885	6.63	759	817	7.64
5. 包装用纸	650	665	2.31	665	681	2.41
6. 白纸板	1395	1400	0.36	1301	1299	−0.15
其中：涂布白纸板	1345	1340	−0.37	1251	1238	−1.04
7. 箱纸板	2180	2245	2.98	2240	2297	2.54
8. 瓦楞原纸	2155	2225	3.25	2152	2228	3.53
9. 特种纸及纸板	250	265	6.00	205	217	5.85
10. 其他纸及纸板	195	215	10.26	174	192	10.34

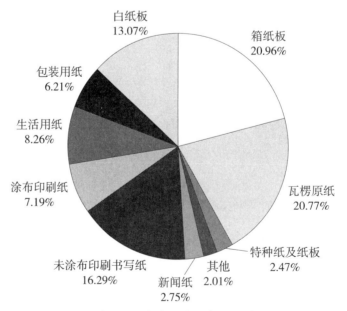

图 34　2015 年纸及纸板各品种生产量占总产量的比例

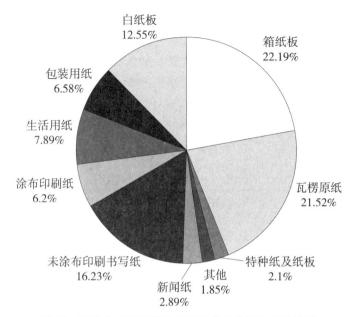

图 35 2015 年纸及纸板各品种消费量占总消费量比例

（二）纸浆生产和消耗情况

1. 2015 年纸浆生产情况

据调查资料，2015 年全国纸浆生产总量 7984 万吨，较上年增长 0.98%。其中：木浆 966 万吨，较上年增长 0.42%；废纸浆 6338 万吨，较上年增长 2.41%；非木浆 680 万吨，较上年下降 9.93%。2006—2015 年纸浆生产情况，详见表 53。

表 53 　　　　　　　　　　　　　2006—2015 年纸浆生产情况 　　　　　　　　　　　　单位：万吨

品种		2006 年	2007 年	2008 年	2009 年	2010 年	2011 年	2012 年	2013 年	2014 年	2015 年
纸浆合计		5196	5924	6415	6733	7318	7723	7867	7651	7906	7984
其中：1. 木浆		526	605	679	560	716	823	810	882	962	966
2. 废纸浆		3380	4017	4439	4997	5305	5660	5983	5940	6189	6338
3. 非木浆		1290	1302	1297	1176	1297	1240	1074	829	755	680
其中	苇浆	144	144	150	144	156	158	143	126	113	100
	蔗渣浆	74	90	97	98	117	121	90	97	111	96
	竹浆	95	120	146	161	194	192	175	137	154	143
	稻麦草浆	908	849	808	676	719	660	592	401	336	303
	其他浆	69	99	97	97	111	109	74	68	41	38

2. 2015 年纸浆消耗情况

2015 年全国纸浆消耗总量 9731 万吨，较上年增长 2.60%。木浆 2713 万吨，占纸浆消耗总量 28%，其中进口木浆占 18%、国产木浆占 10%；废纸浆 6338 万吨，占纸浆消耗总量 65%，其中进口废纸浆占 25%、国产废纸浆占 40%；非木浆 680 万吨，占纸浆消耗总量 7%，其中稻麦草浆占 3.1%、竹浆占 1.5%、苇（荻）浆占 1.0%、蔗渣浆占 1.0%、其他非木浆占 0.4%。2014—2015 年纸浆消耗情况，详见表 54，2006—2015 年国产纸浆消耗情况，详见图 36，2006—2015 年纸浆总消耗情况，详见图 37。

表 54	2014—2015 年纸浆消耗情况				单位：万吨
品种	2014 年	占比例（%）	2015 年	占比例（%）	同比（%）
总量	9484	100	9731	100	2.60
木浆	2540	27	2713	28	6.81
其中：进口木浆	1588[①]	17	1757[②]	18	10.64
废纸浆	6189	65	6338	65	2.41
其中：进口废纸浆	2243	24	2392	25	6.64
非木浆	755	8	680	7	-9.93

注：①2014 年进口木浆 1797 万吨，扣除溶解浆 209 万吨，实际消耗量 1588 万吨。
②2015 年进口木浆 1984 万吨，扣除溶解浆 227 万吨，实际消耗量 1757 万吨。

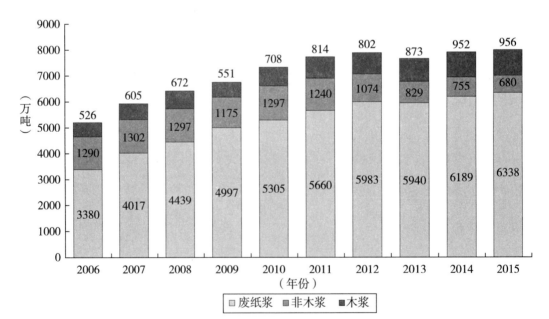

图 36　2006—2015 年国产纸浆消耗情况

图 37　2006—2015 年纸浆总消耗情况

二、回收利用情况

2015 年，我国回收废纸 4832 万吨，同比增长 9.3%，废纸回收率达 46.68%。2015 年我国消耗废纸浆 6338 万吨，占我国纸浆消耗总量的 65%，其中，进口废纸浆 2392 万吨，占纸浆总消耗量的 25%；国产废纸浆 3946 万吨，占纸浆总消耗量的 40.6%。2015 年我国消耗木浆 2713 万吨，占我国纸浆消耗总量的 28%，其中，进口木浆 1757 万吨，占我国纸浆消耗总量的 18%。我国消耗非木浆 680 万吨，占我国纸浆消耗总量的 7%。国产废纸浆是我国造纸工业最大原料来源。2005—2015 年我国纸及纸板产量、消费量和废纸回收与利用数据，详见表 55。

表 55　　　　　2005—2015 年我国纸及纸板产量、消费量和废纸回收与利用数据　　　单位：万吨

年份	纸及纸板		纸浆总消耗	废纸浆		国内废纸		废纸进口量	废纸利用率（%）
	产量	消费量		用量	占总浆比（%）	回收量	回收率（%）		
2005	5600	5930	5200	2810	54.04	1809	30.51	1703	62.71
2006	6500	6600	5992	3380	64.72	2263	34.29	1962	60.85
2007	7350	7290	6769	4017	59.34	2765	37.93	2256	68.31
2008	7980	7935	7360	4439	60.31	3137	39.53	2421	69.65

年份	纸及纸板		纸浆总消耗	废纸浆		国内废纸		废纸进口量	废纸利用率（%）
	产量	消费量		用量	占总浆比（%）	回收量	回收率（%）		
2009	8640	8569	7980	4939	62.62	3762	43.90	2570	73.28
2010	9270	9173	8461	5305	62.70	4016	43.80	2610	71.47
2011	9930	9752	9044	5660	62.58	4347	44.57	2728	71.24
2012	10250	10048	9348	5983	64.00	4472	44.51	3007	72.97
2013	10110	9782	9147	5940	65.00	4377	44.75	2924	72.22
2014	10470	10071	9484	6189	65.00	4419	43.88	2752	68.49
2015	10710	10352	9731	6338	65.00	4832	46.68	2928	72.50

三、进出口情况

（一）纸及纸板、纸浆、废纸及纸制品进口情况

2015 年纸及纸板进口 287 万吨，较上年增长 1.77%；纸浆进口 1984 万吨，较上年增长 10.41%；废纸进口 2928 万吨，较上年增长 6.40%；纸制品进口 12 万吨，较上年下降 7.69%。

2015 年进口纸及纸板、纸浆、废纸、纸制品合计 5211 万吨，较上年增长 7.58%，用汇 220.83 亿美元，较上年增长 1.65%。2014—2015 年中国纸浆、废纸、纸及纸板、纸制品进口情况，详见表 56。

表 56　　　2014—2015 年中国纸浆、废纸、纸及纸板、纸制品进口情况　　　单位：万吨

品种	2014 年进口量	2015 年进口量	同比（%）
一、纸浆	1797	1984	10.41
二、废纸	2752	2928	6.40
三、纸及纸板	282	287	1.77
1. 新闻纸	5	6	20.00
2. 未涂布印刷书写纸	31	37	19.35
3. 涂布印刷纸	34	34	0.00

品种	2014 年进口量	2015 年进口量	同比（%）
其中：铜版纸	26	26	0.00
4. 包装用纸	20	21	5.00
5. 箱纸板	86	84	−2.33
6. 白纸板	64	61	−4.69
其中：涂布白纸板	64	60	−6.25
7. 生活用纸	4	3	−25.00
8. 瓦楞原纸	5	9	80.00
9. 特种纸及纸板	27	26	−3.70
10. 其他纸及纸板	6	6	0.00
四、纸制品	13	12	−7.69
总计	4844	5211	7.58

注：数据来源于海关总署。

2015 年，箱纸板、白纸板、包装用纸分别占纸及纸板进口量的 29.3%、21.3% 和 7.3%，2015 年纸及纸板各品种进口量比重，详见图 38。

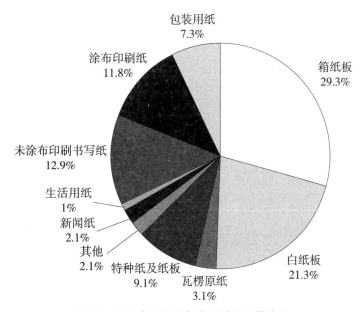

图 38　2015 年纸及纸板各品种进口量占比

（二）纸及纸板、纸浆、废纸及纸制品出口情况

2015 年纸及纸板出口 645 万吨，较上年增长 −5.29%；纸浆出口 10.20 万吨，较上年增长 4.62%；废纸出口 0.07 万吨，与上年持平；纸制品出口 284 万吨，较上年增长 2.90%。

2015 年出口纸及纸板、纸浆、废纸、纸制品合计 939.27 万吨，较上年增长 −2.85%，创汇 189.64 亿美元，较上年增长 5.60%。2014—2015 年中国纸浆、废纸、纸及纸板、纸制品出口情况，详见表 57。

表 57　　　　2014—2015 年中国纸浆、废纸、纸及纸板、纸制品出口情况　　　　单位：万吨

品种	2014 年出口量	2015 年出口量	同比（%）
一、纸浆	9.75	10.20	4.62
二、废纸	0.07	0.07	0.00
三、纸及纸板	681	645	−5.29
1. 新闻纸	9	2	−77.78
2. 未涂布印刷书写纸	117	102	−12.82
3. 涂布印刷纸	184	162	−11.96
其中：铜版纸	124	110	−11.29
4. 包装用纸	5	5	0.00
5. 箱纸板	26	32	23.08
6. 白纸板	158	162	2.53
其中：涂布白纸板	158	162	2.53
7. 生活用纸	75	71	−5.33
8. 瓦楞原纸	8	6	−25.00
9. 特种纸及纸板	72	74	2.78
10. 其他纸及纸板	27	29	7.41
四、纸制品	276	284	2.90
总计	966.82	939.27	−2.85

注：数据来源于海关总署。

涂布印刷纸、白纸板、生活用纸和包装用纸分布占纸及纸板出口量的 25.1%、25.1%、11.0% 和 0.8%，2015 年纸及纸板各品种出口量比重，详见图 39。

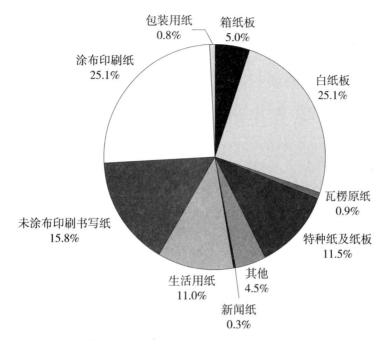

图39 2015年纸及纸板各品种出口量占比

第八章　废弃电器电子产品回收利用情况

一、电器电子行业概况

2015 年，我国电器电子产品行业加快推进结构调整，产业整体保持了平稳，出现增减互现的景象。

（一）生产情况

根据工信部消费品工业司发布的数据，2015 年，家用电冰箱累计生产 8992.8 万台，同比下降 1.9%；房间空气调节器累计生产 15649.8 万台，与去年同期基本持平；家用洗衣机累计生产 7274.5 万台，同比增长 0.7%。2015 年 12 月当月，家用电冰箱生产 653.1 万台，同比下降 6.1%；房间空气调节器生产 1286.6 万台，同比增长 1.0%；家用洗衣机生产 662.8 万台，同比下降 9.4%。

2015 年，手机和彩色电视机的产量分别为 18.1 亿部和 1.4 亿台，同比增长 7.8% 和 2.5%，其中，智能手机和智能电视 13.99 亿部和 8383.5 万台，分别占比达到 77.2% 和 57.9%；生产微型计算机 3.1 亿台，同比下降 10.4%；生产集成电路 1087.2 亿块，同比增长 7.1%。

（二）销售情况

2015 年，家电行业产销率 95.0%，较 2014 年同期下降 1.2 个百分点；累计出口交货值 3445.6 亿元，累计同比增长 0.8%。2015 年 12 月当月，家电行业产销率 94.4%，较 2014 年同期下降 1.7 个百分点；出口交货值 276.7 亿元，同比下降 0.4%。

规模以上电子信息制造业实现销售产值 113294.6 亿元，其中，内销产值 61695 亿元，同比增长 17.3%，高于出口交货值 17.4 个百分点；内销产值占销售产值比重（54.5%）超过一半，比上年提高 4.6 个百分点。

电子信息产品进出口总额达 13088 亿美元，同比下降 1.1%；其中，出口 7811 亿美元，同比下降 1.1%，占全国外贸出口比重为 34.3%。进口 5277 亿美元，同比下降 1.2%，占全国外贸进口比重为 31.4%。贸易顺差 2534 亿美元，与上年基本持平，占全国外贸顺差的 42.7%。

（三）经济效益

2015 年，家用电器行业主营业务收入 14083.9 亿元，累计同比下降 0.4%；利润总额 993.0 亿元，累计同比增长 8.4%；税金总额 474.2 亿元，累计同比增长 7.8%。规模以上电子信息制造业实现利润总额 5602 亿元，同比增长 7.2%。产业平均销售利润率 5%，低于工业平均水平 0.8 个百分点，比上年提高 0.1 个百分点；每百元主营业务收入中平均成本为 87.8 元，仍高于工业平均成本 2.1 元，但比上年下降 0.6 元；产成品存货周转天数为 14.8 天，高于工业平均水平 0.6 天。

从主体看，内资企业占全行业收入和利润的比重达到 41.3% 和 52.9%，分别比上年提高 4.9 和 5.2 个百分点；从规模看，小型企业继续保持较强发展活力，收入和利润增速分别为 20.8% 和 19.4%，高于平均水平 13.2 和 12.2 个百分点；从分行业看，部分行业效益增长较快，通信设备行业收入和利润增长达到 14.4% 和 18.1%，电子专用设备行业收入和利润增长达到 14.5% 和 14.1%，电子信息机电行业收入和利润增长达到 13.6% 和 19.7%，超过行业平均水平。

二、回收利用情况

（一）产业环境分析

1. 国际环境影响分析

2015 年，世界经济延续疲弱复苏态势。国际金融危机爆发后，世界经济虽然在各国大规模刺激政策作用下一度快速回升，但随着刺激政策的退出和作用衰减，世界经济贸易自 2012 年以来重新回落至 4% 以下的低增长，复苏动力明显不足。世界经济仍处在危机后的深度调整期，各国都在大力推进结构性改革，为未来的经济增长积蓄动能，世界经济在短期内仍难以摆脱低速增长状态。

在经历了 10 多年的超级大牛市后，国际大宗商品市场陷入供大于求、价格大幅回落的窘境。2015 年国际油价已跌落至每桶 30 美元的低位，与金融危机前高点时的每桶 145 美元相比下跌幅度高达 79%，铁矿砂、铜、铝、锌等的价格跌幅也都高达 40% 以上。由于以往大宗商品价格持续大幅攀升刺激能源资源类产品产能规模大幅扩张，而金融危机后全球经济增速持续低位徘徊，大宗商品供大于求的格局短期难以改观，能源资源出口大国为增加收入维持财政收支平衡又不愿减产，供大于求的市场格局将继续施压大宗商品价格。

根据《巴塞尔公约》规定，禁止电子废物跨境转移，废弃电器电子产品回收利用行业具有较强的国家和地区特性。但是，2015 年国际大宗商品价格持续下降对废弃电器电子产品回收利用收益带来的重大冲击较 2014 年更甚。来自废弃电器电子产品中的铁、铜、铝、塑料等回收材料已经是全球再生资源贸易市场必不可少的一部分。与其他原材料一样，我国废弃电器电子产品回收材料的价格受国际市场影响显著。

另外，中国作为首个在废弃电器电子产品回收利用立法管理的发展中国家，随着越来越多发展中国家针对废弃电器电子产品回收利用立法管理，中国废弃电器电子产品回收利用的管理经验、处理技术和装备将有望随着国家"一带一路"等战略"走出去"。

2. 国家政策影响分析

截至 2015 年，《废弃电器电子产品回收处理管理条例》（以下简称《条例》）已实施 5 年，也是基金征收和补贴制度实施第 4 年。2015 年，商务部发布再生资源回收体系建设中长期规划（2015—2020 年）；国家发改委发布废弃电器电子产品处理目录（2014 年版），2015 年循环经济推进计划；环保部发布废弃电器电子产品拆解处理情况审核工作指南（2015 年版）；财政部发布关于调整废弃电器电子产品处理基金补贴标准的公告，以及第五批获得处理基金补贴企业名单等，详见第七部分。在《条例》和各项配套政策的推动下，我国废弃电器电子产品回收利用行业快速发展。

（1）新回收模式不断创新发展。

2015 年，回收哥、淘绿、爱回收、香蕉皮等"互联网 + 回收"的废弃电器电子产品回收渠道快速发展，回收覆盖的城市越来越多，回收的产品从手机等小型产品扩展到主要的家电产品。

此外，"绿色消费 + 绿色回收"的废弃电器电子产品的新回收模式也取得了一定的成效。2015 年，北京推动的节能超市中，通过绿色消费带动的绿色回收废弃电器电子产品达到 4 万台。

2015 年，在住建部等五部门发布的《关于公布第一批生活垃圾分类示范城市（区）的通知》的推动下，桑德在福州启动了"促进再生资源回收、有毒有害垃圾回收与环卫系统的完善和融合"的示范项目。将再生资源的分类回收与环卫业务打通，形成业务协同效应，实现"两网合一"，做到干、湿分类回收和再生资源的分类回收，打造国内最大的集生活垃圾和再生资源分类回收于一体的"生活垃圾分类 + 绿色回收"网络体系。

2015 年 7 月，工信部联合商务部、科技部和财政部发布"废弃电器电子产品生产者责任延伸试点通知"，鼓励电器电子产品的生产者通过逆向物流建立废弃电器电子产品绿色回收渠道。

（2）补贴标准的调整将推动不同产品处理的协调发展。

2015 年 11 月 26 日，财政部、环境保护部、国家发展和改革委员会、工业和信息化部共同公布调整后的废弃电器电子产品处理基金补贴标准，自 2016 年 1 月 1 日起施行。调整后的处理基金补贴标准有升有降。其中，电视机补贴标准大幅下降，房间空调器大幅上升。补贴标准的调整将会转变之前以废电视机处理为主的局面，5 种目录产品的处理结构将趋于合理。此外，电视机补贴标准的下调，直接引发废电视机的市场回收价格下调，从而大大减少处理企业资金占用的压力。

（3）处理企业扩展处理产品种类。

随着《废弃电器电子产品处理目录（2014 年版）》的正式发布，废弃电器电子产品处理目录从 5 种扩展到 14 种产品，增加了手机、固定电话、打印机、复印机、传真机、吸油烟机、电热水器、燃气热水器、监视器。新增产品与首批目录相比，在资源与环境属性方面都有异同。虽然到 2016 年 3 月为止，环保部尚未发布新增目录产品的拆解技术规范，但是一些处理企业已经开展为新增目录产品的处理做准备，配置不同的拆解处理线，扩大企业的处理产品种类。

（二）回收处理行业运行状况

1. 保有量测算

废弃电器电子产品理论报废量的测算是废弃电器电子产品回收处理管理的一项非常重要的基础工作，它为政府主管部门制定废弃电器电子产品回收处理行业发展规划和管理提供数据支撑。本年度发布的理论报废量数据是根据中国家用电器研究院与中国物资再生利用协会采用的修正后市场供给 A 模型测算方法测算而来。修正后的市场供给 A 模型是采用电器电子产品国内销量与对应该年报废系数的乘积进行测算。该年的报废系数是通过对处理企业的调研得出。该方法不仅适用于家用电器电子产品，同时也适用于非家用电器电子产品。

从 2013 年开始，《中国统计年鉴》开展城乡一体化调查，图 40 为 2013—2014 年我国居民主要电器电子产品百户拥有量。基于居民百户拥有量测算后，2013—2014 年我国电器电子产品的居民保有量，详见图 41。采用修正后市场供给 A 模型测算后，2013—2014 年

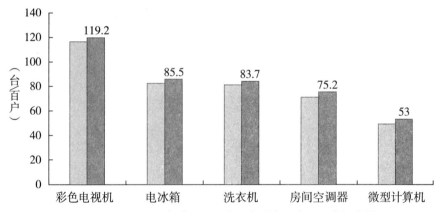

图 40　2013—2014 年我国居民主要电器电子产品百户拥有量

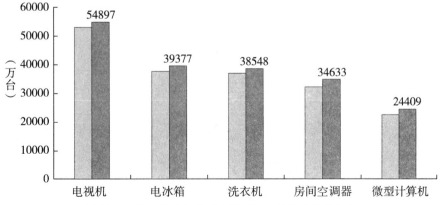

图 41　2013—2014 年我国电器电子产品的居民保有量

我国电器电子产品的社会保有量，详见图42。

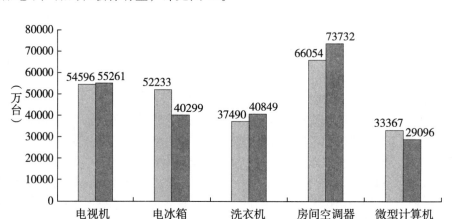

图42 2013—2014年我国电器电子产品的社会保有量

随着我国生活水平的提高，电器电子产品的社会保有量也在不断增长。2014年，首批处理目录产品的社会保有量达到23.9亿台。其中，电视机5.53亿台、电冰箱（包括电冰箱与冷柜）4.03亿台、洗衣机4.08亿台、房间空调器7.37亿台、微型计算机2.91亿台。

2. 报废量测算

2015年，我国首批目录产品的理论报废量为：电视机5850万台；电冰箱（包括电冰箱与冷柜）1704.66万台；洗衣机1544.97万台；房间空调器2431.71万台；微型计算机3742.12万台；总计12438.5万台，比同期增加9%。废弃电器电子产品理论报废量，详见图43。

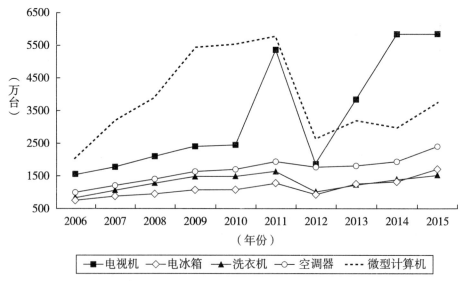

图43 废弃电器电子产品理论报废量

3. 处理量分析

2015 年，我国废弃电器电子产品处理量仍保持上升的态势。截至 2016 年 3 月 31 日，环保部尚未正式发布 2015 年废弃电器电子产品处理量。根据官方非正式消息，2015 年，废弃电器电子产品处理量约 7500 万台，较 2014 年上升 7%。

以四川省为例，根据四川省环保厅分季度公示的 2015 年四川省废弃电器电子产品处理量测算，2015 年四川省废弃电器电子产品处理量达到 583 万台，占全国的 8%。图 44 是 2015 年四川废弃电器电子产品分季度处理量。可以看出，2015 年，四川省废弃电器电子产品处理量不断上升。图 45 为 2015 年四川废弃电器电子产品处理比例。可以看出，电视机占总处理量的 75.2%，仍是处理比例最大的废弃电器电子产品。其次是电脑。

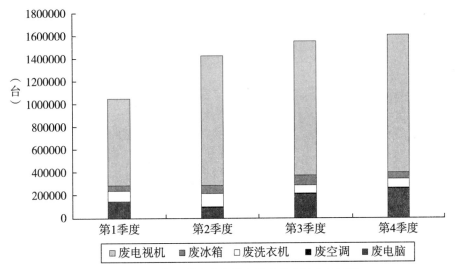

图 44 2015 年四川废弃电器电子产品分季度处理量

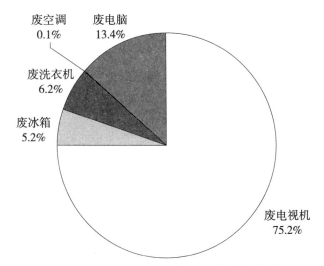

图 45 2015 年四川废弃电器电子产品处理比例

（三）处理行业布局

2015年8月17日，财政部、环境保护部、国家发展和改革委、工业和信息化部联合发布第五批废弃电器电子产品处理基金补贴企业名单。至此，我国有109家处理企业纳入处理基金补贴企业名单，图46为2015年获得处理基金补贴的处理企业的规模与分布图。

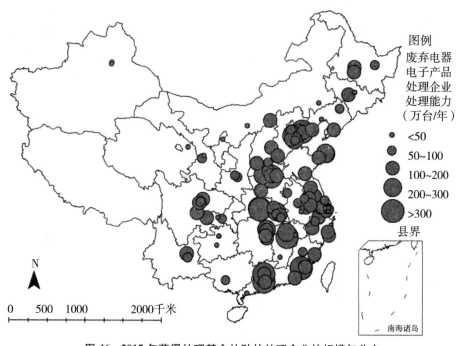

图46 2015年获得处理基金补贴的处理企业的规模与分布

可以看出，2015年我国废弃电器电子产品处理企业基本上覆盖了全中国大陆。其中，沿海地区和中部处理企业数量较多，且大部分处理企业年处理规模超过百万台。

四川省分布5个废弃电器电子产品处理企业。表58为2015年四川省不同处理企业产能比。可以看出，四川省5家处理企业中，4家处理企业产能比较高，平均为82%，仅有1家处理企业的产能比很低。处理行业的分化开始加剧。

表58   2015年四川省不同处理企业产能比

企业名称	成都仁新科技股份有限公司	四川长虹格润再生资源有限责任公司	四川中再生资源开发有限公司	四川省中明再生资源综合利用有限公司	什邡大爱感恩环保科技有限公司
产能比（%）	76	89	86	28	77

（四）行业运行特点

2015年，规划内的废弃电器电子产品处理企业绝大多数已经进入市场。在《条例》和基金补贴的推动下，我国废弃电器电子产品回收利用行业得到了快速发展，并呈现以下特点。

1. 传统回收渠道不断萎缩，新型回收模式不断涌现

传统的废弃电器电子产品回收主要以个体回收为主。随着再生资源价格的下降，人员成本的提高，传统的个体回收渠道不断萎缩，废弃电器电子产品回收的从业人员和回收网点不断减少。废弃电器电子产品的处理基金，对少数废弃电器电子产品的回收，例如废电视机，具有较大的推动作用。但是，随着基金补贴标准的调整，尤其是针对小尺寸的电视机、电冰箱和洗衣机不进行补贴的实行，将大大减弱基金政策对废弃电器电子产品回收的引导作用。

2015 年，废弃电器电子产品新回收模式不断涌现，回收哥、淘绿、爱回收、香蕉皮等"互联网＋回收"的废弃电器电子产品回收渠道快速发展。"绿色消费＋绿色回收"的废弃电器电子产品的新回收模式也取得了一定的成效。在住建部等五部门发布的《关于公布第一批生活垃圾分类示范城市（区）的通知》的推动下，桑德在福州启动了"促进再生资源回收、有毒有害垃圾回收与环卫系统的完善和融合"的示范项目，探索"两网合一"。2015 年 7 月，工信部联合商务部、科技部和财政部发布"废弃电器电子产品生产者责任延伸试点通知"，鼓励电器电子产品的生产者通过逆向物流建立废弃电器电子产品绿色回收渠道。

2. 处理企业竞争日益激烈，处理量平稳上升

2015 年，废弃电器电子产品处理企业数量达到 109 家。随着获得处理基金补贴企业数量的增加，废弃电器电子产品回收市场的竞争日益激烈。以电视机回收价格为例，2014 年，21 寸 CRT 电视机平均回收价为 85 元/台。2015 年，相同尺寸的电视机平均回收价上升为 95 元/台。

2015 年废弃电器电子产品处理数量与 2014 年同期相比，处理量约为 7500 万台，同比增加 7%。2015 年，废弃电器电子产品的处理仍是以 CRT 电视机为主。预计随着处理基金补贴标准的调整，2016 年废弃电器电子产品处理种类将日趋合理，非电视机的处理数量将明显上升。

3. 处理企业兼并活跃，企业规模化发展

进入市场的处理企业越多，企业间竞争越激烈。处理企业间的竞争变成了资金实力的竞争。一些资金实力不足的企业开始被兼并重组。按照处理企业的处理能力统计，中再生集团达到 1500 万台，位居第一，格林美 1000 万台，位居第二；其后还有桑德集团、格力、首创等。处理企业通过并购重组，不断向规范化、规模化、集约化发展。

三、存在问题和政策建议

（一）存在问题

1. 以个体回收为主，多渠道回收体系尚未形成

《条例》提出，国家对废弃电器电子产品实行多渠道回收和集中处理制度。目前，集中处理已经初见成效，但多渠道回收体系一直没有形成。根据处理企业的调研，处理企业处理的废弃电器电子产品主要来源于个体回收商贩。个体回收商贩不仅对回收产品"坐地涨价"，而且对产品中价值高的部件进行偷换。处理企业在接收废 CRT 电视机时，100% 对电视机的后盖敲洞，检查里面的偏转线圈是否完整。

虽然，近几年来，一些有实力的处理企业一直努力构建废弃电器电子产品的回收体系，例如新金桥的阿拉环保网，但是处理企业构建的回收网络回收的废弃电器电子产品仅占处理量很少的份额。

2. 基金征收和支出（补贴）出现严重失衡

根据财政部公布的"2015 年中央政府性基金收入预算表"显示，2015 年废弃电器电子产品处理基金征收预算为 30 亿元。而 2015 年废弃电器电子产品处理企业处理数量约 7500 万台。按 85% 为电视机计算，预计基金支出超过 50 亿元。从 2014 年开始，基金的征收和支出已经出现严重的不平衡。2015 年，基金收支不平衡的现象进一步加剧。随着基金补贴标准的调整，以及新增目录产品实施基金政策，基金收支失衡的现状将有所缓解。

3. 补贴基金拨付周期长，处理企业税赋高

根据处理企业调研，实际处理企业收到补贴基金的周期约为一年半。目前，处理企业仅收到 2014 年第 3 季度、4 季度的补贴基金。其中，第 4 季度的补贴基金平均发放率为 80%。2015 年第 1 季度、2 季度的废弃电器电子产品核查数量尚未公示。补贴基金发放周期长，导致处理企业长期占压大量资金，增大企业的运营成本，不利于企业的持续发展。

此外，与所有再生资源回收利用企业相同，废弃电器电子产品处理企业也面临较高的税赋。由于国家对资源综合利用企业资质认定制度的取消，处理企业享受不到税收的优惠政策。同时，回收废弃电器电子产品没有增值税发票，处理企业没有增值税进项的抵扣，造成很高的税赋。

4. 管理侧重环境保护，忽略资源综合利用

废弃电器电子产品不仅含有有害物质，同时也含有大量有用的资源。目前，我国针对废弃电器电子产品的管理，如《废弃电器电子产品回收处理管理条例》《电子废物污染环境防治管理办法》都强调环境保护，而对废弃电器电子产品的资源综合利用没有提出任何要求或指标。大部分处理企业对废弃电器电子产品的处理仅仅是手工拆解，深度资源化利用的企业不多。

5. 缺乏拆解产物无害化处理的信息追踪管理制度

目前，我国仅针对废弃电器电子产品处理企业建立信息报送系统。但对其拆解产物的下游处理企业，尤其是危废处理企业未建立拆解产物无害化处理的信息追踪管理制度。大量的拆解产物进入"有资质"的处理处置企业后，管理信息出现"断裂"。有些拆解产物进入"有资质"的处理企业后，又重新流入市场，带来较大的环境风险。

（二）政策建议

1. 完善电器电子产品生产者责任延伸制度

目前，《条例》建立了电器电子产品的基金制度。基金制度体现了 EPR 中对生产者的资金责任。从《条例》运行的效果来看,基金制度对拉动废弃电器电子产品处理具有很好的推动作用。但是,基金制度与回收处理的效果并未建立系统关联。也就是说,基金征收并不意味着回收处理达到预期的效果。举例来说,房间空调器的生产企业征收的基金,对废弃房间空调器回收处理没有起到作用。此外,基金制度本身的收支失衡,也严重制约基金制度的发展。因此,生产者仅承担基金责任是不能体现其延伸责任的目标。

生产者是 EPR 实施的主体,主要的延伸责任分为行为责任、经济责任和信息责任。其中,行为责任包括实施产品生态设计和制造,负责废弃产品回收处理的实施。在较好的 EPR 制度中,行为责任和经济责任应可以相互转化。例如,欧盟、韩国。因此,我国电器电子产品 EPR 制度中,完善生产者的责任首先应是建立生产者延伸责任中行为责任与经济责任的相互转化机制。同时,将生产者承担行为责任(回收责任)与废弃电器电子产品的回收处理效果的目标相关联。以打破目前基金征收补贴与回收处理目标相分离的现状。

此外,EPR 对生产者的延伸责任中,信息责任是必不可少的。生产者应有责任向主管部门报送产品的种类、产量、销量等信息;向产品的使用者提供产品资源与环境的相关信息、废弃产品回收处理相关信息等。

2. 加强废弃电器电子产品回收管理体系的建设

推动将《再生资源回收管理办法》上升为《再生资源回收管理条例》。研究建立生产者、销售者、消费者对于废弃电器电子产品回收处理的责任分担机制。积极研究废弃电器电子产品回收管理制度,进一步落实生产者责任制度。

对已有的废弃电器电子产品回收管理相关的标准进行梳理,并研究建立科学合理、功能齐全、统一权威的废弃电器电子产品回收技术标准体系总体框架,加强回收废弃电器电子产品分类、关键部件和材料分类、运输储存、回收污染控制技术等基础类和通用类标准的制修订。通过认证认可等多种方式,加大标准贯彻落实力度,加强对现行标准的宣传,引导行业规范化发展。

3. 建立销售者绿色回收的责任

2014 年,商务部发布大力发展绿色物流的指导意见。绿色流通是在流通全过程中推广绿色低碳理念,应用绿色节能技术,推动流通企业节能减排,扩大绿色低碳商品的采购和销售,有效引导绿色生产和绿色消费,促进形成"新商品—二手商品—废弃商品"循环流通的新型发展方式。

2015 年,商务部发布《再生资源回收体系建设中长期规划(2015—2020 年)》(商流通发〔2015〕21 号)。其中,主要内容提到以逆向物流为特点的服务消费类再生资源回收体系。充分发挥流通企业面向广大消费者分散销售且便于集中回收的优势,倡导销售者责任,推动绿色商场建设,利用销售配送网络,试点建立逆向物流回收渠道。

鉴于我国电器电子产品销售行业,企业众多、大小规模不一,管理水平差异较大,建议在推进绿色物流和逆向物流的基础上,将绿色回收纳入管理,并建立绿色回收率指标。所谓绿色回收是电器电子产品的销售者将通过以旧换新方式回收的废弃产品交售给有废弃电器电子产品处理资格的处理企业进行规范处理的回收方式。绿色回收率是指电器电子产品的销售者年实际回收并交售给处理企业处理的废弃电器电子产品数量与年销量的比例。

4. 建立行业统计制度和绿色回收率考核指标

建立废弃电器电子产品回收行业信息统计制度，制定分品种、分地区的统计报表，定期开展行业信息统计，加强对统计数据的分析，形成行业发展报告，并向全社会公布。根据回收企业的规模、回收产品的种类、运输能力等，建立回收企业分级制度。

同时，建立废弃电器电子产品绿色回收率考核指标。将绿色回收与规范处理有机地链接。通过废弃电器电子产品绿色回收，带动规范处理和绿色消费。

5. 研究制定废弃电器电子产品回收企业税收优惠政策

随着国际大宗商品价格的下降、人员成本的提高，税赋高，传统回收渠道日益萎缩，越来越多的废弃电器电子产品将成为低值产品，回收难已成为社会问题。研究制定包括废弃电器电子产品在内的再生资源回收企业税收优惠政策是解决回收难的重要政策手段之一，同时也是推动回收企业可持续发展的必要条件。

6. 建立拆解产物追踪管理制度

废弃电器电子产品处理涉及整机处理、关键部件处理，以及回收材料综合利用等多个环节，构成一个以整机拆解企业为源头的辐射性的产业链。废弃电器电子产品的处理企业不可能完成拆解产物的无害化处理处置的全过程。因此，要实现废弃电器电子产品的无害化处理，应建立拆解产物的无害化追踪管理制度，即要求处理企业对其拆解产物的下游企业提交拆解产物处理的报告制度。

7. 加强宣传教育和舆论引导

废弃电器电子产品回收涉及各行各业和千家万户，需要动员全社会的力量积极参与。要组织开展多种形式节约资源和保护环境的宣传活动，提高全社会对开展废弃电器电子产品回收重要意义的认识，把废弃电器电子产品回收变成全体公民的自觉行为，广泛推介各具特色的废弃电器电子产品回收体系建设成功模式，宣传推广废弃电器电子产品回收的先进理念、方法途径、政策法规，提高全社会对废弃电器电子产品回收体系建设工作的认识，营造全社会重视和支持再生资源回收的良好氛围。

四、行业预测

（一）2016 年回收利用情况预测

2016 年是我国废弃电器电子产品回收利用政策的调整期。废弃电器电子产品处理基金补贴标准的调整将在 2016 年 1 月 1 日以后实施。新增目录产品的处理企业资质认证、处理技术规范，以及基金征收和补贴标准也将在 2016 年发布和实施。

1. 多渠道回收体系进一步发展

在商务部《关于大力发展绿色流通的指导意见》《再生资源回收体系建设中长期规划》，以及工信部《电器电子产品生产者责任延伸试点工作方案》的推动下，废弃电器电子产品多渠道回收体系建设将会有明显的提升。越来越多的大型企业，例如，生产企业、销售企业、处理企业，以及第三方企业进入回收行业，探索创新回收模式，共同建立多元化的废弃电器电子产品回收体系。

2. 废弃电器电子产品处理量将保持平稳

2012—2014 年，废弃电器电子产品处理量快速上升。2014 年，废弃电器电子产品处理量达到 7000 万台。2015 年，废弃电器电子产品的处理量增长放缓，处理量约 7500 万台。其中，电视机占处理量的 85% 以上。2016 年，处理基金补贴标准调整，电视机的补贴标准下降，房间空调器的补贴标准上升。随着新补贴标准的实施，电视机的处理量将出现显著下降，而其他产品的处理量得到快速上升。预计 2016 年，废弃电器电子产品的处理量将与 2015 年持平。

3. 处理企业的利润持续下降

受国际大宗商品价格持续下降的影响，以及处理企业间竞争日益激励，处理企业不仅承担资金压力，还面临高税赋。2016 年，处理企业的利润将持续下降。行业内的兼并重组将持续活跃，经营不良的企业将更多。

（二）主要任务

1. 建立以逆向物流为特点的废弃电器电子产品回收渠道

根据《再生资源回收体系建设中长期规划（2016—2020）》（商流通发〔2015〕21号），再生资源回收体系建设的主要内容之一是分类建立回收体系。与传统的再生资源，例如废纸、废塑料相比，废弃电器电子产品的回收具有自身的特点。

废弃电器电子产品回收体系的建设应充分发挥电器电子产品销售企业面向广大消费者，分散销售且便于集中回收的优势，通过以旧换新和绿色消费，带动绿色回收，倡导销售者责任，推动绿色商场建设，利用销售配送网络，试点建立逆向物流的废弃电器电子产品回收渠道。

2. 大力推动 EPR 试点工作

2015 年 6 月，工业和信息化部、财政部、商务部、科技部制定了《电器电子产品生产者责任延伸试点工作方案》（以下简称《试点方案》），组织开展生产者责任延伸（EPR）制度试点工作。其中，回收体系建设是 EPR 试点的重要内容之一。

通过试点，探索生产者自行依托销售渠道、维修网点等逆向物流优势，建立废旧电器电子产品回收体系或委托第三方机构对其产品进行回收。鼓励第三方机构联合生产者建立废旧电器电子产品分类回收体系，推动各类产品集中回收，提高回收效率。推动大数据、物联网和云计算技术在废旧电器电子产品回收体系中的应用，建立回收过程可测量、可报告、可核查的信息管理系统及回收评价体系，开展回收过程标准化建设，提高规范化水平。

3. 培育龙头废弃电器电子产品回收企业

引导废弃电器电子产品回收企业按照建立现代企业制度的要求，完善公司法人治理结构，建立健全科学的决策程序和激励约束机制。加强企业采购、销售、资金和财务管理，积极运用信息技术，提高管理效率和管理水平。

同时，鼓励生产企业、销售企业、维修企业，以及处理企业与废弃电器电子产品回收企业合作，建立多渠道的废弃电器电子产品回收体系。

4. 强化行业秩序监管

强化废弃电器电子产品回收渠道的治安管理，严厉打击非法拼装废弃电器电子产品的制假售假、以假充真的违法犯罪行为。强化废弃电器电子产品回收环节的污染防治工作，支持污染防治设施建设，加大环保执法力度，依法查处污染环境的回收企业并向社会公布。

完整的废弃电器电子产品回收体系应将生产者、销售者、使用者、维修者、回收者和处理者有机地链接在一起，以废弃电器电子产品的处理为核心，建立电器电子产品绿色制造、绿色消费、绿色回收和规范处理管理的公共信息服务平台。同时，积极发挥行业中介组织作用，制订行业自律性行规、行约，引导行业规范有序发展。

第九章　报废汽车回收利用情况

一、汽车产业概况

（一）我国汽车产业发展情况

报废汽车回收拆解行业的发展与汽车工业的发展，社会汽车保有量不断积累等息息相关。2015 年我国汽车产销量分别达到 2450.33 万辆和 2459.76 万辆，同比增长 3.25% 和 4.68%；2015 年我国整车进出口净增量 33.73 万辆，同比下降 29.54%；国内汽车消费量 2493 万辆，同比增长 4.02%。

随着我国经济社会持续快速发展，群众购车刚性需求旺盛，汽车保有量继续呈快速增长趋势。截至 2015 年年末全国民用汽车保有量达到 17228 万辆，同比增长 11.53%；新注册登记的汽车达 2385 万辆，同比增长 9%；保有量净增 1781 万辆，同比增长 4.34%。我国汽车保有量近 10 年增速走势，详见图 47。

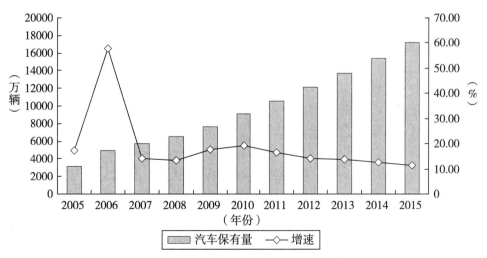

图 47　我国汽车保有量近 10 年增速走势

我国近 10 年汽车保有量增长 5.45 倍，平均复合增长率 18.48%，由此可见，我国近 10 年汽车保有量积累速度保持了高速发展。

2015 年我国汽车注销量 604 万辆，同比增长 25.57%，汽车注销量占全国民用汽车保有量的 3.51%，同比增长 0.5%。我国近 10 年汽车注销量及占比走势，详见图 48。

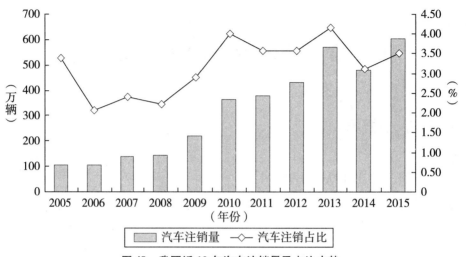

图 48　我国近 10 年汽车注销量及占比走势

2015 年我国汽车注销量占全国民用汽车保有量 3.51%，与发达国家占比达 6%~8% 相比还有很大差距，其原因：一是我国汽车保有量近 10 年增加迅速，按照汽车使用寿命的周期还未达到汽车报废高发期；二是达到报废标准的汽车流失较为严重；三是社会上存留的"僵死"车辆也较为突出，导致汽车保有量数量失真。

（二）我国千人汽车保有量情况

千人汽车保有量是衡量一个国家经济发展水平和国家富有的一个重要标志。从我国千人汽车保有量情况分析，2015 年我国千人汽车保有量为 125 辆，同比增长 11%。最多的省市是深圳市，达到 309 辆，在全国排列第一；北京市千人汽车保有量为 254 辆，低于厦门、天津市，排列第四；最低的省份千人汽车保有量仅为 50 辆。目前世界平均千人汽车保有量为 140 辆。比较西方发达国家，如美国千人汽车保有量达到 800 辆，日本平均达到 600 辆，日本最高的地区群马县，千人汽车保有量达到 851 辆，最低的地区是东京，千人汽车保有量 295 辆。我国目前的汽车消费者更多集中在城市，超过了 80% 比例，而美国、日本汽车消费者在城市消费不足 40%，60% 以上汽车消费是在城市郊区和乡村。西方国家和日本部分地区及我国按区域划分千人汽车保有量情况，详见表 59。

表 59　　　　西方国家和日本部分地区及我国按区域划分千人汽车保有量情况　　　　单位：辆

国家（地区）	千人拥有量	日本地区	千人拥有量	中国区域	千人拥有量
美国	812	群马	851	华北五省区市	164
新西兰	760	长野	848	华东六省市	131

续　表

国家（地区）	千人拥有量	日本地区	千人拥有量	中国区域	千人拥有量
意大利	660	栃木	810	东北三省	112
澳大利亚	639	富山	805	华南三省区	104
法国	602	京都	481	西北五省区	103
日本	600	大阪	392	西南五省区市	86
德国	593	东京	295	华中四省	83

从表59得知我国与西方国家比较，可见我国汽车产业发展还有很大发展空间，尤其是我国广大的城市郊区和乡村汽车消费水平还很低。如果再用20年的发展时间，预计我国千人汽车保有量能达到日本的一半，即千人汽车保有量为300辆，全国汽车保有总量要达到4.5亿辆，届时我国汽车保有量看似数量庞大，远远超过美国汽车保有量水平，但千人汽车保有量仅是世界的中等水平。因此，我国汽车产业的发展将会保持持续中高速发展势头。

二、回收拆解情况

（一）回收拆解行业基本情况

2015年我国报废汽车回收拆解行业发展稳步推进，全国获得拆解资质的企业数量603家，同比增加1%；隶属回收网点2358个，同比下降3%；从业人员2.8万人。报废汽车回收网点已覆盖全国80%以上的县级行政区域。全年回收拆解报废汽车170.75万辆，同比增加26.5%，占汽车保有量的0.99%，占汽车注销量的28.15%。我国近几年报废汽车回收量及回收拆解企业数量增长情况，详见图49。

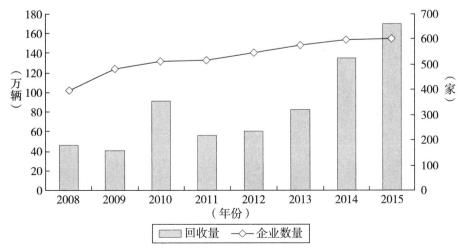

图49　我国近几年报废汽车回收量及回收拆解企业数量增长情况

从我国按月份收购报废机动车统计数量分析，全国月均回收量 14.2 万辆，全年回收量最低的 2 月受春节影响，仅收购报废汽车 4.2 万辆，回收量最高的 12 月，月收购报废汽车 36.2 万辆，创历史新高。我国报废机动车按月份统计回收量情况，详见图 50。

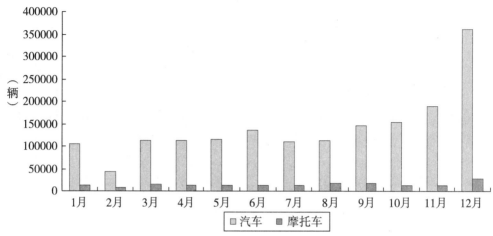

图 50　我国报废机动车按月份统计回收量情况

全国报废汽车回收量按月份回收统计波动很大，尤其是从 2015 年 4 季度开始，由于一些省市逐步加大了对黄标车提前报废资金补贴的力度，促使报废汽车回收数量大幅提升。

2015 年收购报废汽车按照车辆类型分，客车回收量 94.4 万辆，较上年增长 18.9%；货车 64 万辆，同比增长 54.4%；挂车 8.6 万辆，同比增长 72.5%；专项作业车 3.8 万辆，同比增长 38.9%。2015 年全国报废机动车分品种回收占比情况，详见图 51。

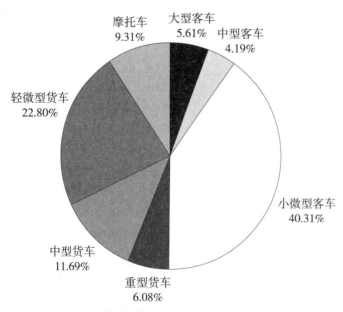

图 51　2015 年全国报废机动车分品种回收占比情况

报废机动车回收情况按品种占比看，小微型客车和轻微型货车回收量占比较大，达总回收量的63%以上，这主要与我国强制淘汰黄标车政策有关；摩托车回收量仅占摩托车保有量的0.14%。

综上分析，近些年来我国报废汽车回收量的回收比率（当年报废汽车统计回收量与当年汽车保有量之比）一直未超过1%的回收量水平，2015年仅为0.99%，同比增长12.91%。全国汽车保有量超过200万辆的11个城市报废汽车回收量情况，详见表60。

表60　　　　　全国汽车保有量超过200万辆的11个城市报废汽车回收量情况

序号	城市	汽车保有量（万辆）	回收量（万辆）	回收率（％）
1	北京	535	13.78	2.58
2	成都	366	2.02	0.55
3	深圳	315	4.13	1.31
4	上海	284	2.88	1.01
5	重庆	279	2.63	0.94
6	天津	273	5.95	2.18
7	苏州	269	4.58	1.70
8	郑州	239	2.87	1.20
9	杭州	224	4.16	1.86
10	广州	224	6.18	2.76
11	西安	219	0.86	0.39
	全国	17228	170.58	0.99

如果全国报废汽车回收率都达到北京目前的水平，我国报废汽车回收量将超过440万辆，报废汽车回收拆解行业为国民经济发展贡献度将进一步增强。

依据公安部交管局统计公告的数据分析，2015年我国汽车注销量为604万辆，同比增长25.57%，汽车注销量占全国民用汽车保有量的3.51%，同比增长0.5%。而我国官方信息系统统计全年汽车回收量仅有170.75万辆，经对回收拆解企业调查发现，有相当数量的报废汽车收购时，由于车主不需要办理汽车注销手续而实施议价收购，这部分车辆约占回收总量的1/3企业没有录入官方信息系统，因此，我们测算我国回收拆解企业实际报废汽车回收量应当在260万辆左右，占全国民用汽车保有量的1.51%，占汽车注销量的43%，即使如此仍约有一半以上被注销的报废车辆非法流入社会。

（二）回收拆解行业经营状况及经济效益情况

2015年全国回收拆解报废机动车合计277.53万辆，同比增长14.25%，其中报废汽车回收量260万辆，同比增长18.18%，摩托车回收量17.53万辆，同比下降23.70%。拆解再生资源总量合计 871.88 万吨，同比增长 45.43%（拆解再生资源总量与回收车辆的车型有关）。拆解材料利用率 84.13%，同比增长 0.30%。报废汽车回收拆解行业全年生产产值 145.59 亿元，同比下降 7.76%。缴纳税金 45.62 亿元，同比下降 8.55%。实现企业利润 54.45 亿元，同比下降 9.72%。报废汽车拆解再生资源材料构成，详见图 52。

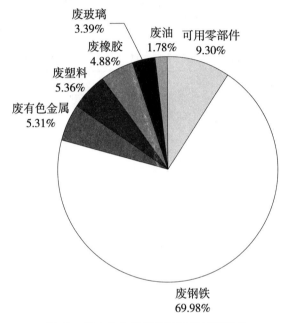

图 52　报废汽车拆解再生资源材料构成

从行业经营效益看，我国报废汽车回收拆解行业基本属于微利行业，经营较为困难。主要原因在于：

一是拆解汽车的"五大总成"法律规定用于废金属销售，严禁用于零部件销售，拆解其他可回用零部件的销售比例低，报废汽车回收拆解企业 90% 经营利润依赖于废钢铁材料销售，企业利润完全受制于废钢铁市场的影响。由于近两年来废钢铁销售市场价格低迷，汽车拆解的废钢铁出现价格倒挂现象，报废汽车回收拆解企业也出现惜拆惜售现象；

二是目前汽车修理行业对汽车拆解可回用零部件需求状况不佳，且市场认知度不高，也导致汽车拆解企业其销售产值很低，直接影响了拆解企业的经济效益；

三是企业税负较重。按照财政部、国家税务总局关于印发《资源综合利用产品和劳务增值税优惠目录》（财税〔2015〕78 号）的通知，通知规定符合条件的资源综合利用企业自 2015 年 7 月 1 日起，执行按规定比例即征即退增值税政策。报废汽车拆解企业拆解出来的废钢铁用于炼钢炉料，销售给符合国家工信部颁布的《钢铁行业规范条件》或《铸造行业准入条件》并公告的钢铁企业或铸造企业，享受即征即退 30% 的增值税退税政策。在实际运作中，一方面，退税比例过低，企业退税后加上地方城建、教育附加综合税率仍达 11.91%，企业税负仍较重；另一方面，目前钢铁企业生产经营萎缩，支付货款困难，再加上公告的钢铁企业运送半径、供应量少等因素供需关系难以建立,直接影响退税政策的落实。

(三) 回收拆解企业情况

2015 年,全国报废汽车回收拆解企业平均年回收量 2829 辆,同比增长 29.3%。在报废汽车回收拆解企业中,回收报废汽车数量超过 2 万辆的企业有 15 家,超过 1 万辆的回收拆解企业 43 家,远远超过 2014 年 30 家回收量达万辆以上的情况,其中深圳市报废车回收有限公司回收报废汽车连续两年超过 4 万辆,成为全国报废汽车回收拆解企业中的佼佼者。全行业年回收报废汽车在 1000 辆以下的回收拆解企业达 324 家,占拆解企业总数量的 53.73%,而回收量仅占总回收量的 7.8%。更突出的是年回收报废汽车在 400 辆以下的回收拆解企业达 172 家,仍占拆解企业总数量的 28.52%,也就是说平均每天回收报废汽车不足 1 辆。可见,目前我国报废汽车年回收量低,有的地区资源分散,回收拆解企业生产规模比较小,经济效益低是普遍现象。2015 年回收报废汽车数量超过 2 万辆的前 15 家企业,详见表 61。

表 61　　　　**2015 年回收报废汽车数量超过 2 万辆的前 15 家企业**　　　单位:辆

序号	企业	合计	报废汽车	摩托车
1	深圳市报废车回收有限公司	41789	41325	464
2	苏州市苏协报废汽车回收拆解有限责任公司	39281	38983	298
3	广州市金属回收公司	35479	33308	2171
4	宁波市废旧汽车回收有限公司	33010	31967	1043
5	杭州经纬资源利用有限公司	28850	28687	163
6	临沂市广发资源综合利用有限公司	26903	26808	95
7	北京市大石河报废汽车解体厂	25568	25470	98
8	金华市物资再生综合利用公司	24881	24871	10
9	东莞市物资再生利用有限公司	24759	24634	125
10	北京市汽车解体厂有限公司	23817	23648	169
11	北京华新凯业物资再生有限公司	23471	23231	240
12	烟台万通汽车回收拆解有限公司	22150	22065	85
13	天津新能再生资源有限公司	21537	21537	0
14	大连市报废汽车回收拆解有限公司	21418	21341	77
15	成都兴原再生资源投资有限公司	23334	20197	3137

三、存在问题和政策建议

（一）存在问题

1. 机动车回收量低，外部环境秩序混乱

我国报废汽车回收率一直低位徘徊。由于"准报废车"低廉的价格和监管力度不足，二手车商和非法经营企业变通手段灵活，大范围地高价收购报废车辆，滋长了报废车流向二手车市场的需求空间，报废车以"假转籍""假过户"等形式大量流入黑市。另外，报废汽车私拆滥解已是公开的秘密，目前全国各地都存在"地下"拆解市场，专门从事报废车辆收购、拆解、拼装、销售。这种触目惊心的报废汽车非法拆解经营愈演愈烈，汽车回收拆解业乱象环生，而导致报废汽车市场管理混乱的重要原因，是政府相关管理部门没有形成联动长效机制和有效监管报废车辆流失的有效措施，法律和监管存在严重缺位。

2. 回收拆解企业整体经营素质水平仍然较低

我国报废汽车回收拆解行业虽然近几年得到了较快发展，有少部分企业步入了现代管理时期，但与发达国家相比，我国报废汽车回收拆解行业整体发展水平仍然比较落后，企业仍多采取粗放式经营，管理方式、技术手段落后，设备简陋，回收拆解作业不规范、不环保、不节约等现象仍然存在。大多数企业由于规模小、效益差、资金短缺，普遍处于微利或保本经营状态，发展后劲不足，不能适应汽车消费市场快速发展的要求。

3. 企业经营模式不适应社会经济形势发展

我国报废汽车回收拆解企业因历史原因形成集回收、拆解、剪切破碎于一体的经营模式。这种经营模式重点不突出，企业仍以销售废钢铁为主要赢利目标，忽视零部件的附加值，零部件利用率较低，而且拆解的废钢铁大部分为轻薄料和统料废钢，拆解企业经过剪切、打包工序，耗时费力，销售价格和利用效果都不是很理想，基本属于粗放型经营模式。

4. 国家相关法规政策尚需完善

我国 2001 年颁布了《报废汽车回收管理办法》（国务院 307 号令），经过 14 年的发展历程，目前遇到了一些不可逾越的屏障，应当予以修订。

5. 企业税负较重，享受即征即退 30％的增值税退税政策难以实现

（二）政策建议

1. 完善政策措施，创造良好的营商环境

国家修制订的报废机动车回收拆解管理办法应当尽快出台。各级政府相关部门要依法从报废汽车的强制报废、注销登记、回收拆解、道路行驶等多个环节，强化对报废汽车的监督管理，严防报废汽车、拼装车流向社会。建议国家相关部门（商务、环保、交通、公安、工商等）联合执法，并建立长效机制，加强对路面交通运营和拆解场地的联合执法，对"黑车"、拼装车、改装车、超标车（超过报废标准、不年检的车辆）、非法营运车辆、非法拆解行为依法治理，规范回收网点经营行为。去除"总量控制"的传统概念，实行准入退出机制，明确报废汽车拆解经营准入严格按照报废汽车回收拆解企业技术规范条件，不规范、不达标、不环保的报废汽车拆解企业应当退出，确保报废汽车拆解行业健康有序发展。

2. 制定有利于行业持续发展的税收政策

建议对再生资源回收经营企业采取固定低税率3%～5%扶持政策；对再生资源利用企业实行即征即退50%～100%扶持政策。

对再生资源回收经营企业采取固定低税率扶持政策，其优点表现在既统一完善了我国再生资源回收经营企业的税负，稳定了税源，又实现了全国再生资源回收经营行业税率统一、税负公平、避免虚开、便于监管、兼顾企业、利于发展。

对再生资源利用企业实行即征即退扶持政策，其优点是：通过对利废企业实行即征即退的税收政策，既可减少利废企业税负过重的压力，又可建立起增值税完整的税务链条体系，也同时体现了国家鼓励利废企业对再生资源的有效利用，有利于节能减排，税源稳定，税负公平，兼顾企业，利于发展。

3. 建立报废汽车回收保证金制度

为有效提高报废汽车的回收率，有必要借鉴发达国家的成功经验，采取汽车报废回收保证金（亦称押金）制度。押金制度体现了"污染者付费"的经济公平原则，汽车制造商销售新车和汽车消费者购买新车时，均应当按照一定比率以预支的形式为未来汽车报废可能产生的污染交纳押金；当车主通过合法渠道将报废汽车交售后，预先交纳的押金被退回车主。押金在一定程度上构成了对汽车车主的行为约束，如果车主不按规定把报废汽车交售给合法回收企业，就会产生押金的损失，这样就可以促使车主将报废汽车交售给合法的回收拆解企业，因此从根本上解决报废汽车流失或随意丢弃问题。这也符合贯彻落实国务院印发的《关于印发循环经济发展战略及近期行动计划的通知》（国发〔2013〕5号）中明确："研究建立强制回收产品和包装物、汽车、轮胎、手机、充电器生产者责任制"文件精神。

随着我国社会钢铁积蓄量的逐年增多，废钢铁市场价格逐年疲软，而汽车报废量也将随着汽车保有量的增加而大量产生，估计不用多久我国报废汽车也会像日本在20世纪90年代末期，全国废钢铁资源大量产生，市场废钢铁供过于求，价格低迷，报废汽车没人再花钱收购，导致废旧汽车随意丢弃，成了社会环保问题。因此，我国应当借鉴日本的教训和经验，尽早研究制定建立生产者责任延伸制度，把报废汽车回收责任落到实处，促进我国社会的和谐发展。

4. 放宽报废汽车拆解的"五大总成"市场销售

报废汽车"五大总成"（发动机、方向机、变速器、前后桥、车架）也是商品，法律不应当约束商品的属性。法律规定拆解的"五大总成"只限于作为废金属，交售给钢铁企业作为冶炼原料，不符合国家倡导的节能减排、科学发展政策，严重地影响了社会效益和企业效益，这在任何国家都没有类似的法律限定。随着我国汽车保有量的逐年增加，报废汽车回收拆解行业也将迅速发展，如果长期限制报废汽车"五大总成"的市场销售，势必影响资源的合理有效利用。因此，建议完善修改条例条款，这也是落实国家倡导的节能减排的有效措施。

5. 改进监督解体方式

我国《道路交通安全法》规定：报废的大型客、货车及其他营运车辆应当在公安机关交通管理部门的监督下解体。《报废汽车回收管理办法》（国务院令第 307 号）规定："回收的报废营运客车，应当在公安机关的监督下解体。"法律赋予公安机关对报废的营运车辆进行监督下解体，意在避免回收拆解企业"整车"销售。以上法律法规对出售报废机动车已有明确的处罚规定，并且如何"监督下解体"法律也没有具体规定。各地区在执法实施中大部分采取发动机钻孔、车体压扁、大梁切割等手段，以示"监督下解体"，但这种解体方式不利于拆解零配件的合理利用。报废车辆的解体应当坚持"先利用、后回炉"的循环经济发展理念，减少破坏性的解体。拆解企业应当与所在地公安机关交通管理部门协商争取支持，逐步过渡到实施利用电子监视系统，对报废营运车辆整车进场、检查登记、预处理、拆解等各个环节实施全程监控，并将监控录像资料按日单独建档保存，公安机关交通管理部门可随时抽查。改进监督解体方式，解决目前存在的监销等待时间长、程序复杂、监销车辆范围扩大和采取破坏性监销的方式等问题，提高社会效益和企业经济效益。

6. 建立报废汽车回收拆解信息化平台

建立全国报废汽车回收拆解企业拆解信息电商平台，实现企业拆解零部件信息全国销售网络，同时通过互联网，报废汽车回收拆解企业将与再制造企业、维修行业联网，利用信息购销网络推动汽车回用零部件的销售市场。实现报废汽车回用件销售、监督、管理的信息化。

同时，引进物联网技术、GPS 技术等先进管理技术，实现报废汽车从回收、运输、拆解、利用等环节的全过程实时监控和信息分析，做到行业全程可监控、实时可分析，不仅提高行业统筹管理能力，而且降低企业管理成本。

四、行业预测

2016 年是"十三五"开局之年，分析 2016 年国内市场经济形势，国内宏观经济增速继续减弱，市场需求复苏动力不足，尤其是我国钢铁行业仍在进行结构调整，导致钢材产能下降，废钢价格低迷不振，也将对报废汽车回收拆解销售产生不利影响。但 2016 年又是报废汽车回收拆解行业面临经营困难与发展机遇并存的一年，预计报废汽车回收量可达到 280 万辆，同比增长 7.7%，企业经济效益也会进一步提升。

对报废汽车回收拆解行业产生利好最大影响的因素：一是政策利好。其一，2016 年 1 月 11 日国家发改委办公厅印发的《"互联网＋"绿色生态三年行动实施方案》等，给报废汽车回收拆解行业指明了发展方向。方案明确提出完善报废汽车旧件、二手件、再制造旧件、再制造产品等的相关标准，加快推进汽车保险信息系统、汽车维修系统、"以旧换再"管理系统和报废车管理系统的标准规范和互联互通。推动汽车维修、汽车保险、旧件回收、再制造品、汽车报废拆解等汽车产品售后全生命周期信息的互通共享。方案明确责任单位：国家发展和改革委、工业和信息化部、交通运输部、商务部、保监会。完成时限为 2017 年年底完善标准制定，2018 年起逐步实现互联互通。方案实施后，随着报废汽车零部件再利用、再制造等领域与互联网的结合，汽车拆解市场空间将实现企业赢利翻倍增长。其二，新修制订的《报废机动车回收拆解管理条例》有望出台，报废汽车回收拆解行业经营管理得到进一步加强；二是实施企业调结构、补短板关键性一年，促使企业由过去粗放型经营向现代集约型经营方式转变，即由过去以拆解废钢铁、原材料为主经营销售，向再生资源分选加工高质量、多拆卸汽车可回用零部件经营销售转移，提高汽车可回用零部件的直接利用率，增加企业经营拆解产品的附加值。总的看，我国报废汽车拆解材料市场价格低位回升，拆解可回用零部件再利用率有望提升，拉动报废汽车回收拆解企业经济效益。报废汽车回收拆解行业发展的趋势健康而乐观。

第十章　报废船舶回收利用情况

受世界经济增长乏力、航运业持续低迷以及国内继续加大鼓励老旧船舶提前报废政策等因素影响，航运企业和船东继续削减过剩运力或产能，大量老旧船舶退出市场。近几年，国内拆船业拆解各类废船数量虽逐年减少，但2015年仍是历史上较好的年份之一。

一、回收行业情况

（一）回收利用概况

据统计，2015年，国内会员拆船企业（下称：拆船企业）成交拆解国内外各类废船179艘，累计162.6万轻吨，与2014年相比，成交废船艘数减少28.7%，轻吨量下降16%。其中，国内废船91万轻吨，艘数同比减少28.1%，轻吨量同比下降17%；进口废船72万轻吨，艘数同比减少29.4%，轻吨量同比下降15%。

受废船价格下降、成交量减少等因素影响，2015年废船贸易额约合人民币超过21亿元，延续2011年以来的下降态势。上缴进口关税和增值税合计约4亿元人民币。

在世界主要拆船五国中，我国拆船业拆解量列孟加拉国和印度之后，由上年度的第二位，退居第三位。自2009年以来，国内拆船企业拆船艘数和轻吨量已连续七年在高位运行，为国家和地区经济发展循环利用了大量可再生金属资源，社会效益显著。

（二）节能减排的社会贡献

2015年，国内拆船业回收可再生金属资源约为150万吨。按照中国钢铁业平均铁钢比和废钢单耗测算，其为节能减排所做贡献是：节约165万吨精矿粉；减少438万吨原生铁矿石开采；节约52万吨标煤、280万吨水耗和27万吨溶剂；减少175万吨二氧化碳排放。为促进我国节能减排、减少过剩航运运力和产能、促进船舶工业调整振兴以及循环经济发展做出了贡献。

（三）行业运行特点

1. 国内废船拆解量占比多

据统计，2015年拆船企业成交国内废船102艘，合计90.4万轻吨；成交进口废船77艘，合计72.2万轻吨。国内废船占当年总轻吨量的55.5%，占比虽与上一年有所收窄，但仍是国内拆船业30余年发展以来的第二个超过进口废船的年份。

2. 废船船龄"年轻化"

2015年成交各类废船中，有约37%的进口废船和约32%的国内废船的船龄在20年以内（含20年）此外，国内废船中有55.4%是中国制造，同比增加一成以上。

3. 废船成交均价下降

统计显示，2015年成交国内外废船平均单价呈现下降趋势，国内废船交易走势，详见图53，进口废船交易走势，详见图54。其中，成交国内废船均价逐月下降更为明显：1月成交均价为每轻吨1573.5元人民币，到12月成交均价下跌至每轻吨1043.4元人民币，降幅达33.7%。

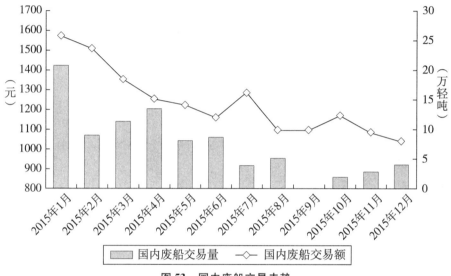

图53 国内废船交易走势

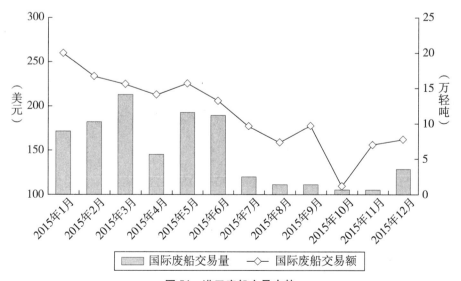

图54 进口废船交易走势

4. 废船船型同比变化明显

由于石油等全球大宗商品价格提振乏力等因素影响，散货运输、海工市场低迷。统计显示，2015 年成交国内和进口废船中散货船（含杂货船）分别占 80.5% 和 40.8%，其中，成交国内散货型废船同比增加二成以上。成交海工平台（船）轻吨量占进口废船总轻吨量的 21.8%，同比增加 18 个百分点。

5. 苏粤浙为主要拆船地区

2015 年，国内拆船企业成交国内外废船轻吨量除江苏、广东继续领跑外，浙江省成交拆解废船轻吨量同比增加明显，苏粤浙三省约占总成交轻吨量的九成以上。

6. 拆船物资严重积压

由于继续受采购废船价较高，国内废钢价格持续下跌等因素影响，拆船企业废船物资持续大量滞销积压。截至 2015 年年底，拆解回收废船板、废钢、废有色金属等物资库存近 80 万吨，占用资金达 10 亿元人民币以上。

7. 拆船企业全面亏损

2015 年，拆船量虽然仍居较高水平，但受废钢价格下跌，融资、人工、环保成本以及税负高等因素影响，拆船企业自 2012 年以来经济效益下滑乃至亏损的局面依旧没有扭转，亏损面逐年扩大。据不完全统计，2015 年国内拆船企业亏损额在 5 亿元人民币以上，企业经营与运行形势严峻。

8. 拆船能力过剩显现

拆船业连续 4 年的亏损，直接导致 2015 年部分企业中止拆船活动，个别企业已另谋发展生路。

二、政策建议

（1）国务院"规范发展拆船业，实行定点拆解"应落在实处。尽早解决在定点拆解、拆船供应商招投标等方面，仍然存在并不具有拆船资质的企业被列入船舶拆解企业名单等现象。

（2）各类船舶拆解标准准入应统一。解决目前国内运输船舶、渔业船舶、舰船、海工平台以及其他类船舶的运营管理分属不同部门，其船舶拆解要求、规范和管理要求也不尽相同等问题。

（3）《产业结构调整目录（2011 年本）》确定的废船上的"废旧机电设备和零部件再制造"，"区域性废旧船舶资源循环利用基地建设"等鼓励类项目的研发，需要国家有关部门的协同运作。

（4）建立拆船基金。建议参照国家废弃电器电子产品处理办法，建立废旧船舶处理基金，以此兼顾、调节航运企业（船东）、拆船企业利益的平衡。

三、行业预测

2016 年召开的十二届全国人大三次会议，审议通过《国民经济和社会发展第十三个五年规划纲要》，纲要中提出树立循环利用资源观，大幅提高资源利用综合效益，做好工业固废等大宗废弃物资源化利用，规范发展再制造和实行生产者责任延伸制度。2016年国家还将进行《循环经济促进法》修法工作。同时，全面实行"营改增"，以及包括拆船在内的再生资源利用税收（增值税、关税等）优惠政策的实施，对拆船业"十三五"发展仍将有一定的宏观政策支撑。此外，随着全球推进绿色拆船，安全环保拆船意识日益增强，特别是欧盟拆船新法案的实施，为符合欧盟准入标准条件的拆船企业一定程度上增添了商机。

可以预测，"十三五"前期，由于国际航运市场尚难复苏，我国加速老旧运输、渔业船舶淘汰更新政策的持续运作，船舶能效设计指数（EEDI）的新要求以及新船投入倒逼老旧船舶淘汰，海工市场低迷等因素的影响，国内外仍会有相当数量的各类废船退出市场。但必须清醒地看到，2009年以来全球大量航运运力的淘汰，废船船龄"年轻化"以及船东观望惜售等因素存在，废船上市数量将逐年萎缩，淘汰废船船型也会发生变化。

同时，国内拆船企业更不能忽视影响"十三五"期间拆船业发展的诸多其他因素，一是如何化解过去5年来企业的沉重包袱；二是如何处理好废船上市逐年递减与拆解能力过剩问题；三是随着国家狠抓"大气十条""水十条"落实，以及即将推出的"土十条"的新要求，所带来的提升安全环保管控政策调整的预期；四是拆船下游市场波动性大，提振的不确定因素多；五是国际与国内废钢价格倒挂，国际废船价格的区域性差异大的局面难有根本性改变；六是国内外废旧船舶的绿色贸易环境尚未形成，等等。

因此，2016年乃至"十三五"期间，全球经济复苏动力与向好态势，以及影响拆船业的国内外各要素市场发展态势依然存在诸多不确定性因素，经历了过去五年艰难前行的国内拆船企业应保持清醒头脑，冷静客观地分析和把握有利和不利因素，审时度势，采取灵活且有效的经营管理措施，积极应对复杂多变的市场变化。

第十一章　废旧轮胎回收利用情况

一、轮胎行业概况

2015 年以来，我国轮胎行业受国内经济增长放缓，轮胎"双反案"，复合胶标准改变，以及国际竞争环境加剧，大宗商品市场异常波动等因素影响，行业面临较大下行压力。2015 年全国汽车轮胎总产量为 5.63 亿条，其中，全钢子午胎 1.08 亿条，半钢子午胎 4.10 亿条，斜交轮胎 0.45 亿条。在重重困难面前，行业坚持"调结构、促转型、求创新"，努力适应"新常态"，经济运行总体正常。

（一）行业经济运行总体处于下降态势

2015 年，中国轮胎行业发展滑入了前所未有的下降通道，行业经济运行数据全面下降，但同时行业转型升级明显加速，国际化步伐加快，轮胎盲目投资得到控制，轮胎智能制造及电商销售得到跳跃式发展。

2015 年，轮胎行业遭遇近年来当属最为恶劣的运行环境，这主要表现在 4 个方面：一是汽车行业不景气影响国内轮胎的销售；二是美国双反等贸易保护阻碍我国轮胎出口；三是《复合橡胶通用技术规范》实施影响企业赢利；四是上半年的银行资金收紧影响企业运行和投资。上述外部原因导致 2015 年成为我国轮胎行业破产或停产最多的一年，据不完全统计有 11 个轮胎项目停产或破产。

据中国橡胶工业协会轮胎分会对 42 家主要轮胎企业统计，2015 年完成销售收入 1376.3 亿元，下降（同比，下同）13.35%；轮胎总产量 3.35 亿条，下降 5.6%，其中子午线轮胎 3.183 亿条，子午化率 95%，同比基本持平。全钢胎总产量 8250 万条，下降 6.67%；半钢胎总产量 2.358 亿条，下降 4.52%。另外，国家发改委公布的 2015 年化工行业运行情况数据显示，2015 年中国橡胶轮胎外胎产量 9.25 亿条，同比下降 4%。在产品出口方面，出口量 1.546 亿条，下降 8.72%；出口交货值 554.8 亿美元，下降 15.81%。两项出口指标双降在我国轮胎行业首次发生。

前些年，伴随汽车工业和公路等基础建设的蓬勃发展，轮胎行业新上了一批项目，有的项目档次不高，属重复建设，如普通子午胎产品同质化严重，产品结构性过剩问题突出，企业发展缺乏品牌意识，依靠低价竞争，损坏了市场应有秩序，而高端及绿色轮胎仍有缺口。

目前，在轮胎生产企业和经销商库存居高不下的情况下，有些轮胎企业无奈之下采用两种办法降低产量，压缩库存。一是降低生产负荷。据调查，全行业全钢子午胎开工率平均约68%，同比下降7%左右；半钢子午胎开工率约70%，同比下降12%左右。二是在高温季节停产放假。据对43家轮胎企业调查，其中有21家企业高温放假检修生产设备。有的企业停产和倒闭，有的企业项目因资金和环保等问题而停止建设。濒临破产及项目停建企业情况，详见表62。

表62　　　　　　　　　　　　濒临破产及项目停建企业情况

原因分类	企业数	减少和计划取消年产量（万套）		备注
		全钢胎	半钢胎	
已倒闭和将要关门	4	174	857	国有企业1家，民营企业2家，台资企业1家，数据为实际产量
因资金问题项目停止	5	880	2200	全部为民营企业，数据为计划产量
因环保未通过项目停止	3	640	2400	全部为民营企业，数据为计划产量
因土地证问题项目停止	1	120		民营企业，数据为计划产量
合计	13	1814	5457	

（二）助推轮胎企业走出去发展

在国家"一带一路"战略指引下，轮胎行业引导企业走出去发展。目前已有5家企业在海外建厂，实施国际化产能合作，实现国际化生产经营。5家轮胎企业在国外建厂情况，详见表63。

表63　　　　　　　　　　　5家轮胎企业在国外建厂情况

企业名称	所在国家	产品名称	年产量（万条）
赛轮金宇集团	越南	半钢子午胎	480
		工程子午胎	5.6
玲珑公司	泰国	半钢子午胎	1200
		全钢子午胎	120
中策集团	泰国	半钢子午胎	500
森麒麟公司	泰国	半钢子午胎	1200
奥戈瑞公司	印度尼西亚	全钢子午胎	200
		半钢子午胎	800

（三）重视"两化"融合提高生产率

本土轮胎企业"智能"化建设取得积极进展。国内首条年产500万条自动化、智能化和信息化生产线在青岛森麒麟正式投产，通过引进世界最先进的自动化设备，实现生产全线自动化生产的衔接和生产全线的信息化和智能化。另外，森麒麟在泰国的自动化、智能化和信息化工厂也将投产，1200 万条半钢产能仅用 470 名工人，工厂占地比原本减少一半。双星绿色轮胎智能化生产示范基地和绿色轮胎智能化设备生产基地也已处在全面建设阶段，预计年内落成，将实现订单智能排产、模具智能调配、材料智能配送、质量智能检测、储运智能分拣等功能，大大提高企业核心竞争力。

二、回收利用行业总体概况

（一）产业环境分析

1. 行业准入

2012—2014 年，国家针对废橡胶综合利用行业发展颁布的《轮胎翻新行业准入条件》《废轮胎综合利用行业准入条件》《废旧轮胎综合利用行业准入公告管理暂行办法》（简称《暂行办法》）等文件规定，废旧轮胎综合利用企业必须满足设立、配置、生产经营规模、资源的回收与循环利用、能源消耗、制造工艺与设备、环境保护、防火安全、产品质量、劳动保护、安全生产、监督管理等要求。通过提高行业准入门槛，规范企业行为，改变行业脏、乱、差现象，环保不达标企业将限期退出，小打小闹和无序发展将进入历史，做优做强规模企业将成为行业主流。2015 年国家加大了对《暂行办法》的执行力度，加快对现有 1000 多家企业的"准入"管理，对规范与不规范企业进行区分。对非正规企业将进行整顿，对限期依然不能达到"准入"要求的将取消资质。现已分两批核准并公告了 32 家符合行业准入条件企业名单。已经获批的准入企业分布在 10 省市，其中，北京 2 家、河北 4 家、山西 1 家、江苏 7 家、浙江 1 家、福建 2 家、江西 2 家、山东 8 家、湖南 1 家、四川 4 家。第三批准入企业正在核准中。

2. 装备应用

2012—2015 年，国家针对废橡胶综合利用行业装备颁布了《国家鼓励的循环经济技术、工艺和设备名录（第一批）》、《重要资源循环利用工程（技术推广及装备产业化）实施方案》（简称《方案》），提出了一批技术和装备将进行重点研发和推广，以便推动整个废橡胶利用产业的转型升级，尤其是《方案》中提及的研发废橡胶新型环保再生技术与装备、废轮胎常温粉碎和深加工技术与装备、活化胶粉改性道路沥青技术与装备。推广废旧轮胎回收精细胶粉全自动设备、硫化橡胶粉常压连续脱硫成套装备等。传统的废橡胶生产工艺设备受到冲击、环保、节能减排、连续自动化和智能化生产线成为产业转型方向。

3. 清洁生产

根据《中华人民共和国清洁生产促进法》中提高资源和能源的利用效率，建设节约型社会，减少或者避免污染物的产生，保护和改善环境，适应循环经济可持续发展的要求，

2010 年在国家发展和改革委、环保部、工信部立项，启动制定了《再生橡胶行业清洁生产评价指标体系》。该体系用于指导和推动再生胶生产企业实施清洁生产，便于企业生产水平的评定，并用于为企业推行清洁生产提供技术指导，也将作为创建清洁生产先进企业的主要依据。

4. 污染防治

为贯彻《中华人民共和国环境保护法》等相关法律法规，2013 年环保部下达制定《橡胶工业污染防治技术政策》项目。该技术政策为指导性文件，供各有关单位在环境保护工作中参照采用，适用于废橡胶综合利用的循环经济领域。该政策要求橡胶行业生产加工企业应以源头控制和过程减排为核心，以推行清洁生产、发展循环经济为主线，以优化工艺控制、采用环保设备、使用绿色原材料为重点，逐步形成生产清洁化、产品绿色化的污染防治技术路线。

（二）废旧轮胎回收企业概况

1. 龙头企业基本情况

全国回收量前十的企业分别为：南通回力橡胶有限公司；京环兴宇（唐山）橡塑环保科技有限公司；平遥县五联橡胶工业有限公司；三河市长城橡胶有限公司；京东橡胶有限公司；江苏强维橡塑科技有限公司；杭州中策橡胶循环科技有限公司；浙江杭园特种橡胶有限公司；绵阳锐洋新材料技术开发有限公司和莱芜市福泉橡胶有限公司。部分上述企业的介绍如下：

（1）南通回力。该公司产量占全国再生胶总量的 20% 以上，再生橡胶年生产能力 12 万吨，其中丁基再生橡胶 5 万吨、环保型轮胎再生橡胶 3.5 万吨，高强力轮胎再生橡胶 2 万吨，三元乙丙再生橡胶 5000 吨，彩色再生橡胶 5000 吨、胶鞋和杂品再生橡胶 5000 吨、橡胶胶粉和胶粒 5000 吨。公司建有废橡胶利用工程技术研究中心，生产的再生橡胶通过欧盟官方正式注册。公司的产值、产量、销售、利润、税金、出口创汇六项经济指标连续 20 年名列全国同行第一。

（2）江苏强维。该公司年回收利用废旧橡胶 15 万吨，年产丁基复原胶 3 万吨、精细复原胶 2 万吨、高品质复原胶 7 万吨、9.00R20 以上丁基内胎 300 万条、橡胶输送带 1000 万平方米的生产能力。

（3）莱芜福泉。该公司主导产品再生橡胶，年产 5 万吨、各种胶粉、橡胶制品 5 万吨、丁基内胎 200 万条，垫带 500 万条，各种胶辊 10000 条，汽涨轴 1500 条，目前已具备年处理废旧轮胎 10 万吨的生产能力，是全国最大的废旧橡胶循环利用示范企业。

2. 龙头企业发展模式及其特点

资源循环利用产业具有三个特点：①它是一个政策密集型产业，是要靠国家政策推动；②它是一个技术密集型产业；③它是一个高附加值产业。根据上述的产业特点，部分龙头企业的发展、经营模式如下：

（1）京环兴宇。2015 年 12 月 22 日京环兴宇（唐山）橡塑环保科技有限公司（原唐山兴宇橡塑工业有限公司）正式成立，国有资金收购民企股份的案例在我国废轮胎综合利用行业属于首例，为废轮胎综合利用行业加快企业转型升级，注入资金和先进管理经验，为做优做强提供了新的发展模式。另外，为了使再生橡胶制品满足欧盟 REACH 法规要求，使我国再生橡胶制品进入国际市场，2014 年 6 月在中国橡胶工业协会技术经济委员会带领下，在石油和化学工业橡胶及再生产品质量监督检验中心和唐山兴宇等 15 家企业支持下，环保型再生橡胶行业自律规范标准制定程序正式启动。

（2）江苏强维。该公司建成了中国废旧轮胎循环利用示范园、江苏省废旧轮胎资源综合利用工程中心和江苏省再生橡胶工程技术研究中心。2007 年，江苏强维与北京化工大学合作成立了"废轮胎循环利用工程技术研发中心"。时隔八年，双方的合作成果——"多阶螺杆连续脱硫绿色制备颗粒再生橡胶成套技术"于 2015 年 8 月问世，这项技术通过中国物流与采购联合会组织的专家鉴定，鉴定为"关键技术达到国际领先水平。"这项技术改变了轮胎循环利用行业面临的世界性难题——二次污染和产品质量不稳定的问题，为我国资源循环利用产业寻找到这条绿色制造和可持续发展的健康之路。不仅如此，强维依托技术中心多次承担国家、省、市科技发展计划项目的研究与开发工作：2007 年承担了国家星火计划项目——年产 3 万吨高品质复原橡胶生产线开发；2011 年承担了国家火炬计划项目——双螺杆挤出脱硫制备复原橡胶产业化项目；2012 年承担了国家高技术研究发展计划（863 计划）——废旧高分子产品回收利用技术与示范项目。如今，强维自主创新的新工艺、新技术、新设备在行业内得到广泛推广，不仅生产、出口的产品供不应求，技术出口也渐渐受到国外客户的青睐。

（3）杭州中策。该公司作为国内最大的轮胎生产与制造企业，目前已形成年产 5000 多万套 1000 多个品种规格的汽车轮胎生产能力，其中包括全钢子午线轮胎、轿车子午线轮胎和斜交轮胎。企业还积极投入废旧轮胎回收与资源综合利用行业，推动废旧轮胎网络回收体系建设。"中策轮胎旭日行"是中策正在全国范围内实施的一项废旧轮胎回收工程，这是一个非常庞大的废旧轮胎资源综合利用项目。它以中策橡胶集团现有的新胎销售网络为平台，在全国范围内建设废旧轮胎网络化回收体系，改变当前废旧轮胎回收之现状，变分散污染为集中处理。中策打造自主品牌"轮胎生产—销售—回收—再利用"的全产业链循环模式，实现真正意义的循环经济"减量化、再利用、再循环"。这将是一个对环境保护和整个产业链发展都具有重要意义的创新型项目。

（4）绵阳锐洋。该公司主要经营资源化综合利用废旧轮胎生产胶粉，公司方向从成立至今一直是走"产—学—研"道路。公司前期与西南科技大学合作，2013 年，两项发明专利通过四川省科技厅鉴定，取得科学技术成果鉴定证书。新近研发的应用于保温墙体内的超声波改性橡胶粉在生产过程中无废水排放，无空气污染，均通过环境监测部门监测标准。公司新产品得到了国家发展和改革委员会、工业和信息化部领导的高度评价，被列为四川省战略性新兴产业。公司在评委全国资源综合利用企业的基础上，又从 2013 年起与四川大学合作，列为四川大学高分子材料工程国家重点实验室研究生实习基地，并被列为四川省轮胎资源综合利用示范企业。

（三）回收利用行业发展状况

我国是世界轮胎生产和消费的第一大国，也是废旧轮胎产生大国。目前我国橡胶消耗量约占世界橡胶消耗总量的30%，连续多年居世界首位，其中80%以上的天然橡胶和30%以上的合成橡胶依赖进口。我国废轮胎回收利用行业主要是旧轮胎用于翻新，废轮胎用于制造再生橡胶、橡胶粉和热裂解。旧轮胎翻新是废旧轮胎综合利用的首选，而废轮胎的综合利用方式是废轮胎生产再生橡胶、橡胶粉和热裂解。其中再生橡胶生产占废轮胎综合利用比例的80%。利用废轮胎生产再生橡胶已成为继天然橡胶、合成橡胶以后的第三大橡胶资源。2015年，我国废旧轮胎产生量达到3.3亿条，重量达到约1100万吨。我国废轮胎等废旧橡胶制品回收加工利用的方式以生产再生橡胶为主，由于受天然橡胶价格和环保的影响，造成再生橡胶的需求量大大降低，再生橡胶产量达到438万吨，居世界第一位，占我国废旧轮胎年生产量的40%左右。橡胶粉产量达到35万吨，其中用于生产改性沥青15万吨。引起注意的是，受国家标准《机动车运行安全技术条件》（GB 7258）和"三不包"（不包修、不包换、不包退）轮胎以及新轮胎降价的影响，轮胎翻新企业近70%处于停产或半停产状态，全国翻新轮胎产品数量下滑明显，产量仅为800万标准折算条，而2012年为1600万标准折算条，短短几年，下降了50%。2015年轮胎翻新行业产量统计，详见表64。

表64　　　　　　　　　　**2015年轮胎翻新行业产量统计**

车辆种类	数量（辆）	轮胎条数（万条）	实际翻新率（%）	换算系数	实际产量折算标准条（万条）
载货车（包含矿山及工程机械轮胎）	14533561	8720.1	约2	3.4	600
城市公交（电、汽车）	573000	343.8	约50	1.16	200
营运客车（含公路/旅游客车和校车）	845759	507.5			
总产量	15952320	9571.4			800

三、存在问题和政策建议

（一）存在问题

轮胎行业除了面临国内外经济增速放缓，轮胎市场需求不旺，企业资金链收紧等压力外，还遇到了三个阻挠：

1. 美国对我国乘用和轻卡车轮胎"双反"

2015年7月14日，美国商务部发布了"双反"终裁结果，裁定合并反倾销和反补贴保证金率为30.61%～107.07%，其中分别税率为30.61%～51.33%，国有企业被裁决高达 107.07% 的歧视性税率，等于关闭了乘用和轻卡车轮胎对美国出口的大门，对我国轮胎出口和产能释放都将造成极大影响。

2. 复合橡胶标准改变

有关部门将复合橡胶中生胶含量 95% 的标准变更为 88%，把复合橡胶变成了新的"复合材料"，已不属于生胶范畴，轮胎企业无法使用。该标准于 2015 年 7 月 1 日实施以来，上下游企业均无法执行。事实证明该标准的推出不仅没有起到稳定国产天然橡胶价格和提升销量作用，反而使轮胎行业年均增加成本 24 亿元左右，进一步降低了本土轮胎企业产品竞争力，对天然橡胶生产和轮胎制造企业都不利，实属得不偿失。

3. 天然橡胶进口高关税，严重限制轮胎企业竞争力

我国是世界第一大橡胶消费国，2014 年天然橡胶消费量为 507 万吨，占世界天然橡胶产量的 42%。而我国天然橡胶年产量只有 80 万吨左右，约占全球总产量的 7%，天然橡胶对外依存度在 80% 以上。2014 年，我国进口天然橡胶 261 万吨，进口复合橡胶 160 万吨。然而，我国却是世界上除了印度以外，唯一对天然橡胶征收进口关税的国家。目前，我国对天然橡胶征收 20% 或 1500 元/吨的进口高关税。此举的初衷是保护国内天然橡胶产业，但事与愿违。2014 年，我国一般贸易天然橡胶进口只有 35 万吨，占比 13.4%，此前历年也基本维持这个比例。因此，高关税只起到了限制下游产业竞争力的作用。

（二）政策建议

（1）逐步建立完善的法律法规和产业政策。

（2）督促有关部门尽早修订 GB 7258，以便减少对翻胎行业的影响。

（3）向相关部门反映企业税收问题，加快废旧轮胎综合利用行业中热裂解产品和劳务的税收优惠政策尽快实施。

（4）继续向有关部门提交书面意见，反映本行业可翻新旧轮胎进口试点工作的现状及有条件的进口部分优质旧轮胎和短缺品种旧轮胎的重要性。

（5）积极向相关政府部门建议，废旧轮胎回收管理体系标准的实施，应加大政府部门的监管力度。

四、行业预测

2016 年，我国的汽车保有量预计为 1.74 亿辆，废旧轮胎产生量达到约 3.4 亿条，重量达到约 1150 万吨。再生橡胶产量达到约 470 万吨，橡胶粉产量达到约 40 万吨，其中用于生产改性沥青接近 18 万~20 万吨。受 GB 7258—2012 和当前市场低迷的影响，翻新胎数量暂时不会有明显提升，预计仍在 800 万标准折算条左右浮动。

主要任务：

（1）严格执行废旧轮胎综合利用的准入制度，加大对准入的宣传力度，加大力度扶持准入企业，淘汰小的，环保不达标，技术落后的不规范企业。

（2）翻胎设备、原材料生产设备和翻新工艺实现自动化、标准化率达到 50% 以上。提高翻新轮胎质量。

（3）加强再生橡胶生产全过程的环保，节能减排。

（4）逐步扩大橡胶粉的直接应用。

（5）扩大热裂解炭黑的直接应用范围。

第十二章 废电池回收利用情况

一、电池行业概况

电池是将其他形式能量直接转换为直流电能的装置。按照转换能量的形式可分为物理电池和化学电池两大类。化学电池是将化学能直接转换成直流电能的装置，俗称电池。电池按其使用性质的不同，可分为原电池、蓄电池、贮备电池、太阳能电池和燃料电池等几大类。

2015 年中国电池行业统计范围规模以上企业约 1242 家，主营收入 4473.54 亿元，同比增加 4.82%。其中锂离子产品主营业务收入 2029.68 亿元，同比增长 20.09%。2015 年我国电池总产量约 487.65 亿只，其中，铅蓄电池 21000 万 kVAh，同比下降 4.78%；锂离子电池产量 55.98 亿只，原电池产量 422.55 亿只；太阳能电池 58.63GW。我国电池产量约超过世界电池总产量的一半。

2015 年电池出口总量 303.34 亿只，出口总额 255.64 亿美元，同比增加 8.74%。2015 年电池进口总量为 45.43 亿只，进口总额 61 亿 32 美元，同比下降 12.62%。

二、回收利用情况

我国铅酸电池的生产厂家已经建立了废电池的回收系统，而数量庞大的家用电池仍随日常生活垃圾分散投放，未进行集中统一回收，我国至今未建立完整的废电池收集和处理体系，填埋场成为了大量集中回收废电池的最终归宿；低回收率直接限制了废电池处理规模的扩大和处理技术的提高，进而严重阻碍了废电池回收利用的产业化进程。2015 年，我国废电池回收量约为 10 万吨，其中一次电池回收量约为 3 万吨，二次电池回收量约为 7 万吨。

（一）废一次电池回收利用情况

2015 年我国一次电池产量约 415 亿只，出口量 276 亿只，进口量 278 亿只，国内消费量与配套量 166 亿只。

一次电池使用寿命按一年测算，因此废一次电池产生量约 166 亿只（折合约 15 万吨）。目前我国缺乏一次电池回收体系，部分地方社区、单位所设立的废电池回收箱所回收的电池，90% 以上为一次电池，但即使依靠地方政府补贴，废电池回收量仍很小，难以维持并形成商业化持续运行。

一次电池中，扣式碱锰电池约40%含汞，氧化银电池和锌空气电池全部含汞，糊式锌锰电池全部含汞，纸板锌锰电池近50%为含汞电池，因此废一次电池（含汞、锌、锰）应区别处理。在消费环节，目前废一次电池散布在城市垃圾中，逐年积累。从资源循环要求考虑，亟待研究经济可行的回收利用技术，有条件的地区建立规范的废电池回收体系。

（二）废二次电池回收利用情况

1. 废二次电池产生量

2015年，废锂离子电池产生量约12.6万吨，废镉镍电池约3亿只（折合约7500吨），大量废锂离子电池（含钴、镍、锰、铜、铝、有机氟化物）、废镉镍电池（含镉、镍）、废氢镍电池（含镍和稀土材料）进入或散布在消费环节和城市垃圾中，逐年积累，存在重金属污染风险，亟待建立规范的废电池回收体系。

2. 废动力电池产生量

2015年，在国家和地方一系列政策推动下，我国新能源汽车销售量爆发式增长。据统计，2015年我国汽车产销分别完成2450.33万辆和2459.76万辆。

2015年新能源汽车生产340471辆，销售331092辆，同比分别增长3.3倍和3.4倍。其中纯电动汽车产销分别完成254633辆和247482辆，同比分别增长4.2倍和4.5倍；插电式混合动力汽车产销分别完成85838辆和83610辆，同比增长1.9倍和1.8倍。

根据有关单位调查数据显示，2015年我国动力电池报废量累计2万~4万吨。

三、政策建议

废电池回收市场很混乱，一方面受制度障碍，规范企业无法或难以进入回收市场。另一方面游动个体回收商放任自由发展，由此造成废电池流向非法小冶炼，污染严重。为此建议参照国外经验，要求电池生产、销售、回收、运输、储存、再生企业实行注册，纳入监管，推行电池销售网点为废电池回收网点，推行回收许可注册制度，调整税票与退税政策，建立废电池回收产业链联盟，借助物联网技术，建立信息统计平台，规范市场秩序，促进废电池回收市场健康发展。

四、行业预测

（一）废一次电池产生量与回收情况

由于对含汞电池征收消费税，将遏制含汞电池产量和出口量，遏制含汞电池进口量，总的消费量小幅下降，预计2016年国内废一次电池产生量接近15万吨。2016年电池产销量与消费量估算，详见表65。

表 65　　　　　　　　　**2016 年电池产销量与消费量估算**　　　　　　　单位：万只

年度	分类	产量	产量同比（%）	出口量	出口量同比（%）	进口量	进口量同比（%）	消费量	废电池产生量（万吨）
2015 年	一次电池	4224542.28	—	2819396.72	—	267873.41	—	1673018.97	15
	铅蓄电池	21000.00	—	3078.48	—	267.71	—	18189.23	250
	其他二次	651045.42	—	213144.01	—	185892.33	—	623793.73	—
	合计	4875587.69	—	3032540.73	—	453765.74	—	2296812.70	
2016 年（预测）	一次电池	4097806.01	-3	2734814.82	-3	241086.07	-10	1604077.27	15
	铅蓄电池	21840.00	2	2462.79	-20	214.17	-20	19591.38	335
	其他二次	716149.96	10	234458.41	10	167303.09	-10	648994.64	—

注：表中铅蓄电池单位为万 kVAh。

（二）废铅蓄电池产生量与回收情况

预计 2016 年我国铅蓄电池需求量增加，如机动车辆、通信基站电源、电动自行车电池需求量上升，预计太阳能光伏发电配套储能电池需求量上升，但受风力发电领域弃风发电影响，风力发电储能电池需求量下降。由于进出口铅蓄电池需要支付消费税，铅蓄电池进出口量将下降，但铅蓄电池消费总量预计为小幅增加，由此预测 2016 年废铅蓄电池产生量约 335 万吨。

（三）废动力锂离子电池产生量趋势

根据中国汽车技术中心提供的数据，估计 2015 年废动力电池产生量为 2 万~4 万吨，预计 2018 年废动力电池产生量达到约 18 万吨。由此可推估，2016 年废动力电池产生量约为 5 万吨。

（四）主要任务

1. 亟待建立废电池回收体系

我国电池消费量较大，随着多年积累，废电池量大分散，大量废电池随垃圾处理，成为全社会关注的环境问题，亟待建立废电池回收体系。虽然一些地方有关组织也动员收集废电池，然而收效甚微。一方面缺乏规范的废电池回收体系，另一方面缺乏经济可行的技术解决方案，没有形成完整的商业化产业链。尤其缺乏科学系统的基础研究和战略布局，缺乏正确的宣传引导。

2. 亟待解决废动力电池回收

随着新能源汽车发展迅速，将产生大量废动力电池。目前电动汽车基本配套动力锂离子电池，电池组容量大电压高，存在安全问题，存在有机电解质反应大量排放氟化物废气，存在钴镍锰等重金属氧化物处理问题，因此锂离子电池处理比铅蓄电池更复杂，从资源和环境考虑，亟待解决废动力电池回收。

第十三章　废玻璃回收利用情况

一、玻璃行业概况

玻璃包括平板玻璃、中空玻璃、钢化玻璃、夹层玻璃、日用玻璃、玻璃保温容器、玻璃纤维纱等多个品种。80％左右的平板玻璃用于建筑物，10％左右的平板玻璃用于汽车，剩余10％左右平板玻璃用于太阳能、家具、电器等其他领域。我国日用玻璃行业，特别是日用玻璃器皿和玻璃瓶罐行业，近10年来经历了市场需求高速增长带来的快速发展，生产企业主要分布在辽宁、河北、山东、江苏、浙江、广东、福建等中东部地区。

随着政策变化、环保力度的增加，我国玻璃行业的综合成本将会上升，2015年玻璃行情总体以弱势震荡为主，玻璃去库存化任务依然艰巨，随着近些年玻璃产能增速放缓，实际产能在减少，全国玻璃去库存化压力将有所缓解。

2015年我国平板玻璃产量为73862.7万重量箱，同比下降8.61％。日用玻璃制品及玻璃包装容器产量2851.79万吨，同比增长14.07％。2009—2015年我国平板玻璃产量，详见图55。

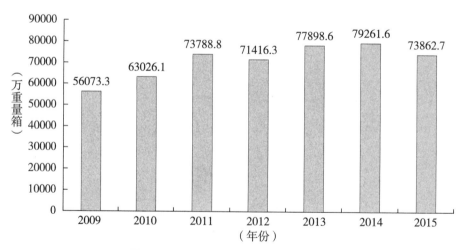

图55　2009—2015年我国平板玻璃产量

二、回收利用情况

（一）回收现状

目前，我国已在国内玻璃工厂，包括轻工日用玻璃工厂、建筑平板玻璃生产工厂、汽车玻璃生产工厂、工业技术加工玻璃工厂、电子及光学玻璃工厂，实施了废玻璃的全部回收利用工程，还在全国一些城市居民生活小区设置了专门分装废玻璃的回收箱。2015 年，我国废玻璃回收量为 850 万吨。

（二）再生利用情况

回收的废玻璃经处理后，一些经挑选后可直接重新使用，如制镜和做玻璃饰面材料等，一些经加工、粉碎后，掺入配合料中用来熔化玻璃，还有一些经粉碎、预成型、加热焙烧后，可做微晶、彩砂等。

目前，不少厂家主要利用回收的碎玻璃料来生产玻璃微珠、玻璃马赛克、彩色玻璃球、玻璃面、玻璃砖、人造玻璃大理石、泡沫玻璃等；其他一些利用方式正在研究和推广中，如利用玻璃纤维工业废丝制成玻璃废丝饰面砖、用废玻璃粉制造人工彩色釉砂、利用废玻璃生产泡沫玻璃、用碎玻璃制造浮法玻璃、用废弃玻璃制造玻晶砖和微晶玻璃等技术，在经济效益、环境保护方面颇具前景。

三、存在的问题

（一）政府引导和市场化不足

目前，政府部门对废玻璃回收利用的支持仍然有限，不同部门的责任分工不明，使废玻璃的回收利用缺乏统一有效的途径。同时，废玻璃的回收利用企业和玻璃制品企业没有形成高效整合的产业链，发展受到局限。

（二）大量废玻璃未进入回收利用系统

一方面，玻璃生产成本不高，市民分拣的积极性低；另一方面，废玻璃价值低，回收人员积极性低，回收价格甚至低至几分钱一斤，利润远低于回收成本，很多废品回收站都拒绝回收，废玻璃投交无门。加之，很多社区分类垃圾箱虚有其名，废玻璃的分类效果差，因此，有相当数量的废玻璃混入生活垃圾中，没有进入回收利用系统。

（三）废玻璃集运成本高，分拣难度大

废玻璃不仅棱角尖锐，对收集人员具有一定的危险性，而且收集和运输成本高；同时，由于很多废玻璃含有添加物，呈现不同的颜色，再利用前需要按颜色进行分选，加大

了分拣的难度。因此，废玻璃的回收利用量一直不高，目前，我国废玻璃回收率低于30%。

（四）废玻璃回收利用技术有待提高

我国废玻璃回收利用技术相对落后，废玻璃再利用途径有限，一般只能做成各种建筑材料，如玻璃饰面砖、泡沫玻璃、彩色玻璃球等，利用价值和需求量都不高，限制了废玻璃回收利用工作的可持续发展。

四、行业预测

近年来，我国玻璃行业不断发展，产业规模持续扩大。受到房地产市场连续调整和环保监管持续严格等因素影响，2015年玻璃行业整体效益下滑。预计2016年，伴随产业结构优化进展缓慢，企业经营成本加速提高，玻璃行业将延续2015年弱势整理的态势，行业效益继续恶化，玻璃产业产能过剩将进一步显现。今后几年，玻璃行业供给与需求不匹配、较低的生产效率与较高的生产能耗矛盾将进一步突出，同时还将面临资源、能源与劳动力成本攀升的多重压力。行业未来的发展仍然以新常态下的转型升级为重点。

第 三 篇

地 区 篇

第十四章 东部地区

一、北京市

"十二五"期间，北京市根据《国内贸易发展"十二五"规划》以及北京市"十二五"时期商务工作发展的有关部署安排，按照"规范前端、物流配送、专业分拣、厂商直挂"工作思路，大力完善法规制度，不断加大资金扶持和宣传力度，较好地推进了北京市再生资源回收体系建设。

（一）行业发展基本状况

1. 完善了法规制度建设

2011 年，为贯彻落实国务院办公厅出台《关于建立完整的先进的废旧商品回收体系的意见》有关精神，推进行业发展，当年底，市政府印发《北京市加快推进再生资源回收体系建设促进产业化发展的意见》，提出了"十二五"期间的发展目标、重点任务和保障措施。2015 年 2 月，市政府印发了《北京市居住公共服务设施配置指标》（京政发〔2015〕7 号），将再生资源回收站点建设纳入城市公共服务设施建设规划，明确了居民小区再生资源回收点建设的标准，为站点建设确立了法规依据。

2. 持续加强财政资金支持

近年来，为积极引导再生资源回收体系建设，实现产业化发展，北京市商务委员会每年利用北京市商业流通发展专项资金、中小企业发展资金扶持再生资源回收企业新建回收网点、购置运输车辆、创建回收服务平台、建设分拣中心，对回收主体企业回收体系建设起到了重要的推动作用。

3. 加强再生资源回收站点的规范化管理

近年来，围绕京津冀一体化建设，结合首都功能定位，首都城市环境建设工作新要求，积极开展清理整治行动。对全市再生资源回收站点、回收市场集中开展专项清理整治工作。指导各区按照商务部《再生资源回收站点建设管理规范》要求，合理布局、规范有序地建设回收站点。通过整治，有效规范了回收网点管理。

4. 开展再生资源回收宣传活动

自 2009 年 8 月起至 2012 年年底，北京市将每月最后一个星期六定为"再生资源回收日"，市商务委和市市政市容、市文明办、市社会办、市建委、市城管执法局共同组织开展"再生资源回收日"宣传活动；组织了再生资源回收日志愿者队伍，推出了"再生资源回收积分卡"，对定期交售再生资源的居民给予奖励，"再生资源回收日"活动得到了市民的积极响应。2013 年以来，结合商务部的要求开展了相应的再生资源回收宣传活动。

5. 积极探索再生资源回收体系与垃圾分类处理体系融合发展

2014 年以来，按照市领导的要求，为推进再生资源回收与垃圾分类体系"两网融合"发展，北京市商务委员会主动与市市政市容委对接，共同探索再生资源回收管理与垃圾分类管理改革。2015 年 7 月 29 日，市政府印发了《北京市提高生活性服务业品质行动计划》中明确提出："探索将再生资源回收体系纳入垃圾分类管理体系"。文件印发以来，北京市商务委员会多次主动与市市政市容委进行会商，共同探索再生资源回收体系与垃圾分类处理体系融合发展问题，目前已经在部分地区开展两网融合试点，并已确定将再生资源回收行业管理职能调整到新成立的城市管理委员会，届时垃圾分类与再生资源回收体系建设将由城市管理委员会负责，"两网融合"将取得实质性的进展。

（二）主要成效

一是初步形成了覆盖全市 14 个区，由 21 家主体回收企业、13 个分拣中心、近 4900 多个回收站点构成的再生资源回收网络体系，回收站点的社区覆盖率达到 80%，并逐步向农村延伸。此外在 400 多个机关、企事业单位设置了分类回收设施，方便了各单位的再生资源分类回收；在地铁、商场设置了 150 台智能回收机。二是回收品种基本覆盖了居民日常生活的主要方面，包括废纸、玻璃、塑料、金属、电子废弃物五大类废旧物品。三是回收模式不断创新，京环、盈创等回收公司在部分社区、高校、商场铺设自动回收机，绿猫网、绿宝回收交易网、再生活、闲豆等多家网络回收服务平台大力开展"互联网＋"回收模式，利用线上预约线下上门服务等方式进行回收，这些回收模式的创新，方便了居民交售废品，有效促进了再生资源回收。四是回收主体企业主渠道作用得到发挥，已培育形成了 5 家再生资源回收示范企业，为维护城市正常运转和方便市民生活发挥了重要作用。

（三）存在问题

1. 法律、法规及标准体系需完善

商务部等部门的《再生资源回收管理办法》，不能完全适应当前行业发展需求。再生资源回收品种中部分种类未制定产品技术标准、质量分类标准和检测标准等行业标准，不利于行业规范化发展。

2. 管理职能比较分散

目前再生资源回收工作分别由商务、市政市容、环保、发展改革、经信、社会办等部门分段、分块、分类管理，政出多门，难以将政府公共资源形成合力。垃圾分类与再生资源回收没有实现统一管理，造成部分垃圾分类设施未能充分发挥作用；回收体系建设缺乏整体规划，相关设施用地未纳入规划，随时面临拆迁风险；市场秩序有待规范，无证照企业和流动商贩收废现象还较突出。

3. 正规企业负担较重

多数回收企业经营压力大，运营成本高，税负较重（增值税 17%，城建、教育费附加 12%，综合税负 19.04%）。目前回收企业没有增值税进项抵扣，需按销售额全额纳税。

（四）主要目标

"十三五"时期，继续贯彻落实《中共中央国务院关于进一步加强城市规划建设管理工作的若干意见》《国务院办公厅关于建立完整的先进的废旧商品回收体系的意见》、商务部等六部门《关于推进再生资源回收行业转型升级的意见》有关精神，结合《北京市加快推进再生资源回收体系建设促进产业化发展的意见》，着力落实北京市提高生活性服务品质行动计划有关内容，创新再生资源回收管理运营机制，推进将再生资源回收体系纳入垃圾分类管理体系。依托环卫部门专业优势，整合垃圾分类和再生资源回收设施，通过统一运营提高行业集中度和组织化、规范化程度。在全市形成以定时定点回收、网上预约交售相结合的再生资源回收模式，基本实现再生资源回收服务在社区全覆盖。充分运用物联网等新技术，优化再生资源智能化回收体系。

二、上海市

为贯彻落实国务院办公厅《关于建立完整的先进的废旧商品回收体系的意见》、商务部等五部门印发的《再生资源回收体系建设中长期规划（2015—2020 年)》以及《上海市再生资源回收管理办法》，结合本市实施环保三年行动计划、生态文明体制改革和推进生活垃圾分类减量的工作要求，"十二五"期间，上海市商务委员会从法规实施、网络建设、主体培育、行业规范等方面，积极推进再生资源回收体系建设。

（一）行业发展基本情况

1. 回收总量基本稳定

据上海市再生资源回收利用行业协会不完全统计，近几年来上海市每年回收各类废旧物资 600 万~700 万吨，2013 年回收各类废旧物资 716 万吨，2014 年 712 万吨，2015 年 669.50 万吨（其中包括废钢铁 410.86 万吨，废有色金属 55.66 万吨，废纸 96.28 万吨，废塑料 24.64 万吨，废玻璃 45 万吨，电子废弃物 22 万吨等），回收总量历年来基本保持稳定。

2. 回收品种分类细化

依据《上海市再生资源回收管理办法》，市商务委会同相关部门，于 2013 年组织编制并发布了《上海市再生资源回收指导目录》。根据再生资源的不同特点，对回收品种进一步细化分类，按照废金属、废塑料、废纸、废橡胶、废玻璃、废棉织物、废弃电器电子产品和易污染环境产品八大类二十七个小类，分别明确回收方式、回收规范、利用指引等内容，加强分类指导。同时，对接《上海市生活垃圾分类目录及相关要求》，明确生活垃圾中适宜回收循环使用和资源利用的废塑料、废纸、废玻璃、废金属、废旧衣物、电子废弃物等废弃物的分类和投放要求。

3. 回收网络趋于多元

随着城市发展，上海市回收网点日益萎缩，为了弥补实体网点的缺失，根据商务部绿色回收"五进"工程要求，拓展多元化的回收网络建设，完善上海市再生资源回收体系。一是从渠道上，加强"借网建网"，推进回收服务"进社区""进学校""进机关""进商场""进园区"，探索推进再生资源回收与生活垃圾清运体系"两网协同"发展，加强资源共享。二是从模式上，拓展多元化回收方式，在传统回收方式的基础上，拓展预约上门回收、智能回收机自助交投、定时定点回收服务、产业园区搭建回收平台等多种方式，方便市民交投。三是从技术上，推广"互联网＋回收"，鼓励互联网企业参与再生资源移动手机 App、微信和网站回收服务，实现线上交废与线下回收的有机结合；搭建再生资源信息服务平台，为上游回收企业与下游拆解和利用企业提供信息发布、竞价采购和物流服务，优化延伸产业链。

4. 回收主体逐渐兴起

目前，本市回收主体数量多但规模小，截至 2016 年 3 月底，本市已有 1107 家再生资源回收企业进行了备案登记，其中含生产性废旧金属回收的企业 888 家。依托重点项目建设，新锦华、鑫广、燕龙基等一批龙头企业，积极推进本市社区回收站点标准化改造、分拣加工及拆解中心技术升级，以及区域性大型基地的规模化发展。同时，一些应用"互联网＋回收"技术突破传统方式的新型回收主体正在兴起。一是在回收方式上，如金桥、睦邦、新锦华等公司开发了各自开发了 App 回收软件，结合线下回收网点，提供预约上门、商品兑换等便民服务。二是在管理方式上，如新锦华公司推行"回收人员管理卡"，规范回收人员管理；宝钢集团"循环宝"再生资源网络交易平台、上海边角料交易中心的边角料交易平台等，为上下游企业提供交易服务。

（二）主要经验及做法

1. 法规先导，加强回收行业规范管理

（1）出台《上海市再生资源回收管理办法》。《上海市再生资源回收管理办法》已于 2012 年 12 月 1 日起施行，以经营管理规范为基础，立足回收环节，对接垃圾减量及资源利用，扩展源头管理及体系建设要求。

（2）推进实施回收经营者备案制度。依据法规要求，明确备案流程，委托市再生资源回收利用行业协同具体受理备案事项。截至 2016 年 3 月底，已有 1107 家再生资源回收企业进行了备案登记，备案企业名单在市商务委外网按季度予以更新公布。

（3）开展再生资源回收行业发展规划课题研究。于 2013 年开展"再生资源回收行业发展规划研究"课题，就本市下一步发展目标、重点任务和具体措施提出意见和建议。结合"两网协同"试点，探索推进垃圾分类与资源回收网点布局的统一规划和标准制定。

2. 多方联动，形成多部门、多领域协同合作

（1）部门联动，建立协同机制。2012 年，上海市商务委员会联合市发展改革、绿化市容、环保、经济信息化等二十二个有关部门建立上海市废旧商品回收体系建设联席会议制度。同时，再生资源回收体系建设也纳入了本市生活垃圾分类减量、环保三年行动计划、生态文明体制改革、循环经济发展等各项重点工作，形成了从源头分类、回收处置到资源利用等各环节的紧密衔接。

（2）市区联动，加强属地管理。在主体培育、网点布局、人员管理等方面，落实区县属地化管理责任。如浦东新区将废品回收站专项整治纳入2014—2016年人口调控和管理服务工作，在打击非法违法回收现象的同时，为规范回收队伍带来了良好的契机。长宁区结合"创新社会管理"，加强流动回收人员管理，取得社区居民认可。

（3）社会联动，形成工作合力。依托主体企业、社会团体等各类社会组织，创新回收模式，加强社会宣传。如在2012年全国废旧商品回收利用宣传活动中，金桥、森蓝等回收龙头企业，率先进入市商务委、市环保局等机关，建立废旧商品回收服务点（箱）；进入街道社区开展回收活动，宣传本市废旧商品回收和生活垃圾分类减量情况；进入国美、永乐、苏宁、第一百货等商场门店，建立电子废弃物回收服务站点；进入南汇、松江大学城等校园，开展绿色回收系列宣传活动。

3. 示范引领，注重回收主体培育

（1）推进回收试点示范区建设。推进形成浦东新区和长宁区两个回收体系建设示范区。浦东新区编制了《浦东新区再生资源回收网络与服务平台建设规划》，明确了浦东新区再生资源回收工作的目标、任务和实现途径。长宁区编制了《长宁区再生资源回收体系建设三年行动规划》，以回收点、回收站和分拣中心为载体，推动全区"在线收废"联网平台与垃圾分类减量工作相结合，构建全区再生资源回收绿色服务体系。

（2）推进重点项目建设。依托中央财政促进服务业发展专项资金、现代服务业综合试点、国家"城市矿产"基地以及本市循环经济发展等专项资金，支持金桥、宝浦隆、鑫广、森蓝、燕龙基等一批回收体系建设重点项目。

（3）推进"两网协同"试点。2015年，在浦东新区、长宁区、松江区启动试点工作，通过比选现有主体企业、打造区域回收品牌、组建规范回收队伍、扶持乡镇集体企业回收等不同方式落实实施主体，推动以点带面形成试点经验。

4. 重点突破，推进重点品种回收体系建设

（1）推进电子废弃物回收体系建设。电子废弃物成为近年来的热点回收品种，得到国家基金补贴等政策的推动。但小件电子废弃物因利用价值低而回收成本高，且缺乏政策支持，受到市民的广泛关注。本市在2014年市政府实事项目中，首次将"完成2000个电子废弃物回收网点"列入其中。以小件电子废弃物回收为重点，在市、区商务主管部门及有关实施单位的合力推进下，在社区、学校、机关企事业单位、商场等各类场所，完成2023个电子废弃物回收箱的设置。同时，推广"阿拉环保卡"自助交投积分，形成积分激励模式。

（2）推进低价值可回收物政策研究。低价值可回收物具有一定的可利用价值，但是在市场化运作中无法达到赢利水平而流入生活垃圾处置渠道，对上海市垃圾减量带来巨大压力。通过"两网协同"试点，低价值可回收物对于资源回收与垃圾分类减量的关键作用得到突显，使得我们对资源回收管理的思路从按回收品种分类转变为按价值分类。将可回收物依据无价值、低价值与高价值废弃物分类管理，可实现精准施策，将无价值废弃物纳入生活垃圾清运体系；高价值废弃物鼓励由处置企业延伸回收服务，对接资源综合利用税收优惠等政策；着重研究低价值可回收物价格补贴制度，通过弥补价值链，使其进入市场流通再利用，从而建立长效管理机制。

（三）存在问题

1. 税收等各方面压力制约回收企业规模化发展

由于受到大宗商品价格不断下跌影响，同时又承受一系列人工、土地、税收费用等高昂成本，尤其是面向居民回收无法取得增值税进项抵扣，致使正规回收企业面临巨大压力，在原本赢利水平较低的情况下更是生存困难。一方面，导致了回收企业选择性开展回收业务，对回收价值高的废金属、废纸等品种积极性较高，而对低价值的废破璃等品种则不愿回收，而对于废旧节能灯、废电池等易污染环境的品种，更是缺乏回收机制；另一方面，影响了企业的规模化发展，对当地政府部门的支持依赖性强。如新锦华、金桥、森蓝等，这些企业在回收模式创新方面做出了较大的努力，但是其成功运营仅局限于长宁、浦东等部分区域范围，未能成为全市性的龙头企业。

2. 生产者责任延伸制度缺失加重回收网络建设难度

随着城市建设的加快，上海市原有回收网络日渐萎缩，给居民生活带来不便，也促使了大量无证无照回收点以及流动回收人员的形成。为拓展多元化回收网络，上海市积极推进回收服务"进社区""进学校""进机关""进商场""进园区"。然而在商场、园区等回收渠道建设中，由于生产者责任延伸制度不健全，生产者、销售者和消费者对产品废弃后的回收责任不明确，企业设置回收网点受到原有利益格局阻碍，同时，还受到商业模式的挑战，商场和企业合作的公益路线难以持久。近期，《商务部等6部门关于推进再生资源回收行业转型升级的意见》已提出要研究建立再生资源回收生产者、销售者、消费者责任机制，而国家发改委在全国推行开展生产者责任延伸制度试点，也将有利于回收体系建设的完善。

3. 有效监管执法的缺乏阻碍推动行业规范化经营

由于市场准入门槛低，企业数量多、规模小、经营分散，对无照经营、技术落后、环保不达标或根本没有任何环保设施的小企业和小作坊有效监管难度大，不规范企业依靠环保成本抢占市场，出现"劣币驱逐良币"现象。同时，在实际监管中，根据《上海市再生资源回收管理办法》，对违反备案规定、违反信息报送规定的再生资源回收经营者，要求商务部门依据有关规定予以处理。但是商务部门作为废旧商品回收行业主管部门，却没有执法队伍。各区县商务部门通过联合各区工商、公安、消防、整规办等执法部门开展整治行动，但仅能维持短期效果。2016年，在上海市深化浦东新区市场监管执法体制改革中，试点在浦东新区将商务领域行政执法事项移交工商行政管理部门，探索形成长效监管机制。

（四）主要任务

2016年是推进结构性改革的攻坚之年。《中共中央关于制定国民经济和社会发展第十三个五年规划的建议》已将"加强生活垃圾分类回收和再生资源回收的衔接"作为其中的重要内容。下一步，以"两网协同"试点为突破，在上海市加快推进完整的先进的再生资源回收体系建设。主要任务如下：

1. 培育主体企业

按照"政府推动、市场运作、社会参与"的原则，每个区县应通过引进龙头企业或培育现有主体等形式，建立至少一个实施主体，形成对"两网协同"共享设施网点、分拣回收人员、资源回收利用等方面的统一管理，制定管理规范和标准，建立和完善相关工作责任制度和考核制度。

除对废弃电气电子产品回收处理建立了基金制度外，其他品种尚未明确相关制度要求，特别是对价低量小的品种，缺乏相关制度规范，生产者责任延伸制度不健全，销售者和消费者对产品废弃后的回收责任不明确。

2. 推动设施共享

各区县应排摸梳理再生资源回收与生活垃圾清运网络现状，落实街镇主体责任，由街镇统筹社会网点、居委、物业等有关单位或部门，结合可回收物的分类收集，合理设置规范性可回收物回收网点。对已实现社区回收点与市容环卫设施兼容共享的设施网点，要纳入统一管理，建立分类统计台账制度。对可回收物回收网络尚未建立或未实现协同的区域，要结合社区垃圾分类设施设备配置，加大街镇协调力度。每个街镇至少设置一个再生资源和低价值可回收物回收中转站，用于可回收物集中收运后的分类整理和临时储存，并至少实现挂牌营业，且有相应的营运主体和管理制度。

3. 统一人员管理

试点区域内再生资源回收人员与生活垃圾分拣人员统筹协调，搭建"一岗双职"制度，鼓励两类人员互相兼职或协同开展工作，负责试点区域内垃圾分类、资源回收、台账记录、分类统计等日常管理工作。推动社区、物业公司和相关企业在基层管理层面的协同，通过登记、挂牌等措施，加强统一管理，参照松江区回收服务管理模式，推广实行回收队伍"五统一"，包括统一标识、统一车辆、统一服装、统一衡器、统一服务规范；回收服务"五公开"，包括回收人员信息公开、回收价格公开、回收种类公开、投诉电话公开、便民热线公开。

4. 叠加激励措施

结合"绿色账户"新增覆盖100万户的工作任务，参照浦东新区"两卡合一"推广模式，在全市范围加快推进"绿色账户卡"和"阿拉环保卡"卡面合一。卡内保留两个独立账户，分别对市民参与垃圾分类行为予以积分奖励和对交投可回收物的残值予以积分返还，并逐步研究两卡账户互联互通可行方案，叠加激励效应。各区县要继续做好电子废弃物回收箱的宣传及运维工作，确保"阿拉环保卡"积分兑换的顺利开展。对回收箱实际运作效果开展评估，可适时调整网点布局，公开回收网点信息，以提高资源回收率。依托回收企业，通过开展各类垃圾分类及资源回收活动，拓展"阿拉环保卡"回收品种，扩大积分范围。

5. 衔接平台功能

完善上海市再生资源回收公共信息服务平台及绿色账户平台建设，促进平台功能相互衔接。研究"阿拉环保卡"与"绿色账户卡"积分平台的对接，推动两卡账户逐步融合，形成对各区县"两网协同"实施主体企业的统一管理，以积分数据为基础，加强对分类回收品种、回收数量等方面的统计分析，为研究支持政策提供有效依据。

6. 制定支持政策

对低价值可回收物回收量、回收方式、主要回收品种、回收利用途径、价值平衡点等进行评估分析，研究资金支持政策。鼓励各区县、街镇率先开展政策试点，结合生活垃圾分类减量有关政策，对低价值可回收物予以专项资金补贴，并根据区域试点效果，研究提出低价值可回收物的政策建议方案，为全市评判选择有效的政策支持方式提供依据。

三、河北省

（一）行业发展基本情况

河北省是再生资源回收大省。经过多年培育发展，已形成了保定废钢、废有色金属、废塑料、废纸，石家庄、邯郸、张家口、承德、沧州废钢，唐山废橡胶，邢台废稀贵金属、废玻璃，廊坊废旧电器电子产品、废塑料等数十大区域专业市场，个别县（市）再生资源回收行业成为了当地的支柱产业和纳税大户，为发展循环经济和生态文明建设做出了积极贡献。截至 2016 年 4 月，全省再生资源回收经营备案企业 7523 家，大型再生资源回收市场 64 个，年回收各类再生资源 2800 万吨，直接或间接从业人员达 50 多万人，已成为吸收劳动力就业、带动经济发展的重要产业。

据调查，截至 2015 年 12 月底，全省共回收再生资源 2951.9 万吨，比 2014 年 2677.3 万吨增加了 10.2%。废钢铁回收 2270 万吨，占总比重的 76.9%，比 2014 年增长 9.1%。废旧有色金属回收 76.9 万吨，比 2014 年增长 6.2%。其中，废铜回收 34.1 万吨，比 2014 年增长 5.9%；废铝回收 20.6 万吨，比 2014 年增长 5.7%；废铅回收 11.9 万吨，比 2014 年减少 0.2%；其他废有色金属回收 4.7 万吨，比 2014 年增长 2.9%。废旧塑料回收 309.1 万吨，比 2014 年增长 31.4%。废纸回收 139.2 万吨，比 2014 年增长 6.1%。废玻璃回收 68.4 万吨，与 2014 年基本持平。废橡胶回收 17.5 万吨，略少于 2014 年。

（二）工作开展情况

1. 加强废旧商品回收法制和规范建设

河北省制定出台了《河北省再生资源回收管理规定》，本《规定》的施行，对规范河北省废旧商品回收工作，促进废旧商品回收体系建设，带动废旧商品回收行业发展起到了重要指导作用。同时，河北省 11 个设区市还分别成立了废旧商品回收领导小组，健全了废旧商品回收利用体系工作机制。

2. 抓好再生资源回收体系试点城市建设

河北省石家庄、张家口、承德三个城市先后列入商务部再生资源回收体系试点城市，共争取中央扶持资金 7250 万元。石家庄市作为河北省会，围绕着社区回收站—集散转运中心—分拣处理中心—信息调控服务中心 4 个主要环节，累计投入 1 亿多元，建设了 1350 个绿色社区回收站；18 个再生资源集散转运市场；9 个再生资源分拣处理中心；2 个旧货市场、1 个综合市场和 1 个再生资源信息调控服务中心，初步形成了集收购—集散—分拣—加工为一体的网络体系。目前，该市共拥有再生资源回收经营场地 1000 多亩，经营面积 35 万平方米，年回收废钢铁 75 万吨、废有色金属 4 万吨、废纸 15 万吨、废塑料 12 万吨、各种杂品 30 万吨、旧货 1 亿多元，吸纳从业人员 1 万多人，年交易额 26 亿多元。张家口、承德被列为再生资源试点城市后，按照体系建设规划和实施方案，不断加大投资建设力度。张家口市金汇环保产业有限公司共建设分拣转运中心 4 个，社区回收网点 98 个，年回收各类废旧物资 50 余万吨，回收额 18 亿元，从业人员 5000 人；承德共建设分拣转运中心 6 个，社区回收网点 100 个，年回收各类废旧物资 38.5 万吨，回收额 13 亿元，带动就业 8000 人。

3. 再生资源回收利用基地项目建设扎实推进

目前，河北省已建设 19 个再生资源分拣处理中心，总投资 1.4 亿元，年经营废纸近 90 万吨，年购销废钢 170 多万吨，旧家电 350 万台（件），年收益 9000 多万元。大型区域性再生资源回收利用基地 15 个，总投资 64 亿元，年回收各类废旧物资 371 万吨。邢台中航上大金属再生科技有限公司，投资 38.3 亿元兴建的稀贵金属回收项目，年回收利用稀有金属及合金 33 万吨，年产值达 110 亿元，相当于每年为国家节约各种稀有金属矿石 410 万吨，节煤 1012 万吨，节水 450 万吨，减排二氧化碳 15 万吨，减排二氧化硫 6.2 万吨，每年可降低航空、军工等高端装备材料成本 20 亿元。保定广顺再生资源回收有限公司投资 8000 万元，与北京三农科技发展有限公司合作，生产农户沼气发生器，主要原料为废旧冰箱、彩电、洗衣机、汽车保险杠的废旧塑料，年生产沼气罐 2 万个，生产化纤聚酯成品 3 万吨，废旧塑料用量达 5 万余吨。就目前，河北省在建和谋划推进的大项目有：定州北方（定州）再生资源产业基地、承德宽城泰福再生资源回收利用基地项目、石家庄东泰再生资源回收利用基地、邯郸河北环嘉静脉产业园、唐山再生资源科技园综合园区、廊坊文安东都区域性再生资源回收利用基地、石家庄再生资源科技工业示范蓄地等。未来两年，河北省区域性大型再生资源回收利用基地项目可达 20 个。

4. 大力推进公共机构废旧商品回收利用工作

2012 年，河北省商务厅与省直机关事务管理局联合下发了《关于加强公共机构废旧商品回收利用工作的通知》，11 个设区市组织有关部门与近 70 家废旧商品回收龙头企业签订了回收协议，在公共机构，新建设社区和高校等周边地带新建了一批标准化绿色回收亭口。

5. 积极开展废旧商品回收利用宣传活动

河北省商务厅与省委宣传部、省发展和改革委等 9 部门联合下发了《关于印发 2012 年废旧商品回收利用宣传活动方案的通知》，并组织了"绿色回收进机关""绿色回收进高校""绿色回收进社区""绿色回收进商场"等一系列宣传活动；同时利用出租车、手机短信、LED 大屏幕投放宣传广告，制作流动宣传展板，发放《再生资源宣传手册》等。

（三）推进再生资源产业转移和协同发展

1. 加强部门协调联动

近年来京津冀商务部门已连续召开三次联席会议，将再生资源纳入商务合作范围。今年又有北京废旧橡胶综合处理基地、北京废旧纺织品处理基地、天津市中节能与保定废旧汽车回收拆解有限公司报废汽车拆解改扩建项目，列为三地负责的推进项目。三地供销社加强信息共享、资源互用、技术有偿使用等方面的合作，共同推进再生资源回收网络体系建设。省环保厅每年通过与北京市环保部门相互函商，大量接纳了北京市弃置的危险废物，并通过张家口、唐山、保定、廊坊等地市持有危险废物经营许可的单位进行处理。5家列入国家补贴名录的废弃电器电子产品处理企业，2015 年规范拆解电视、电脑、空调、洗衣机、冰箱等废弃电器电子产品约 461 万台，有效承担了京津冀及周边地区废弃电器电子产品的收集和规范拆解工作。

2. 深入重点项目合作

唐山市承担建设国家第二批"城市矿产"示范基地——河北唐山再生资源循环利用科技产业园的唐山中再生资源开发有限公司和唐山兴宇橡塑工业有限公司均与北京有关企业进行了合作。其中，唐山中再生资源开发有限公司由中国再生资源开发有限公司控股、唐山市再生资源有限公司和河北君诚投资有限责任公司共同出资组建，公司主要投资方——中国再生资源开发有限公司是中华全国供销合作总社投资控股的国内最大的专业性再生资源综合利用企业，已建立起覆盖全国的回收网络体系。唐山兴宇橡塑工业有限公司目前已与北京环卫集团签订并购重组协议，由北京环境卫生工程集团有限公司控股 67%，成立北京京环城市矿产资源开发有限公司继续建设"城市矿产"项目。北方鼎业再生资源开发有限公司在北京市发改委、中国再生资源回收利用协会举办的"助力京津冀协同发展循环经济产业转移承接项目研讨对接会"上，与参会的北京恒升生活用品有限公司、北京环蜂塑胶制品有限公司、北京华威金属有限公司、北京环达再生资源回收利用有限公司、北京禹王装备制造股份有限公司、华新绿源环保产业发展有限公司、北京京环城市矿产资源开发有限公司七家企业签订了《京津冀协同发展资源综合再生利用企业转移与承接战略框架协议》。廊坊市文安县东都环保产业园，由北京市第五建筑工程集团有限公司于 2006 年投资兴建，规划占地 3692 亩，总投资 3.85 亿元，建成后将设置再生塑料拆解利用加工区、再生金属拆解利用加工区、污水处理中心、再生资源交易中心等功能区。初步形成了以"废七类"金属定点加工，"废十类"塑料定点加工为主的两大产业格局。规划建设了北京（定州）再生资源产业基地：总占地 10000 亩，总投资 200 亿元，其中一期占地 4690 亩，总投资 100 亿元。自 2014 年 6 月开工建设以来，目前建成面积超千亩，基础设施达到"七通一平"，占地 300 亩的分拣市场、144 座标准厂房，"三废"处理中心已常态运行，入驻小微企业 200 家，年销售收入 20 多亿元。

（四）下一步工作

1. 加强顶层设计

针对河北省再生资源回收利用产业布局乱、层次低等问题，将再生资源作为发展循环经济的重要领域，编入正在制定《河北省发展循环经济条例》。要求各市、县（市）根据省循环经济发展规划，统筹建设本地的再生资源加工利用聚集区，加快培育再生资源加工利用示范企业，淘汰落后的再生资源加工技术、工艺和设备，推动再生资源利用产业升级，打造再生资源回收利用产业"升级版"。

2. 加强协同处置

针对河北省废弃物处置能力相对不足等问题，要求各市、县（市）鼓励具备条件的钢铁、水泥、电力等行业的企业协同处理垃圾、污泥等废物，实现废物的资源化利用，通过现有企业生产过程进行协同资源化处理，提高河北省废弃物无害化处理能力，化解废弃物处理处置的难题，构建企业间、产业间、生产系统和生活系统间的循环经济链条，减少能源资源消耗和污染排放。

3. 加快平台建设

为加快推进区域间、产业间循环经济布局，鼓励企业间、产业间建立循环经济联合体，搭建区域共享的循环经济技术、市场、产品等服务平台，省发展改革委将会同有关部门推进循环经济信息服务系统建设，利用该系统采集、分析、处理和发布再生资源信息，开展法律法规和政策宣传、技术咨询与推广、交换交易、金融支持等循环经济信息服务。

4. 搞好项目对接

省政府相关部门将按照职责分工，就再生资源工作，加大与北京、天津两市相关部门的交流合作，推动河北省再生资源龙头企业与京津地区再生资源企业的对接。同时，对签署的项目在积极抓好落实的基础上，做好承接和转移的协调工作。

5. 提升产业档次

围绕服务河北省传统产业转型和京津冀再生资源回收加工需要，立足现有再生资源产业基础，合理控制产业规模，推动产业向装备大型化、生产清洁化、加工精细化方向发展。积极发展废旧金属利用产业，规范提升废塑料、废橡胶、报废汽车和废弃电器电子利用产业。

6. 产业合理布局

立足河北工业发展需要和资源综合利用产业基础，结合京津再生资源市场和首都资源综合利用产业转移，合理布局资源综合利用产业基地园区，完善基地园区主导产业链，推动资源综合利用产业与区域工业形成共生体。

四、辽宁省

（一）主要成效

"十二五"期间，辽宁省先后组织沈阳、鞍山、营口、铁岭四个城市成功申报国家级再生资源试点城市，全省6个再生资源回收利用基地项目得到国家财政资金支持。全省再生资源行业累计争取中央财政支持资金1.35亿元，对辽宁省再生资源行业发展起到了巨大的推动作用。

在试点工作的基础上，积极推进再生资源回收体系建设和公共机构废旧商品回收；在骨干企业中大力推行技术改造，设备升级，提高再生资源回收能力和深加工技术水平；鼓励行业应用现代信息技术，使"互联网＋"在再生资源多个回收领域中有所应用，带来经营方式和经营服务的创新。一些再生资源行业公共平台，尝试通过信息收集、整理、发布机制，解决辽宁省再生资源行业信息滞后、产销脱节等问题；一些废旧家电回收企业，通过设立专业平台，整合社会回收网络资源，建立线上线下融合的回收模式。

不断优化政策环境。2012年省服务业委根据国务院相关文件精神，代省政府起草了《关于建立完整的先进的废旧商品回收体系的实施意见》，同时积极组织行业协会、重点企业推进全省再生资源回收行业标准及发展规划的制定工作，推进了再生资源回收体系建设制度化、法制化。

面对回收价格大幅下滑，税收负担加重的困难局面，全省回收行业企业仍然努力拼搏，在创新中求发展。2015年年底，全省再生资源主要品种回收总量，估算可达1280万吨，较2010年增长20%。

（二）主要工作

1. 强化行业指导，规范行业管理

"十二五"期间，坚持强化对全省再生资源行业发展的指导。每年年初，结合省内实际进展情况向各市部署本年度再生资源工作要点，提出工作目标、任务和要求。年末召开一次全省座谈会，组织各市进行工作交流和研讨，对下一年度有关工作进行安排。

2. 引导行业科学发展，推动企业创新经营

2011年5月，省再生资源行业协会梳理出"思变、求新、转型"的发展新思路，号召行业会员单位在经营理念、经营业态、营销方式、回收加工技术等方面进行创新。主要理念：

思变：全省再生资源行业应在思维方式、思想观念、组织形式、经营业态等方面要根据老工业基地全面振兴的要求而变化。**求新：**伴随老工业基地全面振兴，全省再生资源流通的新机制、新形象、新模式也将随之产生。全行业要通过深化改革、调整结构，努力改变"散、小、弱、乱、差"的行业形象，朝着"求好、求快、求大、求强"的行业发展新目标前进。**转型：**要在发展中促转变、在转变中谋发展。全省再生资源流通行业要乘着老工业基地全面振兴之势，努力转变发展方式，要从分散回收走向体系回收；从单一买卖走向集约经营；从简单分拣走向链条生产；从初级加工走向区域集聚的产业集群之路。

（1）注重回收、分拣设备升级。沈阳、大连、抚顺、本溪、营口、辽阳、朝阳等市都将废金属破碎设备升级为大马力、现代化的节能生产线，为业界企业生产"精品炉料"，在国内位于领先地位。大连环嘉集团废塑料深加工生产线，机械化、自动化程度高，特别是废塑料颜色分辨设备先进，深加工产品具有科技含量，带来可观的经济效益。

（2）号召使用现代信息技术。全省各市都有多家再生资源网站，及时发布、传播国家有关方针、政策，交流行业动态。

（3）建设再生资源公共服务平台，引领"互联网＋"在多个回收领域中得到开展。辽宁淘绿、大连海星、大连绿方、抚顺赢衡、锦州绿之源等平台在社区、机关、院校、物业等领域，开展废纸、废家电、废手机、废塑料等再生资源回收，势头看好。

（4）树立典型。2015 年 4 月底，在抚顺市召开现场观摩推广会，介绍并现场观摩分拣设备和技术升级情况，反响强烈。大连环嘉集团的《废塑料深加工项目》，朝阳议通金属再生资源有限公司的《废金属深加工项目》，已被国家工信部列为全国资源综合利用示范项目。

（5）规范分拣示范企业发展。通过调研和论证，制定了《辽宁省再生资源分拣示范企业评选方案和评选标准》，2015 年 11 月，按照专家组评审得分排名，兼顾再生资源品类均衡，确定下列企业为"辽宁省再生资源分拣示范企业"：

废塑料类分拣企业：大连金嘉物资回收有限公司，抚顺威尔力达纤维科技有限公司，锦州科美新资源科技有限公司

废钢铁类分拣企业：辽宁德鑫再生资源有限公司，朝阳议通金属再生资源有限公司，辽宁大府恒锐再生资源有限公司。

3. 会同相关部门积极参加全国公共机构废旧商品回收试点

落实商务部和国管局对开展公共机构废旧商品回收试点的工作部署，推荐沈阳秋实再生资源集团参加全国公共机构回收"进机关"试点，辽宁省政府机关事务管理局批准沈阳秋实再生资源集团为省直公共机构废旧商品回收的承接企业，还与锦州、葫芦岛市签订了负责公共机构废旧商品回收任务的协议。该公司已与上百家省直单位签订回收协议，建立"公共机构废旧商品回收服务平台"，探索用现代信息技术方式管理其开展的公共机构废旧商品回收工作的新路。铁岭市晟合再生资源回收交易有限责任公司在该市大专院校开展再生资源回收，开辟了一条回收体系建设新渠道。

4. 再生资源回收体系建设工作有序开展

沈阳、铁岭分别是国家再生资源回收体系建设第一批、第二批试点城市，鞍山、营口是第三批试点城市，总结试点城市试点工作的先进经验，引导有条件的城市制订符合本地区的实施方案，推进本地区再生资源回收体系建设有序开展。"十二五"期间全省重点培育了 10 个再生资源产业园区（基地）、20 余家再生资源龙头企业，新建和改造了 2000 个回收站点、20 个分拣中心，成功申报了 4 个国家级试点城市。

5. 组织相关部门制定行业标准

经辽宁省商务厅申报，辽宁省再生资源行业协会组织辽宁汇丰炉料、大连环嘉集团、朝阳议通金属再生资源有限公司承担《商务部办公厅关于下达 2012 年第一批流通行业标准项目计划的通知》所下达的编制《废金属回收企业建设与经营规范》项目任务。2014 年 4 月 6 日，商务部以 2014 年第 23 公告发布，批准了《废金属回收企业建设与经营规范》，已于 2014 年 12 月 1 日起实施。2015 年 8 月，省再生资源行业协会与沈阳淘绿环保科技有限公司共同承担《废家电回收企业建设与经营规范》《废家电回收网络建设与交易

规范》两个省级标准的编制任务，计划 2016 年年底完成。

6. 建立健全相关制度法规及项目评审标准

（1）沈阳、大连两市通过省人大常委会批准，分别出台再生资源回收管理条例和资源综合利用管理条例。抚顺、本溪、铁岭三市分别出台市政府令，发布本地的再生资源管理办法，为制定全省再生资源管理法规奠定了基础。

（2）从 2011 年起，建立了全省再生资源项目申报储备库；制定了国家资金支持项目评审条件及评审标准；建立了评审专家库；纪检、监察部门全程监督项目评审过程；对拟支持项目进行公示，在再生资源项目申报与评审过程中做到公平、公正、公开。

7. 积极发挥协会作用组织企业开展信用建设

2010 年 1 月，辽宁省再生资源行业协会成立。2013 年，协会获得省民政厅授予的"4A"级社会组织资质。协会制定了自律公约，经常进行行业自律教育；开展多种形式的交流活动、研讨会等；建立了协会网站，及时发布国家有关方针、政策信息；开展咨询服务，为会员拓展经营，创新发展提供智力支持。

省再生资源行业协会积极参与《全国物资再生行业信用等级评价管理办法》的修订，结合我省实际，提出多条相关修改意见。通过一届五次理事会，发布国家有关开展企业信用建设的政务信息，介绍中国物资再生行业企业信用评价总体工作方案，传达有关要求。协会于 2014 年 6 月 25 日，以（辽再协发〔2014〕3 号）下发了《关于组织参加第一批全国物资再生行业信用等级评估工作的通知》，动员企业按照有关要求，通过申报信用等级促进企业经营管理水平的提高，秘书处多次为申报企业提供咨询服务。到 2015 年年底，我省有 2 家再生资源回收企业通过了全国物资再生行业信用等级 3A 等级的评审资格。目前还有多家企业在进行申报信用等级工作。

8. 有针对性地组织培训

为提高行业从业人员素质，根据行业特点和行业发展的需要，采取多种形式、通过多种途径，积极开展培训。

（1）把专家请进来开展培训。辽宁省多次邀请中国物资再生协会常务副会长刘强，对再生资源回收体系建设进行专业培训。

（2）利用会议开展培训。利用座谈会、调研会，把相关培训事项纳入会议内容。如再生资源回收体系建设要求、标准等。

（3）推进行业工作抓培训。沈阳、大连、铁岭、鞍山、营口等市参加国家再生资源回收体系建设试点，把培训作为重点工作，成立培训中心，培训内容主要是有关再生资源回收的法律法规、业务技能、有关设备使用技术等。努力推行上岗资格证书制度。

（三）存在问题

发展规划是短板，需要尽快解决。再生资源回收体系建设起点不高，基础不够牢固，需要加大力度推进。行业升级、转型步伐需要加快。行业人员素质要继续增强。

一是网点规划层次较低，不能适应发展需要；二是企业规模普遍较小，不利于组织化和规模化经营；三是市场交易功能单一，经营体系不够健全；四是缺乏龙头企业引领，整体效益不够明显；五是缺乏现代科技手段，行业管理不够科学。

（四）主要目标

到 2020 年，辽宁省再生资源体系建设进一步完善，行业规模化经营水平大幅提升，技术水平显著提高，规范化运行机制基本形成。全省再生资源回收总量达到 1500 万吨左右。

1. 建立四位一体的再生资源回收体系

一是推进生活类再生资源回收体系建设。继续完善和提升以回收网点、分拣中心和集散市场为代表的三级回收网络，并根据城市发展需要调整网络构成。二是推进生产性再生资源回收体系建设。鼓励产废、利废工矿企业主辅分离，成立专业分拣、加工、贸易公司，降低利废成本、提高资源利用率。三是推进消费类再生资源回收体系建设。倡导销售者责任制，推动绿色商场建设，利用销售配送网络，试点建立逆向物流回收渠道。四是推进公共机构类再生资源回收体系建设。继续推进《辽宁省公共机构废旧商品回收利用工作实施方案》，组织有资质、实力强的再生资源回收企业与公共机构对接，建设规范收集、安全储运、环保处理的示范模式。

2. 推进再生资源回收利用节点建设

（1）灵活设置回收网络。鼓励企业在不宜设立固定站点的地区，设置流动回收车定期回收；鼓励企业利用互联网、社区网点、商场等构建线上线下互动的新型回收网络；鼓励商贸流通企业通过逆向物流构建高效快捷的回收网络；继续探索垃圾回收网络和再生资源回收网络两网结合工作。

（2）提升分拣加工水平。加大分拣加工技术研发力度，促进分拣自动化和精细化。鼓励有条件的企业向加工利用领域拓展，实现上下游互补，增强企业抗风险能力。适时选取基础设施完善、设备技术先进、经营管理优秀的再生资源分拣企业授予"全省再生资源分拣示范企业"，并予以重点支持。通过示范引领，推动全省再生资源行业升级改造，科技创新，增强企业活力，提高产品附加值。

（3）升级改造集散市场。推动集散市场向具备分拣、加工、处理等多功能的回收分拣集聚区转变，实现信息交换、价格形成、商品配送和资金结算等功能，推动线上与线下交易相结合。

（4）推进公共服务平台建设。完善信息采集、分析、处理和发布机制，解决传统交易中信息滞后和不对称的问题，为回收处理及再利用的相关服务商提供信息，引导资源合理配置，促进回收体系各节点、各环节的对接和整合，促进回收与利用环节的有效衔接。

3. 优化再生资源行业发展环境

一是加大法治工作力度。着力推进《辽宁省再生资源回收管理条例》的立法工作。二是强化标准制定工作。鼓励协会、龙头企业积极参与商务部、省质监局等组织的行业标准制定工作。通过认证认可等多种方式，加大标准贯彻落实力度，加强对现行标准的宣传，引导行业规范化发展。三是加强行业统计和信息发布。在典型企业调查的基础上，逐步建立适应行业发展的统计体系。加强对统计数据的分析，定期形成行业发展报告。四是深入开展宣传教育。充分运用媒体优势，倡导绿色低碳、环保健康、循环利用的生产生活方式，强化道德约束。提高全社会对再生资源回收体系建设工作的认识，营造全社会重视和支持再生资源回收的良好氛围。

五、福建省

据不完全统计，"十二五"期间，福建省各类回收企业和经营户11000多个，从业人员近55万人。各类废旧商品交易市场150多个，回收网点27000余个，年回收各类再生资源1133万吨。主要回收品种为废钢铁、废有色金属、废铅、废塑料、废造纸原料、废橡胶、废玻璃和报废汽车等。其中，废钢铁年回收利用715万吨，废有色金属近30多万吨（含废铜0.6万吨、废铝0.989万吨），废塑料210万吨，废纸96万吨，废橡胶0.511万吨，废玻璃290多万吨，年销售额约309.22万元。

（一）回收体系建设情况

1. 建立了再生资源回收体系建设管理机制

根据省政府关于落实《国务院办公厅关于印发建立完整的先进的废旧商品回收体系重点工作部门分工方案的通知》（国办函〔2012〕82号）的精神，经省政府同意，我们制定、印发了《福建省建立完整先进的废旧商品回收体系建设重点工作任务与分工方案的通知》（闽经贸商贸〔2013〕304号），明确了省发改委、环保、住建、科技、公安、人社、财政、工商、国土、质监等22个部门在废旧商品回收体系建设中的分工和重点任务。

重点任务包括：①健全机制。各级政府建立废旧商品回收体系建设部门的领导协调机制，统一规划、部署、协调推进当地废旧商品回收体系建设。②扩大宣传。多种形式广泛宣传建立废旧商品回收体系建设重要意义，强化社会各界的责任意识。③制定规划。以设区市为单位制定实施商业网点规划，将废旧商品回收体系纳入规划，明确废旧商品回收体系建设的目标、任务和保障措施。④培育龙头企业。培育并依托基础牢、实力强的龙头企业，建立覆盖面广，技术先进，管理规范，体系完善，回收、分拣、储运等各个环节高效衔接的废旧商品回收体系。⑤发挥作用。全面加大废旧商品回收力度，尤其是废金属、废纸、废塑料、报废汽车及废旧机电设备、废轮胎、废弃电器电子产品、废玻璃、废铅酸电池、废弃节能灯等重点废旧商品的回收。

2. 进一步完善和促进了我省回收体系的建设

（1）开展省级再生资源回收体系建设试点。为了促进福建省再生资源回收行业发展，"十二五"期间，全省共筛选确定了14个市、县为省级再生资源回收体系建设试点单位。通过试点，福建省基本建立起了以回收站、分拣中心、集散市场为一体的再生资源回收体系，为福建省全面开展再生资源回收体系建设发挥了积极的示范和引导作用。通过争取国家资金和加大省级财政投入，已向福建省再生资源回收行业投放了约7000万元扶持资金，进一步促进了全省再生资源回收体系建设。

（2）完成商务部在我省的再生资源回收试点建设项目验收。为了解该省2010年度中央财政支持的福州市再生资源回收利用体系试点建设、华闽再生资源产业园、仙游县再生资源回收利用基地等项目建设的实施情况，确保项目质量和效果，2014 年 9 月、2015 年 10 月，省商务厅相关部门深入到福州市、莆田市项目所在地进行了专项调研，调研组召开了 3 场座谈会、走访了项目承建企业、实地察看了项目建设。2014 年 10 月，省、市两级商务、财政部门组成联合验收组，按程序和建设标准，完成了福建省物供报废汽车回收拆解有限公司和福州市物供再生资源有限公司的报废汽车拆解场的升级改造项目验收。2015 年 10 月、12 月分别完成了福州市再生资源回收利用体系试点建设、仙游县再生资源回收利用基地等项目验收。

3. 推进再生资源回收行业转型升级

鼓励企业利用互联网开展回收工作，提高回收企业组织化水平，降低交易成本，优化再生资源回收。福建雪品集团积极探索"保洁 + 家政 + 回收"新型三网融合、"互联网 +"的废品回收模式，充分利用 1000 多个保洁网点，开展再生资源回收、分类、运输等一条龙服务，涉及 23 家托管类物业公司、152 家企业、35 家商场超市、22 家行政事业单位的优势，获得了良好的社会效益。集团公司于 2015 年投资开发雪品 App 和雪品 ERP 系统，建设互联网服务信息平台，实现线上线下服务交易的融合。据统计，"十二五"期间该公司再生资源回收额约 2482 万元。

2015 年，桑德回收联盟在福州市开展试点项目，借助线上 App 和线下回收箱，通过环保理念宣传、垃圾分类指导和积分回馈体系，引导和鼓励居民对垃圾进行分类回收和定点投放，实现垃圾减量化和资源化，有效缓解垃圾围城和资源浪费问题。目前，桑德回收联盟在福州市共计注册用户近 2.5 万户，覆盖福州鼓楼区 13 个社区、77 个小区和福建师范大学一个生活区，受益人口近 13 万人。

4. 突出绿色回收主题，加大宣传力度

结合"节俭养德、八闽在行动"教育实践活动，突出低碳节能"绿色回收"主题宣传，积极引导社会公众参与"绿色回收"。"十二五"期间，福建省以绿色回收进社区（街道）、进学校、进机关、进商场（"四进"）为主题，与福州源利、福州雪品集团、桑德回收联盟等相关企业在行政事业单位、大型商场、学校、社区等开展了再生资源分类、回收利用宣传活动，推动社会各界进一步把绿色回收理念转化为实际行动。

（二）存在的问题及原因

1. 行业门槛较低，从业人员参差不齐

再生资源回收行业从业人员，大多是外来务工人员，综合素质相对不高，且无证无照流动收废依旧存在，打击力度不够，管理难度大。

2. 回收利用技术水平较低

由于再生资源回收企业规模普遍偏小，生产成本较高，产品的技术含量和附加值较低，市场竞争能力和抗风险能力较弱。

3. 执法监管工作较弱

由于市场准入门槛低，企业数量多、规模小、经营分散，对无照经营、技术落后、环保不达标的小企业和小作坊监管难度大。再生资源回收行业的执法管理涉及公安、工商、环保、城管和质监等诸多行政管理部门，相关行政管理、资质审批及执法权的分散导致监管工作较为薄弱。

4. 现行税制不尽合理导致企业税负重

对正规企业征收全额税问题仍然是困扰福建省再生资源回收行业发展的最大问题。

（三）下一步工作

1. 研究扶持行业发展政策

将福建省再生资源回收行业列入"十三五"内贸发展规划，加大对再生资源回收行业发展的规划引导和政策支持。在对该省再生资源回收行业调研基础上，建议出台符合省情促进行业发展的地方优惠政策，发挥优惠政策的保障作用，为再生资源回收行业扩展生存发展空间。

2. 深入开展再生资源回收体系建设

在总结福建省"十二五"回收体系建设经验的基础上，由点及面，通过政策性引导、市场化运作的模式，进一步完善该省再生资源回收利用体系建设试点，推动回收体系实现市场化、规范化、基地化的建设，发挥再生资源回收利用体系减量化、资源化作用，推动循环经济的发展，增强保护环境、建设生态文明的社会功能。

（四）趋势预测与政策建议

随着福建省经济社会的快速发展，工业化、城镇化进程的不断加快，再生资源的数量和种类将进一步增加，再生资源回收利用规模将不断扩大。为进一步促进再生资源回收利用行业的健康发展，节约资源，保护环境，建议商务部出台促进再生资源回收行业发展措施。

1. 给予行业优惠政策，扶持行业发展

再生资源回收行业是社会效益大于经济效益的行业，建议尽快研究出台关于促进再生资源和废旧商品回收利用产业发展、给予土地和财税政策优惠的指导性文件，以督促再生资源回收利用行业的快速健康发展。

2. 加快出台行业准入标准

再生资源行业缺乏统一的行业准入条件，行业发展参差不齐、地区之间差异较大，一些规模小、技术水平低、资源利用率低、二次污染严重的企业依然存在，严重影响了再生资源行业的整体发展，因此要依据国家节能减排、资源保护等政策，加快制定再生资源行业准入标准，坚持政府宏观调控和市场经济相结合，逐渐淘汰一批资源消耗大、能源消耗高、污染严重的小企业和"小作坊"，建议在现有基础上，加快培育更多的技术先进、污染少、资源消耗低的规模企业，带动行业的整体进步。

3. 加强再生资源回收利用统计制度建设

再生资源回收统计工作是一项重要的基础工作，是对再生资源行业进行管理和决策的重要支撑，因此再生资源统计工作需要从基层抓起，建议研究和建立适合再生资源发展的统计制度、统计方法和考核办法，将再生资源的回收利用统计依法纳入国家统计体系中。

六、宁波市

（一）行业发展基本情况

1. 回收体系建设基础性工作有序推进

（1）建立工作机制。市及县（市）区都建立了由政府分管领导任组长，发改、工商、公安、国土、贸易、城管、供销社等部门为成员的再生资源回收体系建设领导小组或协调机构，建立完善了会议例会制度、督查制度、考核机制等；市政府先后五次召开领导小组会议或专题会议，统一思想，凝聚共识，部署阶段性建设任务，并协调解决建设中的重大问题，为全市上下全面推进再生资源回收体系建设提供了组织保障。

（2）编制专项规划。再生资源回收体系建设规划是一项基础性工作。2014年，为更好引领全市再生资源回收体系建设，宁波市启动了再生资源回收体系建设中长期规划编制工作，由宁波市发改委和宁波市供销合作社联合发文《关于印发宁波市再生资源回收体系建设中长期规划的通知》（甬发改规划〔2014〕44号），明确了宁波市再生资源回收体系建设的发展方向和具体目标。

（3）理顺管理体制。在深入调研的基础上，宁波市在2008年制定出台了《宁波市再生资源回收利用管理条例》，于2009年3月1日正式实施，该条例在全国是继哈尔滨、石家庄后出台的第三个地方性法规。各地、各部门以贯彻落实《宁波市再生资源回收利用管理条例》为契机，明确了再生资源回收行业主管部门，逐步落实了再生资源回收经营者备案制度、回收网点和市场准入制度等，确立了统一管理、分工负责的监管机制，初步形成了由市供销社主管、各部门协调配合的管理体制。

2. 回收基础设施建设进展顺利

（1）中心城区社区回收网络率先形成。按照布局合理、网络通畅、标识醒目、环境洁净、管理规范、交售便利的要求，市中心城区率先启动社区回收网络建设，目前回收网络基本形成。中心城区86个回收网点建成正常运营，有350辆回收车辆和一支爱岗敬业、经过上岗培训的回收队伍在指定区域开展流动或上门收购服务。中心城区基本形成了以固定收购和流动收购相结合，社区居民、企事业单位与回收网络有效对接，行政监管和社会监督比较健全，较为便捷、规范、洁净的社区回收网络。

（2）县域回收网络建设逐步深入。这几年累计建成县域内社区（新村）回收站109家，回收示范站50多家，农村流动收废集中居住堆放点8个（共容纳农村流动收废人员800户）。其中，鄞州区已建成回收示范站15家、社区（新村）回收站78家、规范改造回收网点221家、取缔无照经营回收点15个，初步构建起覆盖城乡的再生资源回收网络；镇海区通过建设7个占地面积5.2万多平方米的再生资源流动收购集中居住堆放点，有500户流动收购户入驻，进行集中有序管理，有效解决了农村流动收废存在的突出问题；其他县（市）区也建成一批示范社区（新村）回收站，为今后工作积累了经验。

（3）回收设施项目持续推进。规划建设的市中心城去再生资源交易集散中心项目已完成建设用地征收储备，正抓紧进行项目定位、功能布局、运作模式、效益评估等前期项目可行性研究。占地96亩、建筑面积5.7万平方米、总投资2.2亿元的宁海再生资源市场一期工程1.4亿元竣工验收，招商工作正在全面推进，已有近30家再生资源回收网点企业（经营户）入驻市场。占地50多亩、总建筑面积4.28万平方米，露天场地面积6800平方米的象山再生资源市场建成投用，已有21家经营户入驻。

3. 回收行业长效管理逐步展开

在推进回收体系建设的同时，各地、各部门注重探索回收行业长效化管理，成效初显。

（1）开展专项整治。围绕"四边三化""三改一拆"中心工作，全市组织开展了以查处无证无照、收赃销赃、超范围经营、违规搭建、占道经营，和环境脏、乱、差为重点的专项整治，共排查出无证无照经营1126家、违规经营66家，通过联合执法，关闭取缔了353家，责令办证78家，立案查处48家，拆除违章建筑167家，有效规范了市场秩序，净化了经营环境。

（2）创新管理模式。市中心城区将新建社区回收网点和回收车辆纳入所在街道保洁中心管理，以招标方式选定有资质回收企业开展市场化运作，并开展上门回收服务。结合城市生活垃圾回收工作，在居民小区进行延伸服务，与81890等服务热线有效对接，拟定再生资源线上管理平台和在线回收平台项目方案，大力推进信息化手段提升再生资源回收管理效率和质量。

（3）营造社会氛围。与市垃圾分类中心联合开展废旧纺织物、废旧家电等生活类再生资源的绿色回收、生活垃圾分类、倡导节约型社会等宣传教育活动，通过电台、电视台、报纸等媒体造声势、扩影响、树形象。

（二）存在问题

1. 工作基础还不够牢固

一是工作机制尚未健全。再生资源回收的规范性建设、企业诚信评价体系建设等制度缺失；扶持政策不够到位，尤其是低价值回收物的政府托底政策缺失等。二是社会大众对再生资源回收工作的认识不深。参与垃圾分类、配合回收网点建设的责任意识不强，导致一些地方再生资源回收体系建设进展明显滞后，脏、乱、差现象仍较为突出。

2. 回收基础设施总体上还是较为薄弱

一是基层回收网点布局不够合理。这几年新建的基层回收网点大部分集中在市中心城的核心区，县级基层回收网点新建数量较少，尤其在广大农村地区回收网点仍处于自发状态，散乱差现象仍较普遍，缺乏经营性强的核心回收示范站。二是专业分拣集散市场不健全。目前，全市具备专业分拣、集散能力的大型再生资源市场仅有3个，大部分县（市）区缺少大型的专业分拣集散市场；散落在各地的小型分拣中心或集散市场经营场地小，堆放混乱，分拣加工能力较弱，环保设施老化不全，且人、物混杂，安全形势堪忧。

3. 重大要素保障面临刚性压力

一方面，随着宁波市城市建设和旧城改造的不断深入，"四边三化""三改一拆"工作的不断推进，原有回收设施面临拆迁，回收设施补建任务繁重，急需土地要素给予保障；另一方面，要解决宁波市回收基础设施不完善、不配套这一历史欠账，需要加快建立起覆盖宁波市城乡的高效、规范、洁净的回收网络体系，新建任务更加重了土地要素供给压力。在宁波市土地资源极为紧缺的情况下，回收设施建设用地保障成为今后工作的一大难点。

4. 管理机制有待完善

一是管理手段落后，管理效率低下，目前再生资源管理在工作人员少、工作量大，传统管理手段已经严重影响管理效率和效果的提升，甚至很多实际经营数据和信息都无法真实反映。二是存在重建设、轻管理现象，如市中心城虽按规划数建成社区回收站，但部分回收网点闲置或挪作他用，造成不良影响。三是存在行业准入与运营管理相脱节现象，回收网点占道经营、超范围经营和无证无照收废等情况仍较为突出，虽开展了专项整治，但成效不够明显。

（三）下一步工作

下一步，宁波市供销合作社联合社将结合宁波市委、市政府的生活垃圾分类的工作，围绕市委十二届五次全会通过的《中共宁波市委关于发展生态文明努力建设美丽宁波的决定》要求，抓准时机三管齐下，推进建设再生资源回收建设工作，为构建资源节约型环境友好型社会提供有力支撑。

1. 争取支持，明确任务，全面推进回收体系建设

2016 年，宁波市政府出台了《关于印发 2016 年宁波市生活垃圾分类处理与循环利用工作实施方案的通知》（甬政办发〔2016〕46 号）文件，其中《宁波市 2016 年生活垃圾分类处理与循环利用工作责任分解》中明确宁波市供销合作社联合社承担的工作任务，并与市政府签订了一把手责任书。2016 年宁波市供销合作社联合社的主要工作任务包括：制定再生资源回收政策及规范；制定再生资源回收指导手册；开发再生资源回收利用线上平台及管理软件；健全和规范废旧织物、大件垃圾的回收利用，探索研究玻璃、园林废弃物的回收网络；依法做好再生资源回收企业备案工作；严格全过程管理，对分类作业过程、污染物排放、物流流向进行监督管理；建立健全信用评价制度，建立行业"黑名单"和市场退出机制，规范生活分类服务市场秩序。

2. 规范制度，政策引导，全面加快回收制度体系建设

2016 年年底前，制定发文《宁波市再生资源回收管理规范》《宁波市再生资源回收指导手册》《宁波市再生资源回收经营企业信用评价制度》三个文件，从行业和企业规范、公众认知以及企业监管三个层面建立宁波市的再生资源回收制度体系，用可执行的制度文件来引导宁波市再生资源回收体系建设的发展方向。同时与财政部多次沟通，目前已争取576 万元的财政预算资金，主要支持宁波市再生资源回收的平台建设、宣传培训、低价值回收物补助以及重点企业扶持等。通过制度规范、政策引导，进一步整合现有再生资源回收体系中点、线、面上的资源，培育和扶持各个回收专业行业中的重点企业，进一步促进再生资源回收体系的高效运转。

3. 手段更新，管理跟上，全面提高回收运行效率

（1）建成运行线上回收平台和管理平台。

结合宁波市城市居民生活垃圾分类回收工作推进"互联网＋再生资源分类回收"项目的建设，为进一步对全市可回收物进行深度回收利用和有效管理，开发运行宁波市再生资源分类回收平台和管理平台。线上回收平台的建设以实现：一是对社会可以实现千家万户与回收渠道的畅通连接，促进资源节约型社会建设；二是对企业为再生资源产业链提供了丰富的原材料，促进持续赢利和长远发展；三是对政府实现可回收物更加彻底地分类回收和分流处理，有助于缓解末端垃圾焚烧填埋设施压力，同时也促进回收行业更加规范管理，是社会、企业、政府三方共赢的新型再生资源分类回收模式。在具体实施上分为四个阶段分步推进，预计今年年底平台上线。

第一阶段为项目调研及方案编制，通过调研拟定宁波市再生资源分类回收电商平台体系方案、线下实施方案以及营销推广方案等。

第二阶段为系统开发，根据方案完成宁波市"互联网＋分类回收"平台的网站、手机App 和微信端的系统开发，并根据试用情况进行调试改进。

第三阶段为企业上线及平台运营。包括：第一，企业上线。第一批上线回收品类包括废旧家电、废旧纺织物、大件垃圾等。与符合条件的回收企业建立分类回收战略合作关系，与全市符合上线条件的再生资源回收站点以及物业公司等建立加盟关系。合作企业承担全市上述回收物的统一收运处理和资源化利用工作，加盟站点或物业公司承担上门回收工作，两类合作企业签约上线宁波市"互联网＋分类回收"O2O 电商平台，使得市民也可以像"滴滴打车"一样轻松预约上门回收家里的废旧物品。第二，业务培训。对上线宁波市"分类回收系统"的从业人员以及社区相关人员进行再生资源法律法规、互联网知识、"在线分类回收系统"操作应用等培训。第三，社区试点。结合宁波市城市生活垃圾分类考核工作拟定第一批试点社区为宁波市老三区，包括海曙区 8 个街道 70 个社区、江东区 7 个街道 62 个社区和江北区 4 个街道 21 个社区，累计覆盖 620 个小区、33.2 万户居民。第四，宣传推进。根据项目进展情况举办宁波市再生资源分类回收电商平台启动仪式，不定期开展"丑宝回家"等一系列推广营销活动，通过社区、公交、地铁、报纸、电台、电视台等传统媒体以及互联网媒体进行高强度集中宣传，快速提高再生资源分类回收平台的普及度。

第四阶段为全面推广。在全市中心城区和其他县（市）城区进行推广，同时配合持续有效的宣传推进。

（2）探索建立再生资源行业长效管理机制。

再生资源行业长效管理工作是再生资源回收体系建设的有机组成部份，是一项十分重要的工作。一是要认真贯彻落实《宁波市再生资源回收利用管理条例》，进一步细化行业主管部门和行政监管部门工作分工和工作职责，进一步提升再生资源行业协会的业务管理水平，招聘 1~2 名高素质人员充实到再生资源管理队伍中，建立健全联合管理和联合执法机制，不断形成监管合力，提升监管水平。二是要继续开展回收行业专项整治。要抓住"四边三化"、"三改一拆"、"五水共治"这一有利时机，结合各地环境整治专项行动，以专项整治促规范提升，对回收行业无证无照经营、违规违法经营等状况保持高压态势，努力实现规范一批、取缔一批、查处一批，力求取得明显改观。三是要提升社区回收网络规范管理水平。通过对网络回收系统对线下回收网点和回收加工企业进行动态管理，切实解决好目前市中心城区社区部分回收网点运行不正常或被移作他用等突出问题。四是要建立健全社会监督网络。创新社会管理方式，注重发挥媒体、互联网、物业管理部门、广大群众等社会各界对回收行业的监督作用，逐步形成齐抓共管的局面，促进全市回收行业长效管理机制的全面建立。

第十五章　中部地区

一、黑龙江省

"十二五"期间，在商务部大力支持下，黑龙江省认真贯彻落实《国务院办公厅关于建立完整的先进的废旧商品回收体系的意见》《中共中央关于加强推进生态文明建设的意见》《商务部关于大力发展绿色流通的指导意见》等文件，积极推动全省再生资源回收体系建设。目前，全省基本完成了在哈、齐、牡、佳、大和绥化等主要市（地）的回收网络布局，再生资源回收体系初步形成。

（一）行业发展基本状况

1. 印发《黑龙江省关于建立完整的先进的废旧商品回收体系的实施意见》

按照《国务院办公厅关于建立完整的先进的废旧商品回收体系的意见》《建立完整的先进的废旧商品回收体系重点工作部门分工方案》文件精神，制定印发了《黑龙江省关于建立完整的先进的废旧商品回收体系的实施意见》（以下简称《意见》），全面指导黑龙江省再生资源回收体系建设。《意见》明确了"十二五"期间黑龙江省废旧商品回收体系建设的主要目标和重点任务。目前，黑龙江省共建设了 3 个再生资源回收体系建设试点城市、6 个区域性再生资源回收加工基地，项目总投资达到 6.9 亿元，年回收再生资源 460 万吨以上，全省再生资源回收体系初步形成。

2. 建设了六个再生资源回收加工基地

"十二五"期间，黑龙江省共建设了哈尔滨再生资源回收加工利用基地、绥化市中再生废旧家电拆解有限公司再生资源回收利用基地、鸡西市扩大再生资源回收利用基地项目、牡丹江再生资源回收利用基地改扩建项目、大庆再生资源回收基地项目以及齐齐哈尔再生资源综合加工利用基地，带动了周边地区再生资源回收和利用。目前，各回收基地运营良好。

3. 培育了一批再生资源回收龙头企业

"十二五"期间，通过再生资源回收体系建设，黑龙江省扶持培育了黑龙江中再生、牡丹江驿博、牡丹江茂盛、佳木斯晨光等一批大型再生资源回收加工龙头企业，提高了再生资源行业组织化水平和规模化程度。其中，黑龙江省中再生资源开发有限公司以基地建设为切入点，以省域网络建设为依托，积极参与城市再生资源回收利用体系建设，在全省形成了以哈尔滨为核心，绥化、大庆为支撑，齐齐哈尔、佳木斯为两翼，覆盖全省主要工业城市带的省域骨干经营网络。佳木斯晨光以试点城市建设为契机，建设了四个分拣加工中心和一个回收交易市场，已成为佳木斯地区最大的回收加工企业。

4. 基本建成了全省再生资源回收加工体系

"十二五"期间，黑龙江省哈尔滨、佳木斯、牡丹江3个再生资源回收体系试点城市基本建设完成，再生资源回收加工体系初步形成。其中，哈尔滨市改建了5个分拣中心（主要回收废钢、废纸、废塑料、废金属等品种）、建设了2家报废汽车拆解企业和1个信息培训中心。佳木斯市新建了1个回收交易市场，1个集废钢、废纸、废塑和有色金属分拣加工中心为一体的综合性基地，建成了1个综合服务办公中心，构建了流动回收物流体系。牡丹江市新建了1个再生资源回收加工基地，4个回收中转站、1个废钢分拣中心、1个废塑加工基地。目前，全省已初步形成了以哈尔滨、牡丹江、佳木斯、齐齐哈尔、绥化为支点，以分拣处理中心为支撑，以龙头企业和示范城市建设为核心的再生资源回收体系基本格局。

5. 提高了再生资源回收机械化加工能力

在试点城市建设的带动下，主要市（地）再生资源回收企业不断发展壮大，再生资源回收实现了从手工操作到机械化的转变。其中，绥化的废旧家电回收拆解基地引进了包括世界顶尖水平的德国全无害化废旧冰箱拆解线在内的多套先进设备，实现了黑龙江省废旧家电无害化拆解加工从无到有，达到了国内领先水平，目前已成为东北地区规模最大、技术装备最先进、精细化拆解处理能力最强的废旧家电拆解厂；黑龙江中再生资源开发有限公司建设了香坊废钢破碎生产线，提高了废钢的分拣加工能力；大庆再生资源回收利用基地项目结合地域特色，回收油田废旧物资。各回收基地和回收企业利用先进技术和设备，提高了黑龙江省再生资源回收能力和回收水平。

（二）存在问题

1. 再生资源回收发展后劲不足

近几年，受大经济环境和再生资源市场不景气等因素影响，黑龙江省部分再生资源回收企业都处于停产或半停产状态，废钢、废纸等回收量逐年减少，再生资源回收总量逐年下降。此外，再生资源回收企业政策依赖度高、抗风险能力差，有政策支持的领域如废弃电器电子回收拆解企业发展较好，其他缺乏政策支持的品种，一旦政策、市场或价格发生变化，企业就面临各种风险。

2. 再生资源回收行业发展不平衡

从回收网络建设看，黑龙江省主要市（地）回收网络建设较好，其他市（地）和乡镇农村回收网络覆盖面低。从回收品种看，再生资源回收普遍存在"利大抢收，利小少收，无利不收"的现象，随着废钢、废纸、废塑料等品种市场走向不好，许多企业都少量回收或者不回收。而废旧电池、废塑料等公益性品种回收率更低。多数企业倾向于回收有补贴的废旧家电等产品。

（三）下一步工作

1. 健全完善再生资源回收体系

在已有的再生资源回收体系建设的基础上，逐步健全完善全省再生资源回收体系，将回收网络由城市延伸到农村，建设覆盖城乡的回收网络布局。

2. 推动再生资源回收行业转型升级

鼓励和推动黑龙江省再生资源回收行业转型升级，推广"互联网＋回收"的新模式，拓展再生资源回收网络覆盖面，提高再生资源回收行业的组织化水平。

二、湖南省

"十二五"期间，在国家相关主管部门和湖南省委、省政府及其相关主管部门的重视和推动下，湖南省再生资源产业取得了一定的发展。但受近年来国际国内经济形势等多种因素影响，再生资源市场持续低迷，企业发展压力日益凸显，湖南省再生资源回收体系建设工作整体陷入"问题很多、企业很难、行业很危急"的困境。湖南省再生资源产业转型升级发展迫在眉睫，刻不容缓。

（一）行业发展基本状况

1. 产业发展格局基本形成

近年来，湖南省汨罗、长沙、娄底、衡阳、永兴等地牢牢把握国家产业政策机遇，坚持以提升经济发展质量和效益为核心，全力打造再生资源产业升级版，为湖南省产业发展格局形成奠定了良好的基础。湖南省形成了以"长株潭"城市群为核心的再生资源产业圈，沿着107国道以永兴、汨罗这"一南一北"闻名全国的两大再生资源产业园为依托，形成了一条再生资源经济走廊。其他市州也依据当地资源禀赋，交通区位和产业传统形成了各具特色的再生资源产业，涌现出一批有代表性的园区和基地。如有中国编织袋之乡之称的益阳沧水铺再生资源回收利用基地；邵阳雀塘废旧塑料回收加工基地；以浏阳制造业和宁乡经济技术开发区为依托的国家级再制造产业基地；以衡阳松木经济技术开发区、衡东经济开发区和常宁市水口山开发区为依托的专业性较强的有色金属回收利用基地；以宁乡经开区邦普循环、雅城新材料企业等为代表的废旧电池回收利用基地；以娄底经济技术开发区、娄星工业集中区为主体构建的废旧电池回收与先进电池材料循环网络回收利用基地等；全省再生资源产业格局基本形成。

2. 回收利用体系逐步完善

经过近10年的培育和发展，湖南省回收利用体系逐步完善，全省初步形成了以回收站点为基础、分拣加工集聚区为核心、示范基地为依托、龙头企业为主导、农村供销社和城镇社区为补充的再生资源回收网络体系。2007—2012年，汨罗、长沙、娄底、衡阳先后获批国家级第一、二、三批再生资源回收体系建设试点城市，怀化金泰、衡东金虎、常德富民、郴州万容、永州湘合作、望城金龙六家企业获批国家级大型区域性再生资源回收基地建设项目。2012年，湘潭、郴州、张家界、怀化4市被批准为湖南省级再生资源回收利用体系试点城市，益阳沧水铺再生资源综合利用基地等8家企业获批湖南省级区域性再生资源回收利用试点基地。目前，湖南省国家级、省级再生资源试点项目、重点工程相互交织与渗透，其行业示范和带动功能和作用已基本辐射全省。截至2015年6月底，全省共有再生资源回收网点近 15000 个，再生资源回收与加工利用企业近 600 家，专业性分拣中心 70 多个，再生资源交易市场近 30 个，从业人员近 26 万余人。

3. 产业规模不断壮大

截至 2015 年年底，湖南省再生资源回收量达 2180 万吨，同比增长 12%（但因价格低迷因素，产值却比 2014 年下降 30% 左右）。据统计，2014 年，汨罗市已吸纳再生资源回收利用企业 156 家，其中规模以上企业 74 家，2014 年，完成工业总产值 268 亿元，实现税收 7.4 亿元，吸纳就业 2.8 万人。永兴县 2014 年实现产值 183 亿元，完成税收 4 亿元。全省培育了金龙国际铜业集团、湖南国藩、娄底联强、娄底泰和不锈钢、衡阳金虎、耒阳宏利、湖南新金龙纸业、湖南双华纸业、万容科技、邦普科技、怀化金泰等一批具有较强的回收能力、较高分拣及拆解技术水平的再生资源回收规模企业。湖南金龙集团 2014 年年产值达 92 亿元，成为全国民营企业 500 强和湖南省再生资源年产值第一的企业。

4. 技术创新与机制创新有序推进

在技术创新方面，湖南省大力支持再生资源产业关键共性技术的研发，实施了一批再生资源产业示范项目，推广应用了一批先进适用的再生资源利用技术，湖南金龙集团的废铜再生加工利用、晟通科技集团的废铝再生加工利用、冷水江泰和废不锈钢再生加工利用、汨罗平桂制塑废塑料再生加工利用、湖南万容、同力电子的电子废弃物加工利用以及废橡胶等废旧物资的再生利用技术日趋成熟。同时，废旧家电和报废汽车回收拆解、餐厨废弃物处理、废电池资源化利用、稀贵金属再生利用等领域的技术和装备取得了一定突破。在机制创新方面，随着互联网经济的发展，互联网发展思维逐步渗透到再生资源行业，全省上规模的企业基本搭建了自己企业的网站，建设了"互联网＋回收"的信息平台、开发了公众号，部分企业开启了移动 App 的回收模式和企业管理新模式，在互联网与再生资源回收利用相融合等方面做了积极的探索和示范，取得了初步的经验，再生资源互联网经济发展模式逐渐成为行业的机制创新与标准示范。

5. 城陵矶固废口岸成功获批

经过省商务厅、岳阳市相关政府部门的多方努力，2015 年 1 月 12 日，国家海关总署正式发文同意岳阳城陵矶口岸以直航方式进口国家限制类、自动许可类固体废物，这标志着岳阳城陵矶固废进口指定口岸申报成功，将每年为岳阳增加财政税收 30 亿元。湖南省汨罗循环工业园区是国家再生资源回收利用标准化示范基地，有从事再生资源加工的企业 200 多家，每年从广东购买的固废达到 140 万吨。由于从广东固废进口商购买的固废价格高、企业利润空间小、国内固废产量也远满足不了园区内企业的生产需求，园区企业迫切需要从城陵矶口岸进口固体废物。为此，岳阳市政府口岸办制订了利用进口欧美固废集装箱在香港以"水水中转"方式通过城陵矶到香港澳门水运直达船舶运抵城陵矶口岸的申报方案，经岳阳市政府同意启动城陵矶固废进口指定口岸申报。该口岸运营后，每年将为汨罗循环工业园带来固废加工量 500 万吨，创税收 25 亿元，财政收入 21 亿元，为园区企业降低物流成本 8 亿元。同时，还将解决和平衡城陵矶口岸至港澳水运直航返程缺货物的问题，促进汽车、肉类进口口岸有效营运。岳阳城陵矶固废进口指定口岸成功获批，将是投入最低、运行时间最快、见效最显著的一个口岸平台，是继"一区一港三口岸"申报成功后，又将为建设湖南通江达海新增长极再添助推剂。

6. 切实做好行业发展的服务与管理

（1）扎实开展体系建设项目的督查和全省再生资源发展调研工作。

为确保全省再生资源产业健康持续发展，确保全省三批国家级再生资源回收利用试点城市各项工作的开展，确保获得政府扶持资金的安全与高校，同时为全面掌握全省再生资源产业发展情况，由商务厅委托湖南省再生资源协会自 2013 年开始，每年对全省再生资源产业发展工作开展了认真细致的督查和调研。调研组通过召开座谈会，走访企业、基地、园区，填写调查表等方法，较为详细地了解并掌握了全省再生资源产业发展现状和形势、发展中存在的主要问题及全省产业发展提出的建议，并形成了湖南省再生资源产业发展年度调研报告，并将报告向行业，企业及相关政府部门公布，为行业发展提供借鉴，为政府部门制定相关政策提供参考。

（2）建立为行业服务和管理的有效抓手。

为更好地开展行业的服务和管理，湖南省商务厅从 2014 年开始，委托湖南省再生资源回收利用协会组织研发和运营"湖南省再生资源基础数据库管理"。此系统具有全省包括 122 个县（市、区）再生资源回收经营者备案系统，湖南省再生资源重点联系企业登记系统、湖南省再生资源回收基本数据报送系统，同时系统还具有教育培训、宣传展示等功能，系统的建立，成为对行业管理的有效抓手。

（3）引导企业抱团取暖，建立再生资源产业联盟。

根据全市再生资源重点企业和各市州协会的倡议，由省商务厅指导，省协会分别组织废铜、废纸、废塑、废钢等规模企业召开联席会议，打造完整的再生资源产业链条，促成企业抱团取暖，增强企业抗风险能力。

（4）参与相关法规和标准建设，积极争取相关优惠政策。

积极参加省发改委组织的《湖南省再生资源中长期发展规划（2013—2020）》、《湖南省循环经济管理条例》的修改和评审工作，为省循环经济发展法治化献计出力。同时委托省协会收集全省再生资源龙头企业关于财税〔2015〕78 号文件实施相关情况意见并及时反馈来湘调研的财政部、税务总局负责同志，为全省再生资源企业争取更多的财税支持发挥了积极作用。

（二）存在问题

1. 全社会对行业关注度不高，政府部门管理与服务缺失

再生资源产业发展牵涉面广，基础性投入大，但见效慢，所产生的 GDP 不高，有不少地方政府领导或政府管理部门负责同志仍持有将再生资源等同于"垃圾"的偏见，加之行业发展必要的规划、监管及发展措施缺失，很多地方的再生资源产业处于自发放任甚至是自生自灭的状态。目前湖南省再生资源产业经营、管理体系涉及工商、商务、国土、公安、城管、环保、发改、规划等多个部门，虽说有些市州成立了行业发展领导小组，但整体上说分工协作不清晰、不协调，经营管理各自为政，很难做到共抓共管，这也是再生资源回收市场无序经营、放任自流、行业发展困难重重的主要原因。

2. 行业税收政策不完整、税负过重，税源流失严重

税收政策不稳定，不完整，税负过重，税源流失严重，是本次调研组听到的最集中、反映最为强烈的问题，主要表现在：第一，17%的增值税税率全额纳税，税负过重，企业无法承受。再生资源主要来源于居民家庭、机关团体、企事业单位、学校、商场等单位，这些单位在交废中基本上无法向收购企业开具增值税抵扣发票，而回收企业须向下游企业开具全额增值税发票，17%的税负率使得企业不堪重负。第二，税收政策的完整性及连续性不够。从1987年至今，再生资源行业税收政策经历了八次调整，政策调整带来的正面影响并不明显。今年7月1日起实施的财税〔2015〕78号文件出台，虽然增加了废钢铁、废玻璃品种的优惠名录，但绝大多数企业仍表示"心寒"和"失望"。如废铜按财税〔2011〕49号可以"征五返五"，现在变成"征七返三"，税负反而增加，废钢铁等品类即使"征七返三"后税收仍有11%左右。第三，行业税源流失非常严重。因行业税赋过重、享受税收优惠政策门槛高、条件多，再加之地方政府其他政策支持乏力等因素，我省行业税收流失非常严重。

3. 企业发展资金严重短缺，行业深陷危急

行业融资难，融资贵，企业发展资金压力不断加大，有不少企业甚至深陷资金链断裂的困局，频临停产、破产的边缘，企业生存十分困难，整个行业深陷危急，是多个市州向调研组反映的突出问题。经过近10年来的培育，湖南省再生资源产业虽逐步出现了一批龙头企业，但近两年来，绝大多数企业包括行业龙头企业在困境中艰难前行，一些企业是政策性支持项目的承办主体或承担当地政府的经济发展目标，虽自身发展内力不足，但规模被动抬高、增大，加上行情持续低迷，生产要素成本逐年上升，企业既要维持正常的生产经营的资金需要，又要加大项目建设的投入，致使流动资金严重短缺。永兴县的多个企业在推进企业整合升级入园的过程中，企业自身建设资金严重不足，大部分企业能用于抵押的资产已全部抵押给银行，而新项目建设尚未形成有效资产，还不符合银行的抵押条件，如果借贷民间资本，成本更高。银行一旦对原来已办贷款的企业"抽贷"，导致很多企业资金断链，银行债务陆续逾期，实力稍强的企业尚能展期，实力弱的企业则频临破产。

4. 龙头企业带动作用不明显，行业组织化产业化程度很低

湖南省再生资源回收利用体系建设框架虽已基本形成，但整体上说，全省行业仍存在基础差、底子薄，龙头企业数量不多，带动作用不明显，尚未形成覆盖全行业的紧密型回收网络，加工体系仍以初级加工为主，循环加工产业链没有形成等问题。从目前全省再生资源产业的企业规模来看，企业数量虽多，但规模小，单体分散经营的主体仍占较大比重。除具有国家级循环经济基地（园区）的城市外，其他城市再生资源具有规模示范带动性的大型企业较少，且民营企业居多，多数企业处于粗放、分散经营状态，行业组织化、产业化程度低，竞争力弱。加上国家优惠政策不到位，多数企业处于微利或无利，没有条件和能力引进和采用新技术、新工艺、新设备，产品的技术含量和附加值较低，而再生资源产业的利润空间大部分产生于加工利用环节，因此湖南省的再生资源大宗类产品有相当部分被流入外省，大部分利润空间被外省企业获得，相应税收也随之流失到外省。

（三）主要对策及政策建议

1. 强化政策支持

（1）加大税收优惠的支持力度。根据外省调研情况，湖南省对出台税收优惠政策具有很好的借鉴意义：如江西鹰潭市对资源综合利用行业按纳税总额的25%进行奖励，附加税费的90%奖励给企业；东乡县按纳税总额的32%进行奖励；泰和县按纳税总额的38%进行奖励。

（2）强化资金保障支持。建议设立湖南省再生资源产业发展引导基金，配合国家相关财政支持政策，对再生资源回收体系项目、再生资源利用项目、再生资源利用重大工程、再生资源利用技术研发给予资金支持。各级政府协调各金融部门加大对各市州再生资源重点企业，给予多元化信贷支持力度。各级行业协会要充分发挥服务、协调方面的职能促进银企对接，促成银行创新金融产品和服务方式，为再生资源回收利用小微企业提供融资服务。

（3）保证土地供应支持。认真贯彻落实国务院〔2011〕49号文件精神。建议省市两级人民政府制定再生资源产业发展土地供应的专项政策和实施细则，各市州要合理规划、统筹安排再生资源产业的项目用地，要将再生资源产业项目刚性需求的土地计划单列。国土部门要优先考虑再生资源产业发展用地，确保再生资源回收体系建设、重大加工利用项目的用地需求，在立项、规划、土地出让等方面予以适度倾斜。

2. 推进重点工程建设

要充分发挥湖南省的国家级再生资源回收体系试点城市建设项目和区域性大型再生资源回收利用基地项目的带头和示范作用，不断总结经验，创新发展模式，推进全省重点工程建设。

（1）合理布局和建设好回收站点。要以解决"垃圾围城""垃圾围村"，有效治理城乡环境问题为突破，对生活垃圾进行减量化和资源化，促进垃圾回收和环卫处理的两网融合，引导回收网点合理布局，分类推进站点标准化、规范化建设城乡回收站点。鼓励回收站点引进先进技术和装备，提升再生资源回收站点装备水平和回收率。

（2）改造提升分拣中心。要逐步建设一批分拣技术先进、环保处理设施完备、劳动保护设备健全的废旧商品回收分拣集聚区。按综合性分拣中心和专业性拆解中心进行建设。大力推进分拣中心与再生资源深加工基地或生产企业的高效对接。

（3）有序建立集散市场。依托目前已形成的再生资源加工利用基地、园区及集散市场，各市州要合理布局一批现代化、多功能、区域性、环保型的再生资源集散市场。规范市场进出与交易秩序，推进再生资源回收、交易、仓储、服务和异地资源配置一体化，促进再生资源的合理配置和有序流动。

（4）加快岳阳城陵矶港固废进口口岸建设。目前，汨罗循环经济产业园区固废进口定点加工利用企业不超过10家，湖南省固废进口经营主体数量非常少，市场培育迫在眉睫，已有经营者可享受的优惠政策缺失，带头示范作用有限，口岸配套物流等基础设施急需完善，加快固废口岸建设刻不容缓。建议岳阳市委市政府对本项工作给予高度重视，相关省直部门建立联动工作机制，采取切实有效的措施，加快口岸建设，制订口岸管理实施细则，协调海关、出入境检验检疫局等口岸联检机构的工作关系，争取最大限度的支持。积极向社会宣传普及口岸工作及进出口贸易、加工等方面的基本知识，加大省内外经营者招商力度。

3. 强化规划引导

（1）要统筹规划，科学布局，规范行业有序发展。再生资源产业发展有其自身的特点和规律，目前湖南省在再生资源规划和布局上已出现违背行业发展规律的弊病，特别是可以获得政府财政扶持项目的批复，有的已经背离市场导向。

（2）要充分发挥大型企业的带动作用。要加大政策引导和支持力度，鼓励再生资源回收企业联合、重组，做大做强，逐步培育形成一批组织规模大、经济效益好、研发能力强、技术装备先进的大型企业。充分发挥大型企业的示范和带动效应，提高再生资源回收企业的组织化和规模化程度。建议省级行业主管部门要引导行业遴选出各大宗废旧物资的重点企业，逐步打造湖南省废钢、废有色金属、废纸、废塑料联盟，促成产业链条上的企业合纵连横，抱团取暖。在全省若干龙头企业的带动下，形成左右逢源，整合资源，集约经营产业联盟的格局，并根据国家的环保要求，将行业的资金效率发挥到极致，走园区化、集团化、集约化之路。

4. 创新回收管理模式

再生资源产业作为传统产业，在经营管理过程中，个体经营的观念严重，信息沟通渠道不畅，资源无法共享，但再生资源行业又是一个涉及部门多、牵涉面非常广的系统工程。加强行业发展的信息化建设非常重要。建议在省商务厅、经信委、省发改委等部门的指导下，建立省、市、企业三级联动、信息共享交互、融备案、管理与服务为一体的全省再生资源行业服务平台。

在回收模式创新方面要引导和支持开展"互联网＋回收"两网融合发展、新型交易平台、全产业链或连锁经营模式等。积极推广益阳大丰的"互联网＋回收""两网融合"模式：即自主开发垃圾分类CRM管理系统，创新互联网＋分类回收新兴模式，结合二维码技术＋App模式，通过两网融合，创建社区垃圾分类，绿色回收新模式，设立"垃圾银行"并发行环保积分卡，居民交投垃圾通过"零存整取""累计积分"等机制，累计积分，积分兑换商品。通过推行有偿环保，激发全体居民的环保热情，推动全民垃圾分类的环保意识普及化，来促进城乡生活垃圾资源化、产业化、减量化和无害化。同时在全省推广湘潭蓝天电子科技的互联网电商平台＋环保超市模式，通过线上线下同步的回收模式，顾客交投非常方便，通过以物换物和跨界赢利给到顾客最高的回报和增值。要依托省再生资源服务平台积极发展"互联网＋回收利用大数据"的电子商务模式。

三、江西省

在"十二五"期间，商务部在全国开展再生资源回收体系建设试点。按照商务部的部署，江西省高度重视再生资源回收工作，以回收体系建设为重点，通过政府支持引导，企业市场运作和社会参与支持，促进了再生资源回收工作的开展。

（一）行业发展基本状况

1. 行业发展初见成效

以再生资源回收体系试点建设为契机，通过大力开展再生资源回收体系建设试点，效果已明显呈现。

（1）行业发展规模不断扩大。截至 2015 年，江西省再生资源回收经营单位约有 5500 家，从业人员达 4 万人。"十二五"期间，江西省废钢铁、废有色金属、废塑料、废纸、废轮胎、废弃电器电子产品、报废汽车、报废船舶、废玻璃、废电池 10 大品种的再生资源回收总量达 3660.5 万吨，其中，废钢铁、废有色金属、废塑料和废纸的回收量分别达到 1876.80 万吨、366.25 万吨、137.93 万吨和 1126.09 万吨，占全省再生资源回收总量的 95.8%。

（2）回收体系建设成果初显。南昌、上饶、景德镇 3 个设区市被列为国家级再生资源回收利用体系建设试点城市，并获得中央财政政策支持，初步建立了回收站点、分拣中心和集散交易市场"三位一体"的城市回收体系，有效提高了再生资源回收利用率。截至 2015 年，江西省建成回收网点 5116 个，分拣中心 26 个，回收利用基地 13 个。

（3）基地建设模式逐步成熟。按照布局合理、生态环保原则，建设了一批产业集聚、分拣技术先进、环保处理设施完备的废金属、废塑料、废弃电器电子产品等再生资源种类的区域性大型再生资源回收利用基地，形成了新余钢铁再生资源产业基地、鹰潭（贵溪）铜产业循环经济基地和丰城市资源循环利用产业基地三个国家"城市矿产"示范基地，推进了赣州铜铝有色金属循环经济产业园、萍乡经济技术开发区、宜黄塑料资源再生利用产业基地和吉安市循环经济产业园等一批再生资源回收利用基地的建设，加快了回收与利用的有效衔接。

（4）龙头企业规模日益扩大。在政策引导下，江西省一些回收企业整合行业资源，培育了能够对废钢铁、废有色金属、废弃电器电子产品、废稀土材料、废电池等品种进行回收利用的龙头企业。形成了江西中再生资源开发有限公司、江西格林美资源循环有限公司等 4 家为代表的专门从事废弃电器电子产品回收拆解企业，发展了以鹰潭信达投资有限公司、江西保太有色金属集团有限公司、江西国桥实业有限公司、赣州市巨龙废旧物资调剂市场有限公司、赣州江钨新型合金材料有限公司等一批年销售额在 5 亿元以上的再生资源回收利用龙头企业。

（5）科技应用水平逐渐提高。一些再生资源龙头企业积极引进先进设备和加工利用技术，以科技创新为驱动力，产学研结合，不断升级改造，推动产业集约化发展，使再生资源向高附加值的产业链下游延伸，进一步提升行业竞争力。如稀土废料等再生资源的回收环保处理及资源回收设备，均达到国际先进水平。江西网优科技股份有限公司利用互联网技术，打造二手设备和再生资源在线交易平台，已成为同类行业中排名前列的二手设备和再生资源交易的 B2B 网站。

（6）低值品种回收有所突破。通过实施绿色回收工程，打造了废弃节能灯和废电池等低值易污染品种的绿色回收网络，建设了废弃节能灯和废电池的处置基地，从而形成了低值量大的再生资源的专业化回收体系，促进和实现了无害化、资源化处理，并在省直机关和设区市开展回收各类再生资源的绿色回收进机关的活动，扩大了回收范围，促进了低值品种的有效回收。

2. 行业管理

在各级政府和试点企业的共同努力下，江西省积极探索再生资源回收体系建设路子，在实践中，采取了一系列做法。

（1）加强了组织领导。根据商务部和省政府对再生资源管理工作的要求，江西省商务厅高度重视，加强了再生资源回收体系建设的组织领导，明确责任机构，落实责任人员，对再生资源回收体系试点建设项目所在地政府签订责任状。在省商务厅积极推动下，设区市政府加强组织领导，细化管理措施，制定配套政策，促进了再生资源回收行业的发展。

（2）制定了管理办法。根据《国务院办公厅关于建立完整的先进的废旧商品回收体系的意见》（国办发〔2011〕49号），制定了《江西省人民政府办公厅关于建立全省完整的先进的废旧商品回收体系的实施意见》（赣府厅发〔2012〕12号），提出了发展目标和重点以及措施，促进了江西省再生资源产业的发展。

（3）加强回收体系建设。按照再生资源回收体系建设要求，一是开展了试点城市建设。将南昌、景德镇和上饶3个城市列入了国家再生资源试点城市，建立了以回收站点为基础，集散市场和分拣中心为核心，加工利用为目的的三位一体的再生资源回收利用体系。二是开展了集散市场和分拣中心建设。将赣中再生金属集散市场、赣粤闽湘区域性集散市场等基地等8个基地列入了国家再生资源试点基地，提升了回收、集散和分拣加工水平，实现了回收网络与分拣加工的有效对接。

（4）强化了项目管理。在再生资源回收体系建设试点项目的管理中，主要做好了项目前期的调研推荐和项目中期的指导管理以及项目竣工的审核验收三个环节的工作。一是建立项目储备库。为了做好项目的建设工作，按照商务部的要求，省商务厅下发文件，要求各设区市商务主管部门结合当地实际，上报废旧商品回收体系建设项目。二是深入实地进行核查。各设区市商务主管部门上报项目后，省商务厅组成了项目核查组，按照商务部规定的区域性大型废旧商品回收利用基地的条件，对上报的各个项目，逐一地进行了核查，确保了项目的真实性。三是如期申报建设项目。根据对项目核查的情况，按照商务部规定的基地条件，向商务部和财政部及时报送了试点建设项目。四是认真编制实施方案。指导试点城市和基地编制实施方案。五是制定并实施了资金管理办法。按照商务部、财政部的要求，对每一个列入国家废旧商品回收体系建设的试点城市和基地项目，制定了资金管理办法，并按其资金管理办法使用每个项目资金。六是评审项目实施方案。省厅组织专家对试点城市和基地的实施方案进行评审和论证。七是督导了项目的实施。按照每个项目的实施方案，加大督导力度，推动试点项目顺利建设。八是开展项目验收工作。对完成的建设项目，制定验收方案，组织专家组和委托第三方进行验收，验收合格后拨付项目资金。为加快项目资金使用效率，有的项目也按验收后的完工进度拨付了部分项目资金。

（5）开展绿色回收活动。根据国务院机关事务管理局、商务部《关于加强公共机构废旧商品回收利用工作的通知》（国管节能〔2012〕91 号）的部署，省商务厅和江西省政府机关事务管理局落实承办企业，制定了《江西省绿色回收进机关活动的实施意见》等，从 2013 年起，在 112 家省直机关分批开展绿色回收进机关活动。截至 2015 年，绿色回收工作取得了明显成效，承办企业和 284 家省直单位签订了绿色回收协议，在这些签约单位里面，省直单位签约 112 家，做到了全面覆盖；省直单位下属单位签约 129 家；医院签约6 家；学校签约 14 家；南昌市市直机关 14 家；新建区区直机关 9 家。

（6）实施绿色回收工程。2013 年实施了绿色回收工程，选择了具备废弃节能灯和废弃电池处置资质的江西格林美资源循环有限公司为承办企业，以南昌市为重点，以绿色回收的"五进"（进机关、进学校、进商场、进园区、进社区）活动为载体，建立废弃节能灯和废弃电池回收网络，建设符合环保要求的专业化的废弃节能灯等危险废弃物分拣处置基地。随着网络体系的不断完善和处置基地的建设完成，将进一步扩大废弃节能灯和废弃电池的回收利用量，从而保护了环境，解决了社会关注的废弃节能灯、废弃电池等污染问题。

（7）加强了监督管理。按照商务部的有关要求，做好了监督管理工作。一是制定了备案及换证管理办法。通过制定江西省再生资源回收备案换证管理办法，规范了行业经营，促进了全省再生资源回收行业的发展。二是印制了备案登记证书。统一设计和印制了江西省再生资源备案登记证书。三是建立信息报送制度。要求各设区市每年在开展备案换证工作结束后，定期将再生资源回收经营者备案情况和经营情况报送省厅。四是开展了年检工作。对再生资源回收经营者在办理了工商营业执照年检后，要求在规定时间到当地商务主管部门办理再生资源回收经营者备案证书的年检。

3. 行业分析

（1）科学规划是基础。结合当地实际，编制出各地的再生资源回收体系建设规划，并将其列入当地城乡建设规划和商业网点建设规划，这为回收体系建设打下良好的基础。

（2）政府支持是前提。再生资源回收工作涉及城市规划、环境保护、社会治安等多个领域，因而再生资源回收体系建设光依靠回收主管部门不行，必须在当地政府统一领导下，有关部门协调配合推动才行。

（3）完善政策是动力。再生资源回收体系建设带有很强的社会公益性。随着循环经济、"两型社会"建设的深入，再生资源回收利用已成为我国经济社会的重要内容，国家商务部、财政部、税务总局等相关部委相继出台了一系列政策予以扶持。江西省各试点单位在开展再生资源回收体系建设工作中，当地政府给予了组织领导、行政推动和政策办法以及资金税费等各方面的支持，工作成效显著，推动了回收体系建设工作的开展。

（4）培育企业是关键。按照"政府引导支持，企业市场化运作"和"谁投资、谁收益"的原则，各个试点单位都选择和确定了财务状况良好、有专业资质和具有多年从事再生资源回收经营的龙头企业来承担投资建设工作。通过龙头企业带动，不断提高再生资源回收效益和加工处理水平，加快推进再生资源回收行业的产业化。

（5）提高素质是途径。从业人员是体系运行的参与者，其素质的高低将影响到体系工作的开展。为适应再生资源回收体系建设，必须对从业人员进行教育培训，提高从业人员的素质，以便更好地参与、适应再生资源回收体系建设工作。

（6）加强监管是手段。按照商务部等六个部委公布的《再生资源回收管理办法》（2007 年第 8 号令）精神，江西省制定了《关于做好再生资源回收经营者备案及换证工作的通知》（赣商商贸字〔2010〕424 号），强化回收市场监管，全面启动再生资源回收经营者备案工作，逐步实现对全省回收经营者进行备案登记管理。加强商务执法管理，定期或不定期对再生资源回收市场进行检查和清理整顿，确保全省再生资源回收经营规范。

（7）舆论氛围是保证。采取多种形式进行宣传，充分发挥报纸、电视、电台等新闻媒体的舆论导向作用，使全社会理解再生资源回收体系建设的意义。通过广泛宣传，凝聚共识，形成家喻户晓，人人参与的浓厚社会氛围，从而促进回收体系建设工作的发展。

（二）存在问题

江西省再生资源回收体系建设虽然取得了一些成绩，但与生态文明建设要求还有较大差距，存在的问题仍然较突出，具体表现为以下几个方面：

1. 网点分布不合理，行业发展不平衡

江西省大部分回收站点集中在城区，乡镇农村等地站点数量很少，回收站点的覆盖率有待提高。垃圾清运处理网络和再生资源回收网络未能有效融合，导致再生资源分类回收难度加大。回收利用产业在某些领域上下游合作不够紧密，影响了行业均衡发展。废有色金属、废弃电器电子产品等高价值再生资源回收利用行业发展较好，而回收成本较高的废玻璃、废电池（一次电池）、废节能灯、废纺织品等低值量大的再生资源，不能形成有效的市场回收，造成回收率很低或回收后得不到有效利用的局面。

2. 配套政策不完善，行业规模化程度低

再生资源回收环节的配套政策欠缺。2011 年，取消回收环节增值税优惠，加之受宏观经济下行压力影响，再生资源回收行业面临较大困难。全省 5500 多家再生资源回收利用企业，90% 以上都是中小企业，经营能力弱，基本没有条件和能力引进新技术、新工艺、新设备，分拣技术水平和机械化程度低，产品附加值得不到有效提升，严重阻碍了回收行业发展。

3. 行业准入门槛较低，市场监督难度较大

再生资源回收行业准入门槛低，企业数量多、规模小、经营分散，对回收人员要求不高，以劳动密集型特别是手工劳动为主。从业者多为外来务工人员，结构复杂，不仅收入较低、缺乏保障、工作环境差、居住不稳定，而且有相当数量经营户是无照经营，再加上涉及监管部门多，职权分散，难以有效监管，使得不同程度地存在销赃、偷窃等回收乱象，对社会安全和城市形象产生一定影响。同时也存在不规范企业依靠低环保成本抢占市场现象。

4. 社会认识不到位，各方责任不清晰

社会对再生资源回收的认识还不深，行业经营依然受到歧视，从业人员文化水平普遍较低，居民主动参与垃圾分类、配合回收网点建设的责任意识也不强。部分回收企业只注重经济利益，而忽视社会效益和环境效益，存在"利大抢收，利小少收，无利不收"的现

象。目前，国家除对废弃电器电子产品回收处理建立了基金制度外，其他品种尚未明确相关制度要求。特别是对于价低量小的品种，缺乏相关制度规范，生产者责任延伸制度不健全，销售者和消费者对产品废弃后的回收责任尚未明确。

（三）政策建议

再生资源回收行业是微利行业，规模小、发展速度慢，其他社会资本不愿进入，主要原因是这个行业资本利润率低，环保要求高。由于再生资源行业具有公益属性，更需要政府给予大力支持。一是建议加大对低值量大的再生资源回收进行支持。对回收处理技术要求高的废弃节能灯和废弃电池等废弃电器电子产品，要尽早落实生产者责任延伸制，列入回收补贴基金范围。二是建议加大对回收行业的税收支持。要研究制定有利于回收行业健康发展的政策措施，对回收行业实施优惠的税收政策，营造宽松的经营环境，促进再生资源回收行业的发展。

（四）主要对策

在开展再生资源回收体系建设工作中，全面贯彻落实党的十八届五中全会精神，突出创新发展、绿色发展新理念，以资源高效利用和循环利用为核心，以废弃物利用最大化为目标，以"减量化、再利用、再循环"为原则，以建设江西省生态文明先行示范区为契机，以转型升级和转变发展方式为主线，围绕绿色回收进机关（社区、商场、学校、园区）的"五进"活动，大力构建以基层回收网络为基础，分拣中心为枢纽，集散交易市场为补充，储存运输为连接，信息管理平台为支撑的再生资源回收体系，实现再生资源回收进一步发展，充分发挥回收行业对产废和利废的引导和衔接作用。

1. 主要目标

到 2020 年，废钢铁、废有色金属、废塑料、废纸、废橡胶和废弃电器电子产品等主要品种的再生资源平均回收率达到 75% 以上，实现 85% 以上回收人员纳入规范化管理、85% 以上社区及乡村实现回收功能的覆盖、85% 以上的再生资源进行集中分拣和规范化的交易。每个设区市培育至少 2 家龙头企业，一些依靠市场机制难以发挥作用、环境影响显著品种（如废玻璃、废电池、包装废弃物、废节能灯等）的回收率显著提高。行业组织化、规模化水平大幅提升，技术和设备升级改造效果显著，规范运行机制基本形成，全省范围内基本建立起回收网络、分拣中心、拆解产业基地三个层次分明，回收、加工、利用三个环节有机衔接，覆盖面广、功能齐备、运作高效、技术先进、生态环保的再生资源回收利用体系。

2. 具体措施

（1）分类建设回收网络。一是建立生活类再生资源回收网络。合理规划，建设以回收站点、分拣中心、集散市场（回收利用基地）为代表的生活类再生资源三级回收网络，提高再生资源回收覆盖率。二是建立消费类再生资源回收网络。推动绿色商场建设，利用零售企业的网络和配送优势，发展逆向物流，开展对废弃电器电子产品、废电池、废弃包装物等服务消费类品种的回收。三是建立公共机构类回收网络。以现有回收网络为基础，鼓励龙头企业与公共机构对接，开展绿色回收活动，通过实行协议回收、定期回收等多种方式，建立公共机构类的回收体系。四是建立产业类再生资源回收网络。鼓励回收企业与各类产废企业、产业集聚区建立战略合作关系，减少中间环节，开展厂（企）商直挂，建立产业类再生资源回收体系，将分拣加工后的再生资源，直接配送给下游利废企业，提高回收利用率。

（2）优化回收网点布局。一是调整优化城镇社区回收站点。全面梳理社区的回收站点，科学布点，确定社区回收站点分布，并升级改造现有回收站（点）。二是因地制宜建设农村回收站点。对广大的农村地区，以自然村为单位，建设农村分散式回收站点，每个自然村至少设立一个回收站点。

（3）提升储运加工能力。一是完善储存运输系统。支持专业化再生资源运输绿色车队建设，运输再生资源应使用符合相关技术要求的专用回收车辆，统一车辆标识，建立完善封闭的再生资源储运体系。二是提升分拣加工能力。针对资源产生量、流向聚集方向，有步骤、有重点、有目标地升级改造和新建再生资源综合性或专业性的分拣中心，提升再生资源分拣加工能力。三是升级改造集散市场。借助现代信息技术，探索大宗品种交易方式的创新，促进集散市场由散、乱、差的摊位式集合向具备分拣、加工、处理等多功能的回收分拣集聚区转变，推动再生资源回收企业配备完善的环保设施，规范再生资源分拣、拆解行为，杜绝储存、分拣、拆解等环节造成二次污染。

（4）健全回收管理制度。一是开展标准制定和宣贯工作。加大标准宣传贯彻力度，制定再生资源回收行业硬件设施建设和经营服务质量等有关标准，实现再生资源回收行业经营管理统一规范。二是做好信息报送制度。建立和完善再生资源回收交易登记表和交易台账，建立信息报送制度，加强对再生资源回收统计数据的分析，形成行业发展报告，定期报送再生资源回收经营者备案情况和回收企业经营情况。三是办理再生资源备案登记和年度检查。做好全省再生资源回收经营者的登记注册备案工作，开展年度检查工作，对再生资源回收经营者要求在规定时间办理年检。

（5）加大监督管理力度。一是加强治安管理。强化回收渠道的治安管理，严厉打击利用再生资源制假、造假行为，依法查处收购国家禁止收购物品、收赃销赃等违法犯罪行为。二是加强执法检查。加强对再生资源回收行业的执法检查力度，建立再生资源回收行业监管部门联动机制。整治再生资源回收行业无证经营、违规回收、违规拆解等乱象，消除安全隐患，促进再生资源回收行业健康发展。三是发挥协会作用。发挥再生资源行业的中介组织作用，引导行业加强自律、有序发展。

（6）培育骨干回收企业。一是培育龙头企业，加强对骨干回收企业的业务指导和帮扶促进，使之成为带动回收创新发展的龙头。打造专业性再生资源回收、分拣骨干企业，发挥骨干企业示范作用和带动效应，不断提高行业组织化和规模化程度。二是发挥龙头企业作用。充分发挥再生资源回收体系试点城市和基地的龙头企业的规模效应和资金、人才、管理优势，加快城市社区和乡镇再生资源回收网络建设步伐，全面提升再生资源回收利用的运营水平。

（7）强化行业科技支撑。一是建设"互联网＋回收"平台。鼓励企业建设再生资源交易网络平台，利用网络平台，建立线上线下回收服务，通过线上 App 呼叫，与线下回收人员上门回收再生资源实现线下互动，促进线下线上配合，不断整合产业链上下游资源，促进资源与信息的共享，跨越传统的回收站点模式，建立互联网时代再生资源回收新模式。二是建立产学研联动机制。建立健全产、学、研衔接互动机制，鼓励大专院校、科研院所参与再生资源回收、分拣、处理技术联合攻关，促进以企业为主体，市场为导向，产学研紧密结合的创新体制建设。三是促进技术创新。支持再生资源回收处理技术、设备的研发和示范以及推广。

第十六章　西部地区

一、青海省

"十二五"期间，青海省再生资源回收体系建设工作在商务部正确领导和大力支持下，在省委省政府的高度重视下，在各厅局的协同努力下，严格按照《国务院办公厅关于建立完整的先进的废旧商品回收体系的意见》（国办发〔2011〕49 号）、青海省政府办公厅《关于印发青海省建立完整的先进的废旧商品回收体系实施意见的通知》（青政办〔2012〕84 号）等相关要求，紧紧围绕回收体系建设为重点，加快整合完善标准化回收网点，推进分拣加工中心、集散交易市场建设布局和进度，推广运用"互联网＋再生"模式，积极构建网络信息服务平台，较好地促进了再生资源回收利用，总体上保持了良好的发展态势。

（一）行业发展基本状况

目前，青海省共有再生资源回收经营企业约 1000 余家，从业人员 5000 余人，多为民营性质，主体为个体工商户，普遍存在规模小，设施设备简易，利用加工技术不强，研发能力不足的现状。"十二五"期间，再生资源主要品种回收量约 800 万吨。其中废钢铁 506 万吨，废纸 137 万吨，废橡胶 41.7 万吨，废塑料 36.8 万吨，废有色金属 24.8 万吨，其他废旧物资 53.7 万吨。已建成回收站点 560 个，分拣中心 15 个，集散交易市场 6 个，信息培训中心 1 个。

（二）主要工作

1. 做好再生资源回收经营者备案登记工作

根据《再生资源回收管理办法》等相关规定，各地商务主管部门继续强化对再生资源回收经营者备案的登记管理工作，引导全省再生资源回收企业按照属地化原则进行备案登记。通过强化监督管理，进一步了解掌握行业动态，为建设和完善各地区再生资源回收体系提供了数据支撑。

2. 抓好西宁市再生资源回收体系建设，发挥示范作用

2009 年，西宁市被商务部列为全国第二批再生资源回收体系建设试点城市，成为青海省唯一经商务部确定的试点城市。在省市区三级商务部门协同联动，城管、建设、土地等有关部门大力的支持下，项目顺利开工建设。该体系建设计划投资 1.2 亿元，其中国家财

政扶持 3300 万元。目前，已建成再生资源回收站点 320 个，分拣中心 7 个，集散交易市场 1 个，信息培训中心 1 个，升级改造报废汽车回收拆解中心 1 个，完成投资 1.6 亿元，2014 年 6 月通过了相关部门的验收和青海省商务厅核查。整个项目实施效果已经初步显现，为全省再生资源回收体系建设提供了可借鉴的经验，起到了示范和带动作用。

3. 认真组织调研学习，推动行业发展

"十二五"期间，针对青海省再生资源回收企业规模小、回收人员分散、组织难度大、从业人员综合素质普遍不高、再生资源回收利用程度较低的现状，几年来，青海省商务厅把加大行业培训、提高人员综合素质作为推动行业发展的主要抓手之一，先后组织各市州商务主管部门、再生资源回收部门、报废汽车回收拆解企业代表累计近 1000 余人次，赴长沙、重庆、青岛等地参观交流学习，通过参观废塑料、废橡胶、废电器电子、废金属、报废汽车拆解等实体回收利用先进生产设备、先进经验和技术，各地商务工作人员和行业从业人员理念得到更新，企业创新意识不断增强。一批先进的智能回收机、家电拆解、报废汽车拆解平台、塑料、废橡胶破碎机等加工设备和回收利用技术引进青海省。截至 2015 年年底，新建和升级改造再生资源回收利用、报废机动车回收拆解项目 42 个，总投资 4.1 亿元。

4. 利用互联网技术，加强报废机动车回收行业监管

加强对报废机动车回收行业监管始终是青海省商务厅重点工作之一。"十二五"期间，全省回收各类报废机动车 29664 辆，其中轿车 10177 辆，客车 6786 辆，载货车 7353 辆，摩托车 4348 辆，其他类型 1000 辆，无"五大总成"、拼装车等违法销售现象的发生，报废汽车回收拆解行业总体保持了健康有序的发展态势。2015 年，投资近百万元研发了"报废机动车回收拆解信息管理平台"和"报废机动车回收拆解监控管理平台"，已实现对报废机动车停放场地、拆解现场 24 小时网络即时监控和网上申报、信息下载、数据统计以及《报废汽车回收证明》在线打印等功能。平台的推广应用，进一步规范了报废机动车回收行业监管，提高了工作效率。

（三）主要成效和经验

1. "互联网＋再生"的模式创新，带动了行业发展后劲

青海省商务厅从促进经济社会绿色循环可持续发展的立足点出发，一是积极引导大型回收企业参与实施"互联网＋再生"模式的普及推广，重点将绿色回收进社区、进商场、进校园、进机关和进园区工作相结合，促进再生资源交易向便捷化、互动化、透明化、绿色化发展。青海省云海环保服务有限公司通过与北京盈创再生资源回收有限公司技术合作，已在西宁市部分社区、校园、商场、旅游景点等区域设置智能回收机 20 台（套）。今后将在市区大部分社区、机关、校园、车站、机场、旅游景点设置智能回收机 1500 台（套）。二是建立"再生资源公共信息服务平台"。为发挥信息服务高效便捷的作用，支持青海天纵网络技术有限公司开发建设全省"再生资源信息服务平台"，为上游回收行业与下游拆解和利用企业搭建信息发布、竞价采购和物流服务平台，降低物流成本，优化再生资源回收、拆解利用产业链，引导资源合理配置，促进产业有序发展。目前，信息平台的构架已完成。

2. 采用回收利用新技术，延伸产业链提高附加值

根据国家和青海省有关再生资源发展扶持政策，积极引导企业提升产业结构，向规模化、高效化、科技化方向发展，鼓励企业研发利用新技术。相关企业已在报废车回用件、塑料、橡胶、废有色金属、废玻璃等资源加工利用技术上取得明显成效。"十二五"期间，根据再生资源主要品种回收价格综合分析来看：废钢铁 1350 元/吨，通过加工剪裁技术，实现净利润 200 余元，附加值提升约 15%；废玻璃 600 元/吨，经过技术加工成新型环保保温材料，新产品净利润达到 850 元，附加值提升了约 141%；废塑料 2500 元/吨，经过分拣加工粉碎处理，实现净利润 800 元/吨，附加值提升约 21%；废橡胶 1300 元/吨，经过加工粉碎成胶粉，实现净利润 210 余元，附加值提升 15%；废有色金属（废铜）3800元/吨，经过加工生产各类工艺品，实现净利润 1300 余元，附加值提升约 34%；报废机动车回用件经过技术利用处理销售，附加值提升 100%。这些新技术的应用，不仅提升了资源回收利用率，提高了产业附加值，还将上下游企业紧密相连形成一条循环再利用产业链，进一步推动了上下游产业的融合发展。

（四）存在问题

1. 网络布局失衡集约程度不高

从总体来看，虽经过多年建设，但回收站点建设布局仍不均衡，尤其在广大农村地区、城乡结合部，需要进一步提高覆盖率。从业人员构成复杂，多为无证经营，需强化对从业人员的培训和规范化管理，着力提高从业人员职业素质。分拣中心基础设施和工作条件亟待完善，经营模式简单粗放，生产效率低下，资源浪费严重，环保设施缺乏，集散市场、分拣中心建设与规划严重滞后，在回收、运输、储存等环节协作配套不够。

2. 技术装备落后，资源利用低效

目前青海省再生资源回收行业在分拣加工处理等环节机械化和自动化程度还比较低，90%以上的企业主要以手工操作为主，普遍存在收购、分拣、加工处理工作环境恶劣简单。不少企业尤其是个体经营者因设备简陋，技术落后，直接导致回收利用率与资源化水平低下，甚至对环境造成二次污染。

3. 政策法规滞后，监督管理效率不高

目前再生资源回收领域只有一部商务部等六部委出台的《再生资源回收管理办法》，但执行力度和操作效率不够，导致回收站点无序建设，经营秩序混乱。因回收行业的管理涉及商务、环保、工商、税务、公安、城管等多个部门，各部门行政许可无前置和统一审核流程，造成监管不严和经营无序的现象时常发生，在一定程度上制约了再生资源回收行业向规模化、集约化、科技化、信息化、高效化的发展。

（五）下一步工作

"十三五"期间，青海省商务厅将认真贯彻国家及青海省关于再生资源回收利用的一系列政策法规，以全省总体发展规划为依据，建立完善全省再生资源回收利用体系，加大

"互联网＋再生"模式的普及推广，努力推动行业转型升级，积极研发引进回收利用新技术，全面提升产业附加值和综合利用率，力争到"十三五"末，基本构建集回收、拆解、分拣、加工、交易于一体的再生资源回收利用体系，培育一批回收示范企业。

1. 加快推动全省再生资源回收体系建设

一是进一步完善西宁市再生资源回收体系。依托企业优势，继续推动"互联网＋再生"智慧回收模式的推广普及，积极开展配送回收逆向物流研究实践。"十三五"期间，每年在西宁市四个区分别选取一个机关、一所学校、一个社区建设再生资源回收网点 12个，完成智能回收机 1500 台（套）的设点布置。二是以西宁市再生资源回收体系建设为示范，建立健全海东市、海西州、海南州等其他市州回收体系。争取到期末，在一市六州建成再生资源集散交易市场 13 个、分拣加工中心 22 个、回收网点 1000 个，全省再生资源回收体系基本建成，主要再生资源品种回收率达到 70%。

2. 加快建设全省再生资源公共信息服务平台

利用"互联网＋"技术，实现废钢铁、废有色金属、废纸、废塑料、废橡胶等主要再生资源品种的网上交易、价格发布、物流配送、数据统计以及政策发布、国内外先进再生资源循环利用知识、技术、产品宣传普及等功能，进一步发挥信息平台高效便捷的服务保障作用。

3. 引导企业联营，推动行业共同发展

引导回收企业采取联营模式，实现强强联手、抱团取火，共同寻求合作发展之路。鼓励联营企业学习国内外先进产业经验，引进先进设备、人才和技术，共谋发展。提高"城市矿产"的深加工水平，延伸产业链，增加附加值，共同推动行业转型升级发展。

4. 进一步加大宣传力度，提高社会对资源回收利用认知

进一步加强对再生资源回收利用行业的宣传，通过网络、电视、广播、报纸等宣传媒体，加强对再生资源回收行业的宣传引导，结合街面展示、组织专题活动等多种形式，开展多样的宣传教育活动，提高全社会参与环境保护，发展循环经济的关注度。

5. 统筹协调，做好服务保障工作

一是积极推动制定与再生资源回收体系建设相配套的政策措施，形成与体系建设相适应的制度体系。二是加强与相关职能部门的联系，及时解决企业在经营发展中存在的问题。三是积极争取国家及财政、发改、税务等相关部门的扶持政策，鼓励企业积极开展再生资源回收开发利用新技术，规范和引导全省再生资源回收行业健康有序发展。

二、宁夏回族自治区

自国务院办公厅出台了《关于建立完整的先进的废旧商品回收体系的意见》以来（国办发〔2011〕49 号），宁夏回族自治区商务厅在自治区党委、政府和商务部的领导下，在全区开展了城市再生资源回收利用体系建设试点工作，取得了一定的成效。

（一）主要工作

1. 提高认识，为做好再生资源回收工作奠定基础

（1）加强组织领导。近年来，商务厅紧紧围绕再生资源回收利用重点工作，以"统一规划、合理布局、完善功能、提升能力"为原则，将"新建与改扩建结合，分拣中心与集散市场建设结合"，全面推动了自治区再生资源回收体系健康有序发展。在承担项目的试点城市中成立工作领导小组并建立主管部门管理监督机制，为项目实施提供组织保障。

（2）制定政策措施。制定了《自治区关于加快推进再生资源回收体系建设的实施意见》；会同财政厅出台了《宁夏回族自治区再生资源回收利用体系建设专项资金使用管理暂行办法》等政策法规。2015年年初，按照商务部出台的《再生资源回收体系建设中长期规划》，宁夏回族自治区商务厅制定了《2015—2017年宁夏回族自治区再生资源回收体系建设主要任务和工作措施》；会同自治区发改委提出了《加快推进全区生态文明建设实施方案》。

（3）开展调研工作。组织自治区有关部门、专家学者及企业负责人召开全区再生资源回收体系建设工作座谈会，起草了《关于宁夏再生资源回收行业立法的调研报告》。对全区再生资源回收网点进行了调研，起草了《宁夏再生资源回收利用体系建设调研报告》。委托宁夏再生资源协会编制《宁夏再生资源回收体系建设"十三五"发展规划》。

2. 整合资源，扎实开展城市再生资源回收利用工作

近年来，宁夏持续推进自治区废旧商品回收利用体系建设，取得了明显成效。银川市、石嘴山市、吴忠市先后被商务部确定为全国再生资源回收体系建设试点城市；宁夏亿能固体废弃物资源化开发有限公司、宁夏供销社再生资源有限公司、银川金泰物资回收有限公司等多家企业被确定为全国家电以旧换新实施企业；灵武市再生资源工业园区被确定为废旧商品回收利用基地，通过积极对接协调，再生铅、废旧铜、铝、塑料、电子电器、报废汽车等废弃物回收利用项目落户园区，累计实现产值达7亿元。2015年，银川市启动再生资源智能自助回收箱建设工作，目前已在叠翠园、福满苑、湖映康城、奥海清河坊等小区投放210台再生资源智能回收箱并投入试运营。截至目前，全区已建成750个社区回收站点、8个分拣加工中心、6个集散市场、1个废旧家电回收拆解中心、8个报废汽车拆解中心和4个配套网络服务中心，固定的回收站点2300余家，总从业人员约35000人，基本形成了"社区回收网点、分拣加工中心、集散市场"三位一体的回收利用体系。经营范围主要包括废旧钢铁、废有色金属、废纸、废塑料、废旧电器电子产品、废轮胎等再生资源。据不完全统计，截至2015年年底，自治区废旧物资回收量约530万吨，其中，废金属370万吨，废塑料、废纸等其他再生资源160万吨，每年交易额达100亿元。

3. 积极探索，强化再生资源回收体系管理工作

为了提高自治区再生资源回收、集散和加工处理能力，宁夏回族自治区商务厅逐步规范、整合再生资源回收、利用网络资源，促进再生资源回收行业的健康可持续发展。一是强化市场监管。由各试点城市再生资源回收体系建设工作领导小组牵头，以辖区管理为主开展清理整顿，按照规划的要求，继续对现有再生资源回收网点进行了清理整合、规范利用。同时，对无证经营、违规设点坚决给予取缔，加大了严厉打击违规收售等一些不法行为查处和打击力度，重点排查了消防安全隐患，指导环境污染防治。二是创新管理模式。积极培育集散市场和龙头企业，由公司统一进行规范管理，统一进行改造，加强了信息平台建设，提高了信息化管理水平，实现信息共享。三是推进制度建设。各市县（区）两级商务系统在调查掌握本地再生资源情况的基础上，认真分析研究，明确工作思路，帮助企业建立完善了各项制度，加强管理，促进经营业务的健康开展。四是启动备案登记。试点城市联合公安局、市场监督管理局、审批服务局等有关单位启动了再生资源备案工作，通过备案工作掌握了各市再生资源回收经营企业和从业人员的底数。

（二）存在问题

经过近几年的不断建设，宁夏回族自治区的再生资源回收体系取得了较快的发展，对方便废旧物资回收、促进再生资源的高效利用发挥了一定的作用，但由于缺乏行业的整体布局及相关配套政策法规的支持，再生资源回收体系建设方面还存在一些不容忽视的问题。

1. 缺少统一规划、管理无序、市场混乱、回收缺乏专业化

自治区再生资源行业没有形成统一完善的管理体系，缺少统一规划，使得自治区再生资源行业出现如下情况：

（1）大量个体经营户乱收乱卖、乱堆乱放、随处设点，不少个体收购点设在居民区、马路便道及城乡结合部等，房屋破旧、形象差，严重影响市容，大部分回收站点无证照或证照不全；

（2）治安管理难度加大，盗窃破坏国家重要设施的案件频繁发生。据市政、电力、通信等部门统计，给该区的生产生活带来了无法估量的损失；

（3）由于经营分散，没有形成相对集中的再生资源集散地，不利于再生资源得到最大限度地回收利用；

（4）由于自治区再生资源回收利用体系的不完善，大量外地回收企业到该区进行再生资源回收，影响了该区再生资源回收工作的有效管理和有序发展，阻碍了该区再生资源回收企业的生存和发展，造成自治区税收严重流失。

2. 回收网络组织化水平较低，回收站点、分拣中心和集散市场数量较少

从总体来看，自治区的废旧物资回收站点仍比较简陋，规范化回收网点还不够完善，回收站点的全域覆盖率亟待提高。社区回收站点数量较少，乡镇地区的回收站点建设基本处于空白状态，再生资源回收仍以流动人员回收为主，行业中的大型骨干企业数量较少。截至目前，全区共有正规的再生资源集散市场6个，分别为银川市1个、石嘴山市3个、吴忠市2个，固原和中卫两市连最核心的集散市场都未建成，尚需加快建设进度。现有的分拣集散市场的基础设施、环境保护设施和工作条件有待改进，集散市场的交易、集散、信息收集发布等功能需要进一步提升。

3. 再生资源回收利用率较低，造成资源浪费，环境污染

目前，自治区再生资源回收的主要种类为废金属、废弃电器电子产品、废纸、废塑料、废轮胎等，一些回收成本高、量小利薄和回收利用价值较低的品种如废节能灯、废电池等回收利用率较低，一般都随生活垃圾一并丢弃，在造成资源浪费的同时，对生态环境造成严重危害。特别是将一些有害废弃物任意处理，对土壤、地下水、空气造成了现实与潜在的污染。该区产生的废轮胎、废塑料、废电池等由于没有及时充分回收，变作为垃圾填埋或焚烧，对环境造成严重的"黑色污染""白色污染"及"化学污染"。许多废旧回收站收购的废纸、废塑料乱堆乱放，长时间不处理，"脏、乱、臭"的现象十分严重。许多回收站收购的废旧金属，乱敲乱拆，造成严重的噪声污染。

4. 社会普遍对再生资源行业缺乏认识，循环经济观念远未形成

再生资源行业的社会认同度目前还较低，再生资源企业的一部分管理者，思想观念落后于市场经济发展，遇到政策环境和市场环境的变化，就感到束手无策。整个社会对发展再生资源的意义和重要性认识不足，对其在循环经济中的作用缺乏认识，政策性配套措施少，与发展循环经济要求有较大差距。

5. 再生资源分拣加工利用技术水平较低

由于再生资源回收从业人员专业素质普遍较低，没有通过专业的技术培训，分拣技术普遍落后，大多采用人工分拣方式，机械化、自动化的现代分拣分选设备使用率较低，再生资源的回收利用率偏低，且易对环境造成二次污染。回收到的废旧物资只是经过简单的分拣、粗加工后就发往外地，导致大量再生资源的外流，再生资源的深加工、精加工水平较低。

6. 与行业相关的政策支持力度不够

受经济下行压力和大环境的影响，目前再生资源行业整体的赢利水平较低，大多数企业都处于亏损、半停产状态，甚至有个别企业已退出再生资源行业。尤其 2011 年财政部和国家税务总局联合下发《关于调整完善资源综合利用产品及劳务增值税政策的通知》（财税〔2011〕115 号），对资源综合利用产品和劳务增值税优惠政策进行了调整，行业原有的税收优惠支持政策被取消，从而加重了回收利用企业的税收负担，造成相关回收企业经营出现困难，现亟须政府出台相关的优惠扶持政策，如加大财政补贴、实行土地税减免等措施，促进再生资源行业的持续健康发展。

国家层面，经过几年的连续实施，目前商务部推进的再生资源回收利用体系建设等项目陆续退出，在再生资源、节能减排等工作方面投入的资金支持不足，由于缺乏新的有效刺激行业发展的政策跟进，原有的政策效应正在逐步弱化。自治区层面也缺乏支持再生资源行业发展的有关配套资金。

（三）下一步工作

1. 加快推进再生资源回收体系建设

"十三五"期间，全区各地将在规范和整合现有再生资源回收渠道基础上，采取"先试点、后推广，先局部、再全局"的原则，科学规划，合理布局，分步实施，规范建设，在总结试点区域经验的基础上，逐步推开，形成回收、分拣、集散为一体的再生资源回收体系。

（1）规范回收网络。引导回收企业采取连锁经营方式，对目前"散兵游勇"式的走街串巷回收方式进行整合和规范，按照"便于交售"的原则，合理规划布局，建设统一规划、统一标识、统一着装、统一价格、统一衡器、统一车辆、统一管理、经营规范的固定或流动社区回收点。

（2）探索多元化回收机制。根据各地实际和再生资源品种特性，积极采用多样化的收购方式，研究探索灵活的回收办法。

（3）提高分拣加工能力。采用现代化机械设备，提升再生资源分拣加工能力，形成符合环保要求的专业化分拣加工中心。

（4）完善市场功能。要加强集散市场基础设施和环境设施建设，完善其仓储、集散、初加工、交易、信息发布等功能，逐步将功能单一的交易市场升级为集交易、加工、集散于一体的再生资源市场，实现再生资源产需高效衔接。

2. 建立和完善现代化信息系统

要加强信息统计工作，研究建立再生资源回收行业管理信息系统和统计指标体系。同时，积极引导企业利用信息技术改造传统回收方式，以信息化促进再生资源回收行业发展。

3. 培育龙头企业

充分发挥骨干企业在再生资源回收体系建设中的带动作用和辐射效应，推动龙头企业按市场规律收编和整合个体经营户，规范回收网络，提升再生资源产业化经营水平。同时，鼓励龙头企业技术创新，提高行业科技水平。

4. 加强行业管理

要进一步加强对再生资源回收行业的监督管理，规范企业行为和行业经营秩序。要多部门联合，对再生资源回收过程中的违法违规行为进行严肃查处，采取相应防范措施，促进回收行业有序发展。

5. 强化从业人员培训

要加强培训工作和培训制度建设，组织开展不同层次的培训。针对不同层次人员有针对性地开展回收政策、法规和职业技能培训，提高从业人员的职业道德、服务意识和业务水平。

6. 推广"互联网＋回收"的新模式

鼓励企业利用互联网、大数据和云计算等现代信息技术和手段，建立或整合再生资源信息服务平台。为上游回收企业与下游拆解和利用企业搭建信息发布、竞价采购和物流服务平台，提高回收企业组织化水平，降低交易成本，优化再生资源回收、拆解利用产业链。继续在全区范围内推广再生资源智能回收箱建设工作。以绿色回收家园卡为载体，居民家中的小件废旧物品都可以直接投入，鼓励居民们对环保社区建设的参与积极性，实现线上交废与线下回收的有机结合。

第 四 篇

国 际 篇

第十七章　国际再生资源回收利用概况

一、世界废钢铁回收利用情况

根据国际钢铁协会的数据显示，2014 年世界粗钢产量以及炼钢使用的废钢小幅上升，而外部废钢贸易同比下降 1.9%。

（一）粗钢产量情况

2014 年，全球粗钢产量达 16.65 亿吨，同比增长 1%。中东粗钢产量最小的地区增长最强劲；产量小幅增长的地区有欧盟 28 国、北美和亚洲，产量下降的地区有独联体国家和南美。同时，2014 年氧气顶吹转炉生产的粗钢产量同比增长 1.8%，达 12.28 亿吨左右，而电弧炉生产粗钢产量同比下降 0.23%，达 4.26 亿吨左右。

2014 年，在主要的废钢铁消费国中，中国粗钢产量达 8.227 亿吨，同比增长 0.1%，中国粗钢产量占全世界的比重从 2013 年的 49.8% 增至 2014 年的 49.4%；日本粗钢产量达 1.106 亿吨，同比增长 3.1%。2014 年粗钢产量增长的国家有欧盟 28 国（1.693 亿吨，同比增长 1.8%）、日本（1.107 亿吨，同比增长 0.1%）、美国（0.882 亿吨，同比增长 1.5%）、韩国（0.715 亿吨，同比增长 8.3%）、俄罗斯（0.715 亿吨，同比增长 3.6%），然而，土耳其的粗钢产量却同比下降了 1.8%，达 0.34 亿吨。2010—2014 年世界主要粗钢生产国家和地区产量，详见表 66。

表 66　　　　　**2010—2014 年世界主要粗钢生产国家和地区产量**　　　　单位：百万吨

年份	2010	2011	2012	2013	2014	2014 比 2013 增减（%）
中国大陆	638.7	702.0	731.0	822.0	822.7	0.1
日本	109.6	107.6	107.2	110.6	110.7	0.1
美国	80.5	86.4	88.7	86.9	88.2	1.5
印度	69.0	73.5	77.3	81.3	83.2	2.3
俄罗斯	66.9	68.9	70.4	69.0	71.4	3.6
韩国	58.9	68.5	69.1	66.1	71.5	8.3

年份	2010	2011	2012	2013	2014	2014 比 2013 增减（%）
德国	43.8	44.3	42.7	42.6	42.9	0.7
乌克兰	33.4	35.3	33.0	32.8	27.2	−17.1
巴西	32.9	35.2	34.5	34.2	33.9	−0.7
土耳其	29.1	34.1	35.9	34.7	34.0	−1.8
意大利	25.8	28.7	27.3	24.1	23.7	−1.4
中国台湾	19.8	20.2	20.7	22.3	23.1	3.8

（二）废钢使用情况

尽管国家与国家之间的发展不同，2014 年全球统计到的废钢使用量同比增长 0.9%，达 5.85 亿吨左右。据国际回收局统计数据显示，2014 年废钢生产消耗增长的国家有欧盟 28 国（同比增长 1%）、中国（同比增长 3%）、美国（同比增长 5.1%）和日本（同比增长 0.6%），而废钢生产消耗下降的国家有土耳其（同比下降 7.3%）、韩国（同比下降 0.3%）和俄罗斯（同比下降 0.5%）。同样值得注意的是，2014 年在某些国家和地区采用电弧炉生产的粗钢产量的比例有所增加，如印度、印度尼西亚、马来西亚和越南等中东和亚洲国家。2010—2014 年全球废钢铁消耗情况，详见表 67。

表 67　　　　　　　　　　2010—2014 年全球废钢铁消耗情况　　　　　　　　单位：亿吨

年份	2010	2011	2012	2013	2014
粗钢产量	14.33	15.37	15.59	16.49	16.65
废钢消耗量	5.3	5.7	5.7	5.8	5.85
炼钢废钢比（%）	37.0	37.1	36.6	36.2	35.1
企业自产量	1.9	2	2	2.05	2.07
社会采购量	3.4	3.7	3.7	3.75	3.78

资料来源：国际钢铁协会，国际回收局，德国钢铁经济联合会。

国际回收局的专家已经与来自德国钢铁联合会（西弗吉尼亚州斯塔尔）的专家合作计算出 2014 年在全球钢铁产量中废钢铁的使用增加到 5.85 亿吨左右（相比 2013 年的 5.8 亿吨增长 0.9%）。考虑到 2014 年世界钢产量的增长，废钢铁用于粗钢生产的比例为 35.1%。其中，欧盟 28 国的比例为 53.9%，中国为 10.7%，美国为 70.3%，日本为 33.3%，韩国为 45.6%，俄罗斯为 27%，土耳其为 82.9%。考虑到我们的计算以及世界钢产量的增加，炼钢厂自产废钢（循环废钢）和生铁产量的增长率分别为 0.98% 和 0.97%。国际回收局专家的计算也表明，鉴于 2014 年世界某些地方资本废料可用性的减少，全世界炼钢厂废钢铁购买增长了 0.8%，至 3.78 亿吨，其中 35.2% 来自于新供应废钢，64.8% 来自于原有废钢。2010—2014 年世界主要国家和地区废钢铁消耗情况，详见表 68。

表 68			2010—2014 年世界主要国家和地区废钢铁消耗情况			单位：百万吨
年份	2010	2011	2012	2013	2014	2014 比 2013 增减（%）
欧盟 28 国	96.5	100.1	94.2	90.3	91.3	1.1
中国	88.1	91.0	84.0	85.7	88.3	3.0
美国	60.0	63.0	63.0	59.0	62.0	5.1
日本	38.4	37.2	35.5	36.7	36.9	0.5
韩国	29.2	30.8	32.6	32.7	32.6	− 0.3
土耳其	25.3	30.8	32.4	30.4	28.2	− 7.2
俄罗斯	21.5	21.0	20.1	19.4	19.3	− 0.5

资料来源：欧洲钢铁工业联盟，中国废钢铁应用协会，美国废料回收工业协会，日本经济产业省，韩国钢协，土耳其钢铁生产者协会，国际钢铁协会。

2013 年，国际回收局的专家与德国铸造协会专家共同计算出的全球钢铁铸造产量为 0.849 亿吨（同比增长 1.3%），其中废钢铁的消耗量为 0.718 亿吨（同比增长 1.8%）。此外，2013 年度全球钢铁铸造厂废钢铁购买量约 0.443 亿吨（同比增长 1.6%）。

（三）废钢铁贸易情况

2014 年以下国家和地区的废钢铁进口量减少：韩国（同比下降 13.6%，至 800.2 万吨）、中国台湾（同比下降 4.1%，至 427.2 万吨）、欧盟 28 国（同比下降 2%，至 313.7 万吨）、印度尼西亚（同比下降 10.9%，至 213.7 万吨）和加拿大（同比下降 12.9%，至 152 万吨）。废钢铁进口量增加的有：印度（同比增长 1.1%，至 569.9 万吨）、美国（同比增长 8.6%，至 421.5 万吨）和泰国（同比增长 43.9%，至 138.3 万吨）。2010—2014 年世界主要国家和地区废钢铁进口情况，详见表 69。

表 69			2010—2014 年世界主要国家和地区废钢铁进口情况			单位：万吨
年份	2010	2011	2012	2013	2014	2014 比 2013 增减（%）
土耳其	1919.2	2146.0	2241.5	1972.5	1906.8	− 3.3
韩国	809.1	862.8	1012.6	926.0	800.2	− 13.6
印度	464.3	617.5	818.0	563.6	569.9	1.1

年份	2010	2011	2012	2013	2014	2014 比 2013 增减（%）
中国大陆	584.8	676.7	497.4	446.5	256.4	-42.6
中国台湾	536.4	532.8	495.5	445.3	427.2	-4.1
美国	377.5	400.3	371.1	388.2	421.5	8.6
欧盟 28 国	364.6	371.4	320.3	319.1	313.7	-1.7
印度尼西亚亚	164.2	215.7	194.4	239.9	213.7	-10.9
加拿大	222.6	191.1	234.3	174.6	152.0	-12.9
泰国	128.2	187.7	170.1	96.1	138.3	43.9

资料来源：德国钢铁经济联合会。

2014 年，全球废钢铁贸易量（包括欧盟 28 国内部贸易）为 0.971 亿吨，同比下降 1.9%，欧盟 28 国仍然是废钢铁的主要出口国。世界领先的废钢出口国主要是废钢铁净出口国：2014 年的出口顺差，例如，欧盟 28 国为 0.137 亿吨，美国为 0.111 亿吨。2002—2014 年全球废钢铁贸易量，详见图 56。2010—2014 年世界主要国家和地区废钢铁出口情况，详见表 70。

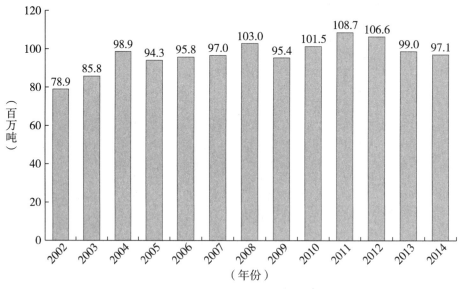

图 56　2002—2014 年全球废钢铁贸易量
资料来源：德国钢铁经济联合会。

表70		2010—2014 年世界主要国家和地区废钢铁出口情况				单位：万吨
年份	2010	2011	2012	2013	2014	2014 比 2013 增减（%）
美国	2055.6	2437.3	2139.7	1849.5	1534.0	−17.1
欧盟28国	1903.3	1881.3	1957.9	1680.6	1685.9	0.3
日本	647.2	544.2	858.6	812.9	735.1	−9.6
加拿大	515.4	483.2	424.8	451.0	452.1	0.2
俄罗斯	239.0	404.2	434.9	371.4	568.9	53.2
澳大利亚	163.6	174.5	224.5	220.0	236.2	7.4
南非	122.4	143.6	163.2	173.2	148.6	−14.2

资料来源：德国钢铁经济联合会。

二、世界废有色金属回收利用情况

世界各国特别是工业发达国家对有色金属应用范围不断扩大，消耗量也随之增加，产出的有色金属废杂料量相应地越来越多，有色金属回收利用量也在逐年增加，近年全球有色金属生产和消费情况，详见表71。

表71		近年全球有色金属生产和消费情况				单位：万吨
金属品种 \ 年份	2009	2010	2011	2012	2013	2014
精铜产量	1861.3	1917.6	1925.8	2044.3	2104.3	2248.0
精铜消费量	1817.8	1933.2	1947.2	2054.8	2138.7	2288.6
废铜产量	268.6	295.7	333.5	326.1	332.8	453.6
原铝产量	3717.1	4191.1	4469.7	4617.0	5111.2	5310.9
原铝消费量	3476.5	4017.3	4238.6	4529.8	5059.4	5310.0
再生铝产量	1001.6	1004.5	1192.8	923.5	1122.2	1168.1
精铅产量	886.5	947.0	999.5	1048.5	1111.0	1092.5
精铅消费量	882.5	854.1	1002.7	1049.9	1109.3	1089.8
再生铅产量	476.1	516.3	523.6	557.9	557.8	604.3

资料来源：中国有色金属工业协会主编《中国有色金属工业年鉴》、《有色金属信息》，有色金属技术经济研究院主办《有色金属统计》，以下同。

从表71中可以看到，2014 年与 2009 年相比，全球精铜产量增长了 20.8%，原铝产量增长了 42.9%，精铅产量增长了 23.2%；精铜消费量、原铝消费量和精铅消费量分别增长了 25.9%、52.7% 和 23.5%；废铜产量、再生铝产量和再生铅产量分别增长了 68.9%、16.6% 和 26.92%。

2014 年，中国废铜产量占全球总产量的 62.4%，居全球首位，废铜产量居 2~5 位的依次为日本 31.0 万吨、德国 28.5 万吨、俄罗斯 15.7 万吨和比利时 14.6 万吨；中国再生铝产量占全球总产量的 17.1%，居全球第二位，美国产量最大，为 363.7 万吨，占全球总产量的 31.1%，产量居 3~5 位的依次为日本 83.9 万吨、意大利 73.5 万吨和德国 59.9 万吨；中国再生铅产量占全球总产量的 24.5%，居全球第一位，产量居第 2~5 位的依次为美国 112.0 万吨、印度 34.8 万吨、韩国 34.0 万吨和德国 24.8 万吨。

三、世界废纸回收利用情况

2014 年，在国际金融危机爆发 6 年后，世界经济仍未完全摆脱危机阴霾，仍处于危机后的修复期，结构调整远未到位、人口老龄化加剧、新经济增长点尚在孕育、内生增长动力不足等问题，都制约着经济发展。发达经济体经济运行分化加剧，发展中经济体增长放缓。全球需求不足，各国均致力扩大出口，国际竞争激烈。世界贸易略有改观，但仍以较低的速度增长，全球贸易保护主义抬头趋势明显。

在上述宏观经济形势下，全球纸浆产量比 2013 年减少 0.23%，但是下降幅度是近三年来最小的一次，贸易额增长 1.3%，增长幅度是 2010 年以来最小的一次。全球废纸回收量 22121.6 万吨，比 2013 年增长 2.68%。总体看，全球纸业发展受全球宏观经济形势影响较大，虽然基本形势比 2008 年金融危机时期有显著改善，但是仍然未能完全走出低迷状态。

（一）纸浆生产和贸易情况

2014 年，全球纸浆产量为 17920 万吨（不含废纸浆），比 2013 年减少 0.23%。北美洲、欧洲、大洋洲和非洲的纸浆产量均有下降，只有亚洲和拉丁美洲出现增长趋势。其中，北美洲纸浆产量为 6388.3 万吨，比 2013 年减少 2.44%；欧洲 4573.2 万吨，减少 0.33%；亚洲 4082.4 万吨，增长 0.61%；拉丁美洲 2424.19 万吨，增长 5.6%；大洋洲 289.9 万吨，减少 0.89%；非洲 161.6 万吨，减少 8.55%。从对全球纸浆产量的贡献看，北美洲占 36.45%，欧洲占 25.54%，亚洲占 22.59%，拉丁美洲占 12.71%，大洋洲占 1.63%，非洲占 0.98%。

美国是纸浆产量最大的国家，达到 4688.2 万吨，占全球纸浆总产量的 26.16%。其次是中国（1754.3 万吨，9.79%），居第三位的是加拿大（1700.1 万吨，9.49%），巴西和瑞典分列第四和第五位。纸浆产量最大的五个国家占全球的份额达到 60.76%，产量最大的十个国家占全球的份额达到 82.6%。

2014 年全球纸浆贸易量达到 5432.7 万吨，比 2013 年增长 1.35%。进出口贸易总额最大的是欧洲，达到 3488.6 万吨；其次是亚洲，达到 3089.8 万吨；北美洲为 2207.4 万吨，拉丁美洲为 1879.8 万吨，大洋洲为 117.3 万吨，非洲为 82.5 万吨。其中，亚洲、欧洲和非洲是纸浆净进口地区，净进口量分别为 2150.9 万吨、326.6 万吨、53.1 万吨；拉美、北美、大洋洲是纸浆净出口国，净出口量分别为 1570.6 万吨、1029.9 万吨、60 万吨。

亚洲和欧洲是全球纸浆主要进口地区。2014 年，亚洲纸浆进口量 2620.3 万吨，占全球纸浆进口量的 48.45%，其次是欧洲（1907.6 万吨，35.27%），亚洲和欧洲合计达到 83.72%。北美洲（589.3 万吨，10.89%）、拉丁美洲（195.1 万吨，3.61%）、非洲（67.8 万吨，1.25%）和大洋洲（0.53%）合计占 16.28%。

中国是全球最大的纸浆进口国，2014 年进口量达到 1654.5 万吨，占全球纸浆进口量的比重为 30.46%；其他进口量较大的国家有美国（560 万吨，10.31%）、德国（419.4 万吨，7.72%）、意大利（339.2 万吨，6.24%）、荷兰（251.6 万吨，4.63%）。上述五个国家纸浆进口量占全球的比重达到 59.36%。

拉美、北美和欧洲是全球主要的纸浆出口地区，2014 年出口量分别为 1684.6 万吨、1618.2 万吨、1581 万吨，分别占全球纸浆出口量的 30.87%、29.65% 和 28.97%，合计 89.5%；亚洲占 8.6%，大洋洲占 1.63%，非洲占 0.27%。

巴西是全球最大的纸浆出口国，2014 年出口量为 1062.2 万吨，占全球纸浆出口量的 19.55%；其次是加拿大（905.6 万吨，16.66%）、美国（712.6 万吨，13.12%）、智利（482.7 万吨，8.89%）、印度尼西亚（352.5 万吨，6.49%）。上述五个国家合计占全球纸浆出口量的 64.7%。

（二）废纸回收情况

2014 年，全球废纸回收量 22121.6 万吨，比 2013 年增长 2.68%。其中，亚洲废纸回收量为 9982.8 万吨，增长 5.08%；欧洲 5662.6 万吨，减少 0.06%；北美洲 4916.5 万吨，增长 2.06%；拉丁美洲 1036.5 万吨，非洲 183.4 万吨，大洋洲 339.7 万吨，与上年持平。从对全球废纸回收量的贡献看，亚洲占 45.1%，欧洲占 25.6%，北美洲占 22.2%，拉丁美洲、大洋洲和非洲合计占 7%。

废纸回收量最大的五个国家分别为中国（5391.2 万吨）、美国（4642.1 万吨）、日本（2186.5 万吨）、德国（1508.9 万吨）和韩国（864.6 万吨），上述五个国家占全球废纸回收量的比重为 66%。

2014 年，全球废纸贸易量达到 5560.6 万吨，比 2013 年减少 1.6%。亚洲的废纸进出口贸易总量达到 4627 万吨，欧洲为 3705.8 万吨，北美洲为 2261.3 万吨，拉丁美洲为 317 万吨，大洋洲为 176.3 万吨，非洲为 33.6 万吨。亚洲和拉丁美洲是废纸的净进口地区，净进口量分别为 2955.7 万吨和 96.2 万吨；北美洲、欧洲、大洋洲和非洲是废纸的净出口国，净出口量分别为 1978.8 万吨、786.2 万吨、175.3 万吨、16.7 万吨。

亚洲是全球最大的废纸进口地区，2014 年进口量达到 3791.4 万吨，占全球废纸进口总量的 67.6%；欧洲为 1459.8 万吨，占 26%；北美洲为 141.2 万吨，占 2.5%；拉丁美洲为 206.6 万吨，占 3.7%；非洲和大洋洲合计 9 万吨，占 0.2%。

中国是全球最大的废纸进口国，2014 年进口量达到 2841.3 万吨，占全球废纸进口量的 50.7%；其他进口量较大的国家有德国（388.8 万吨，6.9%）、印度（306.9 万吨，5.5%）、印尼（228 万吨，4.1%）、荷兰（211.4 万吨，3.8%），上述五个国家合计占 71%。

欧洲是全球最大的废纸出口地区，2014 年出口量达到 2246 万吨，占全球废纸出口总量的 40.7%；北美洲为 2120.1 万吨，占 38.5%；亚洲为 835.7 万吨，占 15.2%；拉丁美洲为 110.5 万吨，占 2%；非洲为 25.1 万吨，占 0.5%；大洋洲 75.8 万吨，占 3.2%。

美国是全球最大的废纸出口国，2014 年出口量达到 1912.3 万吨，占全球废纸出口量的 34.7%；其他出口量较大的国家有日本（461.9 万吨，8.4%）、英国（443.6 万吨，8%）、法国（285.9 万吨，5.2%）、荷兰（247 万吨，4.5%），上述五国占全球废纸出口量的 60.8%。

四、世界废弃电器电子产品回收利用情况

从 20 世纪 90 年代末开始，发达国家纷纷通过立法，明确废弃电器电子产品回收处理相关的责任，采用生产者责任延伸制度，建立废弃电器电子产品回收处理体系。最早一批建立废弃电器电子产品回收处理立法的国家和地区有中国台湾、日本、欧盟、美国加州。随后是加拿大和韩国。近几年，澳大利亚、印度等也相继制定废弃电器电子产品回收处理管理的法规。

2015 年，废弃电器电子产品回收处理管理的立法地域和产品范围仍在不断扩大和增加。随着越来越多的废弃电器电子产品进入规范管理，废弃电器电子产品回收处理的管理模式也在不断发展。从 2012 年开始，日本推进小型电器电子产品回收处理的非 EPR 管理模式。美国不同的州，也在推进不同的 EPR 管理模式。总体来说，2015 年全球废弃电器电子产品回收处理行业持续稳步发展。

五、世界废旧轮胎回收利用情况

发达国家载重轮胎的翻新率已超过 90%，世界平均水平为 50%，而我国尚达不到 5%。这主要得益于发达国家都成立了废轮胎回收利用管理机构并针对废轮胎回收利用建立了一整套法律法规体系，有力地支持了废轮胎资源综合利用产业的发展，比如德国的"循环经济与废弃物管理法"，韩国的"资源节约与再生使用促进法"，中国台湾的"资源回收再利用法"，"废轮胎回收清除处理费费率"等。政府对废旧轮胎回收利用大力实行鼓励政策，发达国家废旧轮胎无偿利用，而且还给予补偿，并且对废旧轮胎利用产业链中的回收加工实行零税制，比如法国政府不仅禁止填埋、丢弃和焚烧废旧轮胎，同时通过减税、补贴等方式支持废旧轮胎回收企业的创业和经营，鼓励这一领域的研发，而且还出台废旧轮胎强制回收法规，给厂商规定的回收任务只计吨数（即法国境内的轮胎生产与销售商每年投放市场多少吨新轮胎，次年必须回收吨数相等的废旧轮胎，回收费用全部由生产和销售商承担）、不看生产厂家和品牌。在加拿大，大约 90% 的轿车轮胎、摩托轮胎、自行车胎以及 50% 的工程轮胎都处理成最终橡胶产品。该国的轮胎回收环保组织规定，所有轮胎生产者和轮胎销售进口商必须向环保组织支付一定的回收费用，加拿大每销售一条新

轮胎，收取 3 加元回收处理费（安大略省一年大约能收集到 7000 万加币，加拿大全国能收集到 1.6 亿加币），上述费用将用于对废旧轮胎收集/运输/处理企业以及废旧橡胶产品生产企业提供财政资助，比如处理一吨废旧轮胎提供 200 加币的补助，如利用废旧轮胎生产并销售出 1 吨 20 目的橡胶胶粉补助 150 加币等。英、德等国免费回收废轮胎，并给予利用企业减免税的政策支持。韩国 54% 的废旧轮胎被用来能源回收，21% 被用来原料回收，19% 用于其他用途，6% 被直接填埋。

欧盟（EU）的废旧轮胎回收比率最高，达到了 95%；北美（含美国和加拿大）次之，达到了 88%；排名第三的日本为 87%，非洲、俄罗斯和南美等国家和地区回收率较低。

六、世界报废船舶回收利用情况

印度、孟加拉国、巴基斯坦、土耳其和中国是目前世界上主要拆船国家，占全球船舶拆解总量的 95% 以上。2008 年金融危机爆发后，2009—2015 年五个拆船国家共计拆解废船超过 5500 万轻吨，年均拆船量约为 785 万轻吨。

（1）全球减运力、去产能仍为主旋律。全球经济复苏缓慢，航运业依旧低位运行，反映航运市场各项数据指数下行震荡起伏，过剩运力倒逼大量船舶退出航运市场，特别是石油、铁矿石等大宗商品价格持续低迷，迫使大量钻井平台、散货船闲置。2015 年全球拆解废船艘数和轻吨量虽比上一年有较大降幅，但拆解废船绝对量依旧可观。

据国际有关机构统计，2015 年，孟加拉国、印度、巴基斯坦、土耳其和中国拆船总量为 768 艘，合计 712.87 万轻吨。孟加拉国取代上年度的印度，拆船艘数和轻吨量位居第一位，分别为 209 艘和 223.88 万轻吨，其他依次为印度、中国、巴基斯坦和土耳其，2015 年世界拆船五国船舶拆解数据表，详见表 72。

表 72　　　　　　　　　　**2015 年世界拆船五国船舶拆解数据**

国家	孟加拉国	印度	中国	巴基斯坦	土耳其	合计
艘数	209	196	179	71	113	768
拆解量（万轻吨）	223.88	174.96	162.6	91.23	60.2	712.87

（2）国际废船价格高位回落。由于全球大宗商品需求下降，2015 年国际钢材、铁矿石、原油、煤炭以及废钢价格开始走低，直接导致国际废船价格下跌，印度、孟加拉等国拆船价格由最高超过 500 美元/轻吨，下降至年末的 300 美元/轻吨左右。

（3）国际拆船量大幅下降。据统计分析，2015 年国际拆船艘数比上一年下降 27.68%，轻吨量下降 15.59%。

（4）全球环保拆船意识尚待提高。由于市场低迷，船东或航运企业步履维艰，绝大多数航运企业或船东十分关注废船价格，追求其价值最大化，因此，国际上大量大型废船流向拆船价格较高的拆船国家拆解，而环保拆解方式并非首选项。

在我国，拆船价格虽亦随国际废船价格大幅下跌而下降，但与南亚拆船国的价差并没有缩小，据初步估算，2015 年国内拆船企业采买废船均价与其差价有所收窄，但仍在 120 美元/轻吨以上。保有绿色拆船能力的国内拆船企业依旧难现国际废船交易的竞争优势。

（5）签署《2009 香港国际安全与无害环境拆船公约》进程缓慢，截至 2015 年年底，只有法国、意大利、荷兰、土耳其等几个国家签署或批准了公约。据悉，巴拿马等一些国家正在或准备启动签约工作，但按该公约生效条件，距离公约正式生效尚需时日。

（6）欧盟委员会为推进盟内各成员国绿色拆船，2013 年制定了《欧盟新拆船法案》。为尽早使法案付诸实施，欧盟委员会着手组织制定欧盟船旗废船拆解清单申请指南，以便盟外国家符合法案条件的拆船厂申请进入欧盟清单，但受各方面因素影响，进展缓慢。

（7）一些国际组织、政府、NGO（非政府）组织和专业机构积极呼吁全球禁止冲滩拆船。挪威船东协会 2015 年明确提出该国船东禁止在不符合安全环保的拆船设施拆解报废船舶的倡议。

为提高一些拆船国家安全环保拆船标准，国际海事组织（IMO）会同巴塞尔、鹿特丹和斯德哥尔摩公约秘书处以及挪威发展合作署与孟加拉国政府协同工作和努力，2015 年 IMO 与孟加拉国政府启动了"孟加拉国安全与无害环境拆船"新项目。

七、世界废电池回收利用情况

目前，世界上发达国家几乎都对废电池进行回收和管理。电池中所含的有害物质，一般认为是汞、镉、砷和铅，因此从对废电池的环境无害化管理来说，重点对象是废含汞电池、镉镍电池和铅蓄电池。而从资源回收的角度看，废铅蓄电池、氢镍电池、锂离子电池与锂原电池为重点回收对象。

美国、日本、欧盟等国没有把居民日常生活中用的普通干电池看成危险废物，也没有要求强制收集处理普通干电池的法律。少数发达国家的电池（子）工业协会、少数城市曾组织过普通干电池的收集活动，但现在此类活动已经很少了。发达国家有关废电池的政策大致分两类。第一类是针对普通干电池的。要求制造商逐步降低电池中的汞含量，禁止向电池中添加汞。对于报废的普通干电池，不要求强制单独收集处理。第二类是针对可充电电池的。通过立法途径，要求制造商逐步采用镍氢电池、锂离子电池淘汰或限制配套使用含镉电池。

德国曾实施废电池回收管理规定。要求消费者将用完的干电池、纽扣电池等电池送交商店或废品回收站回收，商店或废品回收站必须无条件接受，并转送处理厂；对有毒的镍镉电池和含汞电池实行押金制度：消费者购买每节电池中含有一定的押金，可以以旧换新并在新电池价格中扣除押金。

另外，一些国家还制定了一些相关政策。如美国、日本等国的废旧电池回收后交到企业处理，每处理一吨政府给予一定补贴。韩国生产电池的厂家，每生产一吨电池要交一定数量的保证金，用于回收者、处理者的相关费用，并指定专门工厂进行处理。还有的国家对电池生产企业征收环境治理税，或对废旧电池处理企业进行减免税等。

第十八章　美国再生资源回收利用概况

一、废钢铁回收利用情况

美国粗钢产量 2013 年有所下降，而 2014 年同比增长 1.5% 至 0.882 亿吨，废钢铁使用量增加的更多，同比增长 5.1% 至 0.62 亿吨。其中的一个原因是 2014 年美国电弧炉生产的粗钢产量增长了 4.9% 至 0.552 亿吨。相当于美国粗钢产量的 62.6%。此外，2014 年美国主要生铁产量同比下降 3.1% 至 0.294 亿吨。2010—2014 年美国用于炼钢的废钢铁消耗，详见图 57。

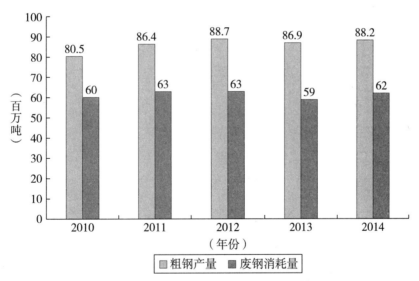

图 57　2010—2014 年美国用于炼钢的废钢铁消耗

资料来源：国际钢铁协会、美国废料工业协会和国际回收局。

2014 年，美国废钢铁进口量同比增长 8.6%，达 421.5 万吨。美国适时地改善海外出货量，废钢铁出口同比下降约 17.1% 至 1534 万吨。2014 年美国出口量下降，主要是由于出口到以下国家及地区废钢铁量的减少：中国大陆（同比下降 56.8%，至 79 万吨）、土耳其（同比下降 30.9%，至 361.6 万吨）、韩国（同比下降 32.8%，至 170.5 万吨）和中国台湾（同比下降 11.3%，至 268.2 万吨）。2010—2014 年美国废钢铁出口量，详见表 73。2014 年美国废钢铁出口主要面向国家及地区，详见表 74。2014—2015 年美国 HMS1

重型重熔废钢铁出口价格，详见图58。

表73	2010—2014年美国废钢铁出口量	单位：万吨

年份	废钢铁出口量
2010	2055.6
2011	2437.3
2012	2139.7
2013	1849.5
2014	1534.0
2014年比2013年增减（%）	-17.1

资料来源：德国钢铁经济联合会。

表74	2014年美国废钢铁出口主要面向国家及地区		单位：万吨

国家或地区	出口量	2014年比2013年增减（%）
土耳其	361.6	-30.9
中国台湾	268.2	-11.3
韩国	170.5	-32.8
加拿大	97.4	6.6
印度	84.1	-3.6
中国大陆	79.0	-56.8
墨西哥	76.8	10.0

资料来源：德国钢铁经济联合会。

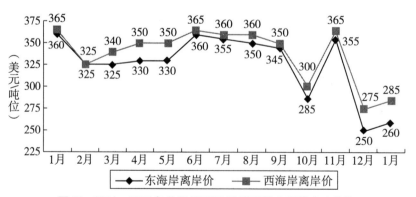

图58 2014—2015年美国HMS1重型重熔废钢铁出口价格

资料来源：《国际回收》杂志。

二、废有色金属回收利用情况

美国废金属回收一直居世界前列。近年美国主要再生金属产量见表75。

表 75			近年美国主要再生金属产量		单位：万吨
年份	2010	2011	2012	2013	2014
再生铜产量	3.8	3.8	3.6	4.7	4.6
再生铝产量	267.1	301.2	343.3	348.2	363.7
再生铅产量	114.0	118.9	118.5	119.0	112.0
合计	384.9	423.9	465.4	471.9	480.3

据美国地质勘探局（United States Geological Survey，USGS）统计，2015年美国再生铝产量达到385万吨，较2014年增长了5.9%；再生铅产量112万吨，占其表观消费量的70%。

铝罐料回收是美国再生铝原料的一大来源。据美国铝业协会（The Aluminium Association）统计，2014年美国回收废铝罐593亿只，回收率达到66.5%，比2013年提高了2个百分点。美国近年铝罐回收情况统计，详见表76。

表 76	美国近年铝罐回收情况统计	
年份	铝罐回收量（万吨）	铝罐回收数目（亿只）
2006	68.86	519
2007	71.49	538
2008	70.62	532
2009	73.21	555
2010	73.94	559
2011	79.92	609
2012	80.42	616
2013	78.06	601
2014	—	593

三、废塑料回收利用情况

美国实行单流塑料回收系统，该系统使分类回收的成本更低、操作更便利，也增加了资源再循环率。废塑料回收体系相对完善。2015 年，美国塑料瓶回收量持续上升，超过 3 百万磅价值的塑料瓶被回收。未来 5 年美国再生塑料市场发展将继续扩大。

四、废纸回收利用情况

近些年来，美国的森林产业年产值约为 2000 亿美元，占全美制造业国内生产总值的 4.5%，并且为全国 90 多万人提供就业机会，该行业就业水平超过了汽车、化工、塑料行业。美国森林产业从业人员全年收入约 500 亿美元，在美国 47 个州的制造业中跻身前十强。

纸品行业是森林产业中重要的一部分。美国是纸品生产大国，同时也是消费大国。2012 年，美国纸品表观消费量达到 7121.2 万吨。

在美国，废纸回收行业已经在全国范围内发展成熟、完善。在全美范围内，几乎每个州和每个城市的管理部门都在制定相关法律法规，并且为废纸回收创造更多有利条件。美国的废纸回收市场是一个复杂的系统，并且受到欧洲经济衰退和中国经济增速放缓这两个因素的影响，美国废纸回收率有所回落，从 2011 年的 66.8% 降至 2012 年的 65.1%。2011—2012 年美国废纸回收情况，详见表 77。2012 年，美国出口到西欧的废纸同比削减了 33%，出口到加拿大的废纸量同比减少了 19.1%，出口到墨西哥的废纸量同比减少了 24.1%，对最大出口面向国家中国的出口量同比减少了 0.8%。

2012 年，美国废纸回收值达 84 亿美元，回收量共计 4635 万吨，同比略有减少，但回收率仍在 60% 以上，达到 65.1%，仅次于 2011 年的 66.8%。2012 年，美国废纸出口到 85 个国家，出口量 2024 万吨，出口值大约 35 亿美元。2012 年美国废纸出口情况，详见表 78。

表 77　　　　　　　　　　2011—2012 年美国废纸回收情况

年份	表观消费量（万吨）	回收量（万吨）	回收率（%）
2011	7163.0	4786.9	66.8
2012	7121.2	4635.0	65.1

资料来源：美国林业及纸业协会。

表 78　　　　　　　　　　2012 年美国废纸出口情况

出口废纸种类	数量（万吨）
起皱的废旧包装	968.5
废高级脱墨纸	65.6
混合废纸	413.7
废新闻纸	222.2

续　表

出口废纸种类	数量（万吨）
纸浆替代物	137.6
其他废纸	216.5
总计	2024

美国回收的各类废纸，在国内进行回收处理的部分当中，占比例最大的是瓦楞纸板原纸，约为1425.8万吨，占回收各类废纸的31%。2012年美国废纸回收种类分布统计，详见表79、图59。

表79　　　　　　　　　　　　2012年美国废纸回收种类分布统计

种类	数量（万吨）	所占百分比（%）
新闻纸	128.4	3
纸巾	389.9	8
瓦楞纸板原纸	1425.8	31
箱纸板	549.2	12
其他	228.1	5
净出口	1913.6	41

资料来源：美国人口调查局，美国林业及纸业协会。

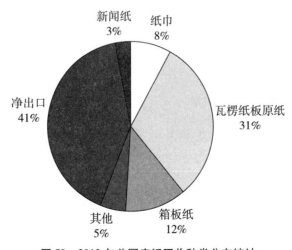

图59　2012年美国废纸回收种类分布统计

五、废弃电器电子产品回收利用情况

1976 年，美国发布了《资源保护和循环利用法》（RCRA）。该法是美国固体废物，包括有害废物管理的基础。与欧盟不同，美国没有联邦层面的废弃电器电子产品回收利用立法。废弃电器电子产品回收利用的立法权在美国州政府。美国各州对 WEEE（电子废弃物）回收利用的要求不相同。从 2003 年以来，美国已有加州、缅因州、纽约州等 25 个州针对 WEEE 中的电子产品的回收利用进行了州立法，采用类似欧盟的生产者延伸责任制的管理模式。图 60 为美国电子废弃物法律实行情况。其中，加州是美国电子废物立法最早，也是回收利用体系比较完善的州。

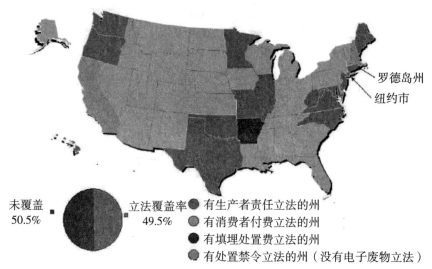

图 60 美国电子废弃物法律实行情况

虽然，美国联邦政府没有制定废弃电器电子产品回收利用法，近年来，美国政府一直在通过各种政策推动废弃电器电子产品的回收利用。

（一）可持续材料管理（SMM）政策

2012 年 9 月，美国环保部启动 SMM 政策，即可持续材料管理——电子产品挑战（Sustainable Materials Management——Electronics Challenge）。该政策要求参与的生产商或零售商承诺在加入该体系的第三年，将从公众、企业收集到的废弃电子产品 100% 送往取得认证的电子废物处理企业，以增加电子废物收集和回收利用的数量，并向公众公布电子废物收集方案和回收利用数据。表 80 为参与 SMM 的生产商和销售商名单。

表 80	参与 SMM 的生产商和销售商名单
产品名称	企业名称
手机	Best Buy、Staples、Dell、LG、Samsung、Sprint
微型计算机	Best Buy、Staples、Dell、Panasonic、Samsung、Sony
电视机	Best Buy、Staples、LG、Panasonic、Samsung、Sony

（二）认证的电子废物处理企业

美国环保部鼓励电子废物的处理企业参加电子废物处理企业的第三方认证。认证机构采用 e – Stewards 或 R2 标准进行电子废物处理企业认证。通过认证的电子废物处理企业可以通过规范的电子废物处理，减少电子废物对环境和人员健康的影响；增加电子废物再使用的机会；同时通过回收利用再生资源，减少对原生材料的消耗。

此外，为了更容易找到获得认证的电子废物处理企业，美国环保部开发了获得认证的处理企业交互式地图，提供全美范围获得 e – Stewards 或 R2 认证的企业信息。截至 2015 年 7 月，获得 e – Stewards 或 R2 认证的电子废物处理企业分布，详见图 61。截至 2015 年 7 月，同时获得 e – Stewards 和 R2 认证的电子废物处理企业分布，详见图 62。

图 61　获得 e – Stewards 或 R2 认证的电子废物处理企业分布

六、废轮胎回收利用情况

美国是世界上轮胎翻新最发达的国家，废轮胎年产量达 3 亿条，其产量一直居全球之首，废旧轮胎已成为美国最大的可持续利用的资源，也是美国制造业第三大可利用的原材

图 62　同时获得 e – Stewards 和 R2 认证的电子废物处理企业分布

料。由于经济方面的原因，轿车轮胎翻新量日渐减少，目前基本上不再翻新，但载重轮胎的翻新量增长幅度较大，几乎全部的客货载重轮胎都进行翻新再利用，轿车替换胎翻新率也已达 60% 以上。针对废轮胎的回收、运输、处理和再利用，美国政府以立法的形式（如"轮胎回收利用法""废旧轮胎回收处理再利用法"），强制推动废轮胎回收利用市场的发展。

　　除了翻新再利用，美国废轮胎的处理方法还包括：用作燃料；用作土木工程项目；用作改性沥青修公路；被重复利用通过切割/冲压/打孔生产鞋底、消声装置、码头后保护设施等产品；被用于农业及其他用途；出口；被掩埋。在上述处理方法中，用作燃料，用于土木工程建设及制成胶粉改性沥青修公路是废旧轮胎的三大主要用途，而且废轮胎胶粉用来制备体育场和游乐场橡胶地板，也是美国废轮胎回收利用增长最快和用量最大的两种用途。在这两个应用领域，美国每年大约要消耗掉 1300 万条废轮胎。

　　美国在废轮胎回收处理再利用方面的政策与立法主要包括以下两个方面：

　　一是严格的行业准入制度。据了解，废轮胎的运输（10 条以上）、堆放（500 条以上）、处理（无论何种方法）均实行政府审批制度和许可证制度，具体操作由州环保局审批。

　　二是专项基金收费和补偿制度。按照"谁污染，谁处理"的原则，由消费者承担相应的社会经济责任，而每回收处理一条废轮胎，政府补贴 0.5 ~ 1 美元。

第十九章 欧盟再生资源回收利用概况

一、废钢铁回收利用情况

2014 年，欧盟 28 国废钢消耗量增加（同比增长 1% 至 0.913 亿吨），而该地区粗钢产量以更大幅度增加（同比增长 1.8% 至 1.693 亿吨）。最大的废钢使用国有意大利（同比增长 0.5% 至 0.197 亿吨），德国（同比下降 1.7% 至 0.191 亿吨），西班牙（同比增长 1% 至 0.114 亿吨）和法国（同比增长 2% 至 0.077 亿吨）。2014 年欧盟电弧炉生产的粗钢约占粗钢产量的 39%（2013 年为 39.6%）。2010—2014 年欧盟粗钢产量及废钢铁消耗量，详见图 63。2013—2014 年欧盟主要国家粗钢产量，详见表 81。2013—2014 年欧盟主要国家废钢铁消耗量，详见表 82。

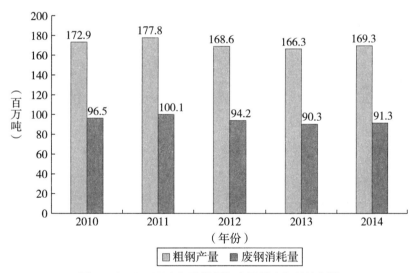

图 63 2010—2014 年欧盟粗钢产量及废钢铁消耗量

资料来源：国际钢铁协会和欧洲钢铁工业联盟。

表 81	2013—2014 年欧盟主要国家粗钢产量		单位：万吨
国家	2013 年	2014 年	同比增减幅度（%）
奥地利	795.3	785.9	-1.2
比利时	709.3	733.1	3.4

续　表

国家	2013 年	2014 年	同比增减幅度（%）
保加利亚	52.3	61.2	17
捷克	517.1	536.0	3.7
芬兰	351.7	380.7	8.2
法国	1568.5	1614.3	2.9
德国	4264.5	4294.3	0.7
希腊	103.0	102.2	−0.8
匈牙利	88.3	115.2	30.5
意大利	2408.0	2373.5	−1.4
拉脱维亚	19.8	0	−100
卢森堡	209.0	219.3	4.9
荷兰	671.3	696.4	3.7
波兰	795.0	854.1	7.4
葡萄牙	205.0	207.0	1.0
罗马尼亚	298.5	315.8	5.8
斯洛伐克	451.1	470.5	4.3
斯洛文尼亚	61.8	61.5	−0.5
西班牙	1425.2	1435.3	0.7
瑞典	440.4	454.9	3.3
克罗地亚	13.5	16.7	23.7
欧盟 27 国总计	166.343	169.297	1.8

资料来源：国际钢铁协会。

表 82　　　　　　　**2013—2014 年欧盟主要国家废钢铁消耗量**　　　　单位：万吨

国家	2013 年	2014 年	同比增减幅度（%）
奥地利	274.5	272.8	−0.6
比利时	268.5	288.1	7.3
保加利亚	57.0	66.8	17.2
捷克	189.7	193.4	2.0
芬兰	168.9	188.1	11.4

续　表

国家	2013 年	2014 年	同比增减幅度（%）
法国	757.5	773	2.0
德国	1939.7	1906.6	-1.7
希腊	121.2	120.2	-0.8
匈牙利	31.9	39	22.3
意大利	1960.2	1969.0	0.4
拉脱维亚	24.5	0	-100
卢森堡	234.0	245.6	5.0
荷兰	169.3	175.1	3.4
波兰	503.7	510.4	1.3
葡萄牙	223.7	230.9	3.2
罗马尼亚	154.3	172.3	11.7
斯洛伐克	144.5	150.9	4.4
斯洛文尼亚	72.2	70.7	-2.1
西班牙	1127.6	1138.5	1.0
瑞典	203.6	209.1	2.7
克罗地亚	0	0	0
欧盟 27 国总计	9034.7	9125.9	1.0

资料来源：欧洲钢铁工业联盟。

2014 年，欧盟 28 国的废钢铁进口量有所减少（同比下降 2%，至 313.7 万吨），但废钢铁出口在同比增长 0.3% 至 1685.9 万吨后，成为领先的废钢出口国。2010—2014 年欧盟废钢铁进口量，详见表 83；2010—2014 年欧盟废钢铁出口量，详见表 84。

表 83　　　　　　　　　2010—2014 年欧盟废钢铁进口量　　　　　　　单位：万吨

年份	废钢铁进口量
2010	364.6
2011	371.4
2012	320.3
2013	319.1
2014	313.7
2014 年比 2013 年增减（%）	-2.0

表 84　　　　　　　　**2010—2014 年欧盟废钢铁出口量**　　　　　　　单位：万吨

年份	废钢铁出口量
2010	1903.3
2011	1881.3
2012	1957.9
2013	1680.6
2014	1685.9
2014 年比 2013 年增减（%）	0.3

欧盟 28 国废钢的主要进口国有：土耳其（同比下降 5.6%，至 993.6 万吨）、埃及（同比增长 12.4%，至 178.6 万吨）和印度（同比增长 12.5%，至 152.3 万吨）。2013—2014 年欧盟主要废钢铁出口国对第三方国家出口数量，详见表 85。

表 85　　　　　**2013—2014 年欧盟主要废钢铁出口国对第三方国家出口数量**　　　　单位：万吨

出口国	2013 年出口	2014 年出口	同比增长（%）	主要进口国	2013 年进口	2014 年进口	同比增长（%）
英国	474	497.3	4.9	土耳其	250.5	226.5	−9.6
				印度	67.0	80.6	20.3
				埃及	50.3	73.9	46.9
				巴基斯坦	18.0	34.4	91.1
				摩洛哥	5.2	16.9	225
				美国	13.9	17.7	27.3
荷兰	209.0	183.7	−12.1	土耳其	137.1	115.4	−15.8
				美国	2.9	16.1	455.2
				印度	12.9	13.6	5.4
				埃及	24.6	13	−47.8
				中国大陆	17.4	12.4	−28.7
比利时	210.7	258.3	22.6	土耳其	114.3	158.3	38.5
				埃及	74.1	84.9	14.6

续　表

出口国	2013 年出口	2014 年出口	同比增长（%）	主要进口国	2013 年进口	2014 年进口	同比增长（%）
德国	121.8	142.9	17.3	土耳其	54.7	68.9	26
				瑞士	28.5	30.5	7.0
				印度	16.2	21.1	30.2
法国	68.5	57.4	-16.2	土耳其	37.5	30.0	-20.0
				摩洛哥	12.9	9.8	-24.0
				瑞士	7.6	7.3	-4.0
罗马尼亚	171.4	111.4	-35.0	土耳其	167.0	106.1	-36.5
瑞典	67.8	77.1	13.7	土耳其	31.2	27.2	-12.8
				挪威	9.4	9.7	3.2
				美国	11.4	20.4	78.9
保加利亚	57.6	36.9	-35.9	土耳其	56.5	30.7	-45.7
欧盟 28 国总计	1680.6	1685.9	0.3				

资料来源：德国钢铁经济联合会。

2014 年，欧盟 28 国的内部废钢贸易量为 3015.3 万吨（同比增长 1.7%）——该数据证实了欧盟国内部交易在原材料供应链（欧洲粗钢生产供应链）上发挥了积极作用。在欧盟成员国之间的废钢铁贸易中，德国仍是最大的废钢铁出口国，2014 年向欧盟其他成员国出口废钢铁 774.7 万吨，主要面向国家有意大利、荷兰、卢森堡、比利时、法国等。欧盟成员国之间的其他主要废钢铁出口国有法国、荷兰、英国等。2013—2014 年欧盟成员国之间废钢铁出口数量，详见表 86。2014—2015 年 HMS80/20 重型重熔废钢欧盟出口到土耳其的成本加运费，详见图 64。

表 86　　　　2013—2014 年欧盟成员国之间废钢铁出口数量　　　　单位：万吨

出口国	2013 年出口	2014 年出口	同比增长（%）	主要进口国	2013 年进口	2014 年进口	同比增长（%）
德国	801.9	774.7	-3.4	意大利	184.5	169.6	-8.1
				荷兰	178.1	180.3	1.2
				卢森堡	118.7	121.2	2.1
				比利时	121.7	111.3	-8.5
				法国	99.0	86.4	-12.7

续　表

出口国	2013 年出口	2014 年出口	同比增长（%）	主要进口国	2013 年进口	2014 年进口	同比增长（%）
法国	549.0	567.1	3.3	西班牙	156.4	165.2	5.6
				比利时	134.3	149.9	11.6
				卢森堡	125.3	123.4	-1.5
				意大利	63.1	63.9	1.3
荷兰	273.3	257.2	-5.9	比利时	91.3	86.5	-5.3
				德国	85.6	79.6	-7.0
英国	220.7	200.1	-9.3	西班牙	124.4	98.0	-21.2
				葡萄牙	49.0	52.6	7.3
				法国	25.8	25.8	0
捷克	185.1	197.4	6.6	德国	79.0	79.8	1.0
				奥地利	31.1	40.3	29.6
				意大利	31.6	31.8	0.6
波兰	169.9	179.2	5.5	德国	100.4	101.6	1.2
				捷克	38.6	41.5	7.5
比利时	117.0	137.2	17.3	法国	59.8	76.4	27.8
				荷兰	22.6	22.6	0
				卢森堡	21.5	22.4	4.2
奥地利	91.1	104.3	14.5	意大利	45.7	56.6	23.9
				德国	33.0	34.0	3.0
欧盟 28 国总计	2966.3	3015.3	1.7				

资料来源：德国钢铁经济联合会。

二、废有色金属回收利用情况

欧盟国家对废弃物的回收一直居世界领先水平。2014 年，欧洲精铜产量 370 万吨，占全球总产量的 16.1%，废铜产量 98.2 万吨，占全球废铜总产量的 21.6%，其中德国的再生铜产量仅次于中国和日本。

2014 年，欧洲原铝产量 783 万吨，占全球总产量的 16.5%，除俄罗斯和挪威原铝产

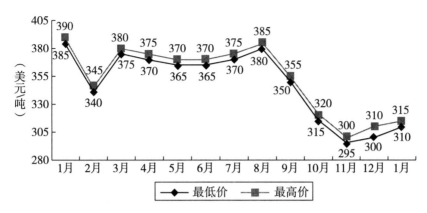

图 64　2014—2015 年 HMS80/20 重型重熔废钢欧盟出口到土耳其的成本加运费

资料来源:《国际回收》杂志。

量超过 100 万吨,欧洲其他国家原铝产量普遍很低,但欧洲再生铝产量达到 254 万吨,占全球总产量的 22.7%,再生铝产量前 10 位的国家中,欧洲占了近一半。

2013 年,欧洲国家的精铅产量合计 184 万吨,占全球总产量的 17.6%,再生铅产量 131 万吨,占全球总产量的 23.5%。

《中国有色金属工业年鉴》和《有色金属统计信息》对世界主要国家和地区的铜、铝、铅等常用有色金属产量和消费量进行了统计,主要欧盟国家近年有色金属生产及消费情况见表 87 至表 91。

表 87	德国近年有色金属生产及消费情况			单位:万吨
年份	2011	2012	2013	2014
精铜产量	70.4	66.8	68.0	67.3
精铜消费量	131.2	109.3	113.6	116.2
废铜产量	30.2	28.4	28.1	28.5
原铝产量	40.3	41.0	49.2	53.1
原铝消费量	191.2	208.4	208.3	229.0
再生铝产量	61.1	63.5	59.7	59.9
精铅产量	40.5	42.2	40.0	38.0
精铅消费量	34.3	37.7	39.2	33.7
再生铅产量	27.0	28.5	24.3	24.8

注:2010—2013 年数据来源《中国有色金属工业年鉴》,2014 年数据来源《有色金属统计信息》(有色金属技术经济研究院编,以下同)。

表 88　　　　　　　　　英国近年有色金属生产及消费情况　　　　　　单位：万吨

年份	2011	2012	2013	2014
原铝产量	21.3	6.0	4.5	4.1
原铝消费量	27.0	27.0	27.0	27.0
再生铝产量	10.0	14.9	14.9	14.9
精铅产量	27.4	31.3	32.9	26.7
精铅消费量	21.0	21.1	27.4	20.8
再生铅产量	14.4	15.6	15.5	15.7

表 89　　　　　　　　　意大利近年有色金属生产及消费情况　　　　　　单位：万吨

年份	2011	2012	2013	2014
精铜产量	0.1	0	0	0
精铜消费量	60.2	58.3	55.2	62.2
废铜产量	5.9	0.8	0.5	0.5
原铝产量	13.0	7.2	－	－
原铝消费量	97.1	74.2	70.9	81.1
再生铝产量	79.5	72.6	66.4	73.5
精铅产量	17.5	15.0	18.0	21.0
精铅消费量	25.9	22.7	23.5	25.8
再生铅产量	17.5	15.0	15.1	16.0

表 90　　　　　　　　　法国近年有色金属生产及消费情况　　　　　　单位：万吨

年份	2011	2012	2013	2014
原铝产量	33.5	34.9	34.3	41.0
原铝消费量	58.4	54.6	58.8	69.4
再生铝产量	14.9	18.1	18.1	18.1
精铅产量	6.7	8.4	7.1	7.2
精铅消费量	6.1	6.3	5.8	7.0
再生铅产量	6.6	8.4	7.1	7.2

表91　　　　　　　　　西班牙近年有色金属生产及消费情况　　　　　　　　　单位：万吨

年份	2011	2012	2013	2014
精铜产量	34.3	52.3	35.1	42.8
精铜消费量	31.9	32.0	29.8	31.1
废铜产量	4.5	4.5	6.8	7.3
原铝产量	33.0	31.8	25.0	23.0
原铝消费量	52.4	50.5	42.5	47.6
再生铝产量	29.5	27.6	26.8	27.3
精铅产量	17.0	17.0	16.0	16.2
精铅消费量	26.3	22.8	25.7	24.5
再生铅产量	17.0	17.0	16.0	16.2

三、废塑料回收利用情况

据报道，2014年欧洲大约有640万吨废塑料得以有效循环再生，其中300万吨（46%）出口到了亚洲。废塑料的产生总量较2012年增长了2.1%，用于再生的量增长约6.3%。在欧洲现在使用的塑料中有40%是回收料。

欧盟法规的制定：欧洲转向一个更加有效利用资源的循环经济，提出了对废塑料回收更高的标准要求。新法规致力于发展包括塑料再生的欧洲节约型资源循环经济。

欧洲未来的塑料回收量和技术发展需求均会一直保持增长的态势，全民对此的关注程度和政府对循环事业的政策保护也会在长时间内保持很高的热度。未来欧洲的塑料回收行业与中国市场的关系将不会简单的是在劳动力上，而应该在技术、市场等方面进行深入的合作。

四、废弃电器电子产品回收利用情况

（一）政策措施

2003年2月13日，欧盟公布报废电子电气设备指令（简称WEEE指令）。WEEE指令实施5年后，欧盟委员会对WEEE指令进行修订，并于2012年7月4日公布WEEE指令2012。2012年7月24日生效。

WEEE指令2012与WEEE指令2003相比，条款从原来19条条款扩展到27条条款，增加了运输与处理、许可、WEEE 装运、收集目标、授权代表、管理合作和信息交流等新的条款。在内容上具有较大变化的是，修订了 WEEE 的分类方法，提高了 WEEE 的收集率、再使用和再生利用、回收利用率目标。

（二）欧盟 WEEE 回收处理最新实施情况

根据欧盟 WEEE FORUM 统计，2010—2014 年，欧洲废弃电器电子产品收集量总体呈现上升的趋势，2010—2014 年欧盟各国废弃电器电子产品回收量，详见图 65。其中，2014 年，欧洲废弃电器电子产品的收集量达到 295 万吨，较同期增长 2%。

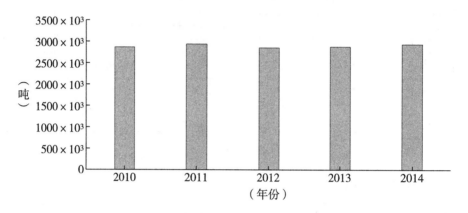

图 65　2010—2014 年欧盟各国废弃电器电子产品回收量

数据来源：WF REPTOOL。

五、废轮胎回收利用情况

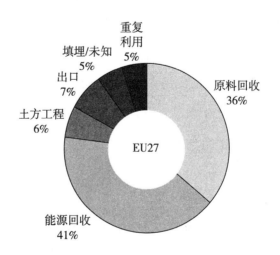

图 66　废旧轮胎回收利用情况

　　2015 年，包括汽车、飞机、农用车等共产生 400 万吨废旧轮胎；对于这些废旧轮胎的处理，其中 41％被用来能源回收，36％被用来原料回收，7％出口，6％用于土方工程，还有各 5％被直接填埋或重复利用，废旧轮胎回收利用情况，详见图 66。欧盟前五位国家的废旧轮胎处理量占整个欧盟的 60％左右，其中排名前 4 位（按照先后顺序）的国家是：德国、法国、意大利和西班牙。下一步，欧洲的目标是将用于填埋的废旧轮胎数降低，争取到 2020 年达到零填埋。政策方面，欧盟实施年检和保险强制措施：花纹超过磨耗极限，年检不通过，保险也不理赔。欧盟轿车轮胎的替换用翻新胎是 32％，包括飞机都普遍用翻新胎。而对于废旧轮胎回收与处理的相关机制，欧盟国家主要采取以下 3 种方式：①生产责任延伸制，比如法国、西班牙、瑞典、土耳其等国家；②自由市场机制，比如英国、德国、奥地利等国家；③政府以特地税收或政策引导管理的机制，比如克罗地亚、丹麦、斯洛伐克等国家。

第二十章 日本再生资源回收利用概况

一、废钢铁回收利用情况

2014 年，日本粗钢产量达 1.107 亿吨，同比增长 0.1%。日本废钢使用量小幅增加（同比增长 0.6% 至 0.369 亿吨）略大于其粗钢产量的增加。2010—2014 年日本用于炼钢的废钢消耗，详见图 67。2014 年，日本电弧炉炼钢的产量占粗钢产量的 23.2%（而 2013 年为 22.5%）。日本的废钢铁出口量同比下降 9.6%，至 735.1 万吨。日本废钢铁出口下降，主要是由于出口至以下国家的废钢铁量急剧下降：韩国（同比下降 19%，至 380.9 万吨）和中国（同比下降 19.1%，至 210.6 万吨）。2010—2014 年日本废钢铁出口量，详见表 92。2014 年日本废钢铁出口主要面向国家及地区，详见表 93。

表 92　　　　　　　　　　**2010—2014 年日本废钢铁出口量**　　　　　　　单位：万吨

年份	废钢铁出口量
2010	647.2
2011	544.2
2012	858.6
2013	812.9
2014	735.1
2014 年比 2013 年增减（%）	−9.6

资料来源：德国钢铁经济联合会。

表 93　　　　　　　　　**2014 年日本废钢铁出口主要面向国家及地区**

国家或地区	废钢铁出口量（万吨）	2014 年比 2013 年增减（%）
韩国	380.9	−19.0
中国大陆	210.6	−19.1
越南	75.3	81.9
中国台湾	60.8	94.2

资料来源：德国钢铁经济联合会。

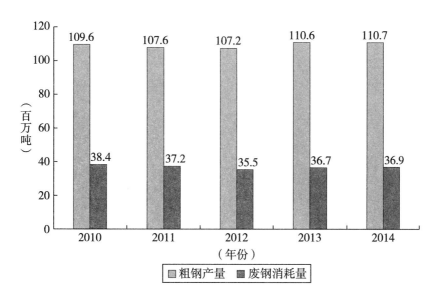

图 67 2010—2014 年日本用于炼钢的废钢消耗

资料来源：国际钢铁协会和日本经济产业省。

二、废有色金属回收利用情况

日本从 1994 年开始实施电池收回计划，零售商家、汽车销售商和加油站免费从消费者处回收废旧电池。2014 年，日本再生铅产量 15.3 万吨，位于全球第 10 位。2015 年上半年再生铅产量 7.3 万吨，与上年同期基本持平。

日本不生产原铝，2014 年再生铝产量 83.9 万吨，位于全球第 3 位，产量仅次于美国和中国，再生铝产量占铝消费量的 41%，其余均为进口。日本近年有色金属生产及消费情况，详见表 94。

表 94 日本近年有色金属生产及消费情况 单位：万吨

年份	2011	2012	2013	2014
精铜产量	132.8	151.6	156.3	155.4
精铜消费量	100.9	99.1	99.6	107.2
废铜产量	27.0	30.3	31.4	31.0
原铝消费量	194.6	198.2	177.2	203.4
再生铝产量	76.0	78.8	80.9	83.9
精铅产量	24.9	25.2	25.2	24.0
精铅消费量	23.2	26.5	25.6	25.5
再生铅产量	14.9	16.1	16.0	15.3

三、废弃电器电子产品回收利用情况

（一）政策措施

20 世纪 80 年代以后，日本开始节约实施能源和保护环境的相关措施。90 年代以后，日本政府不断完善促进循环型社会建设的法律体系。目前，日本已经形成了比较健全的促进循环型社会的三级法律体系，日本循环型社会法律体系，详见图 68。

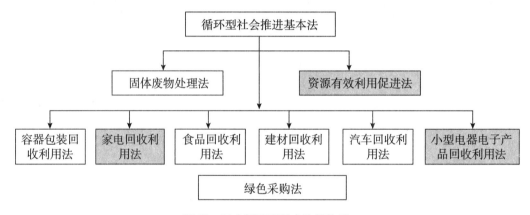

图 68　日本循环型社会法律体系

1. 资源有效利用促进法

1999 年，日本发布《资源有效利用促进法》，旨在综合推进控制产生废弃物、零件等再使用，报废产品等材料的再生利用；规定了制造商在产品的设计、制造阶段 3R 手段（减量化、再使用和再生利用）的运用。2000 年该法进行修订，并于 2001 年 4 月修订法实施。

修订法规定了 10 个行业 69 种产品制造商、消费者、政府和地方公共团体的责任。其中，微型计算机和小型充电电池为"指定再资源化产品"（应回收处理和再资源化利用的产品）。

2. 家电回收利用法

1998 年 6 月，日本公布《家电回收利用法》，2001 年 4 月实施。该法明确了从家庭废弃的家电产品，消费者、零售商、家电生产商等应分担的责任，并应促使其减量化和再生利用。家电生产商、进口商的责任是从零售商处回收 4 种废家电，并对回收的废家电进行再生利用。家电零售商的责任是从废弃者处回收 4 种废家电；"以旧换新"回收废家电；履行"家电再商品化券"手续。消费者（废弃者）的责任是交付废家电；支付废家电的收集、搬运、再生利用费用。处理商的责任是接受委托，对 4 种废家电进行再生利用。市镇村的责任是向家电生产商、处理商交付收集到的废家电，也可自行对其再生利用。

2009 年日本修订家电再商品化法，对 4 种家电的再商品化率做了调整。空调器从 60% 调整到 70%，电视机 55% 不变，电冰箱从 50% 调整到 65%，洗衣机从 50% 调整到 65%。此外，新增加衣服干燥机、液晶和等离子电视机，其再商品化率分别为 65%、50% 和 50%。

3. 小型电器电子产品回收利用法

2012 年 3 月 9 日，日本政府内阁会议通过《小型电器电子产品回收利用法》，并于 2013 年 4 月 1 日正式实施。该法旨在推进从废手机、数码相机等电子产品中回收贵金属和稀有金属，促进资源的再利用。该法规定，由环境省与经济产业省制定回收目标量等基本方针，并规定消费者和普通企业有义务在回收小型废弃电器电子产品时配合分类回收。对于产品制造商，法案要求产品生态设计，降低回收成本，并积极推进稀有金属再利用。

（二）日本废家电回收处理最新实施情况

《家电回收利用法》实施后，在日本家电制造企业分为 A 组和 B 组，共建成 48 个处理厂，380 个回收站。2014 年，日本废家电的回收量为 1086.1 万台，同比降低 15%；废家电处理量 1037.5 万台，同比降低 14%，2014 年日本废家电回收处理量，详见表 95。其中，房间空调器再生利用率 92%，CRT 电视机 75%，液晶等离子电视机 89%，电冰箱 80%，洗衣机和干衣机 88%，2011—2014 年日本废家电再生利用率，详见图 69。

表 95　　　　　　　　**2014 年日本废家电回收处理量**

	房间空调器	CRT 电视机	液晶等离子电视机	电冰箱	洗衣机 + 干衣机
回收量（万台）	222.5	187.2	84.7	277.5	314.2
处理量（万台）	246.5	184.9	83.4	297.8	224.9
处理重量（吨）	102155	49352	16629	187654	124195
回收材料重量（吨）	94213	37446	14806	150913	110294

数据来源：日本环保署。

四、废轮胎回收利用情况

日本制定了再循环法，即实行废轮胎管理卡制度，规定轮胎的生产销售方具有回收轮胎的义务，严禁非法丢弃轮胎，所以轮胎的加工商和生产厂家对于废旧轮胎的回收起着非常重要的作用。另外，日本厂商每处理一条报废汽车轮胎，政府将补贴 1.8 美元。日本废旧轮胎回收利用率接近 90%，分类利用情况如下：①21% 用于翻新后再利用；②19% 用作再生橡胶和胶粉；③48% 用作燃料；④12% 用作填埋处理。其中用作燃料（即热能利用，发电，用作锅炉的燃料）的占比最大，这也是目前废轮胎利用发展最快的形式，被视为热能与材料同时利用的最佳方法。废轮胎在水泥厂的旋转窑内，除供作热能燃料之外，其中

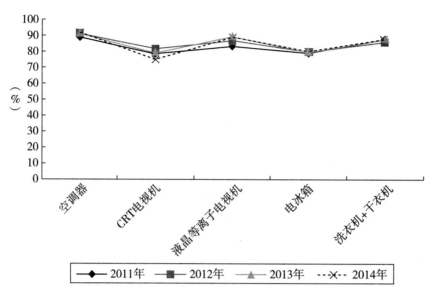

图 69　2011—2014 年日本废家电再生利用率

的硫黄可形成石膏，铁能生成氧化铁，共同成为水泥的补强材料，其利用率达到 21% 以上。炼铁方面，废轮胎在高炉中除可节省焦炭用量外，其中的铁可以回收，炭黑是还原剂，灰则作为炉渣再利用，其废轮胎利用率可高达 45%。

第二十一章　加拿大再生资源回收利用概况

一、废钢铁回收利用情况

2014 年，加拿大废钢进口量同比下降 12.9%，至 152 万吨。而从加拿大出口的废钢量几乎保持不变（同比下降 0.2%，至 451 万吨），主要的进口国为美国（同比增长 4.5%，至 337.3 万吨）。2010—2014 年加拿大废钢铁出口量，详见表 96。2014 年加拿大废钢铁出口主要面向国家及地区，详见表 97。

表 96　　　　　　　　**2010—2014 年加拿大废钢铁出口量**　　　　　　　单位：万吨

年份	废钢铁出口量
2010	515.4
2011	483.2
2012	424.8
2013	452.1
2014	451.0
2014 年比 2013 年增减（%）	−0.2

资料来源：德国钢铁经济联合会。

表 97　　　　　　　**2014 年加拿大废钢铁出口主要面向国家及地区**　　　　　　单位：万吨

国家或地区	废钢铁出口量	2014 年比 2013 年增减（%）
美国	337.3	4.5
埃及	30.4	−32.0
土耳其	30.1	11.1
中国台湾	18.4	40.5
中国大陆	10.9	19.8

资料来源：德国钢铁经济联合会。

二、废有色金属回收利用情况

2014 年，加拿大原铝产量占全球总产量的 5.4%，位居全球第三位，仅次于中国和俄罗斯，但再生铝产量不大，仅占原铝产量的 6.5%；加拿大精铅产量和再生铅产量分别居全球总产量的第 6 位和第 11 位，表 98 列出了加拿大近年有色金属生产及消费情况。

表 98　　　　　　　**加拿大近年有色金属生产及消费情况**　　　　　　单位：万吨

年份	2011	2012	2013	2014
精铜产量	27.4	27.6	32.2	32.5
精铜消费量	14.4	15.5	15.8	16.9
废铜产量	2.5	2.4	2.9	3.3
原铝产量	298.3	278.1	296.7	285.8
原铝消费量	62.9	51.7	47.5	51.8
再生铝产量	18.5	18.5	18.5	18.5
精铅产量	28.2	27.8	28.8	28.1
精铅消费量	1.3	1.7	2.4	1.4
再生铅产量	17.0	14.5	16.0	15.1

第二十二章 其他国家再生资源回收利用概况

一、俄罗斯再生资源回收利用情况

（一）废钢铁回收利用情况

2014年，俄罗斯粗钢产量达到0.715亿吨，同比增长3.6%。值得注意的是，2014年俄罗斯废钢使用小幅下降0.5%，而国内粗钢产量同比增长3.6%，受电弧炉炼钢产量下降的影响，电弧炉炼钢所占粗钢产量的比例从2013年的30.2%下降至2014年的29%。2010—2014年俄罗斯用于炼钢的废钢铁消耗，详见图70。2014年，俄罗斯废钢铁出口量同比增长53.2%，至568.9万吨。2010—2014年俄罗斯废钢铁出口量，详见表99。2014年俄罗斯废钢铁出口主要面向国家，详见表100。

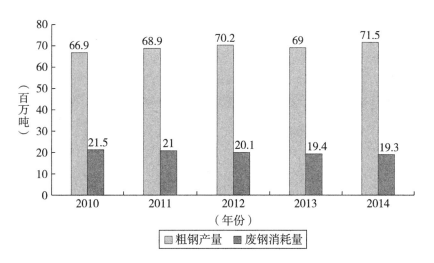

图70 2010—2014年俄罗斯用于炼钢的废钢铁消耗

资料来源：国际钢铁协会和俄罗斯Impextrade有限责任公司。

表99   **2010—2014年俄罗斯废钢铁出口量**   单位：万吨

年份	废钢铁出口量
2010	239.0
2011	404.2

年份	废钢铁出口量
2012	434.9
2013	371.4
2014	568.9
2014 年比 2013 年增减（%）	53.2

资料来源：德国钢铁经济联合会。

表 100   **2014 年俄罗斯废钢铁出口主要面向国家**   单位：万吨

国家	废钢铁出口量	2014 年比 2013 年增减（%）
土耳其	234.2	20.8
白俄罗斯	117	—
韩国	77.3	1.2
西班牙	69.4	40.2

资料来源：德国钢铁经济联合会。

（二）废有色金属回收利用情况

俄罗斯是金属资源大国，2014 年，俄罗斯精铜产量居全球第 5 位，再生铜产量居全球第 4 位，分别占全球总产量的 3.8% 和 3.4%；原铝产量居全球第 2 位，仅次于中国；精铅和再生铅产量均不大。表 101 列出了俄罗斯近年有色金属生产及消费情况。

表 101   **俄罗斯近年有色金属生产及消费情况**   单位：万吨

年份	2011	2012	2013	2014
精铜产量	91.0	91.1	87.4	87.4
精铜消费量	67.6	67.6	48.4	56.8
废铜产量	16.0	16.0	16.3	15.7
原铝产量	399.2	402.4	372.4	348.8
原铝消费量	68.5	68.5	68.5	66.8
精铅产量	9.9	11.0	11.2	10.8
精铅消费量	1.3	1.4	2.3	2.4
再生铅产量	9.9	9.9	8.0	8.9

二、土耳其再生资源回收利用情况

2014 年土耳其废钢消耗下降创历史最低（同比下降 7.3% 至 0.282 亿吨），而粗钢产量仅下降 1.8%（达 0.34 亿吨）。2010—2014 年土耳其用于炼钢的废钢铁消耗，详见图 71。数据显示，电弧炉炼钢所占粗钢产量的比例从 2013 年的 71.3% 下降至 2014 年的 69.8%。同样值得注意的是，土耳其——世界上最重要的钢铁废料进口国，在 2013 年下降 12% 的基础上，2014 年的海外采购同比下降 3.2% 至 1906.8 万吨。2010—2014 年土耳其废钢铁进口量，详见表 102。

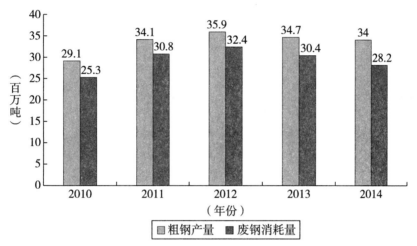

图 71　2010—2014 年土耳其用于炼钢的废钢铁消耗

资料来源：国际钢铁协会和土耳其钢铁生产商协会。

表 102　　　　　　　　　**2010—2014 年土耳其废钢铁进口量**　　　　　　　单位：万吨

年份	废钢铁进口量
2010	1919.2
2011	2146.0
2012	2241.5
2013	1972.5
2014	1906.8
2014 年比 2013 年增减（%）	-3.2

三、澳大利亚再生资源回收利用情况

2014 年，澳大利亚出口废钢铁 236.2 万吨，同比增长 7.4%，主要面向国家有越南、泰国、印度尼西亚和印度。2010—2014 年澳大利亚废钢铁出口量，详见表 103。2014 年澳大利亚废钢铁出口主要面向国家，详见表 104。

表 103 　　　　　　　 **2010—2014 年澳大利亚废钢铁出口量** 　　　　　 单位：万吨

年份	废钢铁出口量
2010	163.6
2011	174.5
2012	224.5
2013	220.0
2014	236.2
2014 年比 2013 年增减（%）	7.4

资料来源：德国钢铁经济联合会。

表 104 　　　　　　　 **2014 年澳大利亚废钢铁出口主要面向国家** 　　　 单位：万吨

国家	废钢铁出口量	2014 年比 2013 年增减（%）
越南	47.6	6.0
泰国	40.7	45.4
印度尼西亚	34.8	−9.1
印度	24.2	31.5

资料来源：德国钢铁经济联合会。

四、南非再生资源回收利用情况

2014 年，南非出口废钢铁 148.9 万吨，同比下降 14.9%。主要出口面向国家有印度、巴基斯坦、印度尼西亚和土耳其。2010—2014 年南非废钢铁出口量，详见表 105。2014 年南非废钢铁出口主要面向国家，详见表 106。

表 105 　　　　　　　 **2010—2014 年南非废钢铁出口量** 　　　　　　 单位：万吨

年份	废钢铁出口量
2010	122.4
2011	143.6
2012	163.2

续　表

年份	废钢铁出口量
2013	175.0
2014	148.9
2014 年比 2013 年增减（%）	−14.9

资料来源：德国钢铁经济联合会。

表 106　　　　　　　　　　**2014 年南非废钢铁出口主要面向国家**　　　　　　　单位：万吨

国家	废钢铁出口量	2014 年比 2013 年增减（%）
印度	78.1	−12.3
巴基斯坦	23.5	51.6
印度尼西亚	11.7	48.1
土耳其	9.9	−7.5

资料来源：德国钢铁经济联合会。

五、韩国再生资源回收利用情况

2014 年，韩国的废钢使用小幅减少（同比下降 0.3% 至 0.326 亿吨），而它的粗钢产量高出 8.3%。电弧炉炼钢的产量占粗钢产量的比例下降到 33.8%。

附　录

附录1　2012—2015年行业标准制定情况汇总

2012—2015年三年间，中国物资再生协会共承担了12项流通行业标准的制定任务，主要涉及再生资源综合类和产品类两大领域，2012—2015年流通行业标准制定情况汇总表，详见附表1。

附表1　　　　　　　　　　　　2012—2015年流通行业标准制定情况汇总表

序列范畴		标准名称	标准号	品种序列	完成时间
1	综合类	《再生资源回收、分选和拆解作业劳动保护要求》	待定	再生资源	2014年
		《再生资源回收站点交易行为规范》	SB/T 11111—2014	再生资源	2013年
		《废旧商品回收分拣集聚区建设管理规范》	SB/T 11109—2014	废旧商品	2013年
2	产品类	《废钢铁加工配送中心建设规范》	SB/T 10897—2012	废钢铁	2012年
		《废电视机回收技术规范》	SB/T 10899—2012	废电视机	2012年
		《废塑料回收分选技术规范》	待定	废塑料	2014年
		《废玻璃回收分拣技术规范》	SB/T 11108—2014	废玻璃	2013年
		《废玻璃分类》	SB/T 10900—2012	废玻璃	2012年
		《废电池分类》	SB/T 10901—2012	废电池	2012年
		《废纸塑铝复合包装物回收分拣技术规范》	SB/T 11110—2014	废纸塑铝复合包装物	2013年
		《废旧手机网络交易规范》	待定	废旧手机	2015年
		《废弃电器电子产品分类》	待定	废弃电器电子产品	2015年

再生资源回收、分选和拆解作业劳动保护要求（报批稿）

前　言

本标准按照 GB/T 1.1—2009 给出的规则起草。

本标准由中国人民共和国商务部提出并归口。

本标准起草单位：中国物资再生协会、深圳市格林美高新技术股份有限公司、青岛新天地环境保护有限责任公司、山东玉玺炉料有限公司、山东吉润环保科技有限公司、上海新金桥环保有限公司、连云港龙顺塑料有限公司、福建省宏源废旧家电回收处理有限公司、上海燕龙基再生资源利用有限公司。

本标准主要起草人：刘强、崔燕、罗岩、许开华、周继锋、周开军、闫梨、李智专、韩清洁、赵婉茹、宋延昭、鲁登强、沈燕军、杨义晨、范育顺、潘小忠、王凯。

1　范围

本标准规定了再生资源回收、分选和拆解作业人员劳动保护的术语和定义、总则、一般要求、个人防护用品配备、管理要求、应急预案。

本标准适用于再生资源回收、分选和拆解从业人员的劳动保护。

2　规范性引用文件

下列文件对于本文件的应用是必不可少的。凡是注日期的引用文件，仅注日期的版本适用于本文件。凡是不注日期的引用文件，其最新版本（包括所有的修改单）适用于本文件。

GBZ/T 229　工作场所职业病危害作业分级

GB/T 11651　个体防护装备选用规范

GB/T 12801　生产过程安全卫生要求总则

GB/T 13861　生产过程危险和有害因素分类与代码

GB/T 15236　职业安全卫生术语

GB 18218　危险化学品重大危险源辨识

GB/T 20861　废弃产品回收利用术语

GB/T 29639　生产经营单位生产安全事故应急预案编制导则

3　术语和定义

3.1　再生资源 recycled resources

是指在社会生产和生活消费过程中产生的，已经失去原有全部或部分使用价值，经过回收、加工处理，能够使其重新获得使用价值的各种废弃物。包括废旧金属、报废电子产品、报废机电设备及其零部件、废造纸原料（如废纸、废棉等）、废轻化工原料（如橡胶、塑料、农药包装物、动物杂骨、毛发等）、废玻璃等。

3.2 回收 collection

为使再生资源重新获得使用价值，对其进行收集的过程。

3.3 分选 sorting

为使再生资源重新获得使用价值，对其进行专业分类、分离、清洗、破碎等加工处理过程。

3.4 拆解 disassembly

通过人工或机械方式将废弃产品进行拆卸、解体，以便于处理的活动。

［GB/T 20861，定义 2.6］

3.5 个人防护用品 personal protective devices

为使职工在职业活动过程中免遭或者减轻事故和职业危害因素的伤害而提供的个人穿戴用品。

［GB/T 15236，定义 5.7］

3.6 防护措施 protection measures

为避免职工在作业时身体的某部位误入危险区域或接触有害物质而采取的隔离、屏蔽、安全距离、个人防护、通风等措施或手段。

［GB/T 15236，定义 5.5］

3.7 应急预案 emergency response plan

针对可能发生的事故，为迅速、有序地开展应急行动而预先制定的行动方案。

［GB/T 15236，定义 5.1］

3.8 风险评价 risk assessment

采用特定的评价方法对作业场所中存在的有害因素进行定性或定量的评价。

4 总则

4.1 再生资源回收、分选和拆解单位应获得主管部门的许可或取得相应的资质。

4.2 再生资源回收、分选单位应将回收的再生资源交由有相应处理资质的拆解单位处理，并办理相关手续。

4.3 鼓励和支持再生资源回收、分选和拆解单位研制、开发、推广、应用有利于保护劳动者健康的新技术、新工艺、新设备、新材料；限制使用或者淘汰职业病危害严重的技术、工艺、设备、材料。

4.4 再生资源回收、分选和拆解企业或单位应严格执行 GB/T 12801 等国家和地方安全卫生技术标准、规程及行业技术规范。

5 一般要求

5.1 再生资源回收、分选和拆解单位应按照国家法律和有关规定改善劳动条件，提供确保劳动者安全和健康的作业环境。

5.2 再生资源回收、分选和拆解单位应按照国家法律和有关规定为回收、分选和拆解作业人员提供合格个人防护用品。

5.3 作业场所涉及易燃、易爆、剧毒等危险物品的，应当设置可靠的安全防护设施、报警通信装置和安全标识。

5.4 应对作业场所中物理或化学有害因素进行风险评价；对涉及生产性粉尘、化学物、高温、噪声等有害因素的作业场所，应按照 GBZ/T 229 的规定进行危害程度分级，并采取相应的防护措施。

5.5 应在易发生危险的再生资源作业区域，安装、悬挂或设置安全警告标识，安全警告标识可参考附录 A 和附录 B。

6 个人防护用品配备

6.1 回收、分选过程劳动保护。

6.1.1 一般再生资源回收、分选过程劳动保护

回收、分选作业人员从事一般再生资源（危险废弃物除外）的收集、分选（拣）、搬运等各个作业过程应配备个人防护用品的要求详见表1。

表1　　　　　一般再生资源回收、分选作业过程个人防护用品的配备

编号	作业过程	可能造成的事故	应配备	可配备
1	收集	触电、皮肤划伤等	劳防手套 防尘口罩（防颗粒物呼吸器） 工作服	工作帽 耐酸碱手套 防静电鞋 一般防护服 化学品防护服
2	分选（拣）	物体坠落或击打等	防刺穿鞋 防冲击护目镜 劳防手套 防尘口罩 工作服	安全帽 耳塞
3	搬运	摔伤、物体砸伤等	防砸鞋（靴） 劳防手套 防尘口罩 工作服	安全帽 安全网
4	其他作业	其他	—	一般防护服 普通防护装备

6.1.2 危险废弃物回收、分选过程劳动保护

危险废弃物回收、分选过程除应配备表1所规定的个人防护用品，还应根据所回收、分选的危险废弃物种类配备如表2所示的专用防护用品。

表 2　　　　　　　危险废弃物回收、分选作业过程个人防护用品配备

编号	作业过程		可能造成的事故	应配备	可配备
1	收集	易燃易爆物品收集	火灾、爆炸	防静电手套 防静电鞋 化学品防护服 阻燃防护服 防静电服 棉布工作服	防毒面具 防尘服
		毒性物质收集	毒物伤害	防毒面具 防化学品手套 化学品防护服 工作帽	劳动护肤剂
		腐蚀物质收集	化学灼伤	防腐蚀液护目镜 耐酸碱手套 耐酸碱鞋 防酸碱服 工作帽	防化学品鞋（靴）
		恶臭物质收集	影响呼吸	工作帽 防毒面具 一般防护服	空气呼吸器
		其他	沾染污物	工作帽 防毒面具 防化学品手套 化学品防护服	劳动护肤剂
2	分选（拣）	易燃易爆物品 分选（拣）	火灾、爆炸	防静电手套 防静电鞋 化学品防护服 阻燃防护服 防静电服 棉布工作服	防毒面具 防尘服
		毒性物质分选（拣）	毒物伤害	防毒面具 防化学品手套 化学品防护服 工作帽	劳动护肤剂
		腐蚀物质分选（拣）	化学灼伤	防腐蚀液护目镜 耐酸碱手套 耐酸碱鞋 防酸碱服 工作帽	防化学品鞋（靴）

续　表

编号	作业过程		可能造成的事故	应配备	可配备
2	分选（拣）	恶臭物质分选（拣）	影响呼吸	工作帽 防毒面具 一般防护服	空气呼吸器
		其他	沾染污物	工作帽 防毒面具 防化学品手套 化学品防护服	劳动护肤剂
3	搬运	易燃易爆物品搬运	火灾、爆炸	阻燃防护服 防静电手套 防静电鞋	防机械伤害手套 防滑鞋
		其他物品搬运	沾染污物及其他	工作帽 防毒面具 防化学品手套 化学品防护服	防机械伤害手套 防滑鞋
4	其他作业	其他		—	—

6.2　拆解过程劳动保护。

　　依据再生资源拆解作业场所中主要危险因素、特征及工作条件特点，再生资源不同拆解工序应当或可以配备的个人防护用品，见表3。个人防护用品的选用程序按照 GB/T 11651 附录 A 的规定进行。

表3　　　　　　　　　　　　拆解作业过程个人防护用品的配备

编号	拆解工序	作业举例	作业类别	可能造成的伤害	应配备	可配备
1	运输	废金属、玻璃等物质的人工打包、人工抬、扛、推、搬运等	接触锋利器具作业	机械伤害	防机械伤害手套一般防护服	安全帽防砸鞋（靴）防刺穿鞋
		机械打包、运输等	铲、装、吊、推机械操作作业	其他运输工具伤害	安全帽一般防护服	防尘口罩（防颗粒物吸入器）防冲击护目镜
2	贮存	废电池、废塑料、废泡棉等易燃易爆物质的暂存	易燃易爆场所作业	火灾或爆炸	防静电手套 防静电鞋 化学品防护服 阻燃防护服 防静电服 棉布工作服	防尘口罩（防颗粒物吸入器）防毒面具防尘服

编号	拆解工序	作业举例	作业类别	可能造成的伤害	应配备	可配备
2	贮存	废弃电子产品、废旧金属等物质的堆砌	高处作业	坠落、砸伤	安全帽 安全带 安全网	防滑鞋
3	清洗	废塑料、废玻璃等的清洗	有碎屑飞溅的作业	物体打击与碰撞	安全帽 防冲击护目镜 一般防护服	防机械伤害手套
		接触铅蓄电池、酸洗	腐蚀性作业	化学灼伤	工作帽 防腐蚀液护目镜 耐酸碱手套 耐酸碱鞋 防酸（碱）服	防化学品鞋（靴）
4	拆卸	废电视机显示器的高压放电、屏锥分离等作业	带电作业	触电	绝缘手套 绝缘鞋 绝缘服	防冲击护目镜
		废电视、废冰箱等废弃电子产品外壳及各零部件的拆分	接触锋利器具作业	机械伤害	防机械伤害手套 一般防护服	安全帽 防砸鞋（靴） 防刺穿鞋
			高温作业	热灼伤	安全帽 防强光、紫外线、红外线护目镜或面罩 隔热阻燃鞋 白帆布类隔热服 热防护服	镀反射膜类隔热服
		接触汞、制冷剂等的作业，接触铬、铅、镉等重金属及其化合物的烟雾和粉尘、沥青烟雾、矽尘、石棉尘及其他可吸入有害物质的作业	吸入性气相毒物作业	毒物伤害	工作帽 防毒面具 防化学品手套 化学品防护服	防尘口罩（防颗粒物吸入器） 劳动护肤剂

续　表

编号	拆解工序	作业举例	作业类别	可能造成的伤害	应配备	可配备
4	拆卸	废弃电子产品中冷媒的抽取	沾染性毒物作业	毒物伤害	工作帽防毒面具防腐蚀液护目镜防化学品手套化学品防护服	防尘口罩（防颗粒物吸入器）劳动护肤剂
		接触多氯联苯、废电池				
		含汽油、起爆剂等物质的拆解	易燃易爆场所作业	火灾或爆炸	防静电手套防静电鞋化学品防护服阻燃防护服防静电服棉布工作服	防尘口罩（防颗粒物吸入器）防毒面具防尘服
5	破碎	废金属解体、废弃电子产品、废塑料等物质的破碎、切割	粉尘作业	其他	工作帽防尘口罩（防颗粒物吸入器）	防尘服
			噪声作业	其他	耳塞	耳罩
			接触转动机械作业	机械伤害	工作帽防冲击护目镜	—
			存在物体坠落、撞击的作业	物体打击与碰撞	安全帽防砸鞋（靴）防刺穿鞋安全网	防滑鞋
			手持振动机械作业	物体打击与碰撞	耳塞耳罩防振手套	防振鞋
			物质的破碎作业	火灾或爆炸	防静电手套防静电鞋化学品防护服阻燃防护服防静电服棉布工作服	防尘口罩（防颗粒物吸入器）防毒面具防尘服

6.3　发放个人防护用品应遵循对不同劳动作业条件发给不同的个人防护用品和同工种发给相同的个人防护用品的原则。对从事多种作业或在多种环境中作业的人员，应按其主要作业的工种和劳动环境配备个人防护用品。综合性作业需根据作业特点选择多功能的个人防护用品。

6.4　选择个人防护用品时，除本标准外，还应参考相应的选用规范，遵守国家相应的法律法规要求，并根据实际作业情况进行选择。

7　管理要求

7.1　管理机构

7.1.1　再生资源回收、分选和拆解单位应配备劳动保护专职管理人员或设置专职管理机构。

7.1.2　专职管理人员或专职管理机构对本单位再生资源回收、分选和拆解作业人员的劳动保护工作负有下列责任：

　　a）负责落实单位劳动保护管理制度、应急救援预案、安全操作规程；

　　b）负责个人防护用品配备、使用及检查；

　　c）建立本单位再生资源回收、分选和拆解作业劳动保护知识的教育和培训计划，建立教育和培训档案；

　　d）督促、检查本单位再生资源回收、分选和拆解作业人员劳动保护工作，及时消除安全事故隐患；

　　e）定期进行事故应急演练，做好记录并存档，及时、如实报告再生资源回收、分选和拆解作业人员劳动保护事故，并配合事故调查组做好事故调查；

　　f）定期组织相关人员进行体检，并建立再生资源回收、分选和拆解作业人员健康档案。

7.1.3　再生资源回收、分选和拆解作业人员发现作业现场存在安全隐患时，应及时向单位专职管理人员和专职管理机构报告并配合做好整改，有权拒绝违章指挥；对于现场违章操作的行为，应立即制止并上报。

7.2　个人防护用品的管理

7.2.1　再生资源回收、分选和拆解单位应建立和健全个人防护用品的管理制度，规范个人防护用品的采购、验收、保管、发放、使用、更换、报废等过程管理。

7.2.2　应采购符合国家有关规定，达到国家和行业标准的个人防护用品；不得采购假冒伪劣个人防护用品和无安全标志的特种防护用品。

7.2.3　专职管理机构应在入库前对购进的个人防护用品进行验收，核查安全生产许可证、产品合格证、安全鉴定证、特种防护用品安全标识和产品检测检验报告。

7.2.4　应设置符合要求的库房，妥善保管入库的个人防护用品，并由专职管理机构单独建立个人防护用品采购、发放、使用、更换和报废台账。

7.2.5　专职管理机构应定期检查、鉴定个人防护用品，对已损坏、发霉、变质、虫蛀等已失去安全防护性能的个人防护用品应及时更换；超过使用期限的应及时予以报废，不得继续使用。

7.2.6　个人防护用品的有效使用期应符合 GB/T 11651 附录 B 的规定。当出现下列情况之一时，个人防护用品应予以判废，包括：

　　a）所选用的个人防护用品技术指标不符合国家相关标准或行业标准；

　　b）所选用的个人防护用品与所从事的作业类型不匹配；

　　c）个人防护用品产品标识不符合产品要求或国家法律法规的要求；

d）个人防护用品在使用或保管贮存期内遭到破损或超过有效使用期；

e）所选用的个人防护用品经定期检验和抽查为不合格；

f）当发生使用说明中规定的其他判废条件时。

7.2.7 判废后的个人防护用品应立即封存，并建立封存记录；对于含有危险废物的个人防护用品，应送到有资质的单位进行处理，并建立处理记录。

7.3 培训制度

7.3.1 再生资源回收、分选和拆解单位应当对从业人员进行安全生产教育和培训。

7.3.2 再生资源回收、分选和拆解作业人员应接受单位有关劳动保护和应急救援方面的培训，熟悉相关规章制度和操作规程，掌握本岗位的安全操作技能，了解再生资源的性质、危害特性、包装容器的使用特性和发生意外时的应急措施。

7.3.3 再生资源回收、分选和拆解单位应定期对再生资源回收、分选和拆解作业人员进行培训考核。再生资源回收、分选和拆解作业人员应掌握再生资源回收、分选和拆解作业有关的安全知识，并经考核合格后方可上岗。因人为原因造成安全事故的回收、分选和拆解责任作业人员，应重新参加培训与考核。

7.3.4 发生重大及重大以上再生资源回收、分选和拆解责任事故的回收、分选和拆解责任作业人员，未经考核合格不得从事再生资源的回收、分选和拆解等作业。

8 应急预案

8.1 再生资源回收、分选和拆解单位应按照 GB/T 13861 的规定进行危险有害因素分析。

8.2 再生资源回收、分选和拆解单位应按照 GB 18218 的规定进行重大危险源辨识。

8.3 再生资源回收、分选和拆解单位应按照 GB/T 29639 的规定，结合自身的具体情况，制定切实可行的各类事故应急预案，包括但不限于：

a）《火灾事故应急预案》；

b）《爆炸事故应急预案》；

c）《有毒有害物质泄漏事故应急预案》；

d）《贮存设施破损事故应急预案》；

e）《操作人员伤亡事故应急预案》；

f）《交通事故应急预案》。

附录 A
（资料性附录）

警告性标识：

附录 B
（资料性附录）

危险品标识：

参考文献

[1] 再生资源回收管理办法 商务部令〔2007〕第 8 号
[2] 中华人民共和国职业病防治法 中华人民共和国主席令〔2011〕第 52 号

再生资源回收站点交易行为规范

前　言

本标准按照 GB/T 1.1—2009 给出的规则起草。

本标准由中华人民共和国商务部提出并归口。

本标准起草单位：中国物资再生协会、深圳市格林美高新技术股份有限公司。

本标准主要起草人：刘强、崔燕、许开华、李智专。

1　范围

本标准规定了再生资源回收站点在交易过程中涉及的术语和定义、基本原则、资质、回收行为要求、计量要求、交易行为要求和结算要求等内容。

本标准适用于从事再生资源回收经营活动的回收站点。

2　规范性引用文件

下列文件对于本文件的应用是必不可少的。凡是注日期的引用文件，仅注日期的版本适用于本文件。凡是不注日期的引用文件，其最新版本（包括所有的修改单）适用于本文件。

SB/T 10719　再生资源回收站点建设管理规范

3　术语和定义

SB/T 10719 界定的以及下列术语和定义适用于本文件。

3.1　再生资源 recycled resources

在社会生产和生活消费过程中产生的，已经失去原有全部或部分使用价值，经过回收、加工处理，能够使其重新获得使用价值的各种废物。包括废旧金属、报废电子产品、报废机电设备及其零部件、废造纸原料（如废纸、废棉等）、废轻化工原料（如橡胶、塑料、农药包装物、动物杂骨、毛发等）、废玻璃等。

3.2　回收站点 collection sites

在工矿企业、机关团体、高等院校、居民集中区专门设立的进行再生资源回收、分类、存储、中转的回收场所，包括固定回收站点和流动回收站点。

4　基本原则

4.1　诚信原则

回收站点在进行再生资源回收活动时，应善意地、全面地履行自己的义务，信守承诺，所回收产品应计量准确、价格合理。

4.2　合法原则

回收站点从事收购、销售、储存、运输等经营活动应严格执行国家有关法律法规和政策，遵守《再生资源回收管理办法》的有关规定，且要符合 SB/T 10719 的要求。

4.3　自愿原则

自愿确立回收关系，在各项回收要素达成一致后进行交易。

4.4　平等原则

具有平等的回收经营地位，交易合同和行为能平等体现交易双方的真实意愿。

4.5　优质原则

回收经营活动中应提供优质的服务，回收经营和服务的结果符合双方事先约定。

5　资质

5.1　回收站点的经营主体应具备真实有效的经营资质，包括营业执照、税务登记证、组织机构代码证、房屋产权证明或房屋场地租赁证明、再生资源回收经营者备案登记证明等。

5.2　固定回收站点应到行业主管部门进行登记备案，所回收的再生资源应在其经营许可的范围内。

5.3　固定回收站点应在其固定经营场所的显著位置悬挂或张贴相关资质证件。

6　回收行为要求

6.1　应向所在社区居民和单位提供预约上门等便捷的回收服务。

6.2　流动回收站点作业过程中不影响居民的生活。

6.3　应对交付的再生资源的品种、来源、质量等进行检验。

6.4　回收生产性废旧金属时，应当对物品的名称、数量、规格、新旧程度等如实进行登记。出售人为单位的，应当查验出售单位开具的证明，并如实登记出售单位名称和经办人姓名、住址、身份证号码；出售人为个人的，应当如实登记出售人的姓名、住址、身份证号码。登记资料保存期限不应少于两年。

6.5　回收站不应回收下列物品：

　　a）枪支、弹药、易燃、易爆、剧毒、放射性等危险品；

　　b）无合法来源证明的铁路、公路、石油、电力、电信、通信、矿山、水利、测量和城市公用设施、消防设施等专用器材；

　　c）公安机关通报寻查的涉案物品或有赃物嫌疑的物品；

　　d）法律、法规明令禁止回收的其他物品。

7　计量要求

7.1　应使用经法定计量部门检定合格、取得检定合格证书的计量器具，应使用合格计量器具，不得破坏计量器具准确度。

7.2　收购的再生资源如需计量，要保证计量准确，被计量物误差量不应超过实际量值的 5%。

7.3　现场计量时，应向交易对方明示计量单位、操作过程和计量器具显示的量值。对可复现的计量结果，交易对方有异议的，应当重新操作并显示量值。

7.4 采用预估的方式进行计量的，预估结果应取得交易双方的同意。

7.5 采用计件的方式进行计量的，应明确标明或告知定价方式，并经双方认可。

8 交易行为要求

8.1 回收站点应明确标示各品种再生资源回收价格。

8.2 再生资源回收价格的调整，应以尊重市场变化为原则，根据约定进行价格调整。

8.3 如遇特殊情况，国家对市场进行价格干预时，应遵守国家临时干预价格的规定。

8.4 再生资源回收站点不应进行下述行为：

    a）蓄意串通捏造和散布虚假信息；

    b）以操纵市场为目的，合伙抬价或压价买入或卖出同一种再生资源；

    c）任何形式的欺行霸市，强买强卖行为；

    d）其他扰乱市场交易秩序的行为。

9 结算要求

9.1 再生资源回收站点可以采用的结算方式包括：

    a）现金；

    b）转账；

    c）积分；

    d）物品交换；

    e）其他。

9.2 结算方式应事先征得交付方同意。

9.3 如需扣抵损耗应事先告知交付方。

参考文献

［1］国务院办公厅关于建立完整的先进的废旧商品回收体系的意见　国办发〔2011〕49 号

［2］再生资源回收管理办法　商务部令〔2007〕第 8 号

废旧商品回收分拣集聚区建设管理规范

前　言

本标准按照 GB/T 1.1—2009 给出的规则起草。

本标准是由中华人民共和国商务部提出并归口。

本标准起草单位：中国物资再生协会、上海燕龙基环保企业（集团）有限公司。

本标准主要起草人：刘强、崔燕、王清华、刘卫国。

1　范围

本标准规定了废旧商品回收分拣集聚区的术语和定义、类型、建设要求、指标和指标计算方法。

2　规范性引用文件

下列文件对于本文件的应用是必不可少的。凡是注日期的引用文件，仅所注日期的版本适用于本文件。凡是不注日期的引用文件，其最新版本（包括所有的修改单）适用于本文件。

GB 3095　环境空气质量标准

GB 8978　污水综合排放标准

GB 12348　工业企业厂界噪声标准

GB 15618　土壤环境质量标准

GB 50016　建筑设计防火规范

GB 50028　城镇燃气设计规范

GB 50052　供配电系统设计规范

GB 50282　城市给水工程规划规范

GB 50289　城市工程管线综合规划规范

GB 50293　城市电力规划规范

GB 50318　城市排水工程规划规范

GB/T 24001　环境管理体系规范使用指南

SN 0570　进口废金属放射性污染检验规程

CJJ 34　城市热力网设计规范

3　术语和定义

3.1　废旧商品 obsolete goods

指生产生活中产生的废弃的劳动制品。主要包括废金属、废纸、废塑料、报废汽车及废旧机电设备、废轮胎、废弃电器电子产品、废玻璃、废铅酸电池、废弃节能灯等。

3.2　废旧商品回收分拣集聚区 concentration area of obsolete commodities collection and sorting

以若干废旧商品回收分拣企业为主体，企业之间关联配套，上下游之间有机链接，产业结构合理，充分吸纳就业，集聚效应明显，产业和城市融合发展的经济功能区。

4 类型

4.1 根据废旧商品回收分拣集聚区的规模分为三个类型。

4.2 小型废旧商品回收分拣集聚区：占地面积在 $100000m^2 \sim 150000m^2$，建成后年回收分拣能力达到 20 万吨 ~ 40 万吨。

4.3 中型废旧商品回收分拣集聚区：占地面积在 $150000m^2 \sim 350000m^2$，建成后年回收分拣能力达到 40 万吨 ~ 100 万吨。

4.4 大型废旧商品回收分拣集聚区：占地面积在 $350000m^2$ 以上，建成后年回收分拣能力达到 100 万吨以上。

5 建设要求

5.1 规划

5.1.1 集聚区的规划应结合国家产业规划要求、所属地的产业导向，根据所属地的城市总体规划、用地规划和交通设施规划等进行选址，编制符合所属地城市总体规划和土地利用规划的集聚区详细规划，并通过规划评审。

5.1.2 集聚区建设应做好各功能区的规划，建设适合回收分拣企业集聚的基础及配套设施，引导区域内回收分拣企业入驻集聚区。

5.1.3 集聚区建设应加强土地集约使用和发挥规模效益，并按照功能进行划区。除有特殊工艺要求的厂房外，集聚区内工业厂房建筑容积率不宜低于 0.7，配套的行政办公、商业及生活服务设施用地面积应不大于集聚区总用地面积的 15%。

5.1.4 集聚区应重视开发区的绿化建设，绿化覆盖率应当达到 20% 以上，集聚区内已征用但尚未使用的地块应植树种草，防止地面裸露。

5.2 环境影响评价

5.2.1 集聚区规划与建设应进行环境影响评价，并按环境影响评价的要求，采取有效措施，减少环境污染，保护环境。

5.2.2 集聚区应建立与其规模相适应的环境保护和监管系统，并定期开展环境质量监测活动。

5.2.3 集聚区的污水排放应达到 GB 8978 的相关要求。

5.2.4 集聚区的环境空气应达到 GB 3095 的相关要求。

5.2.5 集聚区的土壤应达到 GB 15618 的相关要求。

5.2.6 集聚区环境噪声应符合 GB 12348 的相关要求。

5.2.7 集聚区应配备放射性检测装置，检测操作应符合 SN 0570 相关要求。

5.2.8 集聚区应组织收集入驻企业产生的危险废物，并委托有资质的经营单位来收购和处理这些危险废物。

5.2.9 鼓励集聚区的入驻企业参照 GB/T 24001 环境管理体系进行管理。

5.3　基础设施建设

5.3.1　集聚区应配套建设与产业发展相适应的电力、供排水、通信、道路、计量、消防和防汛等基础设施，并纳入城市基础设施建设的总体规划，应与城市基础设施相衔接。

5.3.2　集聚区基础设施的建设，应遵循"一次规划、分步实施、资源优化、合理配置"的原则，防止重复建设，以降低基础设施的配套成本。

5.3.3　集聚区地面建设应符合国家建筑标准，地面硬化使用 C25 以上混凝土，厚度不低于 240mm，个别区域应作防腐蚀处理。

5.3.4　集聚区应建有由主要道路、次要道路和辅助道路构成的道路系统，在道路宽度、机动车车道和车速设计上，应能满足入驻企业生产经营活动的需求。

5.3.5　集聚区应建立并与国家现有的建筑标志系统、设施标志系统、机动车路标系统以及步行道标志系统的设计相衔接的集聚区标志系统。

5.3.6　集聚区各种基础设施的地下管线敷设，应符合 GB 50289 要求。

5.3.7　集聚区应提供满足入驻企业正常生产经营活动需要的电力设施，应根据所属地电网规划的要求，建设符合 GB 50293 和 GB 50052 要求的电力设施和内部应急供电系统。

5.3.8　集聚区应遵守节约用水的原则，提供满足入驻企业的供水设施，并编制符合 GB 50282 规定要求的用水规划；应建设完善的排水设施，应编制符合 GB 50318 规定要求的排水规划，并与所属城市总体规划相适宜。

5.3.9　集聚区如需进行供热设施建设，应根据其自身条件特点建设供热设施，宜采用集中供热系统的方式，除企业生产有特殊要求外，集中供热系统的建设应符合 CJJ 34 的有关规定。集聚区的热源生产企业，应具有城市集中供热企业的资质。入驻企业能提供余热的，应按城市供热规划的统一要求，有条件的可向周边地区提供工业余热。

5.3.10　集聚区如需进行燃气设施建设，应根据其自身条件特点进行燃气设施的建设，宜采用相应的集中供气系统，其供燃气的生产企业，应具有城市燃气企业的资质，其燃气的生产工艺和燃气质量，均应达到 GB 50028 规定的要求。

5.3.11　集聚区应统一建设消防设施和防汛除涝设施，其消防设施工程应由具有消防工程施工资质单位建设，各类建筑的建设应符合 GB 50016 的要求；集聚区内各种防汛除涝设施的建设应符合国家及所属地相关法律和规章的规定。

5.3.12　集聚区应为工商、税务、运管、检验检疫等政府服务机构的进驻提供条件，并逐步完善"政府一站式服务"的功能。

5.3.13　集聚区应为银行、保险、中介、餐饮、住宿、汽配汽修等各项支持服务机构的进入提供相应的配套设施，并为入驻企业提供必要的商业服务。

5.4　信息化设施建设

5.4.1　集聚区应建设具有基础通信平台、门户网站、信息管理平台、电子服务平台以及信息安全等功能的信息化设施。

5.4.2　集聚区应为入驻企业提供具有数据通信、固定电话、移动通信和有线电视等方面基础功能的基础通信设施。

5.4.3　集聚区应逐步建设具有对外宣传、电子政务、电子商务、信息服务、集聚区信息管理等功能一体化的门户网站，能为集聚内企业提供公共信息。

6 指标

废旧商品回收分拣集聚区指标见表1。

表1 废旧商品回收分拣集聚区指标

编号	项目	指标	单位	指标值或要求
01	基本指标	集聚区规模	平方米	≥100000
02		回收分拣企业占比	%	≥80
03		绿化覆盖率	%	≥20
04		信息平台		具备
05		配套设施占地率	%	≤15
06		管理制度		具备
07		人均工业增加值	万元/人	≥5
08		回收分拣业对集聚区工业增加值贡献度	%	≥75
09	回收分拣指标	废旧商品回收分拣量	万吨/年	≥20
10		废金属回收分拣率	%	≥90
11		废纸回收分拣率	%	≥80
12		废塑料回收分拣率	%	≥70
13		报废汽车回收分拣率	%	≥90
14		废旧机电设备回收分拣率	%	≥80
15		废轮胎回收分拣率	%	≥90
16		废弃电器电子产品回收分拣率	%	≥80
17		废玻璃回收分拣率	%	≥70
18		废铅酸电池回收分拣率	%	≥60
19		废弃节能灯回收分拣率	%	≥50
20		其他废旧商品回收分拣率	%	符合相关规定
21	环境指标	废物集中处理处置设施		具备
22		污水收集设施		具备
23		区内企业污染物排放达标率	%	100
24	消耗指标	单位工业增加值综合能耗	吨标煤/万元	≤0.5
25		单位工业增加值新鲜水耗	吨/万元	≤6

编号	项目	指标	单位	指标值或要求
26		研发投入率	%	≥1
27		研发人员占有率	%	≥2
28	可持续发展指标	大专（含）学历以上占有率	%	≥5
29		人员培训率	%	≥80
30		体制机制创新		具备

7　指标计算方法

7.1　集聚区规模
指标解释：是指集聚区总用地面积。

数据来源：统计部门

7.2　回收分拣企业占比
指标解释：是指集聚区内从事废旧商品回收分拣企业数量占企业总数的百分比。

计算公式：回收分拣企业占比（%）$= \dfrac{回收分拣企业数量（个）}{集聚区企业总数（个）} \times 100\%$

数据来源：统计部门

7.3　绿化覆盖率
指标解释：是指集聚区内已开发范围内绿化覆盖面积占集聚区实际开发面积的百分比。

计算公式：绿化覆盖率（%）$= \dfrac{已开发范围绿化覆盖面积（平方米）}{聚集区实际开发面积（平方米）} \times 100\%$

数据来源：统计部门

7.4　信息平台
指标解释：是指集聚区是否具备信息平台。主要是基础通信平台、门户网站、信息管理平台等。

数据来源：统计部门

7.5　配套设施占地率
指标解释：是指集聚区内已开发范围内配套设施占地面积占集聚区实际开发面积的百分比。

计算公式：配套设施占地率（%）$= \dfrac{配套设施占地面积（平方米）}{集聚区实际开发面积（平方米）} \times 100\%$

数据来源：统计部门，环保部门

7.6　管理制度
指标解释：是指集聚区是否具备各项管理制度。

数据来源：统计部门

7.7　人均工业增加值

指标解释：是指当年聚居区从业人员人均创造的工业增加值。

工业增加值：是指工业企业当年以货币形式表现的工业生产活动的最终成果，是工业企业全部生产活动的总成果扣除了在生产过程中消耗或转移的物质产品和劳务价值后的余额，是企业生产过程中新增加的价值。

计算公式：人均工业增加值（万元/人）$= \dfrac{\text{集聚区工业增加值（万元）}}{\text{集聚区从业人员总数（人）}}$

数据来源：统计部门

7.8　回收分拣业对集聚区工业增加值贡献度

指标解释：是指当年回收分拣业工业增加值占整个集聚区工业增加总值的百分比。

计算公式：回收分拣业对集聚区工业增加值贡献度（%）$=$

$\dfrac{\text{回收分拣业工业增加值（万元）}}{\text{集聚区工业增加总值（万元）}} \times 100\%$

数据来源：统计部门

7.9　废旧商品年回收分拣量

指标解释：是指当年集聚区回收分拣的废旧商品总量。

数据来源：统计部门，环保部门

7.10　废金属回收分拣率

指标解释：是指当年经过分拣加工后的废金属量占集聚区废金属回收总量的百分比。

计算公式：废金属回收分拣率（%）$= \dfrac{\text{分拣加工后废金属量（吨）}}{\text{集聚区废金属回收总量（吨）}} \times 100\%$

数据来源：统计部门，环保部门

7.11　废纸回收分拣率

指标解释：是指当年经过分拣打包后的废纸量占集聚区废纸回收总量的百分比。

计算公式：废纸回收分拣率（%）$= \dfrac{\text{分拣打包后废纸量（吨）}}{\text{集聚区废纸回收总量（吨）}} \times 100\%$

数据来源：统计部门，环保部门

7.12　废塑料回收分拣率

指标解释：是指当年经过分拣加工后的废塑料量占集聚区废塑料回收总量的百分比。

计算公式：废塑料回收分拣率（%）$= \dfrac{\text{分拣加工后废塑料量（吨）}}{\text{集聚区废塑料回收总量（吨）}} \times 100\%$

数据来源：统计部门，环保部门

7.13　报废汽车回收分拣率

指标解释：是指当年回收的报废汽车经过拆解后的资源量占集聚区报废汽车回收总重量的百分比。

计算公式：报废汽车回收分拣率（%）$= \dfrac{\text{拆解后资源量（吨）}}{\text{集聚区报废汽车回收总重量（吨）}} \times 100\%$

数据来源：统计部门，环保部门

7.14　废旧机电设备回收分拣率

指标解释：是指当年回收的废旧机电设备经过拆解后的资源量占集聚区废旧机电设备回收总重量的百分比。

计算公式：废旧机电设备回收分拣率(%) =

$$\frac{拆解后废旧机电设备资源量（吨）}{集聚区废旧机电设备回收总重量（吨）} \times 100\%$$

数据来源：统计部门，环保部门

7.15　废轮胎回收分拣率

指标解释：是指当年经过分拣加工后的废轮胎量占集聚区废轮胎回收总量的百分比。

计算公式：废轮胎回收分拣率（%） $= \frac{分拣加工后废轮胎量（吨）}{集聚区废轮胎回收总量（吨）} \times 100\%$

数据来源：统计部门，环保部门

7.16　废弃电器电子产品回收分拣率

指标解释：是指当年回收的废弃电器电子产品经过拆解后的资源量占集聚区废弃电器电子产品回收总重量的百分比。

计算公式：废弃电器电子产品回收分拣率（%） =

$$\frac{拆解后废旧商品资源量（吨）}{集聚区废弃电器电子产品回收总重量（吨）} \times 100\%$$

数据来源：统计部门，环保部门

7.17　废玻璃回收分拣率

指标解释：是指当年经过分拣加工后的废玻璃量占集聚区废玻璃回收总量的百分比。

计算公式：废玻璃回收分拣率（%） $= \frac{分拣加工后废玻璃量（吨）}{集聚区废玻璃回收总量（吨）} \times 100\%$

数据来源：统计部门，环保部门

7.18　废铅酸电池回收分拣率

指标解释：是指当年回收的废铅酸电池经过拆解后的资源量占集聚区废铅酸电池回收总重量的百分比。

计算公式：废铅酸电池回收分拣率（%） =

$$\frac{拆解后废铅酸电池资源量（吨）}{集聚区废铅酸电池回收总重量（吨）} \times 100\%$$

数据来源：统计部门，环保部门

7.19　废弃节能灯回收分拣率

指标解释：是指当年回收的废弃节能灯经过拆解后的资源量占集聚区废弃节能灯回收总重量的百分比。

计算公式：废弃节能灯回收分拣率（%） =

$$\frac{拆解后废旧商品资源量（吨）}{集聚区废弃节能灯回收总重量（吨）} \times 100\%$$

数据来源：统计部门，环保部门

7.20 其他废旧商品回收分拣率

指标解释：是指当年经过分拣加工后的废旧商品量占集聚区废旧商品回收总量的百分比。

计算公式：其他废旧商品回收分拣率（％）＝

$$\frac{\text{分拣加工后其他废旧商品量（吨）}}{\text{集聚区其他废旧商品回收总量（吨）}} \times 100\%$$

数据来源：统计部门，环保部门

7.21 废物集中处理处置设施

指标解释：是指集聚区具备废物集中处理处置能力，处理处置设施在集聚区内外均可。

数据来源：统计部门，环保部门

7.22 污水收集设施

指标解释：是指集聚区具备集中式污水收集设施。

数据来源：统计部门，环保部门

7.23 区内企业污染物排放达标率

指标解释：是指集聚区内排放污染物达到国家排放标准的企业数量占集聚区企业总数的百分比。

计算公式：区内企业污染物排放达标率（％）＝ $\frac{\text{排放达标企业数量（个）}}{\text{集聚区企业总数（个）}} \times 100\%$

数据来源：统计部门，环保部门

7.24 单位工业增加值综合能耗

指标解释：是指当年集聚区工业能耗总量与工业增加值之比。

集聚区综合能耗总量：是指企业用于生产、生活的煤、电、油等能源的消耗（包括生产取暖、降温用能）。各种能源均按国家统计局规定的折合系数折成标准煤计算。

计算公式：单位工业增加值综合能耗（标煤）（吨/万元）＝

$$\frac{\text{集聚区综合能耗总量（标煤）（吨）}}{\text{集聚区工业增加总值（万元）}}$$

数据来源：环保部门，统计部门

7.25 单位工业增加值新鲜水耗

指标解释：是指集聚区万元工业增加值消耗新鲜水量。

工业用新鲜水量：是指当年企业厂区内用于生产和生活的新鲜水量（生活用水单独计量且生活污水不与工业废水混排的除外），它等于企业从城市自来水取用的水量和企业自备水用量之和。

计算公式：单位工业增加值新鲜水耗（吨/万元）＝ $\frac{\text{集聚区工业用新鲜水量（吨）}}{\text{集聚区工业增加总值（万元）}}$

数据来源：环保部门，统计部门

7.26　研发投入率

指标解释：是指研发资金投入占集聚区工业增加值百分比。

计算公式：研发投入率（%） $= \dfrac{研发资金量（万元）}{集聚区工业增加总值（万元）} \times 100\%$

数据来源：统计部门

7.27　研发人员占有率

指标解释：是指集聚区企业的研发人员占所有从业人员百分比。

计算公式：研发人员占有率（%） $= \dfrac{研发人员数量（人）}{从业人员总数（人）} \times 100\%$

数据来源：统计部门

7.28　大专（含）学历以上占有率

指标解释：是指集聚区企业的大专（含）以上学历人员占所有从业人员百分比。

计算公式：大专（含）学历以上占有率（%） $= \dfrac{大专以上学历人员数量（人）}{从业人员总数（人）} \times 100\%$

数据来源：统计部门

7.29　人员培训率

指标解释：是指集聚区接受过专业技能培训的从业人员占所有从业人员百分比。

计算公式：人员培训率（%） $= \dfrac{接受过培训人员数量（人）}{从业人员总数（人）} \times 100\%$

数据来源：统计部门

7.30　体制机制创新

指标解释：是指集聚区管理体制的科学性、有效性以及整体运行效率。

数据来源：统计部门

参考文献

［1］国务院办公厅关于建立完整的先进的废旧商品回收体系的意见　国办发〔2011〕49号

［2］再生资源回收管理办法　商务部令〔2007〕第8号

废钢铁加工配送中心建设规范

前　言

本标准按照 GB/T 1.1—2009 给出的规则起草。

本标准由中华人民共和国商务部提出并归口。

本标准起草单位：中国物资再生协会、安庆市吉宽再生资源有限公司 。

本标准主要起草人：刘强、崔燕、许吉宽、祖方跃、余灿、赵启明、徐冉。

1　范围

本标准规定了废钢铁加工配送中心的类型、建设要求和经营管理要求。

本标准适用于废钢铁加工配送中心的建设和经营管理活动。

2　规范性引用文件

下列文件对于本文件的应用是必不可少的。凡是注日期的引用文件，仅注日期的版本适用于本文件。凡是不注日期的引用文件，其最新版本（包括所有的修改单）适用于本文件。

GB 4223　废钢铁

GB 5085（所有部分）危险废物鉴别标准

GB 8978　污水综合排放标准

GB 12348　工业企业厂界噪声标准

GB 16297　大气污染物综合排放标准

GB 18597　危险废物贮存污染控制标准

GB 18599　一般工业固体废物贮存、处置场污染控制标准

GB/T 19001　质量管理体系要求

GB/T 24001　环境管理体系要求及使用指南

GB/T 28001　职业健康安全管理体系要求

GB J16　建筑设计防火规范

GP 50057　建筑物防雷设计规范

JJG 539　数字指示秤

SN 0570　进口废金属放射性污染检验规程

3　术语和定义

GB 4223　界定的以及下列术语和定义适用于本文件。

3.1　再生资源 recycled resources

在社会生产和生活消费过程中产生的，已经失去原有全部或部分使用价值，经过回

收、加工处理，能够使其重新获得使用价值的各种废弃物。

注：再生资源包括废旧金属、报废电子产品、报废机电设备及其零部件、废造纸原料（如废纸、废棉等）、废轻化工原料（如橡胶、塑料、农药包装物、动物杂骨、毛发等）、废玻璃等。

3.2　废钢铁 scrap steel

失去原有用途并可以回收使用的钢铁碎料及钢铁制品。

3.3　废钢铁加工配送中心 scrap steel processing and distribution center

以再生资源加工企业为主体，通过接受并处理废钢铁用户的订货信息，对废钢铁进行分拣，根据用户订货要求进行拣选、加工、组配等作业，并进行配送的经营实体，在其配送作业流程中，储存作业和加工作业居主导地位。

按其规模可分为小、中、大3种类型。

4　基本要求

4.1　基本条件

废钢铁加工配送中心建设应符合城市总体规划，符合国家产业政策，合理规划布局，严格按照建设指标要求进行设计、建设，按功能分区、分块布置，规范加工配送流程，规范商品交易制度，规范环境保护要求。

4.2　选址

废钢铁加工配送中心选址宜考虑根据全国大中型钢厂分布、产废水平、交通情况等因素。原则上按照辐射半径200km建设一个废钢铁加工配送中心，建设周期不超过3年。

4.3　类型产能

废钢铁加工配送中心建筑面积应以分拣加工面积为主，并辅以适度比例的商品交易、仓储配送、配套服务等面积，绿化面积不低于总面积的10%。按规模可分为小型、中型、大型3类。

4.3.1　小型废钢铁加工配送中心

占地面积在20000m² ~ 35000m²，建成后年加工配送能力达到5万吨 ~ 10万吨。

4.3.2　中型废钢铁加工配送中心

占地面积在35000m² ~ 70000m²，建成后年加工配送能力达到10万吨 ~ 30万吨。

4.3.3　大型废钢铁加工配送中心

占地面积在70000m²以上，建成后年加工配送能力达到30万吨以上。

5　建设要求

5.1　基本要求

5.1.1　废钢铁加工配送中心基本建设内容：商品交易区、仓储配送区、分拣加工区、配套服务区（含信息处理中心）。

5.1.2　供电电源由当地电网供给，供电应采用三级负荷、电器设施应按照 GP 50057 等有关规定设避雷接地装置。

5.1.3 消防设施应符合 GB J16 要求，并满足货场、经营、生产、生活要求。

5.1.4 应对废钢铁加工配送中心建成投产后可能对环境产生的影响进行评价，并提出污染防止对策和措施。

5.2 具体要求

5.2.1 商品交易区

该区主要职能是废钢铁的交易、质检、司磅、财务结算等。应配备符合 JJG 539 要求的汽车衡等设备。

5.2.2 仓储配送区

该区主要对废钢铁进行统一装卸、配送、运输、仓储等。宜配备配套的装卸、运输设备。废钢铁贮存应有专用场地，场地应符合 GB 18599 的相关要求。需设置危险废物临时存放区，主要对回收、加工过程中发现的危险废物临时存放，设置危险废物标志，并将危险废物及时送至有相关危险废物处理资质的单位处理，该区场地应符合 GB 18597。

5.2.3 分拣加工区

该区是废钢铁加工配送中心的主体部分，对废钢铁进行分类挑选及初步处理，配备废钢剪切机、液压打包机、抓钢机、废钢破碎生产线等设备，主要包括废钢铁分拣加工区、废有色金属分拣加工区。其中，废有色金属分拣加工区属于辅助区，主要处理废钢铁分拣中的剥离出的废有色金属。

5.2.4 配套服务区

该区主要包括办公管理、信息处理、污水处理、生活配套设施。其中，办公区主要包括行政管理、保安、通信等功能；信息处理中心主要是对废钢铁加工配送提供整体信息系统支持；污水处理区主要是对雨水及废钢铁回收、加工过程中产生的废水进行处理；生活配套主要包括食宿、商店等相关配套服务设施。

6 环保要求

6.1 基本要求

废钢铁加工配送中心应符合环境保护要求，配备粉尘收集、降低噪声、液体截流、收集、泄水等设施，以及具有防止地面污染及影响周边环境的环保措施。

6.2 地面

建设标准应符合国家建筑标准；地面硬化使用 C25 以上混凝土，厚度不低于 240 mm，个别区域应作防腐蚀处理。

6.3 噪声

采用低噪声设施，并采用屏蔽、隔声减震等处理措施，确保厂界噪声符合 GB 12348 的要求。

6.4 大气

大气污染应符合 GB 16297 的要求。

6.5 污水

污水排放应符合 GB 8978 的要求。

6.6 危险废物

6.6.1 废钢铁加工配送作业中危险废物的鉴别应符合 GB 5085（所有部分）相关要求。对废旧武器、危险化学品、剧毒物品、放射源、易爆品等危险物品应具备相应的应急处理预案。

6.6.2 废钢铁回收、加工过程中产生的废油等废弃物应具备分离设施。

6.6.3 废钢铁加工配送中心应配备放射性检测装置，检测操作应符合 SN 0570。

6.6.4 危险废物处理应符合环境保护部门要求。

7 管理要求

7.1 管理

废钢铁加工配送中心的实施企业宜按照 GB/T 19001、GB/T 24001、GB/T 28001 等标准进行管理。

7.2 人员

从业人员上岗前应经过废钢铁相关法律、岗位责任、专业技能和劳动保护等相关知识培训。

7.3 制度

具有与生产规模相适应的岗位设置和制度规范。建立健全各项工作制度，包括安全生产责任制度、安全检查制度、环境管理制度、设施设备检修和维护制度、突发事件应急预案等。

参考文献

［1］国务院办公厅关于建立完整的先进的废旧商品回收体系的意见　国办发〔2011〕49 号

［2］商务部 财政部关于加快推进再生资源回收体系建设的通知　商商贸发〔2009〕142 号

［3］再生资源回收管理办法　商务部令〔2007〕第 8 号

［4］商务部关于进一步推进再生资源回收行业发展的指导意见　商商贸发〔2010〕187 号

废电视机回收技术规范

前 言

本标准按照 GB/T 1.1—2009 给出的规则起草。

本标准由中华人民共和国商务部提出并归口。

本标准起草单位：中国物资再生协会、惠州市鼎晨实业发展有限公司。

本标准主要起草人：刘强、崔燕、刘汉儒、林春涛、夏天。

1 范围

本标准规定了废电视机及其零（部）件收集、运输、贮存和分拣的技术要求。

本标准适用于废电视机及其零（部）件回收全过程，并可用于废电视机回收经营者和回收集散地的监督和管理工作。

2 规范性引用文件

下列文件对于本文件的应用是必不可少的。凡是注日期的引用文件，仅注日期的版本适用于本文件。凡是不注日期的引用文件，其最新版本（包括所有的修改单）适用于本文件。

GB 18599 一般工业固体废物贮存、处置场污染控制标准

GB/T 20861 废弃产品回收利用术语

GB/T 23685 废电器电子产品回收利用通用技术要求

3 术语和定义

GB/T 20861 和 GB/T 23685 界定的以及下列术语和定义适用于本文件。

3.1 废电视机 waste televisions

不再使用且已经丢弃或放弃的电视信号接收机［包括构成其产品的所有零（部）件、元（器）件和材料等］，以及生产、运输、销售过程中产生的不合格、报废或过期的电视信号接收机。

3.2 回收 collection

废电视机的收集、分类和整理活动。

3.3 贮存 storage

为收集、运输、处理和处置的目的，在符合要求的特定场所暂时性存放废电视机的活动。

4 总体要求

4.1 从事废电视机回收经营者应符合《再生资源回收管理办法》的要求，在取得营业执

照后 30 日内，按属地管理原则，向登记注册地工商行政管理部门的同级商务主管部门或者其授权机构备案。

4.2　符合二手货标准的废电视机中的零（部）件应优先实现再使用。

4.3　鼓励回收经营者建立废电视机回收信息管理系统，并保存有关信息，提供有关信息给商务主管部门或商务主管部门委托的相关机构。

4.4　鼓励电视机生产和销售单位利用其销售渠道，推进生产者责任延伸，对废电视机统一集中回收后送有资质的拆解企业进行处置。对电视机生产单位，其产品应有回收、再利用标志说明，以确保使用后能够采用有利于环境保护的方式利用或处置。

4.5　回收后的废电视机应交给有资质的处理企业，不得擅自丢弃和拆解。

4.6　严禁将废电视机直接填埋或焚烧。

4.7　回收经营者宜建立突发事件应急预案，有完整的防护装备和措施，操作应遵守国家相关的职业安全卫生法规或标准。

5　废电视机收集和分类技术要求

5.1　废电视机收集时应按废普通电子管（CRT）电视、液晶显示（LCD）电视和等离电（PDP）电视进行分类回收。

5.2　收集废电视机时，应有设置防护措施，避免溢散、泄漏、脱落、污染环境或危害人体健康。

5.3　显示器破损的电视机应妥善保管，单独分类，不得将普通电子管（CRT）玻璃、液晶显示（LCD）显示屏混放，不得将破损的 CRT 锥玻璃混入生活垃圾中。

5.4　收集废电视机拆解产物 CRT 锥玻璃和印刷电路板，应具有相应的危险废物经营许可证。

6　废电视机运输技术要求

6.1　运输车辆应设置防护措施，并避免发生碰撞、溢散、泄漏、掉落、污染环境或危害人体健康。

6.2　在运输废电视机过程中不得随意丢弃。

6.3　废电视机运输时应有破损防护措施。

6.4　废电视机不与易燃、易爆或腐蚀性物质混合运输。

6.5　废电视机在搬运过程中应轻拿轻放，避免损坏显示屏。

6.6　严禁运输过程中擅自对废电视机采取任何形式的拆解、处理。

7　废电视机贮存技术要求

7.1　废电视机应分类贮存，并在显著位置设立标识，标明其种类名称。

7.2　废电视机贮存应有专用场地，场地应符合 GB 18599 的相关要求。贮存场地地面、贮存容器及其设施应经常保持清洁完整，不得发生溢散、泄漏、飞散、散发恶臭、污染地面、积水或冷媒、荧光粉、液晶逸散等。

7.3　破损的废电视机应及时回收到容器内，密闭并单独存放。

7.4　显示屏单位面积储存密度不宜过大，需要分层储存时应设有专用储存格架。

7.5　废电视机的堆置高度不宜过高，鼓励使用固定钢架、支架、挡桩及栈板等进行堆置，各区域间宜有适当宽度的走道。

7.6　贮存场地应有防雨、防渗、遮盖措施。

8　管理要求

8.1　回收经营者应建立信息管理制度，统计记录回收废电视机的类型、数量、重量等相关内容。记录至少保存 3 年以上，并接受商务主管部门的检查。

8.2　回收经营者应建立废水废气处理系统并定期检测排放的废水废气中污染物的浓度。

8.3　回收经营者应设有专职质量管理人员和完善的质量管理制度。

8.4　回收人员回收废旧电视机前，应进行岗前培训，或在技术部门人员的指导下进行操作。

废塑料回收分选技术规范（报批稿）

前 言

本标准按照 GB/T 1.1—2009 给出的规则起草。

本标准由中华人民共和国商务部提出并归口。

本标准起草单位：中国物资再生协会、金发科技股份有限公司、深圳市格林美高新技术股份有限公司、中国家用电器研究院、福建师范大学环境科学与工程学院、四川长虹电子集团有限公司、上海新金桥环保有限公司。

本标准主要起草人：刘强、崔燕、罗岩、宁红涛、胡志华、许开华、秦玉飞、田晖、单明威、陈庆华、潘晓勇、刘宇、黄晨。

1 范围

本标准规定了废塑料回收分选的术语和定义、总体要求、回收要求、分选要求、运输和贮存要求、管理要求。

本标准适用于废塑料回收分选的全过程，并可用于国内废塑料回收和分选经营者的监督和管理工作。

2 规范性引用文件

下列文件对于本文件的应用是必不可少的。凡是注日期的引用文件，仅注日期的版本适用于本文件。凡是不注日期的引用文件，其最新版本（包括所有的修改单）适用于本文件。

GB 5085.1~7　危险废物鉴别标准

GB 8978　污水综合排放标准

GB 12348　工业企业厂界环境噪声排放标准

GB/T 16288　塑料制品的标志

GB 18484　危险废物焚烧污染控制标准

GB 18599　一般工业固体废物贮存、处置场污染控制标准

GB/T 20861　废弃产品回收利用术语

GB/T 24001　环境管理体系要求及使用指南

GB/T 28001　职业健康安全管理体系

GB 50016　建筑设计防火规范

HJ/T 364　废塑料回收与再生利用污染控制技术规范

HJ 2025　危险废物收集、贮存、运输技术规范

SB/T 10720　再生资源分拣中心建设管理规范

3 术语和定义

GB/T 20861 界定的以及下列术语和定义适用于本文件。

3.1 废塑料 waste plastics

指被废弃的各种塑料制品及塑料材料，包括在塑料及塑料制品生产加工过程中产生的下脚料、边角料和残次品。

［HJ/T 364，定义 3.1］

3.2 危险废物 hazardous waste

指列入国家危险废物名录或者根据国家规定的危险废物鉴别标准和鉴别方法认定的具有腐蚀性、毒性、易燃性、反应性和感染性等一种或一种以上危险特性，以及不排除具有以上危险特性的固体废物。

［GB 5085.7，定义 3.2］

3.3 回收 collection

以再生利用为目的，对生活、生产以及其他活动中产生的废塑料进行收集的过程。

［HJ/T 364，定义 3.3］

3.4 分选 sorting

按照废塑料分类标准、品质状况，集中对废塑料进行专业分类、分离、清洗、破碎等加工处理过程。

3.5 静电分选 electrostatic sorting

利用各种塑料在摩擦起电后不同的静电性能来进行分选的方法。

3.6 近红外分选 near infrared sorting

利用各种塑料在近红外光谱中的吸收峰的差别进行分选的方法。

3.7 盐水密度分选 density separation in brine

利用不同类别塑料的密度差异进行分选的方法，主要是指依据生产需求利用不同工业盐溶液的密度不同进行废塑料的分离。

3.8 重介质分选 heavy medium separation

利用各种塑料密度的差异进行分选的方法，主要使用无机填料在水流的过程中水流的控制进行密度差分选的方法。

3.9 人工分选 manual sorting

直接采用人工辨识手段对废塑料进行分选的方法。

3.10 气流分选 air‑controlled separation

利用塑料的比表面积和堆积密度在流动空气中运行轨迹的差异进行分选的方法。

3.11 颜色分选 color sorting

利用分色机对废塑料按颜色的差异进行分选的方法。

3.12 X‑荧光分选 X‑ray fluorescence sorting

利用 X‑荧光检测设备对废塑料中有毒有害重金属物质进行检验，按照有害有毒重金属物质控制标准进行分选的方法。

3.13 涡流分选 eddy current sorting

基于分选机中磁场变化时对有色金属、铁和非铁物料所产生的不同的力的作用，将金属由废塑料里分选出来的方法。

3.14 低温破碎分选 low temperature shredding separation

利用废塑料的玻璃化转变温度不同进行低温低速破碎分选的方法。

3.15 溶剂分选 solvent separation

利用废塑料各组分溶解参数和良性溶剂的差别进行塑料分选的方法。

3.16 熔融过滤分选 molten filtration separation

利用废塑料熔点的差异进行分选分离的方法。

3.17 自动化分选 automated sorting

采用自动化设备对废塑料进行分选的方法。

3.18 破碎 shredding

利用机械设备将废塑料变成需要尺寸的过程。

3.19 清洗 washing

采用水或溶剂除去废塑料表面物质的过程。

3.20 包装 packaging

为了达到废塑料流通过程中保护产品、方便贮运、促进销售的目的，在采用容器、材料和辅助物的过程中施加一定技术方法等的操作活动。

4 总体要求

4.1 废塑料回收分选企业应符合《再生资源回收管理办法》的相关要求。

4.2 鼓励回收分选企业建立废塑料回收信息管理系统，并保存有关信息至少5年。

4.3 鼓励回收分选企业采用先进适用、节能高效的工艺设备，并积极开发自动化、规模化、环保化和专业化工艺设备，提高资源循环利用率。

4.4 废塑料回收分选企业应有完备的人身安全防护装备和措施。

5 回收要求

5.1 废塑料的回收应按塑料种类进行分类回收。含卤素废塑料的回收和分选应与其他废塑料分开进行。

5.2 废塑料的种类鉴别可采用物理鉴别法、化学鉴别法和光谱分析鉴别法。

5.3 属于危险废物的废塑料应按照 GB 5085.1~7 和 HJ 2025 进行鉴别和回收。

6 分选要求

6.1 废塑料分选中心的建设应符合 SB/T 10720 中的要求。

6.2 废塑料分选工艺主要包括专业分选、破碎、清洗和包装。

6.3 废塑料分选应当遵循先进、稳定、无二次污染的原则，根据废塑料特点，宜使用静电分选、近红外分选、重介质分选、人工分选、气流分选、颜色分选、X-荧光分选、涡流分选、低温破碎分选、溶剂分选、熔融过滤分选及其他新型的自动化分选等单一和集成化分选技术；尽量少用盐水密度分选；禁止使用简易强酸强碱浸泡工艺和简易焚烧工艺等进行废塑料分选。

6.4 废塑料分选后，可分选出单一组分的，其纯度建议达到90%以上，达到后期高值化再生利用的要求；不能选出单一组分的，以不影响整体再利用为限；现有方法完全不能分离的，作为不可利用固体废物进行处置。

6.5 废塑料的破碎宜采用干法破碎技术，并配有防治粉尘和噪声污染的设备，产生的噪声应符合 GB 12348 的规定。

6.6 鼓励使用节能高效的废塑料破碎设备，淘汰低效高能耗高噪声设备。

6.7 废塑料的清洗场地应作防水、防渗漏处理，有特殊要求的地面作防腐蚀处理。

6.8 废塑料的清洗方法可分为物理清洗和化学清洗，应根据废塑料来源和污染情况选择清洗工艺；鼓励采用高效节水的机械清洗技术；不得使用有毒有害的化学清洗剂，宜采用无磷清洗剂。

6.9 分选后的废塑料需采用独立完整的包装，以防止交叉污染。

6.10 从事废塑料分选加工的企业需具备排污许可证，如废塑料回收分选企业所在园区有相应排污许可证，视同具有排污许可证。

6.11 废塑料分选过程中产生的热固性塑料、其他非可塑性塑料及其他非塑料类材料，应按照国家相关规定进行处理，属于危险废物的应按照危险废物进行处理；对于废塑料分选过程中产生的废污泥应交由有相关处理资质的单位进行处理。

6.12 产生的大气污染物排放应符合 GB 18484 的要求，气体净化装置收集的废液或固废应按 GB 5085.1~7 的要求进行鉴别，如属于危险废物则按照危险废物进行处理。

6.13 废塑料分选过程中产生的废水，须经污水管道收集，进行污水净化处理，处理后的水宜作为中水循环再利用；排放污水应符合 GB 8978 的规定。

7 运输和贮存要求

7.1 废塑料运输应采用封闭的运输工具，防止遗撒。

7.2 不同种类、不同来源的废塑料应分开存放，并在显著位置设有标识。

7.3 包装物表面应有回收标志和废塑料种类标志，标志应清晰、易于识别、不易擦掉，废塑料回收和种类标志执行 GB/T 16288。

7.4 废塑料应存放在通风、灰尘小、干燥的室内，不应露天堆放，符合 GB 18599 相关要求。

7.5 废塑料属于易燃品，应远离火源，贮存场所应配备消防设施，防止火灾，符合 GB 50016 相关要求。

8 管理要求

8.1 鼓励废塑料回收分选企业按照 GB/T 24001、GB/T 28001 等标准进行管理。

8.2 鼓励废塑料回收分选企业建立信息管理系统，包括废塑料的来源信息、上级供应商信息、废塑料分选工艺信息、事故信息、交易信息、运输信息及使用路径信息等相关信息。

8.3　废塑料回收从业者应经过专业培训，具备采用人工或自动化设备对废塑料类别的初步鉴别能力，符合国家劳动法要求。

8.4　废塑料回收分选企业应建立健全劳动保护和消防安全责任管理制度，设置管理机构和人员，以保障从业人员的人身安全和企业的财产安全。

8.5　废塑料回收分选企业应建立健全环境保护管理责任制度，设置环境监督管理部门和专职人员，负责在分选过程中的环境保护、监督及监测等相关工作。

8.6　废塑料回收分选企业应建立环境污染预防机制和处理环境污染事故的应急预案制度。

参考文献

［1］商务部办公厅关于进一步做好废旧商品回收体系建设工作的通知　商办流通函〔2012〕831号

［2］再生资源回收管理办法　商务部令〔2007〕第8号

废玻璃回收分拣技术规范

前 言

本标准按照 GB/T 1.1—2009 给出的规则起草。

本标准由中华人民共和国商务部提出并归口。

本标准起草单位：中国物资再生协会、上海燕龙基环保企业（集团）有限公司。

本标准主要起草人：刘强、崔燕、王清华、刘卫国。

1 范围

本标准规定了废玻璃回收分拣的术语和定义、总体要求、回收要求、分拣要求、运输和贮存要求、管理要求。

2 规范性引用文件

下列文件对于本文件的应用是必不可少的。凡是注日期的引用文件，仅注日期的版本适用于本文件。凡是不注日期的引用文件，其最新版本（包括所有的修改单）适用于本文件。

GB 18599　一般工业固体废物贮存、处置场污染控制标准

GB/T 19001　质量管理体系要求

GB/T 20861　废弃产品回收利用术语

GB/T 24001　环境管理体系要求及使用指南

GB/T 28001　职业健康安全管理体系要求

SB/T 10900　废玻璃分类

3 术语和定义

GB/T 20861 和 SB/T 10900 界定的以及下列术语和定义适用于本文件。

3.1　废玻璃 scrap glass

在社会生产和生活过程中产生的，已经失去原有全部或部分使用价值，经过回收、加工处理，能够作为原料被循环利用的玻璃及其制品。

3.2　回收 collection

废玻璃的收集活动。

3.3　分拣 sorting

依据客户要求或配送计划，将废玻璃从其储位或其他区位拣取出来，并按一定的方式进行分类、集中、简单加工的作业过程。

4　总体要求

4.1　废玻璃回收经营者应符合《再生资源回收管理办法》的相关要求。

4.2　鼓励回收经营者建立废玻璃回收信息管理系统，并保存有关信息至少 5 年。

4.3　回收后的废玻璃应交给正规经营的处理企业。

4.4　废玻璃回收经营者应有完备的人身安全防护装备和措施。

5　回收要求

5.1　废玻璃回收应按照颜色、品种进行分类回收。没有危险废物回收资质的回收经营者不得回收属于医疗废物和危险废物的废玻璃。

5.2　废玻璃分类应符合 SB/T 10900 要求。

5.3　废玻璃回收过程中应避免遗撒。

5.4　废玻璃回收过程中不宜就地清洗，如需进行减容破碎处理，应使用机械破碎技术，并配备相应的防尘、防噪声设备。

5.5　回收废玻璃时不允许混有密封容器、医疗废物和带有放射性物品等其他夹杂物。

6　分拣要求

6.1　废玻璃分拣工艺主要包括除杂、筛分、分选、清洗和干燥。

6.2　除杂主要是去除废玻璃中的石头、金属、陶瓷、耐热玻璃等杂质。

6.3　废玻璃主要按颗粒大小分别筛选出 3mm 以下、3mm～10mm、10mm～30mm、30mm～50mm、50mm 以上五种规格。

6.4　废玻璃分选宜采用分级光学分选等先进分色技术，人工分选应采取相应措施确保操作人员的健康和安全。

6.5　废玻璃清洗应采用物理清洗方法和节水的机械清洗技术，如循环水进行滚筒式清洗。如果采用化学清洗方法，添加的化学药剂应安全无毒。废玻璃分拣过程中应进行消毒处理。

6.6　废玻璃干燥主要选择物理脱水方法进行干燥，宜选择离心脱水处理，不宜选择高能耗方式进行干燥，如微波干燥等，自然干燥的场所应采取防风措施。

6.7　废玻璃分拣技术应当遵循先进、稳定、无二次污染原则，应采用节水、节能、高效、低污染的技术和设备，宜采用机械化和自动化作业，减少手工操作。

7　运输和贮存要求

7.1　废玻璃运输前应进行包装，运输应采用封闭的交通工具运输，防止遗撒。

7.2　分拣后废玻璃应存放在通风、灰尘少、干燥的仓库内，不应露天堆放。

7.3　废玻璃贮存应有专业场地，场地应符合 GB 18599 的相关要求。

7.4　不同种类、不同来源的废玻璃应分开存放。

8 管理要求

8.1 鼓励废玻璃回收经营者按照 GB/T 19001、GB/T 24001、GB/T 28001 等标准进行管理。

8.2 废玻璃回收经营者应建立健全环境保护管理责任制度，设置环境保护部门或专（兼）职人员，负责监督废玻璃回收分拣过程中的环境保护及相关管理工作。

8.3 回收人员回收废玻璃前，应进行岗前培训，或在技术部门人员的指导下进行操作。

8.4 废玻璃回收经营者应建立信息管理制度，内容包括每批次废玻璃的回收时间、地点、来源、数量、种类、分拣后废玻璃流向等相关内容。

8.5 废玻璃回收经营者应建立环境保护监测制度，不同污染物的采样检测方法和频次执行相关国家标准，并做好监测记录以及特殊情况记录。

8.6 废玻璃回收经营者应建立污染预防机制和处理环境污染事故的应急预案制度。

参考文献

[1] 国务院办公厅关于建立完整的先进的废旧商品回收体系的意见 国办发〔2011〕49 号

[2] 再生资源回收管理办法 商务部令〔2007〕第 8 号

废玻璃分类

前　言

本标准按 GB/T 1.1—2009 给出的规则起草。

本标准由中华人民共和国商务部提出并归口。

本标准起草单位：中国物资再生协会、上海燕龙基环保企业（集团）有限公司。

本标准主要起草人：刘强、崔燕、王清华、刘卫国。

1　范围

本标准规定了废玻璃的分类原则、类别及其要求。

本标准适用于废玻璃的回收和分拣活动。

2　术语和定义

下列术语和定义适用于本文件。

2.1　再生资源 recycled resources

在社会生产和生活消费过程中产生的，已经失去原有全部或部分使用价值，经过回收、加工处理，能够使其重新获得使用价值的各种废弃物。

注：再生资源包括废旧金属、报废电子产品、报废机电设备及其零部件、废造纸原料（如废纸、废棉等）、废轻化工原料（如橡胶、塑料、农药包装物、动物杂骨、毛发等）、废玻璃等。

2.2　废玻璃 scrap glass

在社会生产和生活过程中产生的，已经失去原有全部或部分使用价值，经过回收、加工处理，能够作为原料被循环利用的玻璃及其制品。

2.3　废平板玻璃 scrap flat glass

废弃的板状玻璃制品。

2.4　废日用玻璃 scrap domestic glass

废弃的玻璃包装、玻璃容器、玻璃工艺品等的统称。

2.5　废玻璃净料 net material of scrap glass

经过加工处理后的废玻璃。

2.6　废玻璃毛料 gross material of scrap glass

未经过加工处理，且含有杂质的废玻璃。

3　分类原则

3.1　最大限度地利用废玻璃，减少废玻璃的最终处置，对生产、流通、消费过程产生的废玻璃能进行回收利用。

3.2　根据废玻璃再生利用企业的实际生产需求进行分类。

4　分类与要求

废玻璃按照其状态性质和存在方式分为三大类（见表1）。

表1　　　　　　　　　　　　　　废玻璃的分类

编号	类别	组别	名称	颜色	品质要求
01	平板废玻璃	平板废玻璃净料	超白片	特白	主要是超白压花玻璃，厚度为3mm~8mm，块度为30mm~50mm，细粉含量低于5%，无杂色玻璃，钢化玻璃含量低于20%
02			白片	白色	主要是浮法玻璃和格法玻璃，厚度为3mm~19mm，块度为30mm~50mm，无含镍、镉等有害金属玻璃和难熔玻璃
03			镜片	银色	主要是浮法玻璃，厚度为2mm~8mm，块度为30mm~50mm，无钢化玻璃，杂色玻璃含量低于1%，细粉含量低于5%，非玻璃杂物低于0.1%，无含镍、镉等有害金属玻璃和难熔玻璃
04			绿片	绿色	主要是浮法玻璃，厚度为2mm~19mm，块度为30mm~50mm，钢化玻璃含量低于40%，杂色玻璃含量低于5%，细粉含量低于5%，非玻璃杂物低于0.1%，无含镍、镉等有害金属玻璃和难熔玻璃
05			杂片	杂色	主要是浮法玻璃和格法玻璃，厚度为3mm~19mm，钢化玻璃含量低于20%，细粉含量低于5%，非玻璃杂物低于0.15%，无含镍、镉等有害金属玻璃和难熔玻璃
06		平板废玻璃毛料	超白片	特白	未经过加工处理的工厂边角料，块度为30mm~50mm，杂色玻璃含量低于3%，其他杂质含量低于1%，钢化玻璃含量低于25%，非玻璃杂物低于0.1%，无含镍、镉等有害金属玻璃和难熔玻璃
07			白片	白色	主要是浮法玻璃和格法玻璃，厚度为3mm~19mm，块度为30mm~50mm
08			镜片	银色	主要是浮法玻璃，厚度为2mm~8mm，块度为30mm~50mm，无钢化玻璃，杂色玻璃含量低于5%，细粉含量低于5%，其他杂质含量低于5%
09			绿片	绿色	主要是浮法玻璃，厚度为2mm~19mm，块度为30mm~50mm，钢化玻璃含量低于40%，杂色玻璃含量低15%，细粉含量低于10%，其他杂质含量低于5%
10			杂片	杂色	主要是浮法玻璃和格法玻璃，厚度为3mm~19mm，块度为30mm~50mm，钢化玻璃含量低于20%，杂色玻璃含量低于75%，细粉含量低于5%，其他杂质含量低于10%

编号	类别	组别	名称	颜色	品质要求
11	日用废玻璃	日用废玻璃净料	白料	白色	主要是破碎的各类玻璃容器，厚度为2mm～50mm，块度为30mm～50mm，其他颜色玻璃含量低于1%，细粉含量低于5%，非玻璃杂物低于0.1%，无含镍、镉等有害金属玻璃和难熔玻璃
12			绿料	绿色	主要是破碎的各类玻璃容器，厚度为2mm～50mm，块度为30mm～50mm，棕色玻璃含量低于10%，白色玻璃含量低于1%，细粉含量低于5%，非玻璃杂物低于0.2%，无含镍、镉等有害金属玻璃和难熔玻璃
13			棕料	棕色	主要是破碎的各类玻璃容器，厚度为2mm～50mm，块度为30mm～50mm，绿色玻璃含量低于10%，白色玻璃含量低于1%，细粉含量低于5%，非玻璃杂物低于0.2%，无含镍、镉等有害金属玻璃和难熔玻璃
14			杂料	杂色	主要是破碎的各类玻璃容器，厚度为2mm～50mm，块度为30mm～50mm，细粉含量低于5%，非玻璃杂物低于0.3%，无含镍、镉等有害金属玻璃和难熔玻璃
15		日用废玻璃毛料	白料	白色	主要是破碎的各类玻璃容器，厚度为2mm～50mm，块度为30mm～50mm，其他颜色玻璃含量低于1%，细粉含量低于5%，杂质含量低于10%
16			绿料	绿色	主要是破碎的各类玻璃容器，厚度为2mm～50mm，块度为30mm～50mm，棕色玻璃含量低于10%，白色玻璃含量低于1%，细粉含量低于5%，杂质含量低于10%
17			棕料	棕色	主要是破碎的各类玻璃容器，厚度为2mm～50mm，块度为30mm～50mm，绿色玻璃含量低于10%，白色玻璃含量低于1%，细粉含量低于5%，杂质含量低于10%
18			杂料	杂色	主要是破碎的各类玻璃容器，厚度为2mm～50mm，块度为30mm～50mm，细粉含量低于5%，杂质含量低于10%

编号	类别	组别	名称	颜色	品质要求
19	特种废玻璃	特种废玻璃净料	灯饰类玻璃		主要是破碎的各类灯饰玻璃，厚度为2mm～50mm，块度为30mm～50mm，细粉含量低于5%，非玻璃杂物低于0.5%
20			电子类玻璃		主要是破碎的各类电子产品玻璃，厚度为2mm～50mm，块度为30mm～50mm，细粉含量低于5%，非玻璃杂物低于0.5%
21			其他废玻璃		其他类型废玻璃，厚度为2mm～50mm，块度为30mm～50mm，细粉含量低于5%，非玻璃杂物低于0.5%
22		特种废玻璃毛料	灯饰类玻璃		主要是破碎的各类灯饰玻璃，厚度为2mm～50mm，块度为30mm～50mm，细粉含量低于5%，其他类型玻璃含量低于10%，杂质含量低于10%
23			电子类玻璃		主要是破碎的各类电子产品玻璃，厚度为2mm～50mm，块度为30mm～50mm，细粉含量低于5%，其他类型玻璃含量低于10%，杂质含量低于10%
24			其他废玻璃		其他类型废玻璃，厚度为2mm～50mm，块度为30mm～50mm，细粉含量低于5%，杂质含量低于10%

参考文献

［1］再生资源回收管理办法　商务部令〔2007〕第8号

废电池分类

前　言

本标准按照 GB/T 1.1—2009 给出的规则起草。

本标准由中华人民共和国商务部提出并归口。

本标准起草单位：中国物资再生协会、武汉格林美资源循环有限公司。

本标准主要起草人：刘强、崔燕、许开华、张翔、谭翠丽、闫梨、杨雪娟。

1　范围

本标准规定了废电池的分类原则、类别以及要求。

本标准适用于各生产工序中产生的电池废料废件，使用过程、流通及回收处理领域产生的废电池。

2　规范性引用文件

下列文件对于本文件的应用是必不可少的。凡是注日期的引用文件，仅注日期的版本适用于本文件。凡是不注日期的引用文件，其最新版本（包括所有的修改单）适用于本文件。

GB/T 5124.3　硬质合金化学分析方法　电位滴定法测定钴量

GB/T 8654.7　金属锰化学分析方法　电位滴定锰量

GB/T 15555.2　固体废物铜、锌、铅、镉的测定　原子吸收分光光度法

GB/T 15555.9　固体废物镍的测定　直接吸入火焰原子吸收分光光度法

GB/T 15555.10　固体废物镍的测定　丁二酮肟分光光度法

GB/T 15679.1　钐钴永磁合金粉化学分析方法钐、钴量的测定

GB/T 20155　电池中汞、镉、铅含量的测定

GB/T 26724　一次电池废料

GB/T 26932　充电电池废料废件

3　术语和定义

GB/T 26724 和 GB/T 26932 界定的以及下列术语和定义适用于本文件。

3.1　废电池 used batteries

失去使用价值的电池及其废元（器）件、零（部）件和废原材料。包括工业生产过程中产生的报废电池、报废的半成品、废元（器）件、零（部）件和废原材料，以及工业用途、日常生活或者流通领域中产生的失去使用价值的电池。

3.2　废料废件 scrap material

电池生产过程中边角料、废零（部）件、废原料以及不合格产品。

4　分类原则

4.1　最大限度地利用废电池，减少废电池的最终处置，对生产、流通、消费过程产生的

废电池能进行回收利用。

4.2 根据废电池再生利用企业的实际生产需求进行分类。

5 分类与要求

5.1 使用过程、流通及回收处理领域产生的废电池分类详见表1。

表1 使用过程、流通及回收处理领域产生的废电池分类

编号	类别	举例	备注
01	含锌锰废电池	废普通锌锰电池、碱性锌锰电池、锌空气电池、废锌锰蓄电池等	
02	含锂废电池	废锂－氟化碳电池、锂－二氧化锰电池、锂－硫化铜电池、锂－二氧化硫电池、锂－亚硫酰氯电池、废锂离子电池、聚合物锂离子电池等	贮存和运输过程中应做好防火和防短路措施
03	含锌银废电池	废锌银电池、废锌银蓄电池等	
04	含汞废电池	废锌汞电池等	贮存和运输过程中须防止汞泄漏
05	废铅蓄电池	废铅蓄电池等	收集、运输过程中应保持外壳完整，并采取必要措施防止酸液外泄
06	含镍电池	废镍氢电池、废锌镍蓄电池、废铁镍蓄电池等	
07	含镉电池	镍镉电池、极板含镉的废电池等	
08	其他废电池	废镁锰电池、铝锰电池等	

注：属于危险废物的废电池应按照现行危险废物管理制度执行。

5.2 生产工序产生的电池废料废件分类详见表2。

表2 生产工序产生的电池废料废件分类

编号	类别	要求
01	废极片料	包括电池废正极片（或阳极）、负极片（或阴极）等
02	边角料	包括正极边角料、负极边角料、冲边料等
03	废外壳	包括电池废钢壳、铝壳、塑料外壳、帽等及其废碎料
04	废隔膜	由电池废隔膜构成
05	废钴盐	包括废钴酸锂、废镍钴酸锂等
06	废镍盐	包括废镍粉、废氢氧化镍等
07	废镍材	包括废多孔镍（泡沫镍）、废镀镍钢带（镍带）、废镍网等
08	废镉	废氧化镉（海绵镉）
09	其他废料废件	其他废原材料和废件

注：属于危险废物的废电池应按照现行危险废物管理制度执行。

5.3　废电池可按照本标准规定的类别进行回收和贸易，不同类别的废电池不宜相互混合。经供需双方商定，可供应表1和表2中未列出的其他废电池，本标准未列入的其他废电池可归入相近的类别中。

5.4　废电池不宜混有密封容器。

5.5　废电池不应混有医疗废物、带有放射性物品等夹杂物。

6　检验方法

6.1　废电池的类别用目视检验。

6.2　废电池的化学成分可进行分析，分析方法由供需双方协商确定，并在合同中注明。未确定分析方法时，可参照 GB/T 5124.3、GB/T 8654.7、GB/T 15555.2、GB/T 15555.9、GB/T 15555.10、GB/T 15679.1、GB/T 20155 等相关规定进行。

废纸塑铝复合包装物回收分拣技术规范

前　言

本标准按照 GB/T 1.1—2009 给出的规则起草。

本标准由中华人民共和国商务部提出并归口。

本标准起草单位：中国物资再生协会、天津维恩再生资源科技有限公司。

本标准主要起草人：刘强、崔燕、刘汉儒、李海洋。

1　适用范围

本标准规定了废纸塑铝复合包装物回收分拣的术语和定义、回收要求、分拣要求、分离要求、贮存要求和运输要求。

2　规范性引用文件

下列文件对于本文件的应用是必不可少的。凡是注日期的引用文件，仅注日期的版本适用于本文件。凡是不注日期的引用文件，其最新版本（包括所有的修改单）适用于本文件。

GB 5085　危险废物鉴别标准通则

GB/T 16288　塑料包装制品回收标志

GB/T 18455　包装回收标志

GB 18599　一般工业固体废物贮存、处置场污染控制标准

GB/T 19001　质量管理体系要求

GB/T 24001　环境管理体系要求及使用指南

GB/T 28001　职业健康安全管理体系要求

HJ 2025　危险废物收集、贮存、运输技术规范

HJ/T 364　废塑料回收与再生利用污染控制技术规范

3　术语和定义

3.1　再生资源 recycled resources

在社会生产和生活消费过程中产生的，已经失去原有全部或部分使用价值，经过回收、加工处理，能够使其重新获得使用价值的各种废物。主要包括废旧金属、报废电子产品、报废机电设备及其零部件、废造纸原料（如废纸、废棉等）、废轻化工原料（如橡胶、塑料、农药包装物、动物杂骨、毛发等）、废玻璃等。

3.2　纸塑铝复合包装物 paper－plastic－aluminum composite package

纸塑铝复合包装物指含有纸塑铝三种材料中的任两种材料的组合物及三种材料的组合物，如纸塑、铝塑、铝纸及纸塑铝。典型产品有牛奶饮料纸包装（纸塑/纸塑铝）、PVC

泡罩包装（铝塑）、牙膏软管（铝塑）、烟箔纸（纸铝）、方便面碗和纸杯（纸塑）。

3.3　无内容物残留的废纸塑铝复合包装物 scrap paper – plastic – aluminum composite package before consumption

　　在包装物生产厂或消费品生产厂产生的边角料、试机料和以纸浆回收为目的的再生利用者把纸浆回收后剩余的铝塑废料统称为无内容物残留的废纸塑铝复合包装物。

3.4　有内容物残留的废纸塑铝复合包装物 scrap paper – plastic – aluminum composite package after consumption

　　已经接触过内容物的纸塑铝复合包装废物。

4　回收要求

4.1　废纸塑铝复合包装应按照包装材质和是否含有内容物进行分类回收。

4.2　废纸塑铝复合包装分为废纸塑复合包装、废铝塑复合包装、废纸铝复合包装和废纸塑铝复合包装四类。

4.3　回收时，应先将废纸塑铝复合包装物含有的内容物进行清理，并将其压平，便于回收。

4.4　建议在公共场合设立收集废纸塑铝复合包装物的专门容器，容器带有明显标示。在不具备条件的地区，建议参照各地垃圾分类标准将其投入可回收垃圾桶。

4.5　含有废塑料成分的废纸塑铝复合包装应按照 HJ/T 364 进行回收。

4.6　按《医疗废物分类目录》《固体废物鉴别导则（试行）公告》、GB 5085 要求，明确所生产的纸塑铝复合包装物的安全分类等级。

4.7　属于危险废物的纸塑铝复合包装物应按照 GB 5085 和 HJ 2025 进行回收。

4.8　废纸塑铝复合包装物收集从业者须经过专业培训，能准确鉴别不同的纸塑铝材质。

4.9　鼓励废纸塑铝复合包装物回收经营者按照 GB/T 19001、GB/T 24001、GB/T 28001 等标准进行管理。

4.10　应参照 GB/T 18455 规定的包装回收标志，在包装物显著位置标示所用材料的主要成分。

5　分拣要求

5.1　废纸塑铝复合包装物中的其他夹杂物需经过分拣作业，以确保再生利用所得材料的纯度，应按废纸塑铝复合包装材料的主要成分进行分类以有利于后续的再生利用，比如牛奶饮料纸包装、方便面碗、烟箔纸等纸浆含量都在50%以上，均可用在制浆、造纸等工艺中，如主要成分为塑料，则按照塑料品种分类，比如牙膏包装软管主要材料有 LLDPE、铝及 EAA 及 EMAA，铝塑复合泡罩包装主要材料为透明 PVC、铝。

5.2　分拣过程宜使用自动分拣设备完成，建议使用风选、筛选、重力分选、光电分选等装置。人工分选的情况下，应确保分选作业人员配备必要的安全防护用品，以及具体的防护措施，确保分拣人员的人身健康。

5.3 分拣后的废纸塑铝复合包装物的同类产品纯度需达到90%以上。

5.4 分拣过程中产生的没有利用价值的固体废物必须最终交由具备相应资质的专业公司处置。

5.5 分拣过程中产生的废纸塑铝复合包装物的渗滤液必须集中收集，并且进行专业环保处理，不得随意倾倒，以防造成二次污染。

6 分离要求

6.1 废纸塑铝复合包装物含有纸、塑、铝三种或其中两种材料，可通过制浆造纸技术、塑木工艺、彩乐板工艺等实现再生利用。

6.2 鼓励通过必要的技术手段实现废纸塑铝复合包装所含各种材料之间的分离，以实现最大化利用再生资源。

6.3 废纸塑铝复合包装物的分离应有先进适用的加工装备及配套设备，分离工艺和技术应符合相关环保法规，不得造成二次污染。建议选用干法作业，如涡流粉碎分离、静电分选。

6.4 废纸塑铝复合包装物分离后的纸纤维、铝及塑料三种材料，每种材料的纯度应达到90%以上，以有利于纸纤维重新造纸、铝重熔或磨制铝粉、塑料造粒或重制产品等后续资源再利用活动的进行。

6.5 从事废纸塑铝复合包装物分离的企业必须办理合法经营手续。

7 贮存要求

7.1 废纸塑铝复合包装物贮存应有专业场地，建议室内打包存放，如露天存放应采取必要措施防止雨淋、霉变，场地应符合 GB 18599 的相关要求。

7.2 不应将废纸塑铝复合包装物与其他废料混合存放。

7.3 待处理的废纸塑铝复合包装物允许有少量有机物残留，但残留量不得超过废纸塑铝复合包装物重量的5%，并应及时处置，防止滋生有害生物。

7.4 废纸塑铝复合包装物属于易燃品，应远离火源，贮存场所应配备消防设施，防止火灾。

7.5 不应在废纸塑铝复合包装物上喷洒杀虫剂等灭害药品。

8 运输要求

8.1 废纸塑铝复合包装物的运输应采取必要防护措施，防止夹杂的有机物外溢，宜使用密闭车辆。

8.2 废纸塑铝复合包装物应压缩成捆状，减少容积，节约运输能耗。

8.3 废纸塑铝复合包装物运输车辆应做明显标示，不得与鲜活农产品混装。

参考文献

［1］再生资源回收管理办法　商务部令〔2007〕第 8 号

［2］医疗废物分类目录　卫医发〔2003〕287 号

［3］固体废物鉴别导则（试行）　国家环境保护总局　国家发展和改革委员会　商务部　海关总署　国家质量监督检验检疫总局　公告 2006 年第 11 号

废旧手机网络交易规范（报批稿）

前　言

本标准按照 GB/T 1.1—2009 给出的规则起草。

本规范为首次发布。

本标准由中华人民共和国商务部提出并归口。

本标准起草单位：中国物资再生协会、深圳淘绿信息科技股份有限公司、回收哥（武汉）互联网有限公司。

本标准主要起草人：刘强、崔燕、罗岩、李晓、卢海滨、唐百通、林丽娜、杜堃、许开华、鲁习金、周继锋、李智专。

1　范围

本标准规定了废旧手机网络交易相关术语和定义、总体要求、废旧手机及其配件分类原则、废旧手机网络交易估值原则、网络交易流程和配套服务要求等内容。

本标准适用于废旧手机网络交易过程。

2　规范性引用文件

下列文件对于本文件的应用是必不可少的。凡是注日期的引用文件，仅注日期的版本适用于本文件。凡是不注日期的引用文件，其最新版本（包括所有的修改单）适用于本文件。

GB/T 18769　　　大宗商品电子交易规范

GB/T 20861　　　废弃产品回收利用术语

SB/T 10519　　　网络交易服务规范

SB/T 11132　　　电子商务物流服务规范

3　术语和定义

GB/T 20861 和 SB/T 10519 中界定的以及下列术语和定义适用于本文件。

3.1　废手机 waste mobile telephones

没有维修价值，且无法使用的手机。

3.2　旧手机 used mobile telephones

淘汰后能够正常使用的手机，或有维修价值的手机。

3.3　废旧手机配件 accessories for used and waste mobile telephones

废旧手机的元件、零部件和耗材等，包括手机电池、SIM 卡、内存卡、数据线、耳机、振子、喇叭、摄像头等。

4 总体要求

4.1 废旧手机网络交易平台提供商和交易双方应当遵守我国再生资源、旧货、废弃电器电子产品、网络交易管理等方面相关的法律法规。

4.2 鼓励废旧手机回收企业建立系统的废旧手机回收服务体系，包括建立线上回收交易平台、线下分拣中心，鼓励回收企业完善回收追溯体系并使用智能回收终端进行回收。

4.3 回收的废旧手机及配件，应遵循优先再使用，后拆解处置的原则，以提高废旧手机资源化利用率。

5 废旧手机及其配件分类原则

5.1 废手机分类

根据废手机中可提取再生资源，分类为：

a）大屏直板机；

b）小屏直板机；

c）翻盖（滑盖）无摄像头机；

d）翻盖（滑盖）摄像头机；

e）单功能机。

5.2 旧手机（整机）分类

根据是否经过维修，分类为：

a）没有经过维修的旧手机；

b）经维修后正常使用的旧手机。

5.3 废旧手机配件分类

根据优先再使用芯片及零配件，分类为：

a）电容屏低配字库；

b）电容屏中配字库；

c）电容屏高配字库；

d）CDMA 字库芯片；

e）G3 字库芯片；

f）薄模模块机；

g）厚模模块机；

h）内存卡。

6 废旧手机网络交易估值影响因素

6.1 废手机估值影响因素

6.1.1 原则

公平、公正原则，交易过程不能出现掺杂、拆屏、拆芯片等现象。

6.1.2 废手机主要依据其特性进行估值，具体如下

a）大屏直板机：2.5 寸以上，部分金属类外壳，部分双卡双待；

b）小屏直板机：2.5 寸以下单卡直板机；

c）翻盖（滑盖）无摄像头机：折叠式无摄像头手机，包括全机身主板的滑盖无摄像头手机；

d）翻盖（滑盖）摄像头机：翻盖（滑盖）带摄像头，无内存卡卡槽，主板为全机身主板；

e）单功能机：功能单一，但含金量相对较高的品牌手机，回收后主要用于提炼黄金等贵金属。

交易价格按单台数来计算，具体将视市场实际交易情况而定。

6.2 旧手机（整机）估值影响因素

6.2.1 原则

旧手机估值应依据手机型号、新旧程度、功能是否正常等项目，以新机的市场价值、流通度为参考，估算旧手机目前价值。

6.2.2 依据以下因素进行估值

a）品牌；

b）型号；

c）购买渠道；

d）破损、缺件情况；

e）正常开关机；

f）屏幕情况；

g）触摸及功能；

h）照相摄像；

i）WIFI、蓝牙、GPS、3G/4G；

j）通话情况；

k）充电情况；

l）维修拆机史；

m）外观成色；

n）进水情况。

7 废旧手机网络交易流程要求

7.1 废旧手机网络交易流程的设计应遵循合理、公平、公正、便捷交易的原则。

7.2 废旧手机网络交易流程包括用户注册、安全认证、交易合同的订立、电子支付以及违约追责。

7.2.1 用户注册管理

参照《网络交易平台服务规范》中的以下内容执行：

a）废旧手机网络交易平台应该要求交易用户进行注册，废旧手机网络交易平台提供商可以采取合理措施对用户注册信息进行形式审查。

b）废旧手机网络交易平台提供商应在其自行制定的管理规定中承诺将不会不合理地利用各式条款或者其他免责条款或声明免除法律规定其应尽的义务和责任。

c）对于已经交易的用户注册信息或者提供的其他信息，在系统条件允许及法律规定的范围内，交易双方有权相互进行查询、浏览，废旧手机网络交易平台提供商不得设置任何障碍。

7.2.2　安全认证

用户注册时需进行安全认证，个人用户需通过上传个人身份证进行实名验证；企业用户需要上传营业执照以及各类经营许可证进行认证。

7.2.3　交易合同的订立

交易合同的订立，参照《网络交易平台服务规范》中的以下内容执行：

a）废旧手机网络交易平台必须制定自己的用户电子协议，确定与用户之间的权利与义务，并采用合理和显著的方式提请用户注意有关网络交易平台责任的条款。用户电子协议可视为网络交易平台提供商与使用其平台的交易当事人之间签订的合同，具有法律约束力。

b）废旧手机网络交易平台的用户协议内容必须明确交易平台的权利及义务，交易商的权利及义务，双方的责任范围，平台服务的中断和终止条件，法律适用和管辖以及其他需双方明确及注意的条款。

7.2.4　电子支付

废旧手机网络交易平台采用的电子支付应当由银行或具备合法资质的第三方支付机构进行监督支付。

7.2.5　违约追责

废旧手机网络交易者在废旧手机网络交易平台进行交易时，发生消费纠纷或者其合法权益受到损害的，废旧手机网络交易平台的经营者应当积极协助交易者维护其合法权益。并依据《合同法》要求违约方承担相应违约责任。

8　废旧手机网络交易配套服务要求

废旧手机网络交易的配套服务包括物流服务、安全担保服务、信息服务和仓储服务。

8.1　物流服务要求

8.1.1　资质

废旧手机网络交易的物流服务机构应具有工商行政管理机关注册登记的企业法人资质。从事道路运输的，应具备道路运输许可证；从事物流服务的，应具备物流服务经营许可证。

8.1.2　原则

废旧手机网络交易的物流服务机构应遵循"安全、准确、按时、方便"原则，为交易者及合作伙伴提供高效满意的服务。

8.1.3　物流查询应满足要求

a）应向交易商提供热线电话、在线客服、系统自助等多种沟通、查询渠道和平台；

b）物流服务机构应建立完整的网络交易平台、物流自助查询系统等信息发布和分享平台。

8.1.4 物流运输包装要求

应遵循包装减量化原则，鼓励采用多种包装形式，货物上下车需轻拿轻放，防止货物破损。

8.2 安全担保服务

8.2.1 原则。

废旧手机网络交易平台企业的安全担保服务应遵循公平、公正、公开的原则。

8.2.2 平台设立与服务

废旧手机网络交易平台的设立与基本行为规范，参照《第三方电子商务交易平台服务规范》中的相关内容执行。平台提供商应提供规范化的网上交易服务，除参照《第三方电子商务交易平台服务规范》中的相关内容执行外，要特别注意消费者隐私保护，对于回收的废旧手机应由具备合法资质的第三方机构或国家认可的数据清除技术进行隐私数据清除，防止个人信息及数据泄露；遵守国家规定，符合相关清除标准。

8.2.3 数据存储与查询。

a）平台提供商应当妥善保存在平台上发布的交易及服务的全部信息，采取相应的技术手段保证上述资料的完整性、准确性和安全性，交易信息保存时间自发生之日起不少于三年；

b）已交易的个人、回收商有权在保存期限内自助查询、下载或打印自己的交易信息。

8.2.4 平台企业在收到交易商的货物后，在交割之前需保证货物的安全性和原始性。

8.2.5 对于货物进行出库扫描保证货物的可追溯性。

8.3 信息服务要求

信息服务，参照 GB/T 18769 中的相关内容执行。

8.4 仓储服务要求

8.4.1 交货仓库及基础设施应具备的条件

交货仓库及基础设施应具备的条件，参照 GB/T 18769 中的相关内容执行。交货仓库的基础设施还应满足以下条件：

a）仓库必须要有相应的防火、防盗措施及灭火的配套器材（满足消防安全要求）；

b）配备相应的打包装备，如打包编织袋，货箱（存放货物）等。

8.4.2 交货仓库进出库及临时储存服务

a）交货仓库收到货物后第一时间保持货物原型拍照留证并传给交易商确认货物数量、明细，确认货物安全到达；

b）鼓励交货仓库采用适合业务需求的系统、智能终端等辅助工具以提高工作效率和准确性；

c）对完成分拣后的货物，验货作业及货物的堆码参照 SB/T 11132 中的相关内容执行；

d）货物通过验货后，使用专用编织袋或者货箱对货物进行打包，并按类别有序入库存放；

e）货物出库需要扫描记录机身 IMEI 条码，录入废旧手机交易系统，保证货物可追溯；

f）轻拿轻放，保证货物不受损害。

参考文献

［1］商办流通函〔2012〕831 号《商务部办公厅关于进一步做好废旧商品回收体系建设工作的通知》

［2］商务部公告〔2011〕第 18 号《第三方电子商务交易平台服务规范》

［3］商务部令〔2007〕第 8 号《再生资源回收管理办法》

［4］中国电子商务协会政策法律委员会〔2004〕《网络交易平台服务规范》

废弃电器电子产品分类（报批稿）

前 言

本标准按照 GB/T 1.1—2009 给出的规则起草。

本标准由中华人民共和国商务部提出并归口。

本标准起草单位：中国物资再生协会、中国家用电器研究院、格林美股份有限公司、大冶有色博源环保股份有限公司、四川省中明再生资源综合利用有限公司、青岛新天地生态循环科技有限公司、山西天元绿环科技有限公司、四川长虹电器股份有限公司。

本标准主要起草人：刘强、崔燕、田晖、蔡毅、罗岩、李晓、许开华、鲁习金、周继锋、李智专、胡汉鹄、汪胜兵、肖天明、韩清洁、赵婉茹、李鹤、孙海英、潘晓勇。

1 范围

本标准规定了废弃电器电子产品的术语和定义、分类原则与分类。

本标准适用于中华人民共和国境内从事废弃电器电子产品的回收活动。废弃电器电子产品不包括军用设备以及大型固定装置。

2 规范性引用文件

下列文件对于本文件的应用是必不可少的。凡是注日期的引用文件，仅注日期的版本适用于本文件。凡是不注日期的引用文件，其最新版本（包括所有的修改单）适用于本文件。

GB/T 29769　　　　废弃电子电气产品回收利用术语

3 术语和定义

3.1 废弃电器电子产品 waste electric and electronic products

拥有者不再使用且已经丢弃或放弃的电器电子产品（包括构成其产品的所有零（部）件、元（器）件等），以及在生产、流通和使用过程中产生的不合格产品和报废产品。

［GB/T 29769，定义 3.8］

4 分类原则

4.1 与我国相关标准和国际管理惯例相协调。

4.2 充分考虑废弃电器电子产品的环境属性和资源属性，最大限度地利用资源，减少环境污染。

4.3 根据废弃电器电子产品多渠道分类回收和集中处理的行业发展需求进行分类。

5　分类

5.1　分类表

本标准将废弃电器电子产品分为 6 大类。产品分类代码详见表 1。

表 1　　　　　　　　　　　废弃电器电子产品分类代码表

大类	亚类	名称
01		废弃显示器件类产品
01	01	含阴极射线管（CRT）的产品
01	02	14 寸及以上含液晶屏的产品
01	03	含等离子屏的产品
01	04	含 OLED 显示屏的产品
01	05	背投显示设备
01	99	其他显示器件类产品
02		废弃温度调节产品
02	01	家用和类似用途的制冷产品
02	02	工商用制冷产品
02	03	家用和类似用途的空气调节器
02	04	工商用空调设备
02	99	其他温度调节产品
03		废弃电光源
03	01	含汞荧光灯
03	02	非含汞荧光灯（不包括 LED 灯）
03	03	LED 灯
03	99	其他废弃电光源
04		废弃信息技术、通信与电子产品
04	01	电子计算机
04	02	通信终端
04	03	移动通信终端设备
04	04	电子产品

大类	亚类	名称
04	99	其他信息技术和通信产品
05		废弃家用和类似用途电器产品
05	01	厨卫电器
05	02	清洁电器
05	03	电暖器具
05	04	美容保健电器
05	99	其他家用和类似用途产品
06		废弃专业用途产品
06	01	用于商业、饮食、服务的专业用途产品
06	02	办公电器
06	03	仪器仪表
06	04	电动工具
06	05	医疗设备
06	99	其他专业用途产品

5.2　编码方法

采用层次码，用 4 位数字表示，第一层次为大类产品，由 2 位代码表示；第二层次为亚类产品，用 2 位代码表示。

编码示例：0101 表示含阴极射线管（CRT）的废弃产品

采用优先序分类法。如果产品同时适用于 2 个产品亚类，该产品应纳入编号位于前面的类别。

示例：14 寸以上废弃微型计算机的一体机，同时符合 0102 和 0401，按照优先序原则，该产品应纳入 0102。

附录 A

（资料性附录）

表 A.1　　　　　　　　　　废弃电器电子产品分类与非详尽产品举例

序号	大类	亚类	非详尽产品举例
01	废弃显示器件类产品	含阴极射线管（CRT）的产品	CRT 电视机、CRT 显示器、CRT 监视器
		14 寸及以上含液晶屏的产品	液晶电视机、液晶显示器、液晶监视器
		含等离子屏的产品	等离子电视机
		含 OLED 显示屏的产品	OLED 电视机
		背投显示设备	背投电视机
		其他显示器件类产品	
02	废弃温度调节产品	家用和类似用途的制冷产品	家用电冰箱、冰柜
		工商用制冷设备	工商用制冰机、速冻机、冷饮机、雪泥机、冰淇淋机、冷冻冷藏陈列展示柜/箱
		家用和类似用途的空气调节器	制冷量小于 14000W 的房间空调器窗机、壁挂机、柜机
		工商用空调设备	制冷量大于 14000W 的房间空调器窗机、壁挂机、单元式空调设备、中央空调
		其他温度调节产品	
03	废弃电光源	含汞荧光灯	含汞双端（直管）荧光灯，环型荧光灯，分体式单端荧光灯，自镇流紧凑型荧光灯
		非含汞荧光灯（不包括 LED 灯）	白炽灯、卤钨灯
		LED 灯	LED 灯
		其他电光源	

序号	大类	亚类	非详尽产品举例
04	废弃信息技术、通信和电子产品	电子计算机	台式机主机、服务器、笔记本、一体机、掌上计算机、PAD
		通信终端	普通电话机、IP电话机、传真机、数传机
		移动通信终端设备	移动通信手持机（手机）、集群通信终端、对讲机、小灵通
		电子产品	调制解调器、路由器、音箱、摄录像机、数码相机、数字激光音、视盘机、收音机、组合音响、半导体收音机、便携式收录（放）音组合机、电唱机、放音机、录放音机、数字化多媒体组合机、电视接收机顶盒、电子游戏机、电视游戏机主机、定时器、电子钟
		其他信息技术、通信和电子产品	
05	废弃家电和类似用途产品	厨卫电器	电灶、微波炉、电磁灶、电烤箱、电饭锅、洗碟机、电热水器、食物加工机、电炒锅、电火锅、电饼铛、电煎锅、电煎炸锅、电压力锅、面包片烘烤炉、三明治炉、电烤箱、电烧烤炉、自动制面包机、电咖啡壶、电水壶、电热水瓶、电磁灶、电灶、气电两用灶、榨汁机、豆浆机、食品研磨机、电动绞肉机、咖啡研磨机、瓜果电动削皮机、揉面轧面机、洗碗机、厨房废物处理器、餐具消毒柜、餐具干燥器、滤水器
		清洁电器	洗衣机、干衣机、电熨斗、吸尘器、地板打蜡机
		电暖器具	电热毯、电热被、电热服、空间加热器、电熨斗
		美容保健电器	电动剃须刀、电吹风、整发器、超声波洗面器、电动按摩器、空气负离子发生器
		其他家用和类似用途产品	换气扇、排气扇、除湿机

序号	大类	亚类	非详尽产品举例
06	废弃专业用途产品	用于商业、饮食、服务的专业用途产品	饮料自动售货机、自动售票机、自动排号机、钱币自动兑换机，用于餐饮服务的吸油烟机、洗碗机，用于洗衣店的洗衣机、干衣机、干燥机、熨平机
		办公电器	打印机、复印机、多功能一体机、扫描仪、投影仪、轻印刷设备
		仪器仪表	电化学式分析仪器、光学分析仪器、热学分析仪器、质谱仪器、波谱仪器、色谱仪器、电泳仪、能谱仪及射线分析仪器、物性分析仪器、气体分析测定装置、金属材料试验机、非金属材料试验机、电子万能试验机、硬度计、平衡试验机、探伤仪器、真空计、动力测试仪器
		电动工具	电钻（手提式）、电锯、手提式电刨、电动锤、电动锉削机、电动雕刻工具、电动射钉枪、电动铆钉枪、电动锉具、电动手提磨床、电动手提砂光机、电动手提抛光器、电剪刀、电动刷具
		医疗设备	医用 X 射线设备，医用超声诊断、治疗仪器及设备，医用电气诊断仪器及装置，医用激光诊断、治疗仪器及设备，医用高频仪器设备，微波、射频、高频诊断治疗设备，中医诊断、治疗仪器设备，病人监护设备及器具，临床检验分析仪器及诊断系统，医用电泳仪，医用化验和基础设备器具，电动牙钻机、口腔综合治疗设备，电动牙科手机，洁牙、补牙设备，热力消毒设备及器具，气体消毒灭菌设备，特种消毒灭菌设备
		其他专业用途产品	

参考文献

［1］商务部令〔2007〕第 8 号《再生资源回收管理办法》

［2］国家统计局令〔2010〕第 13 号《统计用产品分类目录》

附录 2　2015 年主要再生资源
回收利用相关文件汇编

目　录

国务院关于积极推进"互联网＋"行动的指导意见

国发〔2015〕40号

各省、自治区、直辖市人民政府，国务院各部委、各直属机构：

"互联网＋"是把互联网的创新成果与经济社会各领域深度融合，推动技术进步、效率提升和组织变革，提升实体经济创新力和生产力，形成更广泛的以互联网为基础设施和创新要素的经济社会发展新形态。在全球新一轮科技革命和产业变革中，互联网与各领域的融合发展具有广阔前景和无限潜力，已成为不可阻挡的时代潮流，正对各国经济社会发展产生着战略性和全局性的影响。积极发挥我国互联网已经形成的比较优势，把握机遇，增强信心，加快推进"互联网＋"发展，有利于重塑创新体系、激发创新活力、培育新兴业态和创新公共服务模式，对打造大众创业、万众创新和增加公共产品、公共服务"双引擎"，主动适应和引领经济发展新常态，形成经济发展新动能，实现中国经济提质增效升级具有重要意义。

近年来，我国在互联网技术、产业、应用以及跨界融合等方面取得了积极进展，已具备加快推进"互联网＋"发展的坚实基础，但也存在传统企业运用互联网的意识和能力不足、互联网企业对传统产业理解不够深入、新业态发展面临体制机制障碍、跨界融合型人才严重匮乏等问题，亟待加以解决。为加快推动互联网与各领域深入融合和创新发展，充分发挥"互联网＋"对稳增长、促改革、调结构、惠民生、防风险的重要作用，现就积极推进"互联网＋"行动提出以下意见。

一、行动要求

（一）总体思路。

顺应世界"互联网＋"发展趋势，充分发挥我国互联网的规模优势和应用优势，推动互联网由消费领域向生产领域拓展，加速提升产业发展水平，增强各行业创新能力，构筑经济社会发展新优势和新动能。坚持改革创新和市场需求导向，突出企业的主体作用，大力拓展互联网与经济社会各领域融合的广度和深度。着力深化体制机制改革，释放发展潜力和活力；着力做优存量，推动经济提质增效和转型升级；着力做大增量，培育新兴业态，打造新的增长点；着力创新政府服务模式，夯实网络发展基础，营造安全网络环境，提升公共服务水平。

（二）基本原则。

坚持开放共享。营造开放包容的发展环境，将互联网作为生产生活要素共享的重要平台，最大限度优化资源配置，加快形成以开放、共享为特征的经济社会运行新模式。

坚持融合创新。鼓励传统产业树立互联网思维，积极与"互联网＋"相结合。推动互联网向经济社会各领域加速渗透，以融合促创新，最大程度汇聚各类市场要素的创新力量，推动融合性新兴产业成为经济发展新动力和新支柱。

坚持变革转型。充分发挥互联网在促进产业升级以及信息化和工业化深度融合中的平台作用，引导要素资源向实体经济集聚，推动生产方式和发展模式变革。创新网络化公共服务模式，大幅提升公共服务能力。

坚持引领跨越。巩固提升我国互联网发展优势，加强重点领域前瞻性布局，以互联网融合创新为突破口，培育壮大新兴产业，引领新一轮科技革命和产业变革，实现跨越式发展。

坚持安全有序。完善互联网融合标准规范和法律法规，增强安全意识，强化安全管理和防护，保障网络安全。建立科学有效的市场监管方式，促进市场有序发展，保护公平竞争，防止形成行业垄断和市场壁垒。

（三）发展目标。

到2018年，互联网与经济社会各领域的融合发展进一步深化，基于互联网的新业态成为新的经济增长动力，互联网支撑大众创业、万众创新的作用进一步增强，互联网成为提供公共服务的重要手段，网络经济与实体经济协同互动的发展格局基本形成。

——经济发展进一步提质增效。互联网在促进制造业、农业、能源、环保等产业转型升级方面取得积极成效，劳动生产率进一步提高。基于互联网的新兴业态不断涌现，电子商务、互联网金融快速发展，对经济提质增效的促进作用更加凸显。

——社会服务进一步便捷普惠。健康医疗、教育、交通等民生领域互联网应用更加丰富，公共服务更加多元，线上线下结合更加紧密。社会服务资源配置不断优化，公众享受到更加公平、高效、优质、便捷的服务。

——基础支撑进一步夯实提升。网络设施和产业基础得到有效巩固加强，应用支撑和安全保障能力明显增强。固定宽带网络、新一代移动通信网和下一代互联网加快发展，物联网、云计算等新型基础设施更加完备。人工智能等技术及其产业化能力显著增强。

——发展环境进一步开放包容。全社会对互联网融合创新的认识不断深入，互联网融合发展面临的体制机制障碍有效破除，公共数据资源开放取得实质性进展，相关标准规范、信用体系和法律法规逐步完善。

到2025年，网络化、智能化、服务化、协同化的"互联网＋"产业生态体系基本完善，"互联网＋"新经济形态初步形成，"互联网＋"成为经济社会创新发展的重要驱动力量。

二、重点行动

（一）"互联网＋"创业创新。

充分发挥互联网的创新驱动作用，以促进创业创新为重点，推动各类要素资源聚集、开放和共享，大力发展众创空间、开放式创新等，引导和推动全社会形成大众创业、万众创新的浓厚氛围，打造经济发展新引擎。（发展和改革委、科技部、工业和信息化部、人力资源社会保障部、商务部等负责，列第一位者为牵头部门，下同）

1. 强化创业创新支撑。鼓励大型互联网企业和基础电信企业利用技术优势和产业整合能力，向小微企业和创业团队开放平台入口、数据信息、计算能力等资源，提供研发工具、经营管理和市场营销等方面的支持和服务，提高小微企业信息化应用水平，培育和孵化具有良好商业模式的创业企业。充分利用互联网基础条件，完善小微企业公共服务平台网络，集聚创业创新资源，为小微企业提供找得着、用得起、有保障的服务。

2. 积极发展众创空间。充分发挥互联网开放创新优势，调动全社会力量，支持创新工场、创客空间、社会实验室、智慧小企业创业基地等新型众创空间发展。充分利用国家自主创新示范区、科技企业孵化器、大学科技园、商贸企业集聚区、小微企业创业示范基地等现有条件，通过市场化方式构建一批创新与创业相结合、线上与线下相结合、孵化与投资相结合的众创空间，为创业者提供低成本、便利化、全要素的工作空间、网络空间、社交空间和资源共享空间。实施新兴产业"双创"行动，建立一批新兴产业"双创"示范基地，加快发展"互联网＋"创业网络体系。

3. 发展开放式创新。鼓励各类创新主体充分利用互联网，把握市场需求导向，加强创新资源共享与合作，促进前沿技术和创新成果及时转化，构建开放式创新体系。推动各类创业创新扶持政策与互联网开放平台联动协作，为创业团队和个人开发者提供绿色通道服务。加快发展创业服务业，积极推广众包、用户参与设计、云设计等新型研发组织模式，引导建立社会各界交流合作的平台，推动跨区域、跨领域的技术成果转移和协同创新。

（二）"互联网＋"协同制造。

推动互联网与制造业融合，提升制造业数字化、网络化、智能化水平，加强产业链协作，发展基于互联网的协同制造新模式。在重点领域推进智能制造、大规模个性化定制、网络化协同制造和服务型制造，打造一批网络化协同制造公共服务平台，加快形成制造业网络化产业生态体系。（工业和信息化部、发展和改革委、科技部共同牵头）

1. 大力发展智能制造。以智能工厂为发展方向，开展智能制造试点示范，加快推动云计算、物联网、智能工业机器人、增材制造等技术在生产过程中的应用，推进生产装备智能化升级、工艺流程改造和基础数据共享。着力在工控系统、智能感知元器件、工业云平台、操作系统和工业软件等核心环节取得突破，加强工业大数据的开发与利用，有效支撑制造业智能化转型，构建开放、共享、协作的智能制造产业生态。

2. 发展大规模个性化定制。支持企业利用互联网采集并对接用户个性化需求，推进设计研发、生产制造和供应链管理等关键环节的柔性化改造，开展基于个性化产品的服务模式和商业模式创新。鼓励互联网企业整合市场信息，挖掘细分市场需求与发展趋势，为制造企业开展个性化定制提供决策支撑。

3. 提升网络化协同制造水平。鼓励制造业骨干企业通过互联网与产业链各环节紧密协同，促进生产、质量控制和运营管理系统全面互联，推行众包设计研发和网络化制造等新模式。鼓励有实力的互联网企业构建网络化协同制造公共服务平台，面向细分行业提供云制造服务，促进创新资源、生产能力、市场需求的集聚与对接，提升服务中小微企业能力，加快全社会多元化制造资源的有效协同，提高产业链资源整合能力。

4. 加速制造业服务化转型。鼓励制造企业利用物联网、云计算、大数据等技术，整合产品全生命周期数据，形成面向生产组织全过程的决策服务信息，为产品优化升级提供数据支撑。鼓励企业基于互联网开展故障预警、远程维护、质量诊断、远程过程优化等在线增值服务，拓展产品价值空间，实现从制造向"制造＋服务"的转型升级。

（三）"互联网＋"现代农业。

利用互联网提升农业生产、经营、管理和服务水平，培育一批网络化、智能化、精细化的现代"种养加"生态农业新模式，形成示范带动效应，加快完善新型农业生产经营体系，培育多样化农业互联网管理服务模式，逐步建立农副产品、农资质量安全追溯体系，促进农业现代化水平明显提升。（农业部、发展和改革委、科技部、商务部、质检总局、食品药品监管总局、林业局等负责）

1. 构建新型农业生产经营体系。鼓励互联网企业建立农业服务平台，支撑专业大户、家庭农场、农民合作社、农业产业化龙头企业等新型农业生产经营主体，加强产销衔接，实现农业生产由生产导向向消费导向转变。提高农业生产经营的科技化、组织化和精细化水平，推进农业生产流通销售方式变革和农业发展方式转变，提升农业生产效率和增值空间。规范用好农村土地流转公共服务平台，提升土地流转透明度，保障农民权益。

2. 发展精准化生产方式。推广成熟可复制的农业物联网应用模式。在基础较好的领域和地区，普及基于环境感知、实时监测、自动控制的网络化农业环境监测系统。在大宗农产品规模生产区域，构建天地一体的农业物联网测控体系，实施智能节水灌溉、测土配方施肥、农机定位耕种等精准化作业。在畜禽标准化规模养殖基地和水产健康养殖示范基地，推动饲料精准投放、疾病自动诊断、废弃物自动回收等智能设备的应用普及和互联互通。

3. 提升网络化服务水平。深入推进信息进村入户试点，鼓励通过移动互联网为农民提供政策、市场、科技、保险等生产生活信息服务。支持互联网企业与农业生产经营主体合作，综合利用大数据、云计算等技术，建立农业信息监测体系，为灾害预警、耕地质量监测、重大动植物疫情防控、市场波动预测、经营科学决策等提供服务。

4. 完善农副产品质量安全追溯体系。充分利用现有互联网资源，构建农副产品质量安全追溯公共服务平台，推进制度标准建设，建立产地准出与市场准入衔接机制。支持新型农业生产经营主体利用互联网技术，对生产经营过程进行精细化信息化管理，加快推动移动互联网、物联网、二维码、无线射频识别等信息技术在生产加工和流通销售各环节的推广应用，强化上下游追溯体系对接和信息互通共享，不断扩大追溯体系覆盖面，实现农副产品"从农田到餐桌"全过程可追溯，保障"舌尖上的安全"。

（四）"互联网＋"智慧能源。

通过互联网促进能源系统扁平化，推进能源生产与消费模式革命，提高能源利用效率，推动节能减排。加强分布式能源网络建设，提高可再生能源占比，促进能源利用结构优化。加快发电设施、用电设施和电网智能化改造，提高电力系统的安全性、稳定性和可靠性。（能源局、发展和改革委、工业和信息化部等负责）

1. 推进能源生产智能化。建立能源生产运行的监测、管理和调度信息公共服务网络，加强能源产业链上下游企业的信息对接和生产消费智能化，支撑电厂和电网协调运行，促进非化石能源与化石能源协同发电。鼓励能源企业运用大数据技术对设备状态、电能负载等数据进行分析挖掘与预测，开展精准调度、故障判断和预测性维护，提高能源利用效率和安全稳定运行水平。

2. 建设分布式能源网络。建设以太阳能、风能等可再生能源为主体的多能源协调互补的能源互联网。突破分布式发电、储能、智能微网、主动配电网等关键技术，构建智能化电力运行监测、管理技术平台，使电力设备和用电终端基于互联网进行双向通信和智能调控，实现分布式电源的及时有效接入，逐步建成开放共享的能源网络。

3. 探索能源消费新模式。开展绿色电力交易服务区域试点，推进以智能电网为配送平台，以电子商务为交易平台，融合储能设施、物联网、智能用电设施等硬件以及碳交易、互联网金融等衍生服务于一体的绿色能源网络发展，实现绿色电力的点到点交易及实时配送和补贴结算。进一步加强能源生产和消费协调匹配，推进电动汽车、港口岸电等电能替代技术的应用，推广电力需求侧管理，提高能源利用效率。基于分布式能源网络，发展用户端智能化用能、能源共享经济和能源自由交易，促进能源消费生态体系建设。

4. 发展基于电网的通信设施和新型业务。推进电力光纤到户工程，完善能源互联网信息通信系统。统筹部署电网和通信网深度融合的网络基础设施，实现同缆传输、共建共享，避免重复建设。鼓励依托智能电网发展家庭能效管理等新型业务。

（五）"互联网＋"普惠金融。

促进互联网金融健康发展，全面提升互联网金融服务能力和普惠水平，鼓励互联网与银行、证券、保险、基金的融合创新，为大众提供丰富、安全、便捷的金融产品和服务，更好满足不同层次实体经济的投融资需求，培育一批具有行业影响力的互联网金融创新型企业。（人民银行、银监会、证监会、保监会、发展和改革委、工业和信息化部、网信办等负责）

1. 探索推进互联网金融云服务平台建设。探索互联网企业构建互联网金融云服务平台。在保证技术成熟和业务安全的基础上，支持金融企业与云计算技术提供商合作开展金融公共云服务，提供多样化、个性化、精准化的金融产品。支持银行、证券、保险企业稳妥实施系统架构转型，鼓励探索利用云服务平台开展金融核心业务，提供基于金融云服务平台的信用、认证、接口等公共服务。

2. 鼓励金融机构利用互联网拓宽服务覆盖面。鼓励各金融机构利用云计算、移动互联网、大数据等技术手段，加快金融产品和服务创新，在更广泛地区提供便利的存贷款、支付结算、信用中介平台等金融服务，拓宽普惠金融服务范围，为实体经济发展提供有效支撑。支持金融机构和互联网企业依法合规开展网络借贷、网络证券、网络保险、互联网基金销售等业务。扩大专业互联网保险公司试点，充分发挥保险业在防范互联网金融风险中的作用。推动金融集成电路卡（IC 卡）全面应用，提升电子现金的使用率和便捷性。发挥移动金融安全可信公共服务平台（MTPS）的作用，积极推动商业银行开展移动金融创新应用，促进移动金融在电子商务、公共服务等领域的规模应用。支持银行业金融机构借助互联网技术发展消费信贷业务，支持金融租赁公司利用互联网技术开展金融租赁业务。

3. 积极拓展互联网金融服务创新的深度和广度。鼓励互联网企业依法合规提供创新金融产品和服务，更好满足中小微企业、创新型企业和个人的投融资需求。规范发展网络借贷和互联网消费信贷业务，探索互联网金融服务创新。积极引导风险投资基金、私募股权投资基金和产业投资基金投资于互联网金融企业。利用大数据发展市场化个人征信业务，加快网络征信和信用评价体系建设。加强互联网金融消费权益保护和投资者保护，建立多元化金融消费纠纷解决机制。改进和完善互联网金融监管，提高金融服务安全性，有效防范互联网金融风险及其外溢效应。

（六）"互联网＋"益民服务。

充分发挥互联网的高效、便捷优势，提高资源利用效率，降低服务消费成本。大力发展以互联网为载体、线上线下互动的新兴消费，加快发展基于互联网的医疗、健康、养老、教育、旅游、社会保障等新兴服务，创新政府服务模式，提升政府科学决策能力和管理水平。（发展改革委、教育部、工业和信息化部、民政部、人力资源社会保障部、商务部、卫生计生委、质检总局、食品药品监管总局、林业局、旅游局、网信办、信访局等负责）

1. 创新政府网络化管理和服务。加快互联网与政府公共服务体系的深度融合，推动公共数据资源开放，促进公共服务创新供给和服务资源整合，构建面向公众的一体化在线公共服务体系。积极探索公众参与的网络化社会管理服务新模式，充分利用互联网、移动互联网应用平台等，加快推进政务新媒体发展建设，加强政府与公众的沟通交流，提高政府公共管理、公共服务和公共政策制定的响应速度，提升政府科学决策能力和社会治理水平，促进政府职能转变和简政放权。深入推进网上信访，提高信访工作质量、效率和公信力。鼓励政府和互联网企业合作建立信用信息共享平台，探索开展一批社会治理互联网应用试点，打通政府部门、企事业单位之间的数据壁垒，利用大数据分析手段，提升各级政府的社会治理能力。加强对"互联网＋"行动的宣传，提高公众参与度。

2. 发展便民服务新业态。发展体验经济，支持实体零售商综合利用网上商店、移动支付、智能试衣等新技术，打造体验式购物模式。发展社区经济，在餐饮、娱乐、家政等领域培育线上线下结合的社区服务新模式。发展共享经济，规范发展网络约租车，积极推广在线租房等新业态，着力破除准入门槛高、服务规范难、个人征信缺失等瓶颈制约。发展基于互联网的文化、媒体和旅游等服务，培育形式多样的新型业态。积极推广基于移动互联网入口的城市服务，开展网上社保办理、个人社保权益查询、跨地区医保结算等互联网应用，让老百姓足不出户享受便捷高效的服务。

3. 推广在线医疗卫生新模式。发展基于互联网的医疗卫生服务，支持第三方机构构建医学影像、健康档案、检验报告、电子病历等医疗信息共享服务平台，逐步建立跨医院的医疗数据共享交换标准体系。积极利用移动互联网提供在线预约诊疗、候诊提醒、划价缴费、诊疗报告查询、药品配送等便捷服务。引导医疗机构面向中小城市和农村地区开展基层检查、上级诊断等远程医疗服务。鼓励互联网企业与医疗机构合作建立医疗网络信息平台，加强区域医疗卫生服务资源整合，充分利用互联网、大数据等手段，提高重大疾病和突发公共卫生事件防控能力。积极探索互联网延伸医嘱、电子处方等网络医疗健康服务应用。鼓励有资质的医学检验机构、医疗服务机构联合互联网企业，发展基因检测、疾病预防等健康服务模式。

4. 促进智慧健康养老产业发展。支持智能健康产品创新和应用，推广全面量化健康生活新方式。鼓励健康服务机构利用云计算、大数据等技术搭建公共信息平台，提供长期跟踪、预测预警的个性化健康管理服务。发展第三方在线健康市场调查、咨询评价、预防管理等应用服务，提升规范化和专业化运营水平。依托现有互联网资源和社会力量，以社区为基础，搭建养老信息服务网络平台，提供护理看护、健康管理、康复照料等居家养老服务。鼓励养老服务机构应用基于移动互联网的便携式体检、紧急呼叫监控等设备，提高养老服务水平。

5. 探索新型教育服务供给方式。鼓励互联网企业与社会教育机构根据市场需求开发数字教育资源，提供网络化教育服务。鼓励学校利用数字教育资源及教育服务平台，逐步探索网络化教育新模式，扩大优质教育资源覆盖面，促进教育公平。鼓励学校通过与互联网企业合作等方式，对接线上线下教育资源，探索基础教育、职业教育等教育公共服务提供新方式。推动开展学历教育在线课程资源共享，推广大规模在线开放课程等网络学习模式，探索建立网络学习学分认定与学分转换等制度，加快推动高等教育服务模式变革。

（七）"互联网＋"高效物流。

加快建设跨行业、跨区域的物流信息服务平台，提高物流供需信息对接和使用效率。鼓励大数据、云计算在物流领域的应用，建设智能仓储体系，优化物流运作流程，提升物流仓储的自动化、智能化水平和运转效率，降低物流成本。（发展改革委、商务部、交通运输部、网信办等负责）

1. 构建物流信息共享互通体系。发挥互联网信息集聚优势，聚合各类物流信息资源，鼓励骨干物流企业和第三方机构搭建面向社会的物流信息服务平台，整合仓储、运输和配送信息，开展物流全程监测、预警，提高物流安全、环保和诚信水平，统筹优化社会物流资源配置。构建互通省际、下达市县、兼顾乡村的物流信息互联网络，建立各类可开放数据的对接机制，加快完善物流信息交换开放标准体系，在更广范围促进物流信息充分共享与互联互通。

2. 建设深度感知智能仓储系统。在各级仓储单元积极推广应用二维码、无线射频识别等物联网感知技术和大数据技术，实现仓储设施与货物的实时跟踪、网络化管理以及库存信息的高度共享，提高货物调度效率。鼓励应用智能化物流装备提升仓储、运输、分拣、包装等作业效率，提高各类复杂订单的出货处理能力，缓解货物囤积停滞瓶颈制约，提升仓储运管水平和效率。

3. 完善智能物流配送调配体系。加快推进货运车联网与物流园区、仓储设施、配送网点等信息互联，促进人员、货源、车源等信息高效匹配，有效降低货车空驶率，提高配送效率。鼓励发展社区自提柜、冷链储藏柜、代收服务点等新型社区化配送模式，结合构建物流信息互联网络，加快推进县到村的物流配送网络和村级配送网点建设，解决物流配送"最后一公里"问题。

（八）"互联网＋"电子商务。

巩固和增强我国电子商务发展领先优势，大力发展农村电商、行业电商和跨境电商，进一步扩大电子商务发展空间。电子商务与其他产业的融合不断深化，网络化生产、流通、消费更加普及，标准规范、公共服务等支撑环境基本完善。（发展改革委、商务部、工业和信息化部、交通运输部、农业部、海关总署、税务总局、质检总局、网信办等负责）

1. 积极发展农村电子商务。开展电子商务进农村综合示范，支持新型农业经营主体和农产品、农资批发市场对接电商平台，积极发展以销定产模式。完善农村电子商务配送及综合服务网络，着力解决农副产品标准化、物流标准化、冷链仓储建设等关键问题，发展农产品个性化定制服务。开展生鲜农产品和农业生产资料电子商务试点，促进农业大宗商品电子商务发展。

2. 大力发展行业电子商务。鼓励能源、化工、钢铁、电子、轻纺、医药等行业企业，积极利用电子商务平台优化采购、分销体系，提升企业经营效率。推动各类专业市场线上转型，引导传统商贸流通企业与电子商务企业整合资源，积极向供应链协同平台转型。鼓励生产制造企业面向个性化、定制化消费需求深化电子商务应用，支持设备制造企业利用电子商务平台开展融资租赁服务，鼓励中小微企业扩大电子商务应用。按照市场化、专业化方向，大力推广电子招标投标。

3. 推动电子商务应用创新。鼓励企业利用电子商务平台的大数据资源，提升企业精准营销能力，激发市场消费需求。建立电子商务产品质量追溯机制，建设电子商务售后服务质量检测云平台，完善互联网质量信息公共服务体系，解决消费者维权难、退货难、产品责任追溯难等问题。加强互联网食品药品市场监测监管体系建设，积极探索处方药电子商务销售和监管模式创新。鼓励企业利用移动社交、新媒体等新渠道，发展社交电商、"粉丝"经济等网络营销新模式。

4. 加强电子商务国际合作。鼓励各类跨境电子商务服务商发展，完善跨境物流体系，拓展全球经贸合作。推进跨境电子商务通关、检验检疫、结汇等关键环节单一窗口综合服务体系建设。创新跨境权益保障机制，利用合格评定手段，推进国际互认。创新跨境电子商务管理，促进信息网络畅通、跨境物流便捷、支付及结汇无障碍、税收规范便利、市场及贸易规则互认互通。

（九）"互联网＋"便捷交通。

加快互联网与交通运输领域的深度融合，通过基础设施、运输工具、运行信息等互联网化，推进基于互联网平台的便捷化交通运输服务发展，显著提高交通运输资源利用效率和管理精细化水平，全面提升交通运输行业服务品质和科学治理能力。（发展改革委、交通运输部共同牵头）

1. 提升交通运输服务品质。推动交通运输主管部门和企业将服务性数据资源向社会开放，鼓励互联网平台为社会公众提供实时交通运行状态查询、出行路线规划、网上购票、智能停车等服务，推进基于互联网平台的多种出行方式信息服务对接和一站式服务。加快完善汽车健康档案、维修诊断和服务质量信息服务平台建设。

2. 推进交通运输资源在线集成。利用物联网、移动互联网等技术，进一步加强对公路、铁路、民航、港口等交通运输网络关键设施运行状态与通行信息的采集。推动跨地域、跨类型交通运输信息互联互通，推广船联网、车联网等智能化技术应用，形成更加完善的交通运输感知体系，提高基础设施、运输工具、运行信息等要素资源的在线化水平，全面支撑故障预警、运行维护以及调度智能化。

3. 增强交通运输科学治理能力。强化交通运输信息共享，利用大数据平台挖掘分析人口迁徙规律、公众出行需求、枢纽客流规模、车辆船舶行驶特征等，为优化交通运输设施规划与建设、安全运行控制、交通运输管理决策提供支撑。利用互联网加强对交通运输违章违规行为的智能化监管，不断提高交通运输治理能力。

（十）"互联网＋"绿色生态。

推动互联网与生态文明建设深度融合，完善污染物监测及信息发布系统，形成覆盖主要生态要素的资源环境承载能力动态监测网络，实现生态环境数据互联互通和开放共享。充分发挥互联网在逆向物流回收体系中的平台作用，促进再生资源交易利用便捷化、互动化、透明化，促进生产生活方式绿色化（发展改革委、环境保护部、商务部、林业局等负责）

1. 加强资源环境动态监测。针对能源、矿产资源、水、大气、森林、草原、湿地、海洋等各类生态要素，充分利用多维地理信息系统、智慧地图等技术，结合互联网大数据分析，优化监测站点布局，扩大动态监控范围，构建资源环境承载能力立体监控系统。依托现有互联网、云计算平台，逐步实现各级政府资源环境动态监测信息互联共享。加强重点用能单位能耗在线监测和大数据分析。

2. 大力发展智慧环保。利用智能监测设备和移动互联网，完善污染物排放在线监测系统，增加监测污染物种类，扩大监测范围，形成全天候、多层次的智能多源感知体系。建立环境信息数据共享机制，统一数据交换标准，推进区域污染物排放、空气环境质量、水环境质量等信息公开，通过互联网实现面向公众的在线查询和定制推送。加强对企业环保信用数据的采集整理，将企业环保信用记录纳入全国统一的信用信息共享交换平台。完善环境预警和风险监测信息网络，提升重金属、危险废物、危险化学品等重点风险防范水平和应急处理能力。

3. 完善废旧资源回收利用体系。利用物联网、大数据开展信息采集、数据分析、流向监测，优化逆向物流网点布局。支持利用电子标签、二维码等物联网技术跟踪电子废物流向，鼓励互联网企业参与搭建城市废弃物回收平台，创新再生资源回收模式。加快推进汽车保险信息系统、"以旧换再"管理系统和报废车管理系统的标准化、规范化和互联互通，加强废旧汽车及零部件的回收利用信息管理，为互联网企业开展业务创新和便民服务提供数据支撑。

4. 建立废弃物在线交易系统。鼓励互联网企业积极参与各类产业园区废弃物信息平台建设，推动现有骨干再生资源交易市场向线上线下结合转型升级，逐步形成行业性、区域性、全国性的产业废弃物和再生资源在线交易系统，完善线上信用评价和供应链融资体系，开展在线竞价，发布价格交易指数，提高稳定供给能力，增强主要再生资源品种的定价权。

（十一）"互联网＋"人工智能。

依托互联网平台提供人工智能公共创新服务，加快人工智能核心技术突破，促进人工智能在智能家居、智能终端、智能汽车、机器人等领域的推广应用，培育若干引领全球人工智能发展的骨干企业和创新团队，形成创新活跃、开放合作、协同发展的产业生态。（发展改革委、科技部、工业和信息化部、网信办等负责）

1. 培育发展人工智能新兴产业。建设支撑超大规模深度学习的新型计算集群，构建包括语音、图像、视频、地图等数据的海量训练资源库，加强人工智能基础资源和公共服务等创新平台建设。进一步推进计算机视觉、智能语音处理、生物特征识别、自然语言理解、智能决策控制以及新型人机交互等关键技术的研发和产业化，推动人工智能在智能产品、工业制造等领域规模商用，为产业智能化升级夯实基础。

2. 推进重点领域智能产品创新。鼓励传统家居企业与互联网企业开展集成创新，不断提升家居产品的智能化水平和服务能力，创造新的消费市场空间。推动汽车企业与互联网企业设立跨界交叉的创新平台，加快智能辅助驾驶、复杂环境感知、车载智能设备等技术产品的研发与应用。支持安防企业与互联网企业开展合作，发展和推广图像精准识别等大数据分析技术，提升安防产品的智能化服务水平。

3. 提升终端产品智能化水平。着力做大高端移动智能终端产品和服务的市场规模，提高移动智能终端核心技术研发及产业化能力。鼓励企业积极开展差异化细分市场需求分析，大力丰富可穿戴设备的应用服务，提升用户体验。推动互联网技术以及智能感知、模式识别、智能分析、智能控制等智能技术在机器人领域的深入应用，大力提升机器人产品在传感、交互、控制等方面的性能和智能化水平，提高核心竞争力。

三、保障支撑

（一）夯实发展基础。

1. 巩固网络基础。加快实施"宽带中国"战略，组织实施国家新一代信息基础设施建设工程，推进宽带网络光纤化改造，加快提升移动通信网络服务能力，促进网间互联互通，大幅提高网络访问速率，有效降低网络资费，完善电信普遍服务补偿机制，支持农村及偏远地区宽带建设和运行维护，使互联网下沉为各行业、各领域、各区域都能使用，人、机、物泛在互联的基础设施。增强北斗卫星全球服务能力，构建天地一体化互联网络。加快下一代互联网商用部署，加强互联网协议第6版（IPv6）地址管理、标识管理与解析，构建未来网络创新试验平台。研究工业互联网网络架构体系，构建开放式国家创新试验验证平台。（发展改革委、工业和信息化部、财政部、国资委、网信办等负责）

2. 强化应用基础。适应重点行业融合创新发展需求，完善无线传感网、行业云及大数据平台等新型应用基础设施。实施云计算工程，大力提升公共云服务能力，引导行业信息化应用向云计算平台迁移，加快内容分发网络建设，优化数据中心布局。加强物联网网络架构研究，组织开展国家物联网重大应用示范，鼓励具备条件的企业建设跨行业物联网运营和支撑平台。（发展改革委、工业和信息化部等负责）

3. 做实产业基础。着力突破核心芯片、高端服务器、高端存储设备、数据库和中间件等产业薄弱环节的技术瓶颈，加快推进云操作系统、工业控制实时操作系统、智能终端操作系统的研发和应用。大力发展云计算、大数据等解决方案以及高端传感器、工控系统、人机交互等软硬件基础产品。运用互联网理念，构建以骨干企业为核心、产学研用高效整合的技术产业集群，打造国际先进、自主可控的产业体系。（工业和信息化部、发展改革委、科技部、网信办等负责）

4. 保障安全基础。制定国家信息领域核心技术设备发展时间表和路线图，提升互联网安全管理、态势感知和风险防范能力，加强信息网络基础设施安全防护和用户个人信息保护。实施国家信息安全专项，开展网络安全应用示范，提高"互联网＋"安全核心技术和产品水平。按照信息安全等级保护等制度和网络安全国家标准的要求，加强"互联网＋"关键领域重要信息系统的安全保障。建设完善网络安全监测评估、监督管理、标准认证和创新能力体系。重视融合带来的安全风险，完善网络数据共享、利用等的安全管理和技术措施，探索建立以行政评议和第三方评估为基础的数据安全流动认证体系，完善数据跨境流动管理制度，确保数据安全。（网信办、发展改革委、科技部、工业和信息化部、公安部、安全部、质检总局等负责）

（二）强化创新驱动。

1. 加强创新能力建设。鼓励构建以企业为主导，产学研用合作的"互联网＋"产业创新网络或产业技术创新联盟。支持以龙头企业为主体，建设跨界交叉领域的创新平台，并逐步形成创新网络。鼓励国家创新平台向企业特别是中小企业在线开放，加大国家重大科研基础设施和大型科研仪器等网络化开放力度。（发展改革委、科技部、工业和信息化部、网信办等负责）

2. 加快制定融合标准。按照共性先立、急用先行的原则，引导工业互联网、智能电网、智慧城市等领域基础共性标准、关键技术标准的研制及推广。加快与互联网融合应用的工控系统、智能专用装备、智能仪表、智能家居、车联网等细分领域的标准化工作。不断完善"互联网＋"融合标准体系，同步推进国际国内标准化工作，增强在国际标准化组织（ISO）、国际电工委员会（IEC）和国际电信联盟（ITU）等国际组织中的话语权。（质检总局、工业和信息化部、网信办、能源局等负责）

3. 强化知识产权战略。加强融合领域关键环节专利导航，引导企业加强知识产权战略储备与布局。加快推进专利基础信息资源开放共享，支持在线知识产权服务平台建设，鼓励服务模式创新，提升知识产权服务附加值，支持中小微企业知识产权创造和运用。加强网络知识产权和专利执法维权工作，严厉打击各种网络侵权假冒行为。增强全社会对网络知识产权的保护意识，推动建立"互联网＋"知识产权保护联盟，加大对新业态、新模式等创新成果的保护力度。（知识产权局牵头）

4. 大力发展开源社区。鼓励企业自主研发和国家科技计划（专项、基金等）支持形成的软件成果通过互联网向社会开源。引导教育机构、社会团体、企业或个人发起开源项目，积极参加国际开源项目，支持组建开源社区和开源基金会。鼓励企业依托互联网开源模式构建新型生态，促进互联网开源社区与标准规范、知识产权等机构的对接与合作。

（科技部、工业和信息化部、质检总局、知识产权局等负责）

（三）营造宽松环境。

1. 构建开放包容环境。贯彻落实《中共中央国务院关于深化体制机制改革加快实施创新驱动发展战略的若干意见》，放宽融合性产品和服务的市场准入限制，制定实施各行业互联网准入负面清单，允许各类主体依法平等进入未纳入负面清单管理的领域。破除行业壁垒，推动各行业、各领域在技术、标准、监管等方面充分对接，最大限度减少事前准入限制，加强事中事后监管。继续深化电信体制改革，有序开放电信市场，加快民营资本进入基础电信业务。加快深化商事制度改革，推进投资贸易便利化。（发展改革委、网信办、教育部、科技部、工业和信息化部、民政部、商务部、卫生计生委、工商总局、质检总局等负责）

2. 完善信用支撑体系。加快社会征信体系建设，推进各类信用信息平台无缝对接，打破信息孤岛。加强信用记录、风险预警、违法失信行为等信息资源在线披露和共享，为经营者提供信用信息查询、企业网上身份认证等服务。充分利用互联网积累的信用数据，对现有征信体系和评测体系进行补充和完善，为经济调节、市场监管、社会管理和公共服务提供有力支撑。（发展改革委、人民银行、工商总局、质检总局、网信办等负责）

3. 推动数据资源开放。研究出台国家大数据战略，显著提升国家大数据掌控能力。建立国家政府信息开放统一平台和基础数据资源库，开展公共数据开放利用改革试点，出台政府机构数据开放管理规定。按照重要性和敏感程度分级分类，推进政府和公共信息资源开放共享，支持公众和小微企业充分挖掘信息资源的商业价值，促进互联网应用创新。（发展改革委、工业和信息化部、国务院办公厅、网信办等负责）

4. 加强法律法规建设。针对互联网与各行业融合发展的新特点，加快"互联网＋"相关立法工作，研究调整完善不适应"互联网＋"发展和管理的现行法规及政策规定。落实加强网络信息保护和信息公开有关规定，加快推动制定网络安全、电子商务、个人信息保护、互联网信息服务管理等法律法规。完善反垄断法配套规则，进一步加大反垄断法执行力度，严格查处信息领域企业垄断行为，营造互联网公平竞争环境。（法制办、网信办、发展改革委、工业和信息化部、公安部、安全部、商务部、工商总局等负责）

（四）拓展海外合作。

1. 鼓励企业抱团出海。结合"一带一路"等国家重大战略，支持和鼓励具有竞争优势的互联网企业联合制造、金融、信息通信等领域企业率先走出去，通过海外并购、联合经营、设立分支机构等方式，相互借力，共同开拓国际市场，推进国际产能合作，构建跨境产业链体系，增强全球竞争力。（发展改革委、外交部、工业和信息化部、商务部、网信办等负责）

2. 发展全球市场应用。鼓励"互联网＋"企业整合国内外资源，面向全球提供工业云、供应链管理、大数据分析等网络服务，培育具有全球影响力的"互联网＋"应用平台。鼓励互联网企业积极拓展海外用户，推出适合不同市场文化的产品和服务。（商务部、发展改革委、工业和信息化部、网信办等负责）

3. 增强走出去服务能力。充分发挥政府、产业联盟、行业协会及相关中介机构作用，形成支持"互联网＋"企业走出去的合力。鼓励中介机构为企业拓展海外市场提供信息咨询、法律援助、税务中介等服务。支持行业协会、产业联盟与企业共同推广中国技术和中国标准，以技术标准走出去带动产品和服务在海外推广应用。（商务部、外交部、发展改革委、工业和信息化部、税务总局、质检总局、网信办等负责）

（五）加强智力建设。

1. 加强应用能力培训。鼓励地方各级政府采用购买服务的方式，向社会提供互联网知识技能培训，支持相关研究机构和专家开展"互联网＋"基础知识和应用培训。鼓励传统企业与互联网企业建立信息咨询、人才交流等合作机制，促进双方深入交流合作。加强制造业、农业等领域人才特别是企业高层管理人员的互联网技能培训，鼓励互联网人才与传统行业人才双向流动。（科技部、工业和信息化部、人力资源社会保障部、网信办等负责）

2. 加快复合型人才培养。面向"互联网＋"融合发展需求，鼓励高校根据发展需要和学校办学能力设置相关专业，注重将国内外前沿研究成果尽快引入相关专业教学中。鼓励各类学校聘请互联网领域高级人才作为兼职教师，加强"互联网＋"领域实验教学。（教育部、发展改革委、科技部、工业和信息化部、人力资源社会保障部、网信办等负责）

3. 鼓励联合培养培训。实施产学合作专业综合改革项目，鼓励校企、院企合作办学，推进"互联网＋"专业技术人才培训。深化互联网领域产教融合，依托高校、科研机构、企业的智力资源和研究平台，建立一批联合实训基地。建立企业技术中心和院校对接机制，鼓励企业在院校建立"互联网＋"研发机构和实验中心。（教育部、发展改革委、科技部、工业和信息化部、人力资源社会保障部、网信办等负责）

4. 利用全球智力资源。充分利用现有人才引进计划和鼓励企业设立海外研发中心等多种方式，引进和培养一批"互联网＋"领域高端人才。完善移民、签证等制度，形成有利于吸引人才的分配、激励和保障机制，为引进海外人才提供有利条件。支持通过任务外包、产业合作、学术交流等方式，充分利用全球互联网人才资源。吸引互联网领域领军人才、特殊人才、紧缺人才在我国创业创新和从事教学科研等活动。（人力资源社会保障部、发展改革委、教育部、科技部、网信办等负责）

（六）加强引导支持。

1. 实施重大工程包。选择重点领域，加大中央预算内资金投入力度，引导更多社会资本进入，分步骤组织实施"互联网＋"重大工程，重点促进以移动互联网、云计算、大数据、物联网为代表的新一代信息技术与制造、能源、服务、农业等领域的融合创新，发展壮大新兴业态，打造新的产业增长点。（发展改革委牵头）

2. 加大财税支持。充分发挥国家科技计划作用，积极投向符合条件的"互联网＋"融合创新关键技术研发及应用示范。统筹利用现有财政专项资金，支持"互联网＋"相关平台建设和应用示范等。加大政府部门采购云计算服务的力度，探索基于云计算的政务信息化建设运营新机制。鼓励地方政府创新风险补偿机制，探索"互联网＋"发展的新模式。（财政部、税务总局、发展改革委、科技部、网信办等负责）

3. 完善融资服务。积极发挥天使投资、风险投资基金等对"互联网＋"的投资引领作用。开展股权众筹等互联网金融创新试点，支持小微企业发展。支持国家出资设立的有关基金投向"互联网＋"，鼓励社会资本加大对相关创新型企业的投资。积极发展知识产权质押融资、信用保险保单融资增信等服务，鼓励通过债券融资方式支持"互联网＋"发展，支持符合条件的"互联网＋"企业发行公司债券。开展产融结合创新试点，探索股权和债权相结合的融资服务。降低创新型、成长型互联网企业的上市准入门槛，结合证券法修订和股票发行注册制改革，支持处于特定成长阶段、发展前景好但尚未盈利的互联网企业在创业板上市。推动银行业金融机构创新信贷产品与金融服务，加大贷款投放力度。鼓励开发性金融机构为"互联网＋"重点项目建设提供有效融资支持。（人民银行、发展改革委、银监会、证监会、保监会、网信办、开发银行等负责）

（七）做好组织实施。

1. 加强组织领导。建立"互联网＋"行动实施部际联席会议制度，统筹协调解决重大问题，切实推动行动的贯彻落实。联席会议设办公室，负责具体工作的组织推进。建立跨领域、跨行业的"互联网＋"行动专家咨询委员会，为政府决策提供重要支撑。（发展改革委牵头）

2. 开展试点示范。鼓励开展"互联网＋"试点示范，推进"互联网＋"区域化、链条化发展。支持全面创新改革试验区、中关村等国家自主创新示范区、国家现代农业示范区先行先试，积极开展"互联网＋"创新政策试点，破除新兴产业行业准入、数据开放、市场监管等方面政策障碍，研究适应新兴业态特点的税收、保险政策，打造"互联网＋"生态体系。（各部门、各地方政府负责）

3. 有序推进实施。各地区、各部门要主动作为，完善服务，加强引导，以动态发展的眼光看待"互联网＋"，在实践中大胆探索拓展，相互借鉴"互联网＋"融合应用成功经验，促进"互联网＋"新业态、新经济发展。有关部门要加强统筹规划，提高服务和管理能力。各地区要结合实际，研究制定适合本地的"互联网＋"行动落实方案，因地制宜，合理定位，科学组织实施，杜绝盲目建设和重复投资，务实有序推进"互联网＋"行动。（各部门、各地方政府负责）

国务院
2015 年 7 月 1 日

国务院办公厅关于印发国家标准化体系建设发展规划（2016—2020 年）的通知

国办发〔2015〕89 号

各省、自治区、直辖市人民政府，国务院各部委、各直属机构：

《国家标准化体系建设发展规划（2016—2020 年）》已经国务院同意，现印发给你们，请认真贯彻执行。

国务院办公厅
2015 年 12 月 17 日

（此件公开发布）

国家标准化体系建设发展规划（2016—2020 年）

标准是经济活动和社会发展的技术支撑，是国家治理体系和治理能力现代化的基础性制度。改革开放特别是进入 21 世纪以来，我国标准化事业快速发展，标准体系初步形成，应用范围不断扩大，水平持续提升，国际影响力显著增强，全社会标准化意识普遍提高。但是，与经济社会发展需求相比，我国标准化工作还存在较大差距。为贯彻落实《中共中央关于制定国民经济和社会发展第十三个五年规划的建议》和《国务院关于印发深化标准化工作改革方案的通知》（国发〔2015〕13 号）精神，推动实施标准化战略，加快完善标准化体系，提升我国标准化水平，制定本规划。

一、总体要求

（一）指导思想。

认真落实党的十八大和十八届二中、三中、四中、五中全会精神，按照"四个全面"战略布局和党中央、国务院决策部署，落实深化标准化工作改革要求，推动实施标准化战略，建立完善标准化体制机制，优化标准体系，强化标准实施与监督，夯实标准化技术基础，增强标准化服务能力，提升标准国际化水平，加快标准化在经济社会各领域的普及应用和深度融合，充分发挥"标准化＋"效应，为我国经济社会创新发展、协调发展、绿色发展、开放发展、共享发展提供技术支撑。

（二）基本原则。

需求引领，系统布局。围绕经济、政治、文化、社会和生态文明建设重大部署，合理规划标准化体系布局，科学确定发展重点领域，满足产业结构调整、社会治理创新、生态环境保护、文化繁荣发展、保障改善民生和国际经贸合作的需要。

深化改革，创新驱动。全面落实标准化改革要求，完善标准化法制、体制和机制。强化以科技创新为动力，推进科技研发、标准研制和产业发展一体化，提升标准技术水平。以管理创新为抓手，加大标准实施、监督和服务力度，提高标准化效益。

协同推进，共同治理。坚持"放、管、治"相结合，发挥市场对标准化资源配置的决定性作用，激发市场主体活力；更好发挥政府作用，调动各地区、各部门积极性，加强顶层设计和统筹管理；强化社会监督作用，形成标准化共治新格局。

包容开放，协调一致。坚持各类各层级标准协调发展，提高标准制定、实施与监督的系统性和协调性；加强标准与法律法规、政策措施的衔接配套，发挥标准对法律法规的技术支撑和必要补充作用。坚持与国际接轨，统筹引进来与走出去，提高我国标准与国际标准一致性程度。

（三）发展目标。

到 2020 年，基本建成支撑国家治理体系和治理能力现代化的具有中国特色的标准化体系。标准化战略全面实施，标准有效性、先进性和适用性显著增强。标准化体制机制更加健全，标准服务发展更加高效，基本形成市场规范有标可循、公共利益有标可保、创新驱动有标引领、转型升级有标支撑的新局面。"中国标准"国际影响力和贡献力大幅提升，我国迈入世界标准强国行列。

——标准体系更加健全。政府主导制定的标准与市场自主制定的标准协同发展、协调配套，强制性标准守底线、推荐性标准保基本、企业标准强质量的作用充分发挥，在技术发展快、市场创新活跃的领域培育和发展一批具有国际影响力的团体标准。标准平均制定周期缩短至 24 个月以内，科技成果标准转化率持续提高。在农产品消费品安全、节能减排、智能制造和装备升级、新材料等重点领域制修订标准 9000 项，基本满足经济建设、社会治理、生态文明、文化发展以及政府管理的需求。

——标准化效益充分显现。农业标准化生产覆盖区域稳步扩大，农业标准化生产普及率超过 30%。主要高耗能行业和终端用能产品实现节能标准全覆盖，主要工业产品的标准达到国际标准水平。服务业标准化试点示范项目新增 500 个以上，社会管理和公共服务标准化程度显著提高。新发布的强制性国家标准开展质量及效益评估的比例达到 50% 以上。

——标准国际化水平大幅提升。参与国际标准化活动能力进一步增强，承担国际标准化技术机构数量持续增长，参与和主导制定国际标准数量达到年度国际标准制修订总数的 50%，着力培养国际标准化专业人才，与"一带一路"沿线国家和主要贸易伙伴国家的标准互认工作扎实推进，主要消费品领域与国际标准一致性程度达到 95% 以上。

——标准化基础不断夯实。标准化技术组织布局更加合理，管理更加规范。按照深化中央财政科技计划管理改革的要求，推进国家技术标准创新基地建设。依托现有检验检测机构，设立国家级标准验证检验检测点 50 个以上，发展壮大一批专业水平高、市场竞争力强的标准化科研机构。标准化专业人才基本满足发展需要。充分利用现有网络平台，建成全国标准信息网络平台，实现标准化信息互联互通。培育发展标准化服务业，标准化服务能力进一步提升。

二、主要任务

（一）优化标准体系。

深化标准化工作改革。把政府单一供给的现行标准体系，转变为由政府主导制定的标准和市场自主制定的标准共同构成的新型标准体系。整合精简强制性标准，范围严格限定在保障人身健康和生命财产安全、国家安全、生态环境安全以及满足社会经济管理基本要求的范围之内。优化完善推荐性标准，逐步缩减现有推荐性标准的数量和规模，合理界定各层级、各领域推荐性标准的制定范围。培育发展团体标准，鼓励具备相应能力的学会、协会、商会、联合会等社会组织和产业技术联盟协调相关市场主体共同制定满足市场和创新需要的标准，供市场自愿选用，增加标准的有效供给。建立企业产品和服务标准自我声明公开和监督制度，逐步取消政府对企业产品标准的备案管理，落实企业标准化主体责任。

完善标准制定程序。广泛听取各方意见，提高标准制定工作的公开性和透明度，保证标准技术指标的科学性和公正性。优化标准审批流程，落实标准复审要求，缩短标准制定周期，加快标准更新速度。完善标准化指导性技术文件和标准样品等管理制度。加强标准验证能力建设，培育一批标准验证检验检测机构，提高标准技术指标的先进性、准确性和可靠性。

落实创新驱动战略。加强标准与科技互动，将重要标准的研制列入国家科技计划支持范围，将标准作为相关科研项目的重要考核指标和专业技术资格评审的依据，应用科技报告制度促进科技成果向标准转化。加强专利与标准相结合，促进标准合理采用新技术。提高军民标准通用化水平，积极推动在国防和军队建设中采用民用标准，并将先进适用的军用标准转化为民用标准，制定军民通用标准。

发挥市场主体作用。鼓励企业和社会组织制定严于国家标准、行业标准的企业标准和团体标准，将拥有自主知识产权的关键技术纳入企业标准或团体标准，促进技术创新、标准研制和产业化协调发展。

（二）推动标准实施。

完善标准实施推进机制。发布重要标准，要同步出台标准实施方案和释义，组织好标准宣传推广工作。规范标准解释权限管理，健全标准解释机制。推进并规范标准化试点示范，提高试点示范项目的质量和效益。建立完善标准化统计制度，将能反映产业发展水平的企业标准化统计指标列入法定的企业年度统计报表。

强化政府在标准实施中的作用。各地区、各部门在制定政策措施时要积极引用标准，应用标准开展宏观调控、产业推进、行业管理、市场准入和质量监管。运用行业准入、生产许可、合格评定/认证认可、行政执法、监督抽查等手段，促进标准实施，并通过认证认可、检验检测结果的采信和应用，定性或定量评价标准实施效果。运用标准化手段规范自身管理，提高公共服务效能。

充分发挥企业在标准实施中的作用。企业要建立促进技术进步和适应市场竞争需要的企业标准化工作机制。根据技术进步和生产经营目标的需要，建立健全以技术标准为主体、包括管理标准和工作标准的企业标准体系，并适应用户、市场需求，保持企业所用标准的先进性和适用性。企业应严格执行标准，把标准作为生产经营、提供服务和控制质量的依据和手段，提高产品服务质量和生产经营效益，创建知名品牌。充分发挥其他各类市场主体在标准实施中的作用。行业组织、科研机构和学术团体以及相关标准化专业组织要积极利用自身有利条件，推动标准实施。

（三）强化标准监督。

建立标准分类监督机制。健全以行政管理和行政执法为主要形式的强制性标准监督机制，强化依据标准监管，保证强制性标准得到严格执行。建立完善标准符合性检测、监督抽查、认证等推荐性标准监督机制，强化推荐性标准制定主体的实施责任。建立以团体自律和政府必要规范为主要形式的团体标准监督机制，发挥市场对团体标准的优胜劣汰作用。建立企业产品和服务标准自我声明公开的监督机制，保障公开内容真实有效，符合强制性标准要求。

建立标准实施的监督和评估制度。国务院标准化行政主管部门会同行业主管部门组织开展重要标准实施情况监督检查，开展标准实施效果评价。各地区、各部门组织开展重要行业、地方标准实施情况监督检查和评估。完善标准实施信息反馈渠道，强化对反馈信息的分类处理。

加强标准实施的社会监督。进一步畅通标准化投诉举报渠道，充分发挥新闻媒体、社会组织和消费者对标准实施情况的监督作用。加强标准化社会教育，强化标准意识，调动社会公众积极性，共同监督标准实施。

（四）提升标准化服务能力。

建立完善标准化服务体系。拓展标准研发服务，开展标准技术内容和编制方法咨询，为企业制定标准提供国内外相关标准分析研究、关键技术指标试验验证等专业化服务，提高其标准的质量和水平。提供标准实施咨询服务，为企业实施标准提供定制化技术解决方案，指导企业正确、有效执行标准。完善全国专业标准化技术委员会与相关国际标准化技术委员会的对接机制，畅通企业参与国际标准化工作渠道，帮助企业实质性参与国际标准化活动，提升企业国际影响力和竞争力。帮助出口型企业了解贸易对象国技术标准体系，促进产品和服务出口。加强中小微企业标准化能力建设服务，协助企业建立标准化组织架构和制度体系、制定标准化发展策略、建设企业标准体系、培养标准化人才，更好促进中小微企业发展。

加快培育标准化服务机构。支持各级各类标准化科研机构、标准化技术委员会及归口单位、标准出版发行机构等加强标准化服务能力建设。鼓励社会资金参与标准化服务机构发展。引导有能力的社会组织参与标准化服务。

（五）加强国际标准化工作。

积极主动参与国际标准化工作。充分发挥我国担任国际标准化组织常任理事国、技术管理机构常任成员等作用，全面谋划和参与国际标准化战略、政策和规则的制定修改，提升我国对国际标准化活动的贡献度和影响力。鼓励、支持我国专家和机构担任国际标准化技术机构职务和承担秘书处工作。建立以企业为主体、相关方协同参与国际标准化活动的工作机制，培育、发展和推动我国优势、特色技术标准成为国际标准，服务我国企业和产业走出去。吸纳各方力量，加强标准外文版翻译出版工作。加大国际标准跟踪、评估力度，加快转化适合我国国情的国际标准。加强口岸贸易便利化标准研制。服务高标准自贸区建设，运用标准化手段推动贸易和投资自由化便利化。

深化标准化国际合作。积极发挥标准化对"一带一路"战略的服务支撑作用，促进沿线国家在政策沟通、设施联通、贸易畅通等方面的互联互通。深化与欧盟国家、美国、俄罗斯等在经贸、科技合作框架内的标准化合作机制。推进太平洋地区、东盟、东北亚等区域标准化合作，服务亚太经济一体化。探索建立金砖国家标准化合作新机制。加大与非洲、拉美等地区标准化合作力度。

（六）夯实标准化工作基础。

加强标准化人才培养。推进标准化学科建设，支持更多高校、研究机构开设标准化课程和学历教育，设立标准化专业学位，推动标准化普及教育。加大国际标准化高端人才队伍建设力度，加强标准化专业人才、管理人才培养和企业标准化人员培训，满足不同层次、不同领域的标准化人才需求。

加强标准化技术委员会管理。优化标准化技术委员会体系结构，加强跨领域、综合性联合工作组建设。增强标准化技术委员会委员构成的广泛性、代表性，广泛吸纳行业、地方和产业联盟代表，鼓励消费者参与，促进军、民标准化技术委员会之间相互吸纳对方委员。利用信息化手段规范标准化技术委员会运行，严格委员投票表决制度。建立完善标准化技术委员会考核评价和奖惩退出机制。

加强标准化科研机构建设。支持各类标准化科研机构开展标准化理论、方法、规划、政策研究，提升标准化科研水平。支持符合条件的标准化科研机构承担科技计划和标准化科研项目。加快标准化科研机构改革，激发科研人员创新活力，提升服务产业和企业能力，鼓励标准化科研人员与企业技术人员相互交流。加强标准化、计量、认证认可、检验检测协同发展，逐步夯实国家质量技术基础，支撑产业发展、行业管理和社会治理。加强各级标准馆建设。

加强标准化信息化建设。充分利用各类标准化信息资源，建立全国标准信息网络平台，实现跨部门、跨行业、跨区域标准化信息交换与资源共享，加强民用标准化信息平台与军用标准化信息平台之间的共享合作、互联互通，全面提升标准化信息服务能力。

三、重点领域

（一）加强经济建设标准化，支撑转型升级。

以统一市场规则、调整产业结构和促进科技成果转化为着力点，加快现代农业和新农村建设标准化体系建设，完善工业领域标准体系，加强生产性服务业标准制定及试点示范，推进服务业与工业、农业在更高水平上有机融合，强化标准实施，促进经济提质增效升级，推动中国经济向中高端水平迈进。

着重健全战略性新兴产业标准体系，加大关键技术标准研制力度，深入推进《战略性新兴产业标准化发展规划》实施，促进战略性新兴产业的整体创新能力和产业发展水平提升。

专栏 1　农业农村标准化重点

农业

制定和实施高标准农田建设、现代种业发展、农业安全种植和健康养殖、农兽药残留限量及检测、农业投入品合理使用规范、产地环境评价等领域标准，以及动植物疫病预测诊治、农业转基因安全评价、农业资源合理利用、农业生态环境保护、农业废弃物综合利用等重要标准。继续完善粮食、棉花等重要农产品分级标准，以及纤维检验技术标准。推动现代农业基础设施标准化建设，继续健全和完善农产品质量安全标准体系，提高农业标准化生产普及程度。

林业

制修订林木种苗、新品种培育、森林病虫害和有害生物防治、林产品、野生动物驯养繁殖、生物质能源、森林功能与质量、森林可持续经营、林业机械、林业信息化等领域标准。研制森林用材林、经营模式规范、抚育效益评价等标准。制定林地质量评价、林地保护利用、经济林评价、速生丰产林评价、林产品质量安全、资源综合利用等重要标准，保障我国林业资源的可持续利用。

水利

制定和实施农田水利、水文、中小河流治理、灌区改造、农村水电、防汛抗旱减灾等标准，研制高效节水灌溉技术、江河湖库水系连通、地下水严重超采区综合治理、水源战略储备工程等配套标准，提高我国水旱灾害综合防御能力、水资源合理配置和高效利用能力、水资源保护和河湖健康保障能力。

粮食

制修订和实施粮油产品质量、粮油收购、粮油储运、粮油加工、粮油追溯、粮油检测、品种品质评判等领域标准，研制粮油质量安全控制、仪器化检验、现代仓储流通、节粮减损、粮油副产品综合利用、粮油加工机械等标准，健全我国粮食质量标准体系和检验监测体系。

农业社会化服务

开展农资供应、农业生产、农技推广、动植物疫病防控、农产品质量监管和质量追溯、农产品流通、农业信息化、农业金融、农业经营等领域的管理、运行、维护、服务及评价等标准的制修订，增强农业社会化服务能力。

美丽乡村建设

加强农村公共服务、农村社会管理、农村生态环境保护和农村人居环境改善等标准的制修订，提高农业农村可持续发展能力，促进城乡经济社会发展一体化新格局的形成。

专栏2　工业标准化重点

能源

　　研制页岩气工厂化作业、水平井钻井、水力压裂和环保方面标准。研制海上油气勘探开发与关键设备等关键技术标准。优化天然气产品标准，开展天然气能量计量、上游领域取样、分析测试、湿气计量的标准研究。研制煤炭清洁高效利用、石油高效与清洁转化、天然气与煤层气加工技术等标准。研究整体煤气化联合循环发电系统、冷热电联供分布式电流系统等技术标准。研制油气长输管道建设及站场关键设备、大型天然气液化处理储运及设备、超低硫成品油储运等标准。加强特高压及柔性直流输电、智能电网、微电网及分布式电源并网、电动汽车充电基础设施标准制修订，研制大规模间歇式电源并网和储能技术等标准。研制风能太阳能气候资源测量和评估等标准。研制先进压水堆核电技术、高温气冷堆技术、快堆技术标准，全面提升能源开发转化和利用效率。

机械

　　加强关键基础零部件标准研制，制定基础制造工艺、工装、装备及检测标准，从全产业链条综合推进数控机床及其应用标准化工作，重点开展机床工具、内燃机、农业机械等领域的标准体系优化，提高机械加工精度、使用寿命、稳定性和可靠性。

材料

　　完善钢铁、有色金属、石化、化工、建材、黄金、稀土等原材料工业标准，加快标准制修订工作，充分发挥标准的上下游协同作用，加快传统材料升级换代步伐。全面推进新材料标准体系建设，重点开展新型功能材料、先进结构材料和高性能复合材料等标准研制，积极开展前沿新材料领域标准预研，有效保障新材料推广应用，促进材料工业结构调整。

消费品

　　加强跨领域通用、重点领域专用和重要产品三级消费品安全标准和配套检验方法标准的制定与实施。研制消费品标签标识、全产业链质量控制、质量监管、特殊人群适用型设计和个性化定制等领域标准。加强化妆品和口腔护理用品领域标准制定。

医疗器械

　　开展生物医学工程、新型医用材料、高性能医疗仪器设备、医用机器人、家用健康监护诊疗器械、先进生命支持设备以及中医特色诊疗设备等领域的标准化工作。

仪器仪表及自动化

　　开展智能传感器与仪器仪表、工业通信协议、数字工厂、制造系统互操作、嵌入式制造软件、全生命周期管理以及工业机器人、服务机器人和家用机器人的安全、测试和检测等领域标准化工作，提高我国仪器仪表及自动化技术水平。

电工电气

　　加强核电、风电、海洋能、太阳热能、光伏发电用装备和产品标准制修订，开展低压直流系统及设备、输变电设备、储能系统及设备、燃料电池发电系统、火电系统脱硫脱硝和除尘、电力电子系统和设备、高速列车电气系统、电气设备安全环保技术等标准化工作，提高我国电工电气产品的国际竞争力。

专栏 2　工业标准化重点
空间及海洋 　　推进空间科学与环境安全、遥感、超导、纳米等领域标准化工作，促进科技成果产业化。制定海域海岛综合管理、海洋生态环境保护、海洋观测预报与防灾减灾、海洋经济监测与评估、海洋安全保障与权益维护、生物资源保护与开发、海洋调查与科技研究、海洋资源开发等领域标准。研制极地考察、大洋矿产资源勘探与开发、深海探测、海水淡化与综合利用、海洋能开发、海洋卫星遥感及地面站建设等技术标准。
电子信息制造与软件 　　加强集成电路、传感器与智能控制、智能终端、北斗导航设备与系统、高端服务器、新型显示、太阳能光伏、锂离子电池、LED、应用电子产品、软件、信息技术服务等标准化工作，服务和引领产业发展。
信息通信网络与服务 　　开展新一代移动通信、下一代互联网、三网融合、信息安全、移动互联网、工业互联网、物联网、云计算、大数据、智慧城市、智慧家庭等标准化工作，推动创新成果产业化进程。
生物技术 　　加强生物样本、生物资源、分析方法、生物工艺、生物信息、生物计量与质量控制等基础通用标准的研制。开展基因工程技术、蛋白工程技术、细胞工程技术、酶工程技术、发酵工程技术和实验动物、生物芯片，以及生物农业、生物制造、生物医药、生物医学工程、生物服务等领域标准的研制，促进我国生物技术自主创新能力显著提升。
汽车船舶 　　制修订车船安全、节能、环保及新能源车船、关键系统部件等领域标准，加强高技术船舶、智能网联汽车及相关部件等关键技术标准研究，促进我国汽车及船舶技术提升和产业发展。

专栏 3　服务业标准化重点
交通运输 　　制定经营性机动车营运安全标准，研制交通基础设施和综合交通枢纽的建设、维护、管理标准。开展综合运输、节能环保、安全应急、管理服务、城市客运关键技术标准研究，重点加强旅客联程运输和货物多式联运领域基础设施、转运装卸设备和运输设备的标准研制，提高交通运输效率、降低交通运输能耗。
金融 　　开展银行业信用融资、信托、理财、网上银行等金融产品及监管标准的研制，开展证券业编码体系、接口协议、信息披露、信息安全、信息技术治理、业务规范以及保险业消费者保护、巨灾保险、健康医疗保险、农业保险、互联网保险等基础和服务标准制修订，增强我国金融业综合实力、国际竞争力和抗风险能力。

专栏3　服务业标准化重点
商贸和物流 　　加强批发零售、住宿餐饮、居民服务、重要商品交易、移动商务以及物流设施设备、物流信息和管理等相关标准的研制，强化售后服务重要标准制定，加快建立健全现代国内贸易体系。开展运输技术、配送技术、装卸搬运技术、自动化技术、库存控制技术、信息交换技术、物联网技术等现代物流技术标准的研制，提高物流效率。
旅游 　　开展网络在线旅游、度假休闲旅游、生态旅游、中医药健康旅游等新业态标准研制。制修订旅行社、旅游住宿、旅游目的地和旅游安全、红色旅游、文明旅游、景区环境保护和旅游公共服务标准，提高旅游业服务水平。
高技术等新兴服务领域 　　加强信息技术服务、研发设计、知识产权、检验检测、数字内容、科技成果转化、电子商务、生物技术、创业孵化、科技咨询、标准化服务等服务业标准化体系建设及重要标准研制，研制会展、会计、审计、税务、法律等商务服务标准，全面提高新兴服务领域标准化水平。
人力资源服务 　　加强人力资源服务业、人力资源服务机构评价、人力资源服务从业人员、人力资源产业园管理与服务、产业人才信息平台、培训等标准研制，提升人力资源服务质量。

（二）加强社会治理标准化，保障改善民生。

以改进社会治理方式、优化公共资源配置和提高民生保障水平为着力点，建立健全教育、就业、卫生、公共安全等领域标准体系，推进食品药品安全标准清理整合与实施监督（完善食品安全国家标准体系工作，在国家食品安全监管体系"十三五"规划中另行要求），深化安全生产标准化建设，加强防灾减灾救灾标准体系建设，加快社会信用标准体系建设，提高社会管理科学化水平，促进社会更加公平、安全、有序发展。

专栏4　社会领域标准化重点
公共教育 　　完善学校建设标准、学科专业和课程体系标准、教师队伍建设标准、学校运行和管理标准、教育质量标准、教育装备标准、教育信息化标准，制定学前教育、职业教育、特殊教育等重点领域标准，开展国家通用语言文字、少数民族语言文字、特殊语言文字、涉外语言文字、语言文字信息化标准制修订，加快城乡义务教育公办学校标准化建设，基本建成具有国际视野、适合中国国情、涵盖各级各类教育的国家教育标准体系。

专栏4　社会领域标准化重点

劳动就业和社会保险

建立健全劳动就业公共服务国家标准体系，加快就业服务和管理、劳动关系等劳动就业公共服务的标准研制与推广实施，研制职业技能培训、劳动关系协调、劳动人事争议调解仲裁和劳动保障监察标准，加强就业信息公共服务网络建设标准研制，制修订人力资源社会保障系统信用体系建设、机关事业单位养老保险经办、待遇审核、服务规范、社会保险风险防控、医保经办、工伤康复经办等领域的标准，提高社会保障服务和管理的规范化、信息化、专业化水平。

基本医疗卫生

制修订卫生、中医药相关标准，包括卫生信息、医疗机构管理、医疗服务、中医特色优势诊疗服务和"治未病"预防保健服务、临床检验、血液、医院感染控制、护理、传染病、寄生虫病、地方病、病媒生物控制、职业卫生、环境卫生、放射卫生、营养、学校卫生、消毒、卫生应急管理、卫生检疫等领域的标准。制定重要相关产品标准，包括中药材种子种苗标准、中药材和中药饮片分级标准、道地药材认证标准，提高基本医疗卫生服务的公平性、可及性和质量水平。

食品及相关产品

开展食品基础通用标准以及重要食品产品和相关产品、食品添加剂、生产过程管理与控制、食品品质检测方法、食品检验检疫、食品追溯技术、地理标志产品等领域标准制定，支撑食品产业持续健康发展。

公共安全

建立健全公共安全基础国家标准体系，开展全国视频联网与应用和人体生物特征识别应用、警用爆炸物防护装备设计与安全评估、公共场所防爆炸技术等领域的标准研究，研究编制信息安全、社会消防安全管理、社会消防技术服务、消防应急救援、消防应急通信、刑事科学技术系列标准，研制危险化学品管理、化学品安全生产、废弃化学品管理和资源化利用、安全生产监管监察、职业健康与防护、事故应急救援、工矿商贸安全技术以及核应急、安防和电气防火等标准，完善优化特种设备质量安全标准，提高我国公共安全管理水平。

基本社会服务

制定和实施妇女儿童保护、优抚安置、社会救助、基层民主、社区建设、地名、社会福利、慈善与志愿服务、康复辅具、老龄服务、婚姻、收养、殡葬、社会工作等领域标准，提高基本社会服务标准化水平，保障基本社会服务的规模和质量。

地震和气象

研制地震预警技术系统建设与管理、地震灾情快速评估与发布、地震基础探测与抗震防灾应用等服务领域标准，制修订气象仪器与观测方法、气象数据格式与接口、天气预报、农业气象等基础标准，重点研制气象灾害监测预警评估、气候影响评估、大气成分监测预警服务、人工影响天气作业等技术标准和服务标准，针对气象服务市场发展需求，加强市场准入、行为规范、共享共用等配套标准的研究与制定，提升我国防震减灾和气象预测的准确性、及时性与有效性。

续　表

专栏 4　社会领域标准化重点

测绘地理信息

　　重点研制地理国情普查与监测、测绘基准建设及应用、地理信息资源建设与应用、应急测绘与地图服务、地下空间测绘与管理、地理信息共享与交换、导航与位置服务、地理信息公共服务等标准，加速提升测绘地理信息保障服务能力。

社会信用体系

　　加快社会信用标准体系建设，制定和实施实名制、信用信息采集和信用分类管理标准，完善信贷、纳税、合同履约、产品质量等重点领域信用标准建设，规范信用评价、信息共享和应用，服务政务诚信、商务诚信、社会诚信和司法公信建设。

物品编码

　　完善和拓展国家物品编码体系及应用，加快物品信息资源体系建设，制定基于统一产品编码的电子商务交易产品质量信息发布系列标准，加强商品条码在电子商务产品监管中的应用研究，加强条码信息在质量监督抽样中的应用，加快物联网标识研究、二维条码标准研究，加强物品编码技术在产品质量追溯中的应用研究，加大商品条码数据库建设力度，支撑产品质量信用信息平台建设。

统一社会信用代码

　　研制跨部门跨领域统一社会信用代码应用的通用安全标准，加快统一社会信用代码地理信息采集、服务接口、数据安全、数据元、赋码规范、数据管理、交换接口等关键标准的制定和实施，初步实现相关部门法人单位信息资源的实时共享，推动统一社会信用代码在电子政务和电子商务领域应用。

城镇化和城市基础设施

　　重点开展城市和小城镇给排水、污水处理、节水、燃气、城镇供热、市容和环境卫生、风景园林、邮政、城市导向系统、城镇市政信息技术应用及服务等领域的标准制修订，提升城市管理标准化、信息化、精细化水平。提高建筑节能标准，推广绿色建筑和建材。

（三）加强生态文明标准化，服务绿色发展。

　　以资源节约、节能减排、循环利用、环境治理和生态保护为着力点，推进森林、海洋、土地、能源、矿产资源保护标准化体系建设，加强重要生态和环境标准研制与实施，提高节能、节水、节地、节材、节矿标准，加快能效能耗、碳排放、节能环保产业、循环经济以及大气、水、土壤污染防治标准研制，推进生态保护与建设，提高绿色循环低碳发展水平。

专栏 5　生态保护与节能减排领域标准化重点

自然生态系统保护

　　加强森林、湿地、荒漠、海洋等自然生态系统与生物多样性保护、修复、检测、评价以及生态系统服务、外来生物入侵预警、生态风险评估、生态环境影响评价、野生动植物及濒危物种保护、水土保持、自然保护区、环境承载力等领域的标准制定与实施，实现生态资源的可持续开发与利用。

专栏5　生态保护与节能减排领域标准化重点
土地资源保护 　　制修订土地资源规划、调查、监测和评价，耕地保护、土地整治、高标准基本农田建设、永久基本农田红线划定，土地资源节约集约利用等领域的关键技术标准，制定不动产统一登记、不动产权籍调查以及不动产登记信息管理基础平台等领域的关键技术标准，制修订土地资源信息化领域标准，提高国土资源保障能力和保护水平。
水资源保护 　　制修订水资源规划、评价、监测以及水源地保护、取用水管理等标准，研制水资源开发利用控制、用水效率控制、水功能区限制纳污"三条红线"配套标准和重点行业节水标准、水资源承载能力监测预警标准，开展实施最严格水资源管理制度相关标准研究。
地质和矿产资源保护 　　制修订地质调查、地质矿产勘查、矿产资源储量、矿产资源开发与综合利用、地质矿产实验测试、矿产资源信息化等领域的关键技术标准以及石油、天然气、页岩气、煤层气等勘查与开采关键技术标准，研制水文地质、工程地质、地质环境和地质灾害等领域标准，制修订珠宝玉石领域基础性、通用性技术标准，提高地质、矿产资源开发利用效率和水平。
环境保护 　　制修订环境质量、污染物排放、环境监测方法、放射性污染防治标准，开展海洋环境保护和城市垃圾处理技术标准的研究，开展防腐蚀领域标准制定。研制工业品生态设计标准体系，制修订电子电气产品、汽车等相关有毒有害物质管控标准，制修订再制造、大宗固体废物综合利用、园区循环化改造、资源再生利用、废旧产品回收、餐厨废弃物资源化等标准，为建设资源节约型和环境友好型社会提供技术保障。
节能低碳 　　制修订能效、能耗限额等强制性节能标准以及在线监测、能效检测、能源审计、能源管理体系、合同能源管理、经济运行、节能量评估、节能技术评估、能源绩效评价等节能基础与管理标准，制修订高效能环保产品、环保设施运行效果评估相关标准，制修订碳排放核算与报告审核、碳减排量评估与审核、产品碳足迹、低碳园区、企业及产品评价、碳资产管理、碳汇交易、碳金融服务相关标准。

（四）加强文化建设标准化，促进文化繁荣。

以优化公共文化服务、推动文化产业发展和规范文化市场秩序为着力点，建立健全文化行业分类指标体系，加快文化产业技术标准、文化市场产品标准与服务规范建设，完善公共文化服务标准体系，建立和实施国家基本公共文化服务指导标准，制定文化安全管理和技术标准，促进基本公共文化服务标准化、均等化，保障文化环境健康有序发展，建设社会主义文化强国。

专栏6　文化领域标准化重点
文化艺术 　　重点开展公共文化服务、文化市场产品与服务术语、分类、文化内容管理、服务数量和质量要求、运行指标体系、评价体系，以及公共图书馆、文化馆（站）、博物馆、美术馆、艺术场馆和临时搭建舞台看台公共服务技术、质量、服务设施、服务信息、术语与语言资源等领域重要标准制修订与实施工作，推动文化创新，繁荣文化事业，发展文化产业。
新闻出版 　　加强新闻出版领域相关内容资源标识与管理标准制修订，加快研制版权保护与版权运营相关标准，推进数字出版技术与管理、新闻出版产品流通、信息标准的研制与应用，完善绿色印刷标准体系，开展全民阅读等新闻出版公共服务领域相关标准研制，丰富新闻出版服务供给，满足多样化需求。
广播电影电视 　　开展新一代网络制播、超高清电视、高效视音频编码、广播电视媒体融合、下一代广播电视网、三网融合、数字音频广播、新一代地面数字电视、卫星广播电视、应急广播、数字电影与数字影院等标准的研制，提高影视服务质量。
文物保护 　　开展文化遗产保护与利用标准研究，制定与实施文物保护专用设施以及可移动文物、不可移动文物、文物调查与考古发掘等文物保护标准，重点制定文物保存环境质量检测、文物分类、文物病害评估等标准，加强文物风险管理标准的制定，提高文物保护水平。开展中国文化传承标准研究。
体育 　　加强公共体育服务、体育竞赛、全民健身、体育场馆设施以及国民体质监测等标准的研制与应用，重点推动体育产业标准化工作的开展，加快体育项目经营活动、竞赛表演业、健身娱乐业、中介活动、体育用品、信息产业等标准的制修订工作，促进体育事业又好又快发展。

（五）加强政府管理标准化，提高行政效能。

以推进各级政府事权规范化、提升公共服务质量和加快政府职能转变为着力点，固化和推广政府管理成熟经验，加强权力运行监督、公共服务供给、执法监管、政府绩效管理、电子政务等领域标准制定与实施，构建政府管理标准化体系，树立依法依标管理和服务意识，建设人民满意政府。

专栏7　政府管理领域标准化重点
权力运行监督 　　探索建立权力运行监督标准化体系，推进各级政府事权规范化。研究制定行政审批事项分类编码、行政审批取消和下放效果评估、权力行使流程等标准，实现依法行政、规范履职、廉洁透明、高效服务的政府建设目标。

专栏7　政府管理领域标准化重点
基本公共服务 　　完善基本公共服务分类与供给、质量控制与绩效评估标准，研制政府购买公共服务、社区服务标准，制定实施综合行政服务平台建设、检验检测共用平台建设、基本公共服务设施分级分类管理、服务规范等标准，培育基本公共服务标准化示范项目，提高基本公共服务保障能力。
执法监管 　　强化节能节地节水、安全等市场准入标准和公共卫生、生态环境保护、消费者安全等领域强制性标准的实施监督，开展基层执法设备设施、行为规范、抽样技术等标准研制，提高执法效率和规范化水平，促进市场公平竞争。
政府绩效管理 　　加强政府工作标准的制定实施，制定实施政府服务质量控制、绩效评估、满意度测评方法和指标体系标准，促进政府行政效能与工作绩效的提升。
电子政务服务 　　推进电子公文管理、档案信息化与电子档案管理、电子监察、电子审计等标准体系建设，加强互联网政务信息数据服务、便民服务平台、行业数据接口、电子政务系统可用性、政务信息资源共享等政务信息标准化工作，制定基于大数据、云计算等信息技术应用的舆情分析和风险研判标准，促进电子政务标准化水平提升。
信息安全保密 　　进一步完善国家保密标准体系，加强涉密信息系统分级保护、保密检查监管、安全保密产品等标准化工作，开展虚拟化、移动互联网、物联网等信息技术应用的安全保密标准研究，增强信息安全保密技术能力。

四、重大工程

（一）农产品安全标准化工程。

结合国家农业发展规划和重点领域实际，以保障粮食等重要农产品安全为目标，全面提升农业生产现代化、规模化、标准化水平，保障国家粮食安全、维护社会稳定。

围绕安全种植、健康养殖、绿色流通、合理加工，构建科学、先进、适用的农产品安全标准体系和标准实施推广体系。重点加强现代农业基础设施建设，种质资源保护与利用，"米袋子""菜篮子"产品安全种植，畜禽、水产健康养殖，中药材种植，新型农业投入品安全控制，粮食流通，鲜活农产品及中药材流通溯源，粮油产品品质提升和节约减损，动植物疫病预防控制等领域标准制定，制修订相关标准3000项以上，进一步完善覆盖农业产前、产中、产后全过程，从农田到餐桌全链条的农产品安全保障标准体系，有效保障农产品安全。围绕农业综合标准化示范、良好农业操作规范试点、公益性农产品批发市场建设、跨区域农产品流通基础设施提升等，大力开展以建立现代农业生产体系为目标的标准化示范推广工作，建设涵盖农产品生产、加工、流通各环节的各类标准化示范项目1000个以上，组织农业标准化技术机构、行业协会、科研机构、产业联盟，构建农业标准化区域服务与推广平台50个，建立现代农业标准化示范和推广体系。

（二）消费品安全标准化工程。

以保障消费品安全为目标，建立完善消费品安全标准体系，促进我国消费品安全和质量水平不断提高。

开展消费品安全标准"筑篱"专项行动，围绕化学安全、机械物理安全、生物安全和使用安全，建立跨领域通用安全标准、重点领域专用安全标准和重要产品安全标准相互配套、相互衔接的消费品安全标准体系。在家用电器、纺织服装、家具、玩具、鞋类、电器附件、纸制品、体育用品、化妆品、涂料、建筑卫生陶瓷等30个重点领域，开展1000项国内外标准比对评估。加快制定消费品设计、关键材料、重要零部件、生产制造等产业技术基础标准，加强消费品售后服务、标签标识、质量信息揭示、废旧消费品再利用等领域标准研制，制定相关标准1000项以上。建设消费品标准信息服务平台，完善产业发展、产品质量监督、进出口商品检验、消费维权等多环节信息与标准化工作的衔接互动机制，加强对消费品标准化工作的信息共享和风险预警。在重点消费品领域，扶持建立一批团体标准制定组织，整合产业链上下游产学研资源，合力研究制定促进产业发展的设计、材料、工艺、检测等关键共性标准。结合现有各级检验检测实验力量，建设一批标准验证检验检测机构，探索建立重要消费品关键技术指标验证制度。

（三）节能减排标准化工程。

落实节能减排低碳发展有关规划及《国家应对气候变化规划（2014—2020年）》，以有效降低污染水平为目标，开展治污减霾、碧水蓝天标准化行动，实现主要高耗能行业、主要终端用能产品的能耗限额和能效标准全覆盖。

滚动实施百项能效标准推进工程，加快能效与能耗标准制修订速度，加强与能效领跑者制度的有效衔接，适时将领跑者指标纳入能效、能耗强制性标准体系中。重点研究制定能源在线监测、能源绩效评价、合同能源管理、节能量及节能技术评估、能源管理与审计、节能监察等节能基础与管理标准，为能源在线监测、固定资产投资项目节能评估和审查等重要节能管理制度提供技术支撑。针对钢铁、水泥、电解铝等产能过剩行业，实施化解产能过剩标准支撑工程，重点制定节能、节水、环保、生产设备节能、高效节能型产品、节能技术、再制造等方面标准，加速淘汰落后产能，引导产业结构转型升级。研究制定环境质量、污染物排放、环境监测与检测服务、再利用及再生利用产品、循环经济评价、碳排放评估与管理等领域的标准。制修订相关标准500项以上，有效支撑绿色发展、循环发展和低碳发展。围绕国家生态文明建设的总体要求，开展100家循环经济标准化试点示范。加强标准与节能减排政策的有效衔接，针对10个行业研究构建节能减排成套标准工具包，推动系列标准在行业的整体实施。完善节能减排标准有效实施的政策机制。

（四）基本公共服务标准化工程。

围绕国家基本公共服务体系规划，聚焦城乡一体化发展中的基层组织和特殊人群保护等重点领域，加快推进基本公共服务标准化工作，促进基本公共服务均等化。

围绕基本公共服务的资源配置、运行管理、绩效评价，农村、社区等基层基本公共服务，老年人、残疾人等特殊人群的基本公共服务，研制 300 项以上标准，健全公共教育、劳动就业、社会保险、医疗卫生、公共文化等基本公共服务重点领域标准体系。鼓励各地区、各部门紧贴政府职能转变，开展基本公共服务标准宣传贯彻和培训，利用网络、报刊等公开基本公共服务标准，协同推动基本公共服务标准实施。开展 100 项以上基本公共服务领域的标准化试点示范项目建设，总结推广成功经验。加强政府自我监督，探索创新社会公众监督、媒体监督等方式，强化基本公共服务标准实施的监督，畅通投诉、举报渠道。加强基本公共服务供给模式、标准实施评价、政府购买公共服务等基础标准研究，不断完善基本公共服务标准化理论方法体系。

（五）新一代信息技术标准化工程。

编制新一代信息技术标准体系规划，建立面向未来、服务产业、重点突出、统筹兼顾的标准体系，支撑信息产业创新发展，推动各行业信息化水平全面提升，保障网络安全和信息安全自主可控。

围绕集成电路、高性能电子元器件、半导体照明、新型显示、新型便携式电源、智能终端、卫星导航、操作系统、人机交互、分布式存储、物联网、云计算、大数据、智慧城市、数字家庭、电子商务、电子政务、新一代移动通信、超宽带通信、个人信息保护、网络安全审查等领域，研究制定关键技术和共性基础标准，制定相关标准 1000 项以上，推动 50 项以上优势标准转化为国际标准，提升国际竞争力。搭建国产软硬件互操作、数据共享与服务、软件产品与系统检测、信息技术服务、云服务安全、办公系统安全、国家信息安全标准化公共服务平台。建立国家网络安全审查技术标准体系并试点应用。发布实施信息技术服务标准化工作行动计划，创建 20 个信息技术服务标准化示范城市（区）。开展标准化创新服务机制研究，推动"科技、专利、标准"同步研发的新模式，助力企业实现创新发展。

（六）智能制造和装备升级标准化工程。

围绕"中国制造2025"，立足国民经济发展和国防安全需求，制定智能制造和装备升级标准的规划，研制关键技术标准，显著提升智能制造和装备制造技术水平和国际竞争力，保障产业健康、有序发展。

建立智能制造标准体系，研究制定智能制造关键术语和词汇表、企业间联网和集成、智能制造装备、智能化生产线和数字化车间、智慧工厂、智能传感器、高端仪表、智能机器人、工业通信、工业物联网、工业云和大数据、工业安全、智能制造服务架构等 200 项以上标准。搭建标准化验证测试公共服务平台，重点针对流程制造、离散制造、智能装备和产品、智能制造新业态新模式、智能化管理和智能服务 5 个领域开展标准化试点示范。组织编制制造业标准化提升计划，制修订 2000 项以上技术标准。聚焦清洁发电设备、核电装备、石油石化装备、节能环保装备、航空装备、航天装备、海洋工程装备、海洋深潜和极地考察装备、高技术船舶、轨道交通装备、工程机械、数控机床、安全生产及应急救援装备等重大产业领域，开展装备技术标准研究。重点制定关键零部件所需的钢铁、有色、有机、复合等基础材料标准，铸造、锻压、热处理、增材制造等绿色工艺及基础制造装备标准，提高国产轴承、齿轮、液气密等关键零部件性能、可靠性和寿命标准指标。加快重大成套装备技术标准研制，在高铁、发动机、大飞机、发电和输变电、冶金及石油石化成套设备等领域，建立一批标准综合体。结合新型工业化产业示范，发挥地方积极性，加大推动装备制造产业标准化试点力度。通过产业链之间协作，开展优势装备"主制造商＋典型用户＋供应商"模式的标准化试点。组织编制《中国装备走出去标准名录》，服务促进一批重大技术装备制造企业走出去。

（七）新型城镇化标准化工程。

依据《国家新型城镇化规划（2014—2020 年）》，建立层次分明、科学合理、适用有效的标准体系，基本覆盖新型城镇建设各环节，满足城乡规划、建设与管理的需要。

围绕推进农业转移人口市民化、优化城镇化布局和形态、提高城市可持续发展能力、推动城乡发展一体化等改革重点领域，研究编制具有中国特色的新型城镇化标准体系，组织制定相关标准 700 项以上。加快制定用于指导和评价新型城镇化进程的量化指标、测算依据、数据采集、监测与评价方法等基础通用标准。加强新型城镇化规划建设、资源配置、管理评价以及与统筹城乡一体化发展相配套的标准制定。选择 10 个省、市开展新型城镇化标准化试点，推动标准在新型城镇化发展过程中的应用和实施，提升新型城镇化发展过程中的标准化水平。建设一批新型城镇化标准化示范城市，总结经验，形成可复制、可推广的发展模式，支撑和促进新型城镇化规范、有序发展。

（八）现代物流标准化工程。

落实《物流业发展中长期规划（2014—2020 年）》，系统推进物流标准研制、实施、监督、国际化等各项任务，满足物流业转型升级发展的需要。

完善物流标准体系，加大物流安全、物流诚信、绿色物流、物流信息、先进设施设备和甩挂运输、城市共同配送、多式联运等物流业发展急需的重要标准研制力度，制定 100 项基础类、通用类及专业类物流标准。加强重要物流标准宣传贯彻和培训，促进物流标准实施。实施商贸物流标准化专项行动计划，推广标准托盘及循环共用。选择大型物流企业、配送中心、售后服务平台、物流园区、物流信息平台等，开展 100 个物流标准化试点。针对危险货物仓储运输、物流装备安全要求等强制性标准，推进物流设备和服务认证，推动行业协会、媒体和社会公众共同监督物流标准实施，加大政府监管力度。积极采用适合我国物流业发展的国际先进标准，在电子商务物流、快递物流等优势领域争取国际标准突破，支撑物流业国际化发展。

（九）中国标准走出去工程。

按照"促进贸易、统筹协作、市场导向、突出重点"的要求，大力推动中国标准走出去，支撑我国产品和服务走出去，服务国家构建开放型经济新体制的战略目标。

围绕节能环保、新一代信息技术、高端装备制造、新能源、新材料、新能源汽车、船舶、农产品、玩具、纺织品、社会管理和公共服务等优势、特色领域以及战略性新兴产业领域，平均每年主导和参与制定国际标准 500 项以上。围绕实施"一带一路"战略，按照《标准联通"一带一路"行动计划（2015—2017）》的要求，以东盟、中亚、海湾、蒙俄等区域和国家为重点，深化标准化互利合作，推进标准互认；在基础设施、新兴和传统产业领域，推动共同制定国际标准；组织翻译 1000 项急需的国家标准、行业标准英文版，开展沿线国家大宗进出口商品标准比对分析；在水稻、甘蔗和果蔬等特色农产品领域，开展东盟农业标准化示范区建设；在电力电子设备、家用电器、数字电视广播、半导体照明等领域，开展标准化互联互通项目；加强沿线国家和区域标准化研究，推动建立沿线重点国家和区域标准化研究中心。

（十）标准化基础能力提升工程。

以整体提升标准化发展的基础能力为目标，推进标准化核心工作能力、人才培养模式和技术支撑体系建设，发挥好标准在国家质量技术基础建设及产业发展、行业管理和社会治理中的支撑作用。

围绕标准化技术委员会建设和标准制修订全过程管理，推进标准化核心工作能力建设。整合优化技术委员会组织体系，引入项目委员会、联合工作组等多种技术组织形式；建立技术委员会协调、申诉和退出等机制，加强技术委员会工作考核评价。推动标准从立项到复审的信息化管理，将标准制定周期缩短至 24 个月以内；加强标准审查评估工作，围绕标准立项、研制、实施开展全过程评估；依托现有检验检测机构，设立国家级标准验证检验检测点 50 个以上，加强对标准技术指标的实验验证；加快强制性标准整合修订和推荐性标准体系优化，集中开展滞后老化标准复审工作。

围绕标准化知识的教育、培训和宣传，完善标准化人才培养模式。开展标准化专业学历学位教育，推动标准化学科建设；开展面向专业技术人员的标准化专业知识培训；开展面向企业管理层和员工的标准化技能培训；开展面向政府公务人员和社会公众的标准化知识宣传普及。实施我国国际标准化人才培育计划，着力培养懂技术、懂规则的国际标准化专业人才；依托国际交流和对外援助，开展面向发展中国家的标准化人才培训与交流项目。

围绕标准化科研机构、标准创新基地和标准化信息化建设，加强标准化技术支撑体系建设。加强标准化科研机构能力建设，系统开展标准化理论、方法和技术研究，夯实标准化发展基础。加强标准研制与科技创新的融合，针对京津冀、长三角、珠三角等区域以及现代农业、新兴产业、高技术服务业等领域发展需求，按照深化中央财政科技计划管理改革的要求，推进国家技术标准创新基地建设。进一步加强标准化信息化建设，利用大数据技术凝练标准化需求，开展标准实施效果评价，建成支撑标准化管理和全面提供标准化信息服务的全国标准信息网络平台。

五、保障措施

（一）加快标准化法治建设。

加快推进《中华人民共和国标准化法》及相关配套法律法规、规章的制修订工作，夯实标准化法治基础。加大法律法规、规章、政策引用标准的力度，在法律法规中进一步明确标准制定和实施中有关各方的权利、义务和责任。鼓励地方立法推进标准化战略实施，制定符合本行政区域标准化事业发展实际的地方性配套法规、规章。完善支持标准化发展的政策保障体系。充分发挥标准对法律法规的技术支撑和补充作用。

（二）完善标准化协调推进机制。

进一步健全统一管理、分工负责、协同推进的标准化管理体制。加强标准化工作的部门联动，完善农业、服务业、社会管理和公共服务等领域标准化联席会议制度，充分发挥国务院各有关部门在标准制定、实施及监督中的作用。地方各级政府要加强对标准化工作的领导，建立完善地方政府标准化协调推进机制，加强督查、强化考核，加大重要标准推广应用的协调力度。在长江经济带、京津冀等有条件的地区建立区域性标准化协作机制，协商解决跨区域跨领域的重大标准化问题。加强标准化省部合作。建立健全军民融合标准化工作机制，促进民用标准化与军用标准化之间的相互协调与合作。

（三）建立标准化多元投入机制。

各级财政应根据工作实际需要统筹安排标准化工作经费。制定强制性标准和公益类推荐性标准以及参与国际标准化活动的经费，由同级财政予以安排。探索建立市场化、多元化经费投入机制，鼓励、引导社会各界加大投入，促进标准创新和标准化服务业发展。

（四）加大标准化宣传工作力度。

各地区、各部门要通过多种渠道，大力宣传标准化方针政策、法律法规以及标准化先进典型和突出成就，扩大标准化社会影响力。加强重要舆情研判和突发事件处置。广泛开展世界标准日、质量月、消费者权益保护日等群众性标准化宣传活动，深入企业、机关、学校、社区、乡村普及标准化知识，宣传标准化理念，营造标准化工作良好氛围。

（五）加强规划组织实施。

国务院标准化行政主管部门牵头组织，各地区、各部门分工负责，组织和动员社会各界力量推进规划实施。做好相关专项规划与本规划的衔接，抓好发展目标、主要任务和重大工程的责任分解和落实，将规划实施情况纳入地方政府和相关部门的绩效考核。健全标准化统一管理和协调推进机制，完善各项配套政策措施，确保规划落到实处。适时开展规划实施的效果评估和监督检查，跟踪分析规划的实施进展。根据外部因素和内部条件变化，对规划进行中期评估和调整、优化，提高规划科学性和有效性。

各地区、各部门可依据本规划，制定本地区、本部门标准化体系建设发展规划。

中华人民共和国国家发展和改革委员会
中华人民共和国财政部
中华人民共和国工业和信息化部
中华人民共和国国家质量监督检验检疫总局　公告

2015 年　第 1 号

根据《关于印发再制造产品"以旧换再"试点实施方案的通知》（发改环资〔2013〕1303 号）、《关于印发再制造产品"以旧换再"试点实施有关文件的通知》（发改办环资〔2014〕2202 号），国家发展改革委、财政部、工业和信息化部、质检总局委托中国国际工程咨询公司对 2015 年再制造产品推广试点企业资格项目（再制造汽车发动机、变速箱）进行公开征集。经过专家评审、网上公示后，确定 10 家企业具备再制造产品推广试点企业资格。现将 10 家再制造产品推广试点企业名单及其再制造产品型号、推广价格等予以公布（见附件），推广企业的特约经销商名单在再制造"以旧换再"管理信息系统（www. yjhzxt. cn）上公布。有关管理信息系统操作指南、企业承诺书等将适时在有关政府门户网站上公布。

本公告为再制造产品"以旧换再"推广试点企业的确定通知。

附件：1. 2015 年再制造产品"以旧换再"推广试点企业名单
　　　2. 2015 年再制造产品"以旧换再"推广产品（略）

国家发展改革委
财政部
工业和信息化部
质检总局
2015 年 1 月 20 日

附件1 2015 年再制造产品"以旧换再"推广试点企业名单

1. 广州市花都全球自动变速箱有限公司
2. 潍柴动力（潍坊）再制造有限公司
3. 济南复强动力有限公司
4. 上海幸福瑞贝德动力总成有限公司
5. 东风康明斯发动机有限公司
6. 陕西法士特汽车传动集团有限责任公司
7. 大众一汽发动机（大连）有限公司（一汽集团）
8. 玉柴再制造工业（苏州）有限公司
9. 无锡大豪动力有限公司（一汽集团）
10. 浙江万里扬变速器股份有限公司

中华人民共和国国家发展和改革委员会
中华人民共和国环境保护部
中华人民共和国工业和信息化部
中华人民共和国财政部
中华人民共和国海关总署
国家税务总局　公告

2015 年　第 5 号

根据《废弃电器电子产品回收处理管理条例》（国务院令第 551 号）规定，经国务院批准，现公布《废弃电器电子产品处理目录（2014 年版)》，自 2016 年 3 月 1 日起实施。《废弃电器电子产品处理目录（第一批)》同时废止。

附件：《废弃电器电子产品处理目录（2014 年版)》

国家发展改革委

环境保护部

工业和信息化部

财政部

海关总署

税务总局

2015 年 2 月 9 日

附件 废弃电器电子产品处理目录（2014 年版）

序号	产品名称	产品范围及定义
1	电冰箱	冷藏冷冻箱（柜）、冷冻箱（柜）、冷藏箱（柜）及其他具有制冷系统，消耗能量以获取冷量的隔热箱体（容积≤800 升）
2	空气调节器	整体式空调器（窗式、穿墙式等）、分体式空调器（挂壁式、落地式等）、一拖多空调器等制冷量在 14000W 及以下（一拖多空调时，按室外机制冷量计算）的房间空气调节器具
3	吸油烟机	深型吸排油烟机、欧式塔型吸排油烟机、侧吸式吸排油烟机和其他安装在炉灶上部，用于收集、处理被污染空气的电动器具
4	洗衣机	波轮式洗衣机、滚筒式洗衣机、搅拌式洗衣机、脱水机及其他依靠机械作用洗涤衣物（含兼有干衣功能）的器具（干衣量≤10 千克）
5	电热水器	储水式电热水器、快热式电热水器和其他将电能转换为热能，并将热能传递给水，使水产生一定温度的器具（容量≤500 升）
6	燃气热水器	以燃气作为燃料，通过燃烧加热方式将热量传递到流经热交换器的冷水中以达到制备热水目的的一种燃气用具（热负荷≤70kW）
7	打印机	激光打印机、喷墨打印机、针式打印机、热敏打印机和其他与计算机联机工作或利用云打印平台，将数字信息转换成文字和图像并以硬拷贝形式输出的设备，包括以打印功能为主，兼有其他功能的设备（印刷幅面＜A2，印刷速度≤80 张/分钟）
8	复印机	静电复印机、喷墨复印机和其他用各种不同成像过程产生原稿复印品的设备，包括以复印功能为主，兼有其他功能的设备（印刷幅面＜A2，印刷速度≤80 张/分钟）
9	传真机	利用扫描和光电变换技术，把文字、图表、相片等静止图像变换成电信号发送出去，接收时以记录形式获取复制稿的通信终端设备，包括以传真功能为主，兼有其他功能的设备
10	电视机	阴极射线管（黑白、彩色）电视机、等离子电视机、液晶电视机、OLED 电视机、背投电视机、移动电视接收终端及其他含有电视调谐器（高频头）的用于接收信号并还原出图像及伴音的终端设备

序号	产品名称	产品范围及定义
11	监视器	阴极射线管（黑白、彩色）监视器、液晶监视器等由显示器件为核心组成的图像输出设备（不含高频头）
12	微型计算机	台式微型计算机（含一体机）和便携式微型计算机（含平板电脑、掌上电脑）等信息事务处理实体
13	移动通信手持机	GSM 手持机、CDMA 手持机、SCDMA 手持机、3G 手持机、4G 手持机、小灵通等手持式的，通过蜂窝网络的电磁波发送或接收两地讲话或其他声音、图像、数据的设备
14	电话单机	PSTN 普通电话机、网络电话机（IP 电话机）、特种电话机和其他通信中实现声能与电能相互转换的用户设备

中华人民共和国国家发展和改革委员会
中华人民共和国环境保护部　中华人民共和国科学技术部
中华人民共和国工业和信息化部　中华人民共和国财政部
中华人民共和国商务部　中华人民共和国国家统计局
公告

2015 年　第 11 号

根据《关于组织开展国家循环经济示范试点单位验收工作的通知》（发改环资
〔2013〕471 号）的要求，国家发展改革委、环境保护部、科学技术部、工业和信息化部、
财政部、商务部、国家统计局共同组织开展了国家循环经济试点示范单位的验收工作，现
将通过验收的单位名单（第二批）和不通过验收的单位名单予以公布。

通过试点验收的单位，可继续享受试点单位在投资、金融等方面的政策，并将在组织
开展循环经济"十百千"示范行动中同等条件下优先考虑。未通过试点验收的单位，不再
享受试点单位的相关政策，不得再以国家循环经济试点单位名义开展工作，公告印发后的
两年内不得申请国家循环经济领域的相关示范试点和项目。

附件：1. 通过验收的国家循环经济试点示范单位名单（第二批）（略）
　　　2. 不通过验收的国家循环经济试点示范单位名单（略）

国家发展改革委
环境保护部
科学技术部
工业和信息化部
财政部
商务部
国家统计局
2015 年 5 月 12 日

国家发展改革委关于印发
《2015 年循环经济推进计划》的通知

发改环资〔2015〕769 号

教育部、科技部、工业和信息化部、财政部、国土资源部、环境保护部、住房城乡建设部、交通运输部、水利部、农业部、商务部、人民银行、海关总署、工商总局、质检总局、新闻出版广电总局、食品药品监管总局、统计局、林业局、旅游局、国管局、法制办、保监会、能源局、有关单位：

为贯彻落实《循环经济发展战略及近期行动计划》（国发〔2013〕5 号），扎实推进循环经济发展，经商有关部门，我们制定了《2015 年循环经济推进计划》，现印发你们，请按此做好相关工作。

各部门要根据本计划，抓紧细化落实，加大工作力度，强化协调配合，深入推进循环经济各项工作，确保完成 2015 年循环经济发展目标任务。我委将及时汇总各部门工作进展情况，并向国务院报告。

附件：2015 年循环经济推进计划（略）

国家发展改革委
2015 年 4 月 14 日

国家发展改革委办公厅　财政部办公厅
关于请组织推荐 2015 年园区循环化改造示范试点
备选园区的通知

发改办环资〔2015〕913 号

各省、自治区、直辖市及计划单列市、新疆生产建设兵团发展改革委（经信委、工信厅）、财政厅（局）：

为贯彻落实《循环经济促进法》、"十二五"规划纲要和《循环经济发展战略及近期行动计划》，推进园区循环经济发展，提升园区综合竞争力，加快转变经济发展方式，提高生态文明水平，建设资源节约型、环境友好型社会，国家发展改革委、财政部将继续组织实施园区循环化改造示范试点工作，现就申报 2015 年园区循环化改造示范试点备选园区有关事项通知如下。

一、组织推荐

各省、自治区、直辖市及计划单列市、新疆生产建设兵团循环经济综合管理部门、财政部门组织推荐循环化改造备选园区。各地区限报 1 个备选园区（已获批复的再制造产业示范基地有园区循环化改造内容的可另报），对于超报地区，两部门对其报送的全部实施方案不予组织评审。

（一）基本条件

1. 列入《中国开发区审核公告目录》（2007 年第 18 号）或 2007 年以来经国务院批准的各类开发区、通过验收的国家循环经济试点园区、再制造示范基地（"城市矿产"示范基地除外）；

2. 园区符合土地利用总体规划和城市总体规划；

3. 园区内的产业符合国家产业政策；

4. 具有明确的园区边界以及园区组织管理机构或投资运营主体；

5. 园区具备一定的产业基础和产业规模；

6. 园区土地开发利用潜力较大；

7. 园区废弃物产生量大，减量化、再利用、资源化和循环化改造潜力较大；

8. 园区基础设施较为完善，具备符合国家标准的各项环保设施，近三年未出现重大环境污染事故和群体事件；

9. 园区具备循环化改造基础，已开展相关工作；

10. 财政部、国家发展改革委确定的节能减排财政政策综合示范城市、国家循环经济示范城市（县）的园区优先，列入国家或省级循环经济试点、国家循环经济教育示范基地的园区优先。

（二）推荐材料

1. 省级循环经济发展综合管理部门、财政部门联合推荐文件。

2. 园区循环化改造实施方案。结合本地区资源环境、产业发展现状及园区特点，按照《国家发展改革委财政部关于推进园区循环化改造的意见》（发改环资〔2012〕765号）的要求，参照《园区循环化改造实施方案编制指南》（见附件），组织编写园区循环化改造示范试点实施方案。实施方案要在开展园区物质流分析的基础上，明确提出园区循环化改造的主要目标和重点任务，提出拟建设完成的循环经济重点支撑项目。省级循环经济发展综合管理部门、财政部门共同组织专家对园区循环化改造实施方案进行评估审核后，择其优者报国家发展改革委、财政部。

3. 相关证明文件。包括园区的批复文件，符合土地利用、城市规划、环境保护规划等规划的证明文件，国土资源部门确定的四至范围证明文件，环境保护部门的环保审查报告，以及成立管理机构的证明文件等各类证明文件。

二、程序安排

（一）地方初审实施方案

各省级循环经济发展综合管理部门、财政部门共同组织专家对园区循环化改造实施方案进行初审，并将初审意见和评审专家名单随同申报材料一同报送。

（二）评审批复实施方案

国家发展改革委、财政部会同有关部门组织专家对实施方案进行评审。方案通过评审的，由国家发展改革委、财政部联合批复。对实施方案获得批复的园区，可在适当位置标示"国家循环化改造示范试点园区"标志和建设内容等，接受社会监督。

（三）签订承诺书

园区所在地市（包括计划单列市、副省级省会城市、地级市）、州、盟、区（指直辖市市辖区县）人民政府与国家发展改革委、财政部签订承诺书，确定园区循环化改造的目标任务、重点项目，落实相关配套措施和优惠政策。

（四）拨付资金

财政部、国家发展改革委根据园区循环化改造实施方案，综合考虑园区循环化改造项目投资计划，共同确定给予园区循环化改造的中央财政补助资金额，采取预拨与清算相结合的综合财政补助方式，按照补助金额的50%下拨启动资金。中央财政补助资金由地方政府统筹使用，专项用于园区循环化改造。中央财政补助资金主要支持内容包括：

1. 园区循环化改造的关键补链项目。包括循环经济产业链接或延伸的关键技术，资源共享设施建设、物料闭路循环利用、副产物交换利用、能量梯级利用、水的分类利用和循环使用，污染物"零排放"或系统构建项目。

2. 公共服务设施建设。包括园区内污染集中防治设施建设及升级改造、废物交换平台、循环经济技术研发及孵化器、循环经济统计信息化及监测体系建设、生产型服务业循环改造等基础设施和公共服务平台项目。

（五）实施改造

省级循环经济发展综合管理部门、财政部门加强跟踪，督促园区按照国家发展改革委、财政部批复的实施方案进行循环化改造，帮助协调解决循环化改造中的问题，并于每年年底（12月31日）前将方案实施进展情况及中央财政补助资金使用情况报国家发展改革委、财政部。项目建设要严格按照国家项目管理的有关程序和规定执行，项目有重大调整的要及时报国家发展改革委、财政部批准。

（六）考核验收

实施期内，园区公共服务设施和关键补链项目建设进度完成实施方案设定目标，且资源环境指标达到实施方案预期目标90%以上的，由地方政府提出验收和余款拨付申请，国家发展改革委、财政部组织进行考核验收。考核合格的，财政部、国家发展改革委拨付剩余资金，并命名为"国家循环化改造示范试点园区"，不合格的不再拨付剩余资金。3年内工作无实质性进展的，扣回已拨付补助资金。具体考核办法由国家发展改革委、财政部另行制定。

三、有关要求

各地要高度重视园区循环化改造工作，加强组织领导，认真做好组织推荐工作，确保申报材料的真实性、准确性和实施方案的科学性、可行性，并于2015年5月5日前，将推荐材料一式两份（附1张光盘）分别报送国家发展改革委（环资司）、财政部（经建司）。

附件：园区循环化改造实施方案编制指南（略）

国家发展改革委办公厅
财政部办公厅
2015年4月16日

国家发展改革委办公厅 财政部办公厅
关于请组织推荐第六批国家"城市矿产"
示范基地备选产业园的通知

发改办环资〔2015〕914号

有关省、自治区及计划单列市发展改革委（经贸委、工信厅）、财政厅（局）：

为落实"十二五"规划《纲要》和《循环经济发展战略及近期行动计划》，严格按照回收体系网络化、产业链条合理化、资源利用规模化、技术装备领先化、基础设施共享化、环保处理集中化和运营管理规范化的要求，推动"城市矿产"产业化发展，2015年，国家发展改革委、财政部将组织开展第六批国家"城市矿产"示范基地（以下简称示范基地）建设工作。现将有关事项通知如下：

一、组织推荐

有关省、自治区和计划单列市循环经济综合管理部门、财政部门要严格按照文件要求，组织推荐符合条件的再生资源产业园（以下简称产业园）。各地区限报1个，对于超报地区，两部门对其报送的所有实施方案将不予组织评审。已有示范基地的直辖市、计划单列市、第五批示范基地所在地区以及辖区内前两批示范基地没有实质进展的不得申报。

（一）基本条件

1. 已被确立为国家或省级循环经济示范试点单位（需附批复文件）。

2. 实行园区化管理（有明确的边界，成立了专门管理机构，对产业园内的企业实行统一管理等）。

3. 符合土地利用总体规划和城市总体规划，用地指标基本落实（需附产业园选址意见书或国土部门的相关用地证明文件）。

4. 有符合标准的相关环保处理设施，近三年内无重大环保事故（需附地方环保部门证明文件）。

5. 产业园内主要再生资源回收利用企业有较强的经营实力，有较为完善的再生资源回收网络体系，能够保障原料来源。对利用"互联网＋"理念对回收模式进行改造创新的，在评审中予以适当加分。

6. 产业园内再生资源集聚量不低于30万吨（异地升级改造的按原产业集聚区资源集聚量核算），有合理产业链，加工利用量占集聚量的30%以上，且加工利用工艺技术水平国内领先。

（二）推荐材料

1. 省级循环经济综合管理部门、财政部门的联合推荐文件。

2. 建设国家"城市矿产"示范基地实施方案。产业园要按照《国家"城市矿产"示范基地实施方案编报指南》（见附件）认真编制实施方案。实施方案要结合本地区资源循环利用产业发展现状、现有资源聚集基础、资源回收和加工利用等情况，科学合理规划示范基地建设目标和指标，提出实现标志性目标指标的支撑项目和具体措施。

3. 产业园主要项目前期工作落实情况，相关资质以及其他批复性文件和地方出台的支持性政策文件等，作为附件一并报送。

二、程序安排

1. 地方初审。拟推荐的产业园要编制建设国家"城市矿产"示范基地实施方案。有关省（区、市）循环经济发展综合管理部门、财政部门要会同有关部门，组织专家对实施方案进行初审，并将初审意见和专家名单连同推荐材料一并报送。

2. 联合评审。国家发展改革委、财政部将会同有关部门组织专家对各地上报的实施方案进行评审，批复通过评审的实施方案，并将该产业园确定为国家"城市矿产"示范基地，向社会公布。

3. 签订承诺书。示范基地所在省（区、市）人民政府要与国家发展改革委、财政部签订《国家"城市矿产"示范基地建设承诺书》，保证完成建设目标，落实相关政策等。

4. 资金拨付。财政部、国家发展改革委安排中央财政专项资金，采取预拨与清算相结合的方式，支持示范基地新增再生资源加工处理能力建设（含升级改造）、基础设施和公共服务平台建设，以及再生资源回收体系建设，并根据示范基地建设实施方案，按照相关标准，共同核定示范基地中央财政补助资金额，并按照补助金额的50%下拨启动资金。

5. 实施建设任务。地方政府应督促示范基地按照批复的实施方案及时开展建设，并于每年年底前将建设进度逐级上报国家发展改革委、财政部备案。方案有调整的，需按照有关规定提前报国家发展改革委、财政部批准，原则上实施方案调整不得超过一次。

6. 评估验收。国家发展改革委、财政部适时对示范基地进行中期评估，有调整的按照调整后的实施方案评估。3年内工作无实质性进展或发生重大环境污染事件的，取消资格并收回补助资金。实施期满后，国家发展改革委、财政部将联合对示范基地进行验收。具体验收办法由国家发展改革委、财政部另行制定。

三、有关要求

1. 统筹规划。有关省（区、市）循环经济综合管理部门、财政部门要会同有关部门，对辖区内资源循环利用产业进行科学规划，已有国家"城市矿产"示范基地的省（区、市）要统筹好示范基地间的关系，区分特色、合理布局，避免示范基地间争抢资源、无序竞争。

2. 严格筛选。有关省（区、市）循环经济综合管理部门、财政部门要会同有关部门，结合上述推荐条件对拟推荐的产业园进行实地考察和评价，重点考察产业园回收体系建设及与现有回收体系的衔接、资源聚集和加工利用能力、高值化利用技术水平、环境污染防治措施和基础配套设施等情况。

3. 科学论证。有关省（区、市）循环经济综合管理部门和财政部门，要组织专家对实施方案进行联合审核，重点结合本地区"城市矿产"资源量和分布特点，对实施方案提出的标志性目标（指标）、主要任务、保障措施、重点支撑项目等进行科学论证。

各地要高度重视"城市矿产"示范基地建设，认真做好组织推荐和实施方案初审工作，确保推荐材料的真实性、准确性和实施方案的科学性、可行性，并于 2015 年 5 月 5 日前，将推荐材料一式两份（实施方案电子版发送至 xhjjc@ ndrc. gov. cn）分别报送国家发展改革委（环资司）、财政部（经建司）。

附件：国家"城市矿产"示范基地实施方案编报指南（略）

国家发展改革委办公厅
财政部办公厅
2015 年 4 月 16 日

关于建设长江经济带国家级转型
升级示范开发区的实施意见

发改外资〔2015〕1294号

上海市、江苏省、浙江省、安徽省、江西省、湖北省、湖南省、重庆市、四川省、云南省、贵州省发展改革委：

开发区的建设和发展是我国改革开放的成功实践，对产业集中集聚、发展开放型经济、改善投资环境、促进区域经济发展和体制改革创新发挥了重要作用。为贯彻落实《国务院关于依托黄金水道推动长江经济带发展的指导意见》（国发〔2014〕39号），引导长江经济带产业转型升级和分工协作，促进产业转移和生产要素跨区域合理流动和优化配置，推动经济提质增效升级，对以长江经济带国家级、省级开发区为载体开展国家级转型升级示范开发区（以下简称"示范开发区"）建设工作，提出以下具体实施意见：

一、建设目标

（一）落实党中央和国务院的决策部署，顺应国际国内产业发展新趋势，依托长江经济带现有合规设立的国家级、省级开发区，规划建设示范开发区。充分发挥市场配置资源的决定性作用，更好发挥政府规划和政策的引导作用，经过35年努力，示范开发区的发展规模、建设水平、园区特色、主体地位显著提升，示范引领和辐射带动效应日益增强，参与国际分工地位和国际影响力明显提升，转型升级走在全国开发区前列。

（二）以示范开发区为引领和示范，推动长江经济带产业优化升级，实现长江上中下游地区良性互动，逐步形成以示范开发区为主、省级开发区为辅，且分工合理、特色鲜明、优势互补的长江经济带产业协同发展格局。

二、主要任务

（三）承接国际产业转移，促进开放型经济发展。长江下游经济发达省份，对接国际分工要求和可能，利用沿海、沿江岸线资源，重点发展现代服务业、先进制造业和战略性新兴产业。选择建设示范开发区，形成一批特色支撑点，开放型经济迈进新水平。

（四）承接国际、沿海产业转移，带动区域协调发展。长江中、上游省市按"一带一路"、向西开放等战略的要求，与东部开发区建立协同跨区域联动机制和合作联盟。选择建设示范开发区，引导企业向示范区集聚，促进人口归流、本地就业和经济社会协调发展。

（五）产城互动，引导产业和城市同步融合发展。以依托示范开发区为主，在地、县两级按工业集中、产业聚集、用地集约的要求，建立利益共享机制，提高工业集中度、产业集聚度，突出主导产业特色。选择建设示范开发区，通过产城互动、产城融合，建设美丽乡村、旅游古镇等配套，吸引人才回归。

（六）低碳减排，建设绿色发展示范开发区。加强生态建设和环境保护，推进节能减排，发展循环经济。加大沿江化工、造纸、印染、有色金属等排污行业治理力度，经过专业化、园区化处理，切实减少排污大户。选择建设示范开发区，建立低碳循环经济试点和生态园区，推动流域绿色循环低碳发展，保护长江生态。

（七）创新驱动，建设科技引领示范开发区。顺应全球新一轮科技革命和产业变革趋势，大力发展战略性新兴产业，推动沿江产业由要素驱动向创新驱动转变。选择建设示范开发区，发展建设公共企业研发平台，有效保护知识产权，支持建设国际科技合作中心，增强长江经济带产业竞争力。

（八）制度创新，建设投资环境示范开发区。大力推进投资、贸易、金融、综合监管等领域制度创新，试行负面清单管理模式和商事改革。建立与国际投资、贸易通行规则相衔接的基本制度框架，形成可复制、可推广的成功经验。选择建设示范开发区，加快上海自贸区27项改革措施的复制、推广和落地，打造国际化、法治化的营商环境，带动长江经济带更高水平开放，增强国际竞争力。

三、组织实施

（九）按上述目标任务，长江经济带各省（直辖市）发展改革委对本省（直辖市）内的国家级、省级开发区进行初审并推荐23家符合条件的开发区，于今年6月30日前将创建示范开发区的申报材料一式三份（含上报文件、创建示范开发区的建设方案及相关发展规划）报送国家发展改革委。

（十）国家发展改革委会同推动长江经济带发展领导小组办公室对申报材料进行研究审核和必要的实地调研，择优选取相关开发区，授予示范开发区称号，向社会公告后纳入《中国开发区审核公告目录》。

四、监督管理

（十一）各示范开发区每年2月底前将上一年度发展情况及需要协调解决的问题报送国家发展改革委。国家发展改革委将组织考核，对成绩突出的示范开发区，予以通报表彰。

（十二）国家发展改革委对示范开发区实行动态管理，每年进行复核，对合格的示范开发区予以确认，对不合格的撤销称号，发布有关公告并摘牌。同时，根据长江经济带各省（直辖市）的发展情况，适时对示范开发区的规划布局进行调整完善。

五、组织保障

（十三）各地区、各有关部门要进一步深化对推动长江经济带产业转型升级和分工协作重要意义的认识，切实加强组织领导和协调，落实工作责任，全面推进示范开发区建设和规范发展，确保工作取得实效。

国家发展改革委
2015年6月9日

关于请组织申报第二批生态文明先行示范区的通知

发改环资〔2015〕1447 号

北京市、天津市、河北省、山西省、内蒙古自治区、辽宁省、吉林省、黑龙江省、上海市、江苏省、安徽省、山东省、河南省、湖北省、湖南省、广东省、广西壮族自治区、海南省、四川省、重庆市、陕西省、西藏自治区、甘肃省、宁夏回族自治区、新疆维吾尔自治区及大连市、宁波市、青岛市、深圳市和新疆生产建设兵团发展改革委、财政厅（局）、国土资源厅（局）、住房建设厅（局）、水利厅（局）、农业厅（局）、林业厅（局）：

为贯彻落实党的十八大和十八届三中、四中全会关于大力推进生态文明建设、加快生态文明制度建设的战略决策，根据《中共中央国务院关于加快推进生态文明建设的意见》（中发〔2015〕12 号）、《国务院关于加快发展节能环保产业的意见》（国发〔2013〕30 号）关于开展生态文明先行示范区建设的要求，探索符合我国国情、地区实际的生态文明建设有效模式，我们在全国 57 个地区开展第一批生态文明先行示范区建设的基础上，制定了《第二批生态文明先行示范区建设方案》，现印发你们，请认真组织第二批先行示范区建设申报工作。现将有关事项通知如下：

一、本次不以省级地区为申报对象，已纳入第一批先行示范区建设的福建、江西、云南、贵州、青海 5 个省之外，原则上其余省（区、市）、计划单列市、新疆生产建设兵团每个地区保证 1 个申报名额（浙江省已有 3 个地区纳入第一批先行示范区，本次名额分配给宁波市），同时结合京津冀协同发展、"一带一路"、长江经济带等重大战略，并综合考虑各地区面积大小、生态区位重要性、经济社会发展阶段等因素，适当增加有关省（区、市）申报名额，各省（区、市）申报数量详见附件 1，超过申报数量的不予受理。

二、与现行节能减排、循环经济、生态环保、新型城镇化、"两型"社会建设等试点示范结合的，予以优先支持。

三、请做好建设实施方案的编制工作，报经省级人民政府同意后（计划单列市、新疆生产建设兵团可单独报送），于 2015 年 8 月 15 日前，将申报文件和实施方案报送国家发展改革委（环资司），并抄送财政部、国土资源部、住房城乡建设部、水利部、农业部、国家林业局。

四、国家发展改革委等部门将组织专家论证，批复开展第二批生态文明先行示范区建设。

各地区可参照本方案，组织开展本地区生态文明先行示范区建设工作。

附件: 1. 第二批生态文明先行示范区申报名额分配表（略）
   2. 第二批生态文明先行示范区建设方案（略）

国家发展改革委

财政部

国土资源部

住房和城乡建设部

水利部

农业部

国家林业局

2015 年 6 月 18 日

关于印发国家循环经济教育示范基地管理办法的通知

发改办环资〔2015〕2071 号

各省、自治区、直辖市及计划单列市、新疆生产建设兵团发展改革委（经信委、工信厅），教育厅（委、局）、财政厅、旅游局（委）：

为规范国家循环经济教育示范基地管理，充分发挥各类循环经济示范试点的宣传展示平台作用，国家发展改革委、教育部、财政部、国家旅游局决定对《关于印发国家循环经济教育示范基地有关申报管理规定的通知》（发改办环资〔2012〕1762 号）和《关于印发循环经济发展专项资金支持国家循环经济教育示范基地建设实施方案的通知》（发改办环资〔2013〕816 号）进行修订，现将修订后的《国家循环经济教育示范基地管理办法》印发你们，请按照执行。

> 附件：1. 国家循环经济教育示范基地管理办法（略）
> 　　　2. 国家循环经济教育示范基地标志（略）

> 国家发展改革委办公厅
> 财政部办公厅
> 教育部办公厅
> 国家旅游局办公室
> 2015 年 8 月 1 日

关于开展循环经济示范城市（县）建设的通知

发改环资〔2015〕2154 号

各省、自治区、直辖市及计划单列市、新疆生产建设兵团发展改革委（经信委），财政厅（局），住房城乡建设厅（委、局），各有关单位：

为贯彻落实国家"十二五"规划《纲要》和《循环经济发展战略及近期行动计划》（国发〔2013〕5 号），建设一批循环经济示范城市（县）。国家发展改革委、财政部、住房城乡建设部组织开展循环经济示范城市（县）建设申报工作，现将有关事项通知如下：

一、建设思路及目标

（一）总体思路

各地要按照推进生态文明建设的战略部署，以提高资源产出效率为目标，根据自身资源禀赋、环境承载力、产业结构和区域特点，实施大循环战略，把循环经济理念融入工业、农业和服务业发展以及城市基础设施建设，在生产、流通、消费各环节推行循环型生产方式和绿色生活方式，构建覆盖全社会的资源循环利用体系，普及绿色循环文化，通过循环发展带动绿色发展和低碳发展，加快构建循环型社会，提高城市（县）资源节约效益、环境友好水平和新型城镇化质量。

（二）建设目标

通过开展建设工作，相关城市（县）的循环型生产方式初步形成，率先构建起覆盖全社会的资源循环利用体系，各主要品种废旧商品回收率高于全国平均水平，城市建筑、交通和基础设施基本实现绿色化，生产系统与社会生活系统的循环化程度明显提高，绿色生活方式普遍推行，形成浓厚的绿色循环文化氛围，循环经济发展长效机制基本建立，循环型社会建设取得实质性进展，生态文明建设取得阶段性成果。各建设城市（县）的资源产出水平提高幅度超出国家平均水平，节能减排的约束性指标完成情况优于上级政府分解指标。

二、建设任务

（一）构建循环型生产方式

全面推行清洁生产，加大节能、节水、节地、节材和农村节肥节药工作力度，提高工业废弃物、农业废弃物、林业"三剩物"利用水平和水资源利用水平，减少污染物排放。推动产业集聚发展，加大园区循环化改造力度，加强信息化管理，扩大基础设施共享，促进园区绿色、循环、低碳发展。优化产业带、产业园区和基地的空间布局，鼓励企业间、产业间建立物质流、资金流、产品链紧密结合的循环经济联合体，促进工业、农业、服务业等产业间共生耦合，形成循环链接的产业体系。培育战略性新兴产业，大力发展资源循环利用等节能环保产业。

（二）形成循环型流通方式

科学规划流通业布局，减少流通环节，发展多式联运，积极发展连锁经营、统一配送、电子商务等现代流通方式。提高仓储业利用效率和土地集约水平，建立以城市为中心的公共配送体系，优化城市配送网络，扩大统一配送和共同配送规模。推动使用可循环利用的物流配送、包装材料。发展绿色流通业，限制高耗能、高耗材产品流通，鼓励绿色产品采购和销售。加强零售批发业节能环保改造，倡导开展绿色服务。建立逆向物流体系，形成网络完善、技术先进、分拣处理良好、管理规范的再生资源回收体系，促进分散、难回收、价值低的再生资源回收。培育租赁业、旧货业发展。

（三）推广普及绿色消费模式

提高全社会的节约意识，培养公众节水、节纸、节能、节电、节粮的生活习惯，反对铺张浪费。推广节能节水产品、绿色照明产品、再生产品、再制造产品、循环文化创意产品以及风能、太阳能等新能源，减少使用一次性用品，加大限制过度包装、禁塑、淘汰白炽灯的力度，完成城市限粘、县城禁实任务。引导居民进行垃圾分类，倡导绿色低碳出行方式。提高绿色产品市场占有率，扩大绿色采购比例，政府机构率先垂范。

（四）推进城市建设的绿色化循环化

在城市改造和新区建设中充分体现资源环境承载能力，优化城市空间布局，完善功能分区，推进城市基础设施系统优化、集成共享。加强土地集约节约利用，优先开发空闲、废弃、闲置土地，加强存量土地再利用，扩大城区公共绿化面积。缺水地区同步规划建设再生水管网，雨水富集地区实现雨污分流，加强雨水收集利用。加强污泥资源化利用，回收污泥中的能源资源。完善建成区道路衔接度，发展公共交通，提高道路的通行速度和便捷程度，实施道路路灯节能改造。新建建筑严格落实绿色建筑标准，大力推进已建公共建筑、居民住宅的建筑节能改造。发展分布式能源，扩大新能源和可再生能源的应用范围。

（五）健全社会层面资源循环利用体系

建设完善分类回收、密闭运输、集中处理、资源化利用的城市生活垃圾回收利用体系。开展餐厨废弃物、建筑垃圾、包装废弃物、园林废弃物、废弃电器电子产品和报废汽车等城市典型废弃物回收和资源化利用。构建"互联网＋"再生资源回收利用体系，鼓励互联网企业参与搭建城市废弃物回收平台，创新再生资源回收模式，提高再生资源回收利用率和循环利用水平，深化生产系统和生活系统的循环链接。推动企业余能、余热在生活系统的循环利用，扩大中水、城市再生水等应用范围，鼓励企业生产设施协同资源化处理城市废弃物，有条件的城市要科学规划建设理念先进、技术领先、清洁高效的静脉产业基地。

（六）创新发展循环经济的体制机制

加强循环经济发展的组织领导和动员，健全工作机制。建立循环经济统计指标体系和评价制度，搭建循环经济技术、市场、产品等公共服务平台和基础数据库。强化宣传，建设绿色学校、社区，在中小学教育中普及绿色循环低碳理念。创新政策机制，基本形成循环经济发展的产业、投资、财税、价格、金融信贷等激励政策，建立起促进循环经济发展的环保监管、市场准入等"倒逼"机制。

各申报城市（县）要结合自身主体功能定位、区域经济特点和资源环境禀赋，科学确定适合自身特点的循环经济发展重点，以《循环经济示范城市（县）建设实施方案编制指南》（以下简称《指南》）中提出的必选指标为建设工作的基本要求，提出相应的工作重点和措施，同时应当根据自身资源环境特点和循环经济发展基础，提出各具特色的循环经济发展任务，从备选指标库中选择适合自身产业结构和发展模式的指标，作为建设示范城市（县）的努力方向和重要着力点，突出地方特色，总结凝练一批可推广复制的城市（县）循环经济发展典型模式，以点带面，积极探索通过发展循环经济实现经济发展方式转变的途径和措施，切实发挥循环经济促进新型城镇化建设的作用。

三、申报主体及条件

（一）申报主体

1. 设区的市以及直辖市所辖的行政区可以开展示范城市建设，县、县级市可以开展示范县建设。暂不接受直辖市的整体申请。设区的市及下辖县（市）不能同时申报。

2. 开展国家节能减排财政政策综合示范城市、国家餐厨废弃物资源化利用试点城市、国家节水型城市在同等条件下可优先申报。

（二）申报条件

1. 正式出台了循环经济发展规划、实施方案、行动计划或年度推进计划，有明确的发展循环经济组织协调机构或机制；

2. 循环经济产业链条清晰，培育形成了循环经济产业或产业集聚区；

3. 申报城市（县）实施了循环经济重点项目，取得了良好的社会经济效益；

4. "十二五"以来单位 GDP 能耗、主要污染物排放总量均完成年度和进度目标任务；

5. 近 3 年未发生过重大环境污染事件。

四、程序安排

（一）提出申请

本着自愿的原则，由城市（县）人民政府逐级向省级循环经济发展综合管理部门、财政部门、建设部门提出建设申请，经联合初审后确定推荐名单。

（二）编报方案

被省级循环经济发展综合管理部门、财政部门、建设部门推荐的城市（县）根据《指南》要求编制实施方案，建设期限不少于 3 年且不超过 5 年。实施方案经各省级循环经济发展综合管理部门、财政部门、建设部门审核后，上报国家发展改革委（环资司）、财政部（经建司）、住房城乡建设部（城建司）。

（三）评审公示

国家发展改革委、财政部、住房城乡建设部会同有关部门组织专家对各地报送的实施方案进行评审，必要时进行实地调研与现场核查。对通过评审的城市（县）进行网上公示。公示无异议的，国家发展改革委、财政部、住房城乡建设部正式批复其实施方案，并确定为循环经济示范城市（县）建设地区。

（四）开展建设

各建设城市（县）按照批复的建设实施方案开展建设工作，加快重点工程和项目实施。国家将在现有的资金渠道内支持示范城市（县）建设地区的循环经济关键补链、生产生活链接、废弃物利用和公共服务平台项目建设。

（五）审核验收

实施方案建设期满后 2 个月内，建设城市（县）应当完成建设总结及自查报告并向省级循环经济发展综合管理部门、财政部门、住房城乡建设部门提出验收申报，经审核通过后，向国家发展改革委、财政部、住房城乡建设提出申请，并附省级部门的审核报告。提前完成建设目标且建设时间不少于 3 年的城市（县），也可提出验收申请。

国家发展改革委、财政部、住房城乡建设部将制定国家循环经济示范城市（县）验收程序和评价方式，组织专家进行评估验收。验收方式包括听取汇报、查阅资料、现场核查、问卷调查、社会公示等。经审查符合条件的城市（县），将被确定为国家循环经济示范城市（县）。验收不通过的，给予不超过 6 个月的整改完善期，到期仍不合格的，取消其建设资格。

（六）定期复查

国家发展改革委、财政部、住房城乡建设部不定期对"国家循环经济示范城市（县）"复查，复查不合格的，限期整改，经整改仍达不到要求的，予以取消。

五、有关政策和要求

（一）完善支持政策

示范城市（县）建设实施方案内的建设内容符合中央基建投资或相关专项资金支持条件的，在同等条件下给予优先考虑。积极研究利用现有资金渠道支持示范城市（县）建设的政策措施。国家将在建设地区率先试点促进循环经济发展的各项创新性政策。

（二）加强跟踪指导

各地要同步制订推进循环经济示范城市（县）建设工作的具体办法，明确相应的支持措施，集中各类扶持鼓励政策，发挥政策组合拳效用，先行试点创新政策，形成合力。各省级循环经济发展综合管理部门、财政部门、住房城乡建设部门要加大对示范城市（县）建设工作的跟踪督促指导力度，协调解决建设过程中出现的问题。同时要及时总结推广示范城市（县）建设中的好经验、好做法，带动本地区循环经济加快发展。

（三）认真组织申报

各地循环经济发展综合管理部门、财政部门、住房城乡建设部门要按本通知要求，将符合条件、基础较好、积极性高的城市（县）向国家发展改革委、财政部、住房城乡建设部进行推荐。每个省（自治区、直辖市、计划单列市）推荐的城市、县合计不超过 3 个，其中，城市、县均不得少于 1 个，未通过国家循环经济试点验收的城市（县）不得申报（对于超报的地区，对其报送的实施方案均不予评审）。建设实施方案报送截止期为 2015

年 11 月 10 日（逾期不报不再受理）。

申报城市（县）拟在本区域内选择合适单位申报国家循环经济教育示范基地的，请根据《国家循环经济教育示范基地管理办法》的要求，在上报示范城市（县）建设实施方案同时，另附教育示范基地实施方案。

2013 年国家发展改革委批复确定的首批 40 个国家循环经济示范城市建设地区，要根据本通知精神，对建设实施方案进行修改完善，特别是对拟实施的重点工程进行全面梳理（实施方案在实施期内仅允许调整 1 次），并于 2015 年 10 月 25 日前将调整后的实施方案（一式两份附电子版），经省级相关部门联合审核后，报国家发展改革委（环资司）、财政部（经建司）、住房城乡建设部（城建司）。

附件：循环经济示范城市（县）建设实施方案编制指南（略）

国家发展改革委
财政部
住房城乡建设部
2015 年 9 月 22 日

国家发展改革委　财政部关于印发《国家"城市矿产"示范基地中期评估及终期验收管理办法》和《园区循环化改造示范试点中期评估及终期验收管理办法》的通知

发改环资〔2015〕2409 号

各省、自治区、直辖市及计划单列市、新疆生产建设兵团发展改革委（经信委、工信厅）、财政厅（局、委）：

为加强对国家"城市矿产"示范基地、园区循环化改造示范试点的监督管理，充分发挥试点示范的引领作用，提高中央财政资金使用效益，国家发展改革委、财政部制定了《国家"城市矿产"示范基地中期评估及终期验收管理办法》《园区循环化改造示范试点中期评估及终期验收管理办法》。现印发你们，请遵照执行。

附件：1. 国家"城市矿产"示范基地中期评估及终期验收管理办法（略）
　　　2. 园区循环化改造示范试点中期评估及终期验收管理办法（略）

国家发展改革委
财政部
2015 年 10 月 23 日

关于开展第二批生态文明先行示范区建设的通知

发改环资〔2015〕3214 号

北京市、天津市、河北省、山西省、内蒙古自治区、辽宁省、吉林省、黑龙江省、上海市、江苏省、浙江省、安徽省、山东省、河南省、湖北省、湖南省、广东省、广西壮族自治区、海南省、四川省、重庆市、陕西省、西藏自治区、甘肃省、宁夏回族自治区、新疆维吾尔自治区及大连市、宁波市、青岛市、深圳市和新疆生产建设兵团发展改革委、科技厅（局）、财政厅（局）、国土资源厅（局）、环境保护厅（局）、住房和城乡建设厅（局）、水利厅（局）、农业厅（局、委）、林业厅（局）：

为贯彻落实《中共中央国务院关于加快推进生态文明建设的意见》（中发〔2015〕12号）、《国务院关于加快发展节能环保产业的意见》（国发〔2013〕30号）关于开展生态文明先行示范区建设的工作要求，按照《关于请组织申报第二批生态文明先行示范区的通知》（发改环资〔2015〕1447号）的安排，近期我们组织有关专家，对第二批申报地区的《生态文明先行示范区建设实施方案》（以下简称《方案》）进行了集中论证、复核把关，并向社会公示。现同意北京市怀柔区等45个地区开展生态文明先行示范区建设工作，并就有关事项通知如下：

一、明确目标责任。先行示范地区要对《方案》确定的主要目标、重点任务、制度建设重点进行系统梳理，细化任务措施，落实目标责任，明确任务分工、责任主体和时间要求，确保政策措施落实到位和目标任务实现。有关省（区、市）、计划单列市、新疆生产建设兵团要尽快印发《方案》。

二、积极推进制度创新。先行示范地区要按照中央《关于加快推进生态文明建设的意见》《生态文明体制改革总体方案》的总体要求，以及有关专项改革方案的要求，结合本地区实际和确定的制度建设重点，勇于探索和创新，力争在生态文明制度创新上取得重大突破。

三、加强与"十三五"规划衔接。先行示范地区要将生态文明、绿色发展作为"十三五"发展的重要引领，在思维理念、价值导向、空间布局、生产方式、生活方式等方面，率先大幅提高绿色化程度。要将先行示范目标，特别是资源环境类约束性指标，纳入本地区"十三五"经济社会发展总体规划及相关区域性、行业性、专题性规划之中，并做好与国家和省级人民政府下达的"十三五"目标的衔接。

四、抓好重点项目实施。先行示范地区要结合实际需要，进一步论证《方案》中重点项目的针对性和可操作性，加强工程措施对先行示范目标的支撑。各地区发展改革委要会同有关部门，按照"建设一批、储备一批、谋划一批"的原则，优选一批工作基础成熟、投资规模较大、实施效果明显的标志性重点工程项目，加快项目入库，做好项目储备，落实前期工作，按有关程序批准实施。

五、健全工作机制。有关省（区、市）、计划单列市、新疆生产建设兵团发展改革委、科技、财政、国土、环保、住房城乡建设、水利、农业、林业等部门要加强对先行示范区建设工作的指导和协调，并健全工作机制，凝聚工作合力。京津冀协同共建地区（北京平谷、天津蓟县、河北廊坊北三县），以及重庆市大娄山生态屏障（重庆片区）、四川省川西北地区、四川省嘉陵江流域、广东省深圳东部湾区（盐田区、大鹏新区）等地区，要建立统一协调、分工明确、运转高效的推进机制，协调解决重大问题。

六、总结报送工作进展。先行示范地区要加强工作调度，及时总结阶段性进展情况，按季度报送先行示范区建设工作进展情况特别是制度建设进展情况，并于每年 12 月底前形成年度总结，报送国家发展改革委等有关部门。有关省（区、市）、计划单列市和新疆生产建设兵团发展改革委等部门，要加强先行示范工作跟踪并监督实施。

国家发展改革委、科技部、财政部、国土资源部、环境保护部、住房城乡建设部、水利部、农业部、国家林业局，在规划编制、政策实施、项目安排、体制创新等方面对先行示范建设地区予以积极支持，加强对《方案》实施情况的协调指导、跟踪检查和督促落实，组织先行示范区工作人员培训和专家问诊行动，及时总结生态文明建设的有效做法和成功经验，在全国范围内进行宣传推广。国家发展改革委、环境保护部会同有关部门对有关试点示范进行评价考核，具体办法另行制定。

附件：第二批生态文明先行示范区建设地区及制度创新重点

国家发展和改革委员会
科技部
财政部
国土资源部
环境保护部
住房城乡建设部
水利部
农业部
国家林业局
2015 年 12 月 31 日

附件　第二批生态文明先行示范区建设地区及制度创新重点

序号	地区名称	制度创新重点
1	北京市怀柔区	1. 强化跨区域协同发展的制度与机制； 2. 探索建立生态红线制度和资源环境承载能力监测预警机制； 3. 推进空间性规划"多规合一"
2	天津市静海区	1. 构建循环型社会相关制度，探索京津冀"城市矿产"协同发展的有效模式与机制； 2. 创新地方水环境管理与土壤修复的政策和制度； 3. 探索"多规合一"的制度安排
3	河北省秦皇岛市	1. 探索编制自然资源资产负债表； 2. 探索海陆统筹、低碳经济相关制度； 3. 探索建立体现生态文明建设要求的领导干部政绩考核评价制度
4	京津冀协同共建地区（北京平谷、天津蓟县、河北廊坊北三县）	1. 创新区域联动机制，探索京津冀生态文明制度建设协同模式； 2. 设立绿色发展基金，探索跨区域生态保护补偿机制； 3. 建立生态红线管控制度
5	山西省朔州市平鲁区	1. 把矿产资源开采、土地复垦与矿山生态系统修复同步规划、同步推进，作为建立矿区生态系统修复机制创新的重点； 2. 在合法合规、保障耕地红线的前提下，把开展农村土地流转、探索农村宅基地自愿有偿退出机制，作为农村宅基地市场化制度的创新点
6	山西省孝义市	1. 探索矿业城市废弃地利用的融资机制及土地高效利用制度； 2. 探索煤炭枯竭型城市产业绿色转型升级机制； 3. 探索城镇低效用地（塌陷治理区、矿山土地复垦区）整治与利用机制
7	内蒙古自治区包头市	1. 完善资源性产品价格形成机制，推进资源税改革、建立矿山恢复治理保证金制度； 2. 建立空间规划体系，探索"多规合一"； 3. 探索编制自然资源资产负债表，建立环境损害责任追究制度
8	内蒙古自治区乌海市	1. 建立完善体现生态文明建设要求的领导干部政绩考核、责任追究制度； 2. 探索编制自然资源资产负债表，建立绿色 GDP 核算体系
9	辽宁省大连市	1. 探索将城市环境保护规划纳入"多规合一"； 2. 建立生产者责任延伸制度； 3. 建立生态文明统计制度，编制自然资源资产负债表； 4. 建立陆海统筹的生态保护补偿制度

续　表

序号	地区名称	制度创新重点
10	辽宁省本溪满族自治县	1. 建立水源涵养区上下游生态保护补偿制度； 2. 建立严格的环境准入制度； 3. 建立生态环境资产核算与资源环境承载能力监测预警制度
11	吉林省吉林市	1. 探索建立流域生态保护补偿机制； 2. 提出产业转型升级体制机制创新思路； 3. 探索建立生态环境事件预警防控机制
12	吉林省白城市	1. 探索建立区域生态保护补偿机制； 2. 探索建立资源环境承载能力监测预警机制； 3. 探索建立体现生态文明建设要求的领导干部考核评价制度
13	黑龙江省牡丹江市	1. 探索建立自然资源资产产权和用途管制制度； 2. 探索建立生态文明建设对外合作机制； 3. 探索建立绿色城镇化综合管理制度； 4. 建立完善生态文明建设市场化机制
14	黑龙江省齐齐哈尔市	1. 细化落实主体功能区划； 2. 探索建立自然资源资产产权和用途管制制度； 3. 探索建立体现生态文明建设要求的领导干部考核评价、责任追究制度
15	上海市青浦区	1. 创新太湖流域跨界水环境管理机制； 2. 探索建立横向生态补偿机制； 3. 建立再生资源和垃圾分类回收的一体化机制
16	江苏省南京市	1. 探索通过地方立法促进生态文明制度体系建设； 2. 建立和完善生态补偿机制； 3. 探索生态文明建设市场化机制
17	江苏省南通市	1. 建立完善体现生态文明建设要求的评价、考核、审计和责任追究制度； 2. 探索建立自然资源资产产权和用途管制制度； 3. 探索建立横向生态保护补偿机制； 4. 探索"多规合一"制度
18	浙江省宁波市	1. 探索建立生态文明统计体系，完善体现生态文明建设要求的领导干部政绩考核制度； 2. 建立生态环境事件预测预警机制； 3. 在自然资源用途管制中，从操作层面加强岸线保护和滨海湿地保护

序号	地区名称	制度创新重点
19	安徽省宣城市	1. 探索建立自然资源资产产权和用途管制制度； 2. 探索建立跨省域的横向生态补偿机制； 3. 探索建立跨地区的产业合作机制
20	安徽省蚌埠市	1. 探索建立自然资源资产产权和用途管制制度； 2. 探索建立淮河流域水污染联防联控和横向生态补偿机制； 3. 探索建立生态文明建设市场化机制； 4. 探索形成秸秆综合利用的蚌埠模式
21	山东省济南市	1. 探索通过地方立法促进生态文明制度体系建设； 2. 探索建立自然资源资产产权和用途管制制度； 3. 建立完善生态保护补偿机制； 4. 探索建立"多规合一"的空间规划体系
22	山东省青岛红岛经济区	1. 探索建立"多规合一"的空间规划体系； 2. 探索建立生态红线管控与监测预警机制； 3. 探索建立横向生态补偿机制
23	河南省许昌市	1. 建立完善体现生态文明建设要求的考核评价、责任追究制度； 2. 探索建立资源环境生态红线管控制度及资源环境承载能力监测预警机制； 3. 建立完善秸秆、建筑垃圾综合利用及城市矿产回收利用的许昌模式
24	河南省濮阳市	1. 细化落实主体功能区制度； 2. 探索建立油地协同发展的生态保护补偿机制； 3. 探索建立温室气体排放统计核算及碳捕捉、碳排放交易等制度机制
25	湖北省黄石市	1. 完善矿业权市场制度设计； 2. 建立完善体现生态文明建设要求的考核评价、责任追究制度； 3. 建立资源环境综合监管机制
26	湖北省荆州市	1. 推进资源环境管理体制创新； 2. 提出湿地保护制度的实施细则； 3. 完善秸秆综合利用和禁烧制度
27	湖南省衡阳市	1. 建立污染防治协同监管机制； 2. 建立生态文化建设与历史名城保护协同推进制度
28	湖南省宁乡县	1. 推动将资源环境指标纳入领导干部政绩考核体系； 2. 探索通过制度建设激励和约束规模化养殖与污染治理

序号	地区名称	制度创新重点
29	广东省东莞市	1. 探索"多规合一"的实施机制； 2. 完善生态红线管控的相关制度； 3. 探索生态文明建设市场化机制
30	广东省深圳东部湾区（盐田区、大鹏新区）	1. 探索建立GEP（生态系统生产总值）核算体系； 2. 建设生态文明法治体系； 3. 建立资源环境承载能力监测预警机制； 4. 建立生态文明建设社会行动体系
31	广西壮族自治区桂林市	1. 建立生态文明指标体系与考核制度； 2. 探索建立生态保护的融资机制； 3. 探索建立生态保护补偿机制
32	广西壮族自治区马山县	1. 建立荒漠化综合治理管理制度； 2. 建立促进生态产业化发展的激励制度
33	海南省儋州市	1. 创新"多规合一"规划、审批、管理、实施的体制机制； 2. 探索建立自然生态空间用途管制制度； 3. 建立领导干部生态环境损害责任终身追究制度
34	重庆市大娄山生态屏障（重庆片区）	1. 提出自然资源资产产权确权的操作办法； 2. 建立资金、土地指标等与主体功能区分区管控的激励约束机制； 3. 建立矿山生态修复的补偿制度
35	四川省川西北地区	1. 建立禁止开发区域保护制度； 2. 建立完善生态文明建设信息共享制度
36	四川省嘉陵江流域	1. 建立流域水资源综合管理制度； 2. 建立生态屏障建设与保护制度； 3. 建立流域生态文明建设协调机制
37	西藏自治区日喀则市	1. 科学划定资源、环境、生态红线，探索建立资源环境承载能力监测预警机制； 2. 探索编制自然资源资产负债表，实行领导干部自然资源资产和环境责任离任审计； 3. 探索建立雅鲁藏布江源头和中游地区的生态保护补偿机制
38	陕西省西安浐灞生态区	1. 构建空间规划体系，推动"多规合一"； 2. 创新开发区生态文明建设综合管理制度
39	陕西省神木县	1. 建立体现生态文明建设要求的领导干部政绩考核制度； 2. 建立自然资源资产产权和用途管制制度； 3. 探索建立区域横向生态补偿制度

序号	地区名称	制度创新重点
40	甘肃省兰州市	1. 深入探索资源有偿使用制度和生态保护补偿机制； 2. 创新领导干部环境责任离任审计制度
41	甘肃省酒泉市	1. 建立湿地（包括河滩地）产权确认制度； 2. 推动碳交易与碳资产管理体制机制创新； 3. 建立资源环境承载能力监测预警机制
42	宁夏回族自治区石嘴山市	1. 探索建立公众参与制度，发挥听证会制度在生态文明建设中的作用； 2. 建立领导干部自然资源资产与环境责任离任审计制度
43	新疆维吾尔自治区昭苏县	1. 建立体现生态文明建设要求的领导干部政绩考核、责任追究制度； 2. 探索建立最严格的森林、草场、湿地等生态保护与修复机制
44	新疆维吾尔自治区哈巴河县	1. 建立最严格的产业准入制度； 2. 建立针对不同主体功能定位的领导干部政绩考核制度
45	新疆生产建设兵团第一师阿拉尔市	1. 建立最严格的水资源管理制度； 2. 建立针对不同主体功能定位的领导干部政绩考核制度； 3. 探索通过建立科技创新机制，促进退化土地治理、节水农业发展和工业用水循环利用

商务部等5部门关于印发《再生资源回收体系建设中长期规划（2015—2020）》的通知

商流通发〔2015〕21号

各省、自治区、直辖市、计划单列市及新疆生产建设兵团商务主管部门、发展改革委、国土资源主管部门、住房城乡建设厅（建委）、供销合作社：

为贯彻落实《国务院办公厅关于建立完整的先进的废旧商品回收体系的意见》（国办发〔2011〕49号），商务部、发展改革委、国土资源部、住房城乡建设部和供销合作总社制定了《再生资源回收体系建设中长期规划（2015—2020年）》，现印发你们，请认真遵照施行，并加强对规划实施情况的跟踪问效和监督检查。

附件：再生资源回收体系建设中长期规划（2015—2020年）（略）

商务部
发展改革委
国土资源部
住房城乡建设部
供销合作总社
2015年1月21日

国家发展改革委关于印发
《2015 年循环经济推进计划》的通知

发改环资〔2015〕769 号

教育部、科技部、工业和信息化部、财政部、国土资源部、环境保护部、住房城乡建设部、交通运输部、水利部、农业部、商务部、人民银行、海关总署、工商总局、质检总局、新闻出版广电总局、食品药品监管总局、统计局、林业局、旅游局、国管局、法制办、保监会、能源局、有关单位：

为贯彻落实《循环经济发展战略及近期行动计划》（国发〔2013〕5 号），扎实推进循环经济发展，经商有关部门，我们制定了《2015 年循环经济推进计划》，现印发你们，请按此做好相关工作。

各部门要根据本计划，抓紧细化落实，加大工作力度，强化协调配合，深入推进循环经济各项工作，确保完成 2015 年循环经济发展目标任务。我委将及时汇总各部门工作进展情况，并向国务院报告。

国家发展改革委

2015 年 4 月 14 日

《再制造产品目录（第五批）》公示

　　为推动再制造产业健康有序发展，加强再制造行业管理，确保再制造产品质量，引导再制造产品消费，根据《再制造产品认定管理暂行办法》（工信部节〔2010〕303号）及《再制造产品认定实施指南》（工信厅节〔2010〕192号），我们组织开展了第五批再制造产品认定工作。经过现场审核、产品检验与综合技术评定，并经专家评价论证，北京南车时代机车车辆机械有限公司、厦门厦工机械股份有限公司等17家企业5大类33种产品符合再制造产品认定相关要求，拟列入《再制造产品目录（第五批）》。

　　现将《再制造产品目录（第五批）》予以公示，如有异议，请于2015年11月20日前将书面意见通过传真或电子邮件方式反馈我们。

　　附件：再制造产品目录（第五批）（略）

工业和信息化部节能与综合利用司

2015年11月9日

中华人民共和国工业和信息化部公告

2015 年　第 77 号

为推动再制造产业健康有序发展，加强再制造行业管理，确保再制造产品质量，引导再制造产品消费，根据《再制造产品认定管理暂行办法》（工信部节〔2010〕303 号）及《再制造产品认定实施指南》（工信厅节〔2010〕192 号），经过现场审核、产品检验与综合技术评定，并经专家论证，北京南车时代机车车辆机械有限公司、厦门厦工机械股份有限公司等 17 家企业 5 大类 33 种产品符合再制造产品认定相关要求，列入《再制造产品目录（第五批）》，现予公告。

附件：再制造产品目录（第五批）（略）

工业和信息化部
2015 年 11 月 25 日

关于拟通过验收的机电产品再制造
试点单位名单（第一批）的公示

根据《工业和信息化部办公厅关于进一步做好机电产品再制造试点示范工作的通知》（工信厅节函〔2014〕825号）要求，我部组织开展了机电产品再制造试点验收工作，经试点单位自评估、省级工业和信息化主管部门（或中央企业）验收评审及我部组织专家论证复核后，确定了拟通过验收的机电产品再制造试点单位名单（第一批）。根据省级工业和信息化主管部门及专家论证意见，拟将部分通过验收的单位列为机电产品再制造示范单位。现予公示，如有异议，请于2016年1月10日前将书面意见通过传真或电子邮件方式反馈我们。

附件：拟通过验收的机电产品再制造试点单位名单（第一批）（略）

符合《轮胎翻新行业准入条件》、《废轮胎综合利用行业准入条件》企业名单（第二批）公告

中华人民共和国工业和信息化部公告

2015 年　第 12 号

依据《轮胎翻新行业准入条件》、《废轮胎综合利用行业准入条件》及《废旧轮胎综合利用行业准入公告管理暂行办法》，经企业申报、省市主管部门初审、专家评审及网上公示等程序，并征得环境保护部同意，现将符合准入条件企业名单（第二批）予以公告。

附件：符合《轮胎翻新行业准入条件》、《废轮胎综合利用行业准入条件》企业名单（第二批）（略）

工业和信息化部

2015 年 1 月 27 日

关于发布《废弃电器电子产品规范拆解处理作业及生产管理指南（2015 年版）》的公告

2014 年　第 82 号

为贯彻《废弃电器电子产品回收处理管理条例》，提高废弃电器电子产品处理基金补贴企业生产作业和环境管理水平，环境保护部、工业和信息化部联合制定了《废弃电器电子产品规范拆解处理作业及生产管理指南（2015 年版）》，现予以公布，自 2015 年 1 月 1 日起施行。

附件：废弃电器电子产品规范拆解处理作业及生产管理指南（2015 年版）（略）

环境保护部

工业和信息化部

2014 年 12 月 5 日

工业和信息化部办公厅关于开展国家资源再生利用重大示范工程建设的通知

工信厅节函〔2015〕322号

各省、自治区、直辖市及计划单列市、新疆生产建设兵团工业和信息化主管部门：

为贯彻落实2015年工业转型升级行动计划总体部署，培育新的经济增长点，加快再生资源产业先进适用技术与产品推广应用，探索再生资源产业发展新机制、新模式，充分发挥示范工程引领带动作用，提高再生资源行业整体水平，我部决定组织开展一批资源再生利用重大示范工程建设。现将有关事项通知如下：

一、主要领域

示范项目选择范围：废钢铁、废有色金属、废旧轮胎、废塑料、废油、废旧纺织品、建筑废弃物、废弃电器电子产品、报废汽车等资源再生利用。

二、建设要求

（一）符合国家产业政策、资源综合利用相关行业准入条件及清洁生产要求。

（二）企业经营状况良好，近三年无亏损。

（三）核心工艺技术先进成熟可靠，废弃资源实现高值化、高质化利用，主要再生资源回收利用率高，产品附加值高，技术含量高，市场竞争力强。

（四）采用的设备设施先进完备、运转稳定，回收利用自动化程度高、能源利用效率高、经济效益较好，装备产业化示范效果明显。

（五）环境保护措施完善，采用清洁生产工艺，具有严格的环境管理制度，环境保护指标符合相关标准要求，近三年无重大环保事故。

（六）规模效应突出。废钢铁加工类示范工程规模不小于20万吨/年，废有色金属再生类示范工程规模不小于10万吨/年，废塑料、废旧轮胎综合利用类示范工程规模不小于10万吨/年，其他产业类示范工程规模不小于5万吨/年。

（七）示范工程在行业内具有先进性和带动性，有重大示范、推广作用。已纳入本地区节能环保产业发展推进计划的优先。

三、组织实施

（一）申报与推荐。企业自主申报，并按要求将《申报单位基本情况表》（见附件1）和申报材料（见附件2）报送省级工业和信息化主管部门，省级工业和信息化主管部门组织专家进行审核，将通过审核的项目推荐名单、申报材料汇总后报送工业和信息化部。各省市上报示范工程数量原则上不超过 3 项（类型不重复）。

（二）确定示范工程。工业和信息化部组织专家对报送的申报材料进行审核，在综合考虑地域、行业平衡等因素的基础上，确定资源再生利用重大示范工程名单。公示后，发布资源再生利用重大示范工程名单。

（三）加强政策支持。中央和地方加强协调配合，共同推进示范工程建设政策支持。积极落实支持资源再生利用的税收优惠政策，利用技术改造、清洁生产等现有资金渠道，优先支持示范工程项目建设。工业和信息化部将示范工程中实施效果好、先进适用的技术、工艺、设备，列入国家鼓励的技术、工艺、设备目录，促进示范与推广的有机结合。

（四）强化过程管理。各级工业和信息化主管部门要加强对示范工程的监督管理，确保示范工程严格执行国家产业政策、环保及职业安全法规标准。工业和信息化部将不定期组织抽查，对达不到要求的，责令限期整改。经整改仍达不到要求的，撤销示范工程资格。

（五）开展总结推广。工业和信息化部将组织对实施效果好的资源再生利用重大示范工程进行交流推广，组织发布资源再生利用重大示范工程典型模式案例，通过现场推介会、电视、报刊、网络等各种媒介进行宣传推广。

请各省级工业和信息化主管部门结合实际，按照通知要求，组织研究提出示范工程推荐名单，于 2015 年 6 月 30 日前将示范工程名单和相关材料报送工业和信息化部（节能与综合利用司），电子版同时发送至 zyzhly@ miit. gov. cn。

附件：1. 申报单位基本情况表（略）
2. 国家资源再生利用重大示范工程申报材料要求（略）

工业和信息化部办公厅
2015 年 5 月 6 日

四部委组织开展电器电子产品生产者
责任延伸试点工作

为贯彻落实《循环经济促进法》、《清洁生产促进法》、《废弃电器电子产品回收处理管理条例》等法律法规，探索建立生产者责任延伸制度，工业和信息化部、财政部、商务部、科技部制定了《电器电子产品生产者责任延伸试点工作方案》（以下简称《试点方案》），组织开展生产者责任延伸制度试点工作。

附件：关于组织开展电器电子产品生产者责任延伸试点工作的通知（略）

工业和信息化部
财政部
商务部
科技部
2015 年 6 月 29 日

《关于组织开展电器电子产品生产者责任延伸
试点工作的通知》解读

为贯彻落实《循环经济促进法》、《清洁生产促进法》、《废弃电器电子产品回收处理管理条例》等法律法规，探索建立电器电子产品生产者责任延伸制度，工业和信息化部、财政部、商务部、科技部联合印发《关于组织开展电器电子产品生产者责任延伸试点工作的通知》。现就开展试点有关精神解读如下：

一、开展试点的背景、目的和意义

生产者责任延伸制度的核心是通过引导产品生产者承担产品废弃后的回收和资源化利用责任，激励生产者推行产品源头控制、绿色生产，从而在产品全生命周期中最大限度提升资源利用效率。生产者责任延伸制度是国际上普遍采纳、有效推动电器电子产品行业实现可持续发展的环境管理制度。

目前，我国手机、计算机、彩电等主要电子产品年产量超过 20 亿台，每年主要电器电子产品报废量超过 2 亿台，重量超过 500 万吨，已成为世界第一大电器电子产品生产和废弃大国。废弃电器电子产品兼具资源性与环境性。废弃电器电子产品中含有的有害物质，如回收处理不规范，将对生态环境和人体健康造成严重威胁和伤害。同时，废弃电器电子产品中含有大量的铁、铜、铝、塑料及稀贵金属等再生资源，对其规范回收处理和资源化利用，可有效解决我国资源与环境的瓶颈问题。

发达国家和地区于 20 世纪末至 21 世纪初相继通过生态设计和回收处理等相关立法，建立电器电子产品生产者责任延伸制度。欧盟报废电子电气设备指令（WEEE 指令）、限制电子电气设备中某些有害物质使用指令（简称 RoHS 指令）及日本的《家电回收利用法》等均对生产者责任延伸提出了明确要求，对推动废弃电器电子产品回收和资源化利用发挥了重要作用。我国于 2009 年发布了《废弃电器电子产品回收处理管理条例》，建立了由生产者缴纳的废弃电器电子产品处理基金。基金制度是我国电器电子产品生产者责任延伸制度的重要内容，但实施模式较为单一。

开展电器电子产品生产者责任延伸试点工作，是实施废弃电器电子产品处理基金管理制度的重要配套措施，是完善生产者责任延伸制度的重要基础。开展电器电子产品生产者责任延伸试点工作对提升生产者的社会责任意识，提供更多生态产品，促进生态文明建设具有重要意义。

二、试点工作的总体思路和目标

本次试点工作的总体思路是以电器电子产品生产者为主体，以废旧产品回收和资源化利用为重点，按照产品全生命周期管理理念，探索适合不同电器电子产品特点的生产者责任延伸制度实施方式，完善相关标准规范体系，为建立完善生产者责任延伸制度奠定基础。

一是以生产者为主体。生产者在电器电子产品生态设计、绿色生产、回收、再制造和资源化利用等环节发挥主导作用。围绕行业基础较好、代表性强和示范作用大的重点产品开展试点，引导行业企业建立产品全生命周期生产者责任延伸管理体系。

二是以技术创新为支撑。推动资源化利用先进适用技术及大数据、物联网、云计算等信息技术在生产者责任延伸实践中的应用。构建产品全生命周期资源环境数据库，为生产者责任延伸试点提供技术支撑。

三是以模式创新为方向。积极探索直接回收、联合回收、委托第三方回收等多种生产者责任延伸实施方式，鼓励生产企业直接主导或与专业从事废旧电器电子产品回收利用的企业或机构合作开展回收、处理与再利用，鼓励行业组织参与运营，推动生产企业逆向物流体系建设。

四是以政策引导为保障。充分发挥政府引导作用，注重运用产业政策、标准、基金、税收等多种政策工具，发挥政策合力，推动建立以生产企业为市场配置资源主题的机制。

试点工作的总体目标是用 3 年时间，树立一批生产者责任延伸标杆企业，培育一批包括行业组织在内的第三方机构，扶持若干技术、检测认证及信息服务等支撑机构，形成适合不同电器电子产品特点的生产者责任延伸模式。在总结试点单位经验的基础上，研究制定电器电子产品生产者责任延伸综合管理体系、技术支撑体系和服务评价体系。

三、试点工作内容

按照问题导向原则，确定试点工作以生产者建立回收体系和资源化利用为重点，同时以推动产品生态设计、绿色生产与再制造在生产者责任延伸领域的协同创新为提升要素。主要包括 3 项主要任务：

一是建立回收体系。生产者自行依托销售渠道、维修网点的逆向物流优势建立废旧电器电子产品回收体系或委托第三方机构对其产品进行回收。鼓励第三方机构联合生产者建立废旧电器电子产品分类回收体系，推动各类产品集中回收，提高回收效率。推动大数据、物联网和云计算技术在废旧电器电子产品回收体系中的应用，探索建立回收过程可测量、可报告、可核查的信息管理系统及回收评价体系，推动回收过程标准化建设，提高规范化水平。

二是推动资源化利用。推动废旧电器电子产品拆解产物规模化、规范化、高值化利用，研发应用能耗低、排放小、高性能的破碎分选工艺和设备，鼓励废玻璃资源化、废塑料脱卤改性、废印刷线路板稀贵金属提取、废塑料高值利用等关键技术的研发和产业化应用。鼓励废旧电器电子产品中可用零部件的再使用，建立再使用零部件质量管理规范和技术标准。完善废旧电器电子产品资源化利用技术规范、质量标准以及评价方法。

三是开展协同创新。在产品设计开发阶段系统考虑原材料选用、生产、使用、回收、再制造和资源化利用等各个环节对资源环境造成的影响，推动有害物质替代与减量化、可拆解设计、可再制造设计和绿色材料选用等关键技术的研发和应用。推动具有自主知识产权的生态设计支撑平台/软件、数据库的开发。建立产品生态设计水平的评估指标体系和相关标准。强化精细化管理，完善绿色生产制度建设。针对生产过程中产生的废料以及副产品的资源化、无害化利用技术开展攻关，对成熟适用技术推进产业化应用。提高行业再制造水平，建立完善电器电子产品及关键部件再制造质量管理规范和技术标准体系。

四、组织实施与管理

本次试点主要时间节点和工作流程如下：

（一）2015 年 7 月 30 日前，省级工业和信息化主管部门会同科技、财政、商务主管部门，组织本地区申报工作。企业自愿申报试点项目，向工业和信息化部提出试点项目申请和实施方案。申报工作结束后，工业和信息化部节能与综合利用司将会同科技、财政、商务主管部门组织专家对申报材料进行初评，对通过初评的申报单位，在工业和信息化部网站进行公示，最终确定试点单位名单。

（二）试点单位要做好项目进程调控、阶段总结等关键环节，做好人员和资源配置工作。及时研究试点中出现的问题，进行整改。工业和信息化部将会同财政、商务、科技主管部门制定阶段评估规范，对试点单位进行指导，每年进行一次评估检查。没有按计划完成目标任务的试点单位，视情况取消其试点企业资格。

（三）试点结束后，工业和信息化部将会同有关部门对试点单位进行评价和验收，及时总结成功经验和有效做法，组织交流。并在试点工作的基础上，会同科技、财政、商务主管部门等提出推动完善我国 EPR 制度可行的政策措施。

五、试点工作的主要亮点

一是企业主体，政府引导。充分发挥优秀电器电子产品生产者的积极性，对已经具有生产者责任延伸实践基础的企业进行试点，由省级工业和信息化主管部门会同相关部门，组织辖区内符合条件的企业编制申报材料，制定具体实施方案。引导其将生产者责任延伸规范化、体系化和目标化。以电器电子产品的生产者为试点主体，探索建立基于不同行业特点的生产者责任延伸制度。

二是试点先行，分类指导。通过试点工作，积极推进电器电子行业生产者责任延伸的实施，制定和完善相关标准规范，确立评价指标和评价方法，推广先进技术创新和模式创新。推动互联网、物联网等信息技术、再制造技术、资源综合利用技术等全新模式在废旧电器电子产品回收体系建设、再制造、资源综合利用领域的应用，利用信息技术构建产品全生命周期的大数据平台，为实施生产者责任延伸提供技术支撑。

三是机制创新，政策支持。试点工作涉及工业、财政、商务、科技等多个部委，各相关部门将积极发挥各自职能作用形成协同推进合力，旨在从引导和激励机制等方面进行创新，在总结试点工作经验的基础上为试点项目提供多方面政策支持。

中华人民共和国工业和信息化部节能与综合利用司
2015 年 7 月 6 日

关于就《电动汽车动力蓄电池回收利用技术政策（2015 年版)》（征求意见稿）向社会公开征求意见的公告

为贯彻落实《节能与新能源汽车产业发展规划（2012—2020)》和《国务院办公厅关于加快新能源汽车推广应用的指导意见》（国办发〔2014〕35 号），引导电动汽车动力蓄电池有序回收利用，国家发展改革委、工业和信息化部会同有关部门，组织研究制定了《电动汽车动力蓄电池回收利用技术政策（2015 年版)》（征求意见稿）。现向社会公开征求意见。

此次公开征求意见时间为 2015 年 9 月 11 日至 9 月 24 日。有关单位和社会各界人士可以登录国家发展改革委门户网站（http：//www. ndrc. gov. cn）首页"意见征求"专栏或环资司子站，进入"《电动汽车动力蓄电池回收利用技术政策（2015 年版)》公开征求意见"栏目，对征求意见稿提出意见建议。或将意见以邮件、信函等形式发送到国家发展改革委（环资司）、工业和信息化部（节能司）。感谢您的参与和支持！

发送地址：

北京市西城区月坛南街 38 号，国家发展改革委环资司（循环经济处），邮编：100824，电子邮箱：xhjjc@ ndrc. gov. cn；

北京市西城区西长安街 13 号，工业和信息化部节能司（资源综合利用处），邮编：100804，电子邮箱：zyzhly@ miit. gov. cn

附件：《电动汽车动力蓄电池回收利用技术政策（2015 版)》（征求意见稿）（略）

国家发展改革委环资司

工业和信息化部节能司

2015 年 9 月 11 日

符合废钢铁加工行业准入条件企业名单（第四批）、废旧轮胎综合利用行业准入条件企业名单（第三批）公示

按照《废钢铁加工行业准入条件》、《废钢铁加工行业准入公告管理暂行办法》及《轮胎翻新行业准入条件》、《废轮胎综合利用行业准入条件》、《废旧轮胎综合利用行业准入公告管理暂行办法》等，经企业申报、省级工业和信息化主管部门审核、专家组复核和现场核查，并征求环境保护部意见，现将符合废钢铁加工行业准入条件企业名单（第四批）和轮胎翻新、废轮胎综合利用行业准入条件企业名单（第三批）予以公示。

唐山隆昊实业集团隆港再生资源有限公司等 4 家已公告废钢铁加工准入企业，因合并等原因，企业名称予以变更；中再生洛阳投资有限公司 1 家已公告废钢铁加工准入企业，因资产业务重组的原因，撤销其准入公告。一并予以公示。

如有异议，请于 2015 年 12 月 10 日前将书面意见反馈我部（节能与综合利用司）。

附件：1. 符合《废钢铁加工行业准入条件》企业名单（第四批）（略）

2. 变更废钢铁加工行业准入公告名称的企业名单（略）

3. 撤销废钢铁加工行业准入公告的企业名单（略）

4. 符合《轮胎翻新行业准入条件》、《废轮胎综合利用行业准入条件》企业名单（第三批）（略）

工业和信息化部

2015 年 11 月 27 日

中华人民共和国工业和信息化部发布
第五批《再制造产品目录》

中华人民共和国工业和信息化部公告

2015 年 第 77 号

为推动再制造产业健康有序发展，加强再制造行业管理，确保再制造产品质量，引导再制造产品消费，根据《再制造产品认定管理暂行办法》（工信部节〔2010〕303 号）及《再制造产品认定实施指南》（工信厅节〔2010〕192 号），经过现场审核、产品检验与综合技术评定，并经专家论证，北京南车时代机车车辆机械有限公司、厦门厦工机械股份有限公司等 17 家企业 5 大类 33 种产品符合再制造产品认定相关要求，列入《再制造产品目录（第五批）》，现予公告。

附件：再制造产品目录（第五批）（略）

工业和信息化部
2015 年 11 月 25 日

工业和信息化部公告　符合《废钢铁加工行业准入条件》企业名单（第四批）及符合《轮胎翻新行业准入条件》、《废轮胎综合利用行业准入条件》企业名单（第三批）

中华人民共和国工业和信息化部公告

2015 年　第 87 号

　　根据《废钢铁加工行业准入条件》、《废钢铁加工行业准入公告管理暂行办法》及《轮胎翻新行业准入条件》、《废轮胎综合利用行业准入条件》、《废旧轮胎综合利用行业准入公告管理暂行办法》，经企业申报、省级工业和信息化主管部门审核、专家复核和现场核查、网上公示等程序，并征得环境保护部同意，现将符合《废钢铁加工行业准入条件》企业名单（第四批）和符合《轮胎翻新行业准入条件》、《废轮胎综合利用行业准入条件》企业名单（第三批）予以公告。

　　唐山隆昊实业集团隆港再生资源有限公司等 4 家已公告废钢铁加工准入企业，因合并等原因，企业名称予以变更；中再生洛阳投资有限公司 1 家已公告废钢铁加工准入企业，因资产业务重组的原因，撤销其准入公告。一并予以公告。

　　附件：1. 符合《废钢铁加工行业准入条件》企业名单（第四批）（略）

　　　　　2. 变更《废钢铁加工行业准入条件》公告名称的企业名单（略）

　　　　　3. 撤销《废钢铁加工行业准入条件》公告的企业名单（略）

　　　　　4. 符合《轮胎翻新行业准入条件》、《废轮胎综合利用行业准入条件》企业名单（第三批）（略）

工业和信息化部

2015 年 12 月 18 日

工业和信息化部关于公布国家资源再生利用重大示范工程的通知

工信部节〔2015〕468 号

各省、自治区、直辖市及计划单列市、新疆生产建设兵团工业和信息化主管部门：

为促进工业转型升级，推动制造业绿色发展，培育新的经济增长点，探索再生资源产业发展新机制、新模式，提高再生资源行业整体水平，由企业自主申报、地方工业和信息化主管部门推荐，并经专家评审和公示，确定了国家资源再生利用重大示范工程，现予公布。

请各地工业和信息化主管部门结合实际，积极组织实施资源再生利用重大示范工程，加强引导，总结经验，争取政策支持，发挥示范工程引领带动作用。示范工程进展情况及时报工业和信息化部（节能与综合利用司）。

附件：国家资源再生利用重大示范工程（略）

工业和信息化部

2015 年 12 月 21 日

华宏科技
HUAHONG TECHNOLOGY

再生资源加工设备专业制造商
业内率先上市企业　推进资源再生利用

■ 企业荣誉 Enterprise honor

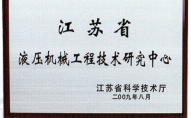

江苏华宏科技股份有限公司
JIANGSU HUAHONG TECHNOLOGY STOCK CO.,LTD.

出口销售　　　　　　　　国内销售
电话：0510-8062 9680　　电话：0510-8622 1534
传真：0510-8062 9681　　传真：0510-8622 3534

地址：江苏省江阴市澄杨路1118号　邮编：214423
中文网址：http://www.hhyyjx.net
英文网址：http://www.hhyyjx.com
热线电话：400-678-7939　邮箱：info@hhyyjx.com
售后服务电话：0510-8690 0661

华宏科技
HUAHONG TECHNOLOGY

再生资源加工设备专业制造商
业内率先上市企业 推进资源再生利用

● **Q91Y重型液压剪切机(Q91Y-500W)**

用于各种轻薄废钢、金属机构件、有色金属余废料的剪切，敞口式料箱，可以处理各种物料，尺寸范围大。

● **Q91Y重型液压剪切机(Q91Y-630)**

用于各种轻薄废钢、金属机构件、有色金属余废料的剪切，料箱具有同步压缩能力，处理后的物料紧密，生产效率高。

● **Y81系列液压金属打包机(Y81F-250)**

可将各种金属废料挤压成各种形状的合格炉料，降低运输和冶炼成本，提高投炉速度。

● **Y83金属屑压块机(Y83-400W)**

可将各种金属屑压制成高密度饼块状以便回收和冶炼，直接可代替铸造原料。

● **PSX废钢破碎线(PSX-3000)**

可将废汽车体、马口罐类、白色家电等废料通过粉碎、除去涂膜并提高体积比重等满足钢厂"精料入炉"的要求。

● **废金属液压打包剪切机(REFLEX500)**

用于各种轻薄废钢、金属机构件、有色金属余废料的剪切，运载灵活简便，剪切精度精准，快速压缩周期，隔音效果增强，PLC系统控制，操作简易安全。

江苏华宏科技股份有限公司
JIANGSU HUAHONG TECHNOLOGY STOCK CO.,LTD.

出口销售　　　　　　国内销售
电话：0510-8062 9680　电话：0510-8622 1534
传真：0510-8062 9681　传真：0510-8622 3534

地址：江苏省江阴市澄杨路1118号　邮编：214423
中文网址：http://www.hhyyjx.net
英文网址：http://www.hhyyjx.com
热线电话：400-678-7939　邮箱：info@hhyyjx.cc
售后服务电话：0510-8690 0661

华宏科技
HUAHONG TECHNOLOGY

再生资源加工设备专业制造商
业内率先上市企业 推进资源再生利用

● **报废汽车拆解设备—汽车拆解流水线**

设备满足汽车拆解过程中的举高和将汽车底盘翻转到便于拆解位置的需求，实现废油液的收集、发动机、变速箱以及汽车底部零部件的拆卸。

● **Y63系列生活垃圾压缩机**

本型设备是采用垂直分层叠压原理，垃圾压缩密度高、水份挤压充分，单车装载量高、工人劳动强度低，解决了垃圾转运过程中的抛、洒、滴、漏等二次污染。

● **HBS重型液压剪切机**(HBS-630)

可将各种金属废料挤压成各种形状的合格炉料，降低运输和冶炼成本，提高投炉速度。

● **HPA全自动卧式打包机**(HPA50 Automatic Baler)

适用于废纸（纸板箱、OCC、新闻纸等）、废塑料（塑料膜、周转箱、PET瓶等）、秸秆等松散物的打包及自动捆扎。

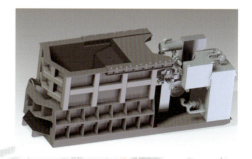

● **Y32四柱式轿车压扁机**(Y32-220)

适用于报废汽车拆解与再制造企业，对小型汽车壳体进行压缩处理。

● **QW型卧式剪切机**(QW-400/400B)

QW卧式剪切机适用于大型钢铁和有色金属企业、国家循环经济园区、城市矿产基地，废钢加工配送中心、报废汽车行业，以及分散或临时堆料场的废金属、废塑料制品剪切加工。

江苏华宏科技股份有限公司
JIANGSU HUAHONG TECHNOLOGY STOCK CO.,LTD.

出口销售
电话：0510-8062 9680
传真：0510-8062 9681

国内销售
电话：0510-8622 1534
传真：0510-8622 3534

地址：江苏省江阴市澄杨路1118号 邮编：214423
中文网址：http://www.hhyyjx.net
英文网址：http://www.hhyyjx.com
热线电话：400-678-7939 邮箱：info@hhyyjx.com
售后服务电话：0510-8690 0661

苏州嘉诺——固废分选解决方案提供商

苏州嘉诺是一家拥有德国技术背景的固废分选解决方案提供商。公司成立于2006年，现有员工120余人，专利40余项，通过ISO 9001质量认证、ISO 14001环境认证、OHSAS 18001职业健康安全认证，获得国家高新技术企业称号。

在市政固废领域，嘉诺（JONO）引进德国Hartner公司先进的机械分选技术，提供生活垃圾分选、厨余垃圾分选、建筑垃圾分选解决方案。同时，以德国机械分选技术和生物处理技术为核心，可以为国内客户提供完整的生活垃圾MBT（机械生物法）解决方案。目前，已在25个国家，超过200个客户，约500个项目使用了我们的机器，证明了我们产品的完美功能。弹跳筛是我们最引以为豪的产品之一，JONO和Hartenr已经在全球售出400多台，是世界最畅销的分选设备。鉴于中国厨余垃圾组分复杂，预处理品质是整个项目成败的关键因素，嘉诺先进的破碎、步进、飞剪破袋和弹跳技术，可以有效地提升厨余预处理品质。

城市生活垃圾处理系统

在固废回收领域，苏州嘉诺提供有色金属分选、废塑料分选、电子废弃物处理解决方案。嘉诺自2009年开展有色金属分选解决方案业务，多项技术填补国内空白，如重介质分选、涡流分选、废铝破碎、金属水洗、废铝预热技术等。2014年，嘉诺与德国UMS公司签订技术合作协议，将德国先进的小家电机械拆解技术和复合材料分层技术引入中国，分层技术可解决混杂电子废料的回收难题。2016年，嘉诺与数家德国塑料清洗、分选技术公司结成合作伙伴，在中国开展废塑料分选解决方案业务。

废金属重介质浮选系统

嘉诺致力在引进德国先进的固废处理技术的基础上，通过系统集成创新适应中国本地化需求。通过核心部件进口，国内装配的方式，使客户能以中国价格，享受德国的产品品质和便利的本地化服务。

废弃电器电子产品处理系统

给料输送机
Infeed
conveyor

带强力风选筛的
转子链式破碎机 RKZ
Rotor chain
crusher RKZ with
powerful air screening

根据尺寸进行分类
Classification to size

尺寸 >100mm 的物料，
人工分拣平台
Manual pickingstations
for pieces>100mm

除铁器
Magnet

集尘室
Baghouse

除铁器
Magnet

湖北力帝机床股份有限公司
HUBEI LIDI MACHINE TOOL CO.,LTD.

　　湖北力帝机床股份有限公司位于世界水电之都——湖北省宜昌市，是一家集科研、开发、制造、经营、外贸为一体的高新技术企业。是中国废钢铁应用协会副理事长单位，中国物资再生协会副会长单位，中国有色金属工业协会再生金属分会常务理事单位，中国环保机械协会副会长单位，中国再生资源回收利用协会副会长单位。

　　40多年来，公司致力于废钢加工，汽车拆解，有色分选，再生资源综合利用产业，始终引导行内发展方向，在业界享有盛誉。公司开发研制的金属回收加工设备、报废汽车拆解设备、有色金属分选设备、非金属回收设备、液压机械、垃圾处理设备等产品，共有破碎、剪断、打包、压块、剥离、分选六大系列上百种规格的产品。年加工生产环保设备10000吨，产品远销东南亚、欧洲、非洲等10多个国家和地区。近几年公司不断加强国际间的合作，与法国、美国、俄罗斯、日本、东南亚等国家的客户建立了良好的合作关系。

　　湖北力帝是国内回收机械行业唯一起草废钢回收机械国家或行业产品标准的企业，已起草制定了《金属液压打包机》《废钢剪断机》《重型金属液压打包机》等国家行业产品标准。公司坚持"用户至上，科技创新"，不断提高科技创新能力和装备水平，促进废钢加工行业工厂化和产品化，为生态文明建设做出应有贡献。

地址:湖北省宜昌市西陵经济开发区发展大道龙溪路2号　　　　邮编:443000
销售热线:(0717)6774479　6737380(传真)　　　　　　　　国际贸易:(0717)6731221
Http://www.ycld.com.cn　　　　　　　　　　　　　　　　E-mail:ycld@ycld.com.cn

湖北力帝机床股份有限公司
HUBEI LIDI MACHINE TOOL CO.,LTD.

PSX系列废钢破碎生产线

（可提供500~6000马力等多种机型供客户选择）

　　废钢破碎生产线是当今世界废钢行业公认的最先进的废钢加工设备之一,公司率先引进国际先进技术,研制开发出PSX型系列废钢破碎生产线。可处理未分类混杂的低质废钢和报废小汽车。该产品经由国家经贸委组织的专家评审认定为国家重点新产品，可替代国外进口产品。

PSX-5050(500马力) 马来西亚

100万吨废钢铁加工配送基地
PSX-88104 （山东）

PSX-88104(4000马力) 山东

Q91Y系列门式剪断机

（可提供三层料箱、双层料箱、单层料箱等多种料箱形式，400~1600吨位多种产品规格供客户选择）

三层料箱　Q91Y-1250　　　　双层料箱　Q91Y-630Ⅱ　　　　单层料箱　Q91Y-500W

湖北力帝机床股份有限公司
HUBEI LIDI MACHINE TOOL CO.,LTD.

Y81系列金属打包液压机
（可提供63~1500吨位多种规格供客户选择）

　　金属打包液压机是加工处理塑性黑色或有色金属的专用设备，在常温下可厚度小于6mm的各种边角余料、金属结构件等挤压成长方形包,其密度高，便于存、运输和冶炼。机器采用液压驱动，工作平稳，性能可靠，生产效率高，能低，维修方便，250吨以下打包机有手动和半自动两种控制方式，操作简单活。250吨以上打包机料箱大，能将汽车驾驶室直接投入料箱打包。400吨以上配有自动上料机构，因此,金属打包液压机是金属回收加工的理想设备。

YD81-100B
Y81F-200

Y81-1000

Y81F-400
Y81F-315

报废汽车拆解系列设备及生产线方案

　　湖北力帝报废汽车拆解生产线是依据《报废汽车回收拆解企业技术规范（GB 22128—2008）的要求研发设计的成套装备，实现报废汽车的价值最大化，提高回收率，安全高效、经济可行，保护环境和节约资源，将是实现汽车拆解业产业化的发展趋势。

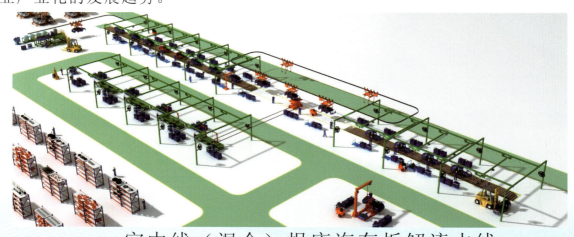

空中线（混合）报废汽车拆解流水线